Wladimir S. Semjonow   Von Stalin bis Gorbatschow

Wladimir S. Semjonow
Von Stalin bis Gorbatschow

Ein halbes Jahrhundert
in diplomatischer Mission
1939 - 1991

Nicolai

Aus dem Russischen
von Hilde und Helmut Ettinger

© 1995 Nicolaische Verlagsbuchhandlung
Beuermann GmbH, Berlin
Lektorat: Carolin Hilker-Siebenhaar
Fachredaktion: Harald Müller
Satz: Mega-Satz-Service, Berlin
Lithos: NovaConcept GmbH, Berlin
Druck und Bindung: Offizin Andersen
Nexö Leipzig GmbH

Alle Rechte vorbehalten
Printed in Germany

ISBN 3-87584-521-8

Inhalt

7 Vorwort *Lydia Semjonowa*

9 Wladimir Semjonow und die sowjetische Deutschlandpolitik
   Eine Einführung *Peter Strunk*

19 Zum Geleit

Teil I	Aller Dinge Anfang 1911-1939
28 *Erstes Kapitel*	Jugenderinnerungen

Teil II	An der diplomatischen Front 1939-1945
48 *Zweites Kapitel*	Überraschende Berufung
56 *Drittes Kapitel*	Der erste Auslandseinsatz: Litauen
82 *Viertes Kapitel*	Im Reich
116 *Fünftes Kapitel*	Im neutralen Schweden
156 *Sechstes Kapitel*	Der Sieg
177 Abbildungen	

Teil III	Mitgestalter der Deutschlandpolitik nach dem Kriege 1945-1954
194 *Siebentes Kapitel*	Die ersten Besatzungsjahre
266 *Achtes Kapitel*	Alarmstufe eins. Heilsame Lehren

	Teil IV	Als Stellvertretender Außenminister 1955-1978
302	Neuntes Kapitel	Ein neuer strategischer Kurs
338	Zehntes Kapitel	Ein neunjähriger Marathon

	Teil V	Als Botschafter der UdSSR in Bonn 1978-1985
368	Elftes Kapitel	Kunst und hohe Politik

386 Nachwort *Juli Kwizinski*

Anhang
399 Kurzbiographie Wladimir S. Semjonow
400 Die Autoren
401 Register

Vorwort

Mit diesen kurzen Zeilen wende ich mich als Ehefrau des Verfassers an den Leser dieses Buches. Mit seiner Herausgabe erfülle ich das Vermächtnis meines Mannes, es vor allem in Deutschland erscheinen zu lassen, dem Lande, in dem er einen großen Teil seines Lebens tätig war, wo sich sein Lebensweg vollendete. Deutschland ist ein großer Teil des Buches gewidmet.

Wladimir Semjonow arbeitete täglich viele Stunden an diesem Werk. Mehrmals veränderte er den inneren Aufbau seiner Memoiren. Der seit Kindertagen geübten Gewohnheit, Tagebuch zu führen, blieb er bis zum Ende seines Lebens treu. Leider haben die Gedanken aus seinen Tagebüchern nur zum Teil Eingang in dieses Buch gefunden. Es lag Material von enormem Umfang vor, das für die Veröffentlichung bearbeitet und geordnet werden mußte.

Alle wesentlichen Kapitel des Buches, an dem mein Mann bereits während seiner Zeit als Botschafter in Deutschland arbeitete, liegen vollständig vor. Er war dabei besonders bemüht, all jene Ereignisse im Detail und in ihren großen Zusammenhängen darzustellen, die viele von uns Menschen jüngerer Generationen nicht mehr selbst erlebt haben. Das betrifft besonders die vierziger bis sechziger Jahre.

Bestimmten Teilen des Buches widmete er nicht diese Aufmerksamkeit. Wenn ich ihm deswegen Vorhaltungen machte, meinte er lächelnd, von der dort behandelten Zeit könnten seine Freunde und Schüler Valentin Falin oder Juli Kwizinski besser erzählen als er. Beide haben inzwischen Bücher darüber geschrieben. Ich denke aber, daß der Leser auch in den etwas fragmentarischen letzten Kapiteln der Erinnerungen Wladimir Semjonows, die er nicht selbst zu Ende bringen konnte, genügend Interessantes für sich entdecken wird.

Seinem Urteil übergebe ich nun das Buch eines außergewöhnlichen, vielseitig gebildeten Mannes seiner Zeit, der weithin bekannt war und Anerkennung genoß. Philosoph von Ausbildung, wirkte er als Historiker und Diplomat. Er war ein intimer Kenner der Musik und spielte selbst viele Instrumente. Manchmal sagte er im Scherz, seine letzten Noten würden wohl diplomatische sein.

An seinen Erinnerungen arbeitete er mit Hingabe bis in die letzten Stunden seines Lebens – stets von dem Wunsch erfüllt, seine Gedanken, Erlebnisse, Empfindungen und seine Vorstellungen von der Zukunft den Menschen mitzuteilen.

Lydia Semjonowa, Bonn, im Februar 1995

Wladimir Semjonow und die sowjetische Deutschlandpolitik

Eine Einführung von Peter Strunk

I.

Wladimir Semjonow war im Deutschland der Nachkriegszeit kein Unbekannter. Er zählte zu jenen sowjetischen Diplomaten, die zwar an den Brennpunkten des Geschehens eingesetzt waren, aber höchst selten im Rampenlicht der Öffentlichkeit standen, es auch nicht wollten. Deshalb wußten wir bis jetzt nur wenig über ihn. Es wurde Zeit, daß sich das ändert. Denn Semjonow gehörte über 50 Jahre dem diplomatischen Dienst der einstigen UdSSR an. Er befaßte sich vor allem mit Deutschland; fast 18 Jahre seines Lebens verbrachte er dort. Er war Botschaftsrat im Berlin des Dritten Reiches, Politischer Berater der sowjetischen Besatzungsmacht nach 1945, Hoher Kommissar in Deutschland und schließlich Botschafter in der Bundesrepublik Deutschland.

Semjonow, der aus ärmlichen Verhältnissen stammte, gehörte zu denjenigen, denen das kommunistische Regime eine Chance bot. Er nutzte sie und wurde dafür belohnt: Schule, Studium und 1939, kurz vor Kriegsbeginn, der überraschende Einstieg in den diplomatischen Dienst. Das Außenkommissariat (Außenministerium) war gerade politisch »gesäubert« worden. Man rekrutierte junge Kader, um die Lücken zu füllen. Sein Entdecker und Förderer war Wjatscheslaw Molotow, lange Zeit zweiter Mann in der Sowjetunion, ein Apparatschik, Stalin vollkommen ergeben. Erst im Mai 1939 hatte er von Maxim Litwinow das Ministerium übernommen und sollte es, von einer Unterbrechung abgesehen, fast 14 Jahre lang leiten.

Als Semjonow seine diplomatische Laufbahn begann, herrschte in weiten Teilen Europas bereits Krieg. Weil er etwas Deutsch gelernt hatte, kam er zunächst in die III. Europäische Abteilung des Außenministeriums, zuständig für Deutschland, Skandinavien und das Baltikum. Bereits Ende November 1939 schickte ihn Molotow nach Litauen. Die baltische Republik war damals in ihrer Existenz aufs Äußerste bedroht. Am Vorabend des Zweiten Weltkrieges hatten Deutschland und die Sowjetunion einen Nichtangriffspakt (»Hitler-Stalin-Pakt«) geschlossen und sich in einem geheimen Zusatzprotokoll nicht nur auf die Teilung Polens, sondern auch auf die des Baltikums verständigt. Litauen fiel zunächst dem deutschen, Ende September 1939 dem sowjetischen Einflußgebiet zu. Im Juli 1940 wurde die kleine Republik der UdSSR einverleibt.

Im September 1940 kam Semjonow nach Berlin an die Botschaft Unter den Linden. Noch herrschte Frieden zwischen dem nationalsozialistischen Deutschland und der stalinistischen Sowjetunion. Doch Hitler war längst entschlossen, die Sowjetunion anzugreifen. Auch Stalin bereitete sich auf einen Krieg vor. Für die in Berlin verbliebenen ausländischen Diplomaten war die Reichshauptstadt in den Jahren zwischen 1939 und 1941 ein faszinierender Beobachtungsposten, Semjonow spürte das sofort. Kaum in Berlin eingetroffen, erlebte er den Besuch Molotows. Noch einmal unternahm die deutsche Seite den Versuch, die UdSSR als Verbündeten gegen die Westmächte zu gewinnen, ein Vorhaben, das scheiterte. Noch während des Besuches ordnete Hitler beschleunigte Angriffsplanungen auf die UdSSR an.

Der deutsche Angriff auf die Sowjetunion erfolgte dann im Juni 1941. Wenige Wochen später wurde das sowjetische Botschaftspersonal aus Berlin nach Moskau evakuiert. Semjonow rückte in der Hierarchie des Außenministeriums auf und übernahm die Leitung der III. Europäischen Abteilung. Der nächste Auslandseinsatz führte ihn im Frühjahr 1942 nach Stockholm. Dort hatte er zwei Aufgaben zu erfüllen: das Beobachten der Lage in Deutschland und das Sondieren von Möglichkeiten, mit den Verbündeten des Deutschen Reiches Frieden schließen zu können. Die Hauptstadt des neutralen Schweden war während des Krieges eine bevorzugte Adresse der Geheimdiplomatie. Dort gab es auch Kontakte zwischen deutschen Emissären und sowjetischen Diplomaten, darunter auch mit Semjonow. Es ging darum, Möglichkeiten eines deutsch-sowjetischen Sonderfriedens auszuloten. Stalin kamen diese Kontakte nicht ungelegen. Sie waren ein willkommenes

Druckmittel gegenüber den Westmächten, die er schon lange zur Eröffnung einer zweiten Front drängte.

Gegen Kriegsende rückte Stockholm wieder an den Rand des diplomatischen Geschehens. Semjonow zog es erneut nach Deutschland. Molotow holte ihn zunächst als deutschlandpolitischen Berater nach Moskau. Wenig später kommandierte ihn Stalin an die Front. Er kam zu Marschall Iwan Konews Heeresgruppe, die sich gerade anschickte, mit den Truppen des Marschalls Georgi Shukow in einen Wettlauf um die Eroberung Berlins einzutreten. So blieb Semjonow nahe am Geschehen. Im Mai 1945 war er wieder in der deutschen Hauptstadt.

Im Juni 1945 wurde die Sowjetische Militäradministration in Deutschland (SMAD) errichtet. Oberster Chef war Marschall Shukow, als ziviles (Kontroll-) Organ hatte man ihm einen Politischen Berater zur Seite gestellt. Zunächst war dies Andrej Wyschinskij, einst berüchtigter Ankläger in den Schauprozessen der dreißiger Jahre, ihm folgte Arkadi Sobolew. Semjonow wurde zunächst dessen Stellvertreter und zugleich Leiter der politischen Abteilung. Als im März 1946 Marschall Shukow überraschend abberufen und in die sowjetische Provinz abgeschoben wurde, räumte auch Sobolew seinen Berliner Posten, Nachfolger wurde Semjonow. Im Alter von nur 35 Jahren stand er plötzlich an politisch exponierter Position inmitten eines komplizierten Machtgeflechts.

In der sowjetischen Führung existierten nach dem Ende des Krieges divergierende deutschlandpolitische Vorstellungen, die sich in der SMAD widerspiegelten. Zunächst setzte im Sommer 1945 der sowjetische Außenhandelskommissar Anastas Mikojan ein pragmatisches Besatzungsprogramm durch. Gleichzeitig gewannen auch Georgi Malenkow und Lawrentij Berija Einfluß auf die Deutschlandpolitik. Malenkow leitete während des Krieges den Partei- und Regierungsapparat, Berija führte seit 1938 den Geheimdienst NKWD. Beide waren an einer schnellen Ausbeutung des sowjetischen Besatzungsgebietes zur Befriedigung des sowjetischen Reparationsbedarfs interessiert, vertraten im übrigen jedoch eine wenig ambitionierte Deutschlandpolitik. Zu ihren Repräsentanten in Berlin zählte man auch Wladimir Semjonow. In der Position des Politischen Beraters der SMAD waren ursprünglich alle Funktionen zur Lenkung und Kontrolle des politischen

Lebens im sowjetischen Besatzungsgebiet Deutschlands konzentriert. Jedoch schon im Spätsommer 1945 wurden die Aufgaben aus politischen Gründen neu verteilt. Als Gegengewicht zum Politischen Berater etablierte sich vor allem die SMAD-Propagandaverwaltung. Ihr Leiter, Oberst Sergej Tjulpanow, war ein in der Form zwar konzilianter, in der Sache aber harter Verfechter einer am kommunistischen Gesellschaftsideal orientierten Politik. Von ihm heißt es, er sei Vertreter einer dritten Gruppe im Moskauer Machtzentrum gewesen, die von 1946 an ihren Einfluß auf die sowjetische Besatzungs- und Deutschlandpolitik durchzusetzen vermochte. An ihrer Spitze stand der Leningrader Parteisekretär und Rivale Malenkows, Andrej Shdanow. Dieser lehnte die Demontagepolitik ab und favorisierte statt dessen eine rasche Umgestaltung der Sowjetischen Besatzungszone Deutschlands (SBZ) nach sowjetischem Vorbild.

Als Politischer Berater der SMAD war Semjonow für die »große Politik« zuständig. Vom politischen Alltagsgeschäft hatte er sich weitgehend zurückgezogen; die »operative« Arbeit vor Ort überließ er Offizieren, die, wie Oberst Tjulpanow, ihre Position ausnutzten, um selbst Politik zu gestalten. Schließlich gelang es Semjonow, seinen Gegenspieler in die Schranken zu verweisen. Das war 1948, im Todesjahr Andrej Shdanows. Ein Jahr später wurde Tjulpanow von seinem Posten abberufen und in die Sowjetunion zurückgeschickt. Semjonow dagegen blieb in Berlin mit gestärkter Position. Als nach Gründung der DDR die SMAD im November 1949 in die Sowjetische Kontrollkommission (SKK) überführt wurde, ernannte man ihn zu deren Politischem Berater. Die Karriere des jungen und erfolgreichen Diplomaten hatte sich längst von der seines Mentors Molotows emanzipiert. Dieser verlor 1949 den Posten des Außenministers; 1952 wurde er praktisch »kaltgestellt«.

Schon bald nach Konstituierung der DDR begann die Sozialistische Einheitspartei Deutschlands (SED), dem sowjetischen Vorbild nachzueifern und das stalinistische Gesellschaftsmodell einschließlich des Unterdrückungsapparates zu kopieren. Treibende Kraft war Walter Ulbricht, Generalsekretär der Einheitssozialisten. Er tat dies mit revolutionärem Eifer und ohne Rücksicht auf die gesamtdeutschen Interessen der UdSSR. Ulbricht war bei der

Besatzungsmacht wegen seiner Unduldsamkeit und seiner Neigung zu Alleingängen umstritten. Schon zur Zeit der SMAD kam es zwischen ihm und Semjonow zu Auseinandersetzungen. Der Politische Berater versuchte schließlich sogar bei Stalin zu intervenieren, doch Ulbricht genoß dessen Vertrauen.

Das Jahr 1952 brachte in die sowjetische Deutschlandpolitik Bewegung. Die Sowjetunion unterbreitete den Westmächten ein überraschendes Angebot zur Wiedervereinigung Deutschlands. Die Stalinnote, die ein demokratisches, neutrales und wiederbewaffnetes Deutschland vorschlug, war für die sowjetische Führung ein Versuch nicht ohne Risiken. Jedoch wußte man in Moskau genau, daß die Westmächte diese Möglichkeit einer Lösung der deutschen Frage ablehnten, daß Konrad Adenauer nicht einmal bereit war, sie ernsthaft zu diskutieren.

Am 5. März 1953 starb Stalin. Unmittelbar danach entbrannte der Machtkampf um die Nachfolge. Zwei Fraktionen standen sich im Politbüro gegenüber: auf der einen Seite Berija und Malenkow, auf der anderen Nikita Chruschtschow, Nikolai Bulganin und Molotow. Ende Mai 1953 stand im Präsidium des ZK der KPdSU (wie sich das Politbüro damals nannte) die Deutschlandfrage auf der Tagesordnung. Aus der DDR gingen alarmierende Meldungen ein. Dort war im Juli 1952 der »planmäßige Aufbau des Sozialismus« verkündet worden, mit verheerenden wirtschaftlichen Folgen. Molotow, inzwischen wieder in Amt und Würden, drängte darauf, das Tempo der politischen und wirtschaftlichen Veränderungen in der DDR zu reduzieren. Berija sah das jedoch anders. Er wollte ganz auf den Aufbau des Sozialismus verzichten und versprach sich von einem wiedervereinigten bürgerlichen Deutschland mehr Vorteile als von einer DDR, deren Aufbau des Sozialismus über Jahre subventioniert werden mußte. Berija setzte sich mit seinem radikalen Konzept zwar nicht durch, aber dennoch beschloß die sowjetische Führung einen Kurswechsel in der DDR. Ulbrichts Position geriet ins Wanken.

Semjonow war erst im April 1953 aus Berlin abberufen worden, um in Moskau erneut die Leitung der III. Europäischen Abteilung des Außenministeriums zu übernehmen. Anfang Juni kehrte er nach Ostberlin zurück, um als Hoher Kommissar die neue politische Linie Moskaus durchzusetzen. Die SED-Führung steuerte ihren verhängnisvollen wirtschaftlichen Kurs jedoch weiter, bis am 16. Juni 1953 die Bauarbeiter an der Berliner Stalinallee die Arbeit niederlegten. Binnen kurzem schwoll ihr Protest zu einem Volksaufstand heran. Der sowjetischen Führung, die sich in inmitten eines Machtkampfes und einer Diskussion über eine politische Neuorientierung befand, blieb nichts weiter übrig, als den Aufstand mit Waffengewalt niederzuschlagen, wollte sie die DDR nicht preisgeben. Semjonow war als ranghöchster sowjetischer Repräsentant vor Ort ausführendes Organ und hielt sich dabei geschickt im Hintergrund. Unmittelbar nach den Ereignissen in Deutschland wurde am 26. Juni 1953 Berija verhaftet. Im Juli fand vor dem Plenum des ZK der KPdSU die politische Abrechnung statt. Im Dezember wurde er von einem Militärtribunal zum Tode verurteilt und erschossen.

Die Spekulationen um eine mögliche Kursänderung in der sowjetischen Deutschlandpolitik verstummten. In den Augen der sowjetischen Führung gewann die Stärkung der DDR Priorität. Walter Ulbricht ging aus der Krise gestärkt hervor; Semjonow hatte sie unbeschadet überstanden. Er blieb noch ein Jahr in Berlin, um die Scherben sowjetischer Deutschlandpolitik zusammenzufegen. Seine Karriere hatte ihren Höhepunkt überschritten. 1954 kehrte in eine Sowjetunion zurück, in der sich Chruschtschow im Kampf um die Macht hatte durchsetzen können. Eine Periode innenpolitischen Tauwetters setzte ein. Außenpolitisch steuerte der neue Mann im Kreml keinen einheitlichen Kurs. Es war die Hoch-Zeit des kalten Krieges, in der die Welt mehrmals am Rande des atomaren Abgrundes stand.

In Moskau übernahm Semjonow zum dritten Mal die III. Europäische Abteilung des Außenministeriums. Zugleich ernannte man ihn zu einem der Stellvertreter Molotows, dessen Tage im Außenministerium allerdings gezählt waren. Das stalinistische Fossil paßte nicht mehr in das Bild der neuen Zeit, 1957 schob man ihn als Botschafter in die Mongolei ab. Neuer Außenminister wurde Andrej Gromyko. Für Semjonow rückte die Deutschlandpolitik aus dem Zentrum seiner Arbeit. Es folgten Ausflüge in die internationale Politik, in die Türkei, in den Iran und nach Ägypten. In den USA lernte er den jungen Kennedy kennen, für den er Sympathie empfand. Ende der sechziger Jahre wurde er Leiter der sowjetischen Delegation bei den Verhandlungen mit den USA über eine Begrenzung der strategischen Rüstung. Neun Jahre später bot ihm Gromyko den Botschafterposten in Bonn an. Semjonow, mittlerweile 67 Jahre alt, nahm das Angebot an und ging 1978 als Nachfolger Valentin Falins für siebeneinhalb Jahre an den Rhein.

Die Zeit der großen Politik in und um Deutschland war vorbei: Die Ostverträge waren unterzeichnet, ebenso der Grundlagenvertrag mit der DDR. Ende der siebziger Jahre, mit dem Einmarsch sowjetischer Truppen in Afghanistan, vereiste nochmals das Verhältnis zwischen Ost und West. Die neue amerikanische Administration unter Ronald Reagan verschärfte seit 1981 ihre Politik gegenüber der Sowjetunion. Mit massiver Aufrüstung sollte der Kontrahent im kalten Krieg endgültig bezwungen werden. Der Streit um die Stationierung amerikanischer Mittelstreckenraketen auf deutschem Boden führte in der Bundesrepublik zu heftigen innenpolitischen Auseinandersetzungen. Die beiden deutschen Staaten suchten Ansätze einer Verständigung, jenseits der Großmachtinteressen und ungeachtet ihrer Bündnisdisziplin.

All dies erlebt Semjonow als Botschafter der UdSSR in Bonn, ohne jedoch daran etwas wesentliches ändern zu können. Ihm blieb, was einem Botschafter zu tun bleibt, der nicht mehr viel bewegen kann: Er beobachtete, berichtete, hielt Reden. Und er fand Zeit für seine große Vorliebe, die Kunst. Das Ende seiner Karriere war unrühmlich, seiner nicht würdig. Er wurde Rentner, pendelte aber weiter zwischen Moskwa und Rhein. Den Fall der Berliner Mauer und die Wiedervereinigung Deutschlands hat er noch erlebt. Am 18. Dezember 1992 starb er, ein Mann, der sich die meiste Zeit seines Lebens mit Deutschland befaßt hatte, im Alter von 81 Jahren während eines Aufenthaltes in Köln. Fast möchte man darin eine Laune des Schicksals erblicken.

II.

Semjonows Erinnerungen haben Lücken. Er gibt sie zu. Die Arbeit am Manuskript beendete er zwei Monate vor seinem Tod. Oder genauer: Er hat sie abgebrochen. Dies ist eine Erklärung dafür, warum er manches Ereignis übergeht, verschweigt oder nur am

Rande streift. Seinen Ausführungen ist aber auch deutlich anzumerken, daß er bis zum Schluß seines Lebens dem Weltbild des Marxismus-Leninismus treu blieb. Schließlich fällt auf, daß Teile seiner Erinnerungen noch zu Zeiten der Diktatur geschrieben wurden. All diese Umstände haben Stil und Inhalt stark beeinflußt. Wer mit östlicher Diktion vertraut ist, wird sich in Semjonows Erinnerungen schnell zurechtfinden. Viele Interpretatoren sowjetischer Politik waren es gewohnt, im Nebel zu stochern und aus spärlichen Indizien plausible Schlüsse zu ziehen. Dank Semjonow kommen sie nicht aus der Übung.

Semjonow hinterläßt offene Fragen. Wie war sein Verhältnis zu Lawrentij Berija? Es gab Verstrickungen in den Apparat des allgegenwärtigen NKWD. Er bestreitet jedoch energisch, Berijas Verbindungsmann im besetzten Berlin gewesen zu sein. Immer wieder taucht in seinem Manuskript Berijas bedrohlicher Schatten auf. Vor diesem Mann hatten alle Angst, weil er gegen jeden intrigierte und Stalin ihn gewähren ließ. Immer wieder drückt Semjonow sein Unbehagen über die dunklen Machenschaften des NKWD aus, beklagt sich darüber, daß er nicht wußte, was Berija in Deutschland für ein Spiel trieb. Sein Urteil über diesen Mann ist vernichtend, dessen Ende schildert er ohne Emotionen. Man möchte Semjonow Glauben schenken, doch es bleiben Zweifel, genährt durch manche nebulöse Andeutung und durch manch fehlendes Dementi.

Semjonow hat nicht über alle Ereignisse berichtet, über die man von ihm Auskunft erhofft hätte. So erwähnt er die Berliner Blockade 1948/49 ganz nebenbei, so, als habe es sie gar nicht gegeben. War es ihm auch nach Jahrzehnten nicht möglich, einzugestehen, daß es der UdSSR im Grunde genommen nur noch darum ging, eine Beendigung der Blockade ohne Gesichtsverlust zu erreichen? Auch über die Gründung der DDR erfahren wir so gut wie nichts; der Besuch Konrad Adenauers 1955 in Moskau findet praktisch nur am Rande Erwähnung, ebenso die Rede Chruschtschows 1956 auf dem XX. KPdSU-Parteitag. Auf die Berlinkrisen zwischen 1958 und 1961 geht er nicht ein.

Manche Schilderungen bedürfen der Korrektur und warnender Hinweise: Semjonow schreibt seitenlange Rechtfertigungen des sowjetischen Einmarsches in Litauen 1940. Was er da schreibt, und wie er es schreibt, ist teilweise haarsträubend. Den 17. Juni 1953 nennt er einen »Putsch«, ohne dafür einen schlüssigen Beweis zu liefern, und macht sich damit eine Argumentation zu eigen, wie sie auch in der DDR zur Verfälschung der Ereignisse herhalten mußte. Schließlich zieht er den Diktator Stalin behutsam aus dem Fadenkreuz der Kritik, tastet ihn nicht an, stößt ihn von keinem Denkmalssockel. Im Gegenteil: Er sieht in ihm einen Menschen, der einsam wie ein Adler seine Kreise zog. Semjonows stille Bewunderung Stalins ist nicht verwunderlich, genoß er doch dessen Vertrauen. Er sieht in ihm einen Garanten für eine überlegte und kontinuierliche außenpolitische Linie der Sowjetunion, so wie er sie sich selbst gewünscht hätte. Dementsprechend mißt er der Stalinnote von 1952 eine zentrale Bedeutung bei und bemüht sich, auch sie als Beweis außenpolitischer Kontinuität zu sehen. Ausdruck dieser Kontinuität ist auch sein Denken in gesamtdeutschen Dimensionen. Die DDR war für ihn eine Option unter vielen – zu vielen, wie sie die sowjetische Außenpolitik stets offenhalten wollte. Zu Lebzeiten hat er die Frage einer Wiedervereinigung Deutschlands verneint. Die Gletscher des kalten Krieges, unter denen der europäische Kontinent bis 1989 begraben lag, waren zu dick. Jede grundlegende Veränderung der politischen Strukturen schien in Europa auf unabsehbare Zeit ausgeschlossen zu sein. Wenn er dennoch die Wiedervereinigung des Landes ausdrücklich gutheißt, klingt das wenig überzeugend. Und wenn er den Westmächten die Schuld an der Spaltung Deutschlands gibt, ist dies nicht mehr als die freundliche Geste gegenüber der Sowjetunion, der er sich noch immer verpflichtet fühlt, die es aber nicht mehr gibt.

Memoiren bedürfen der sorgfältigen Interpretation. Ihnen fehlt der Stempel des Amtlichen. Sie haben Mängel, gewiß. Diese müssen wir jedoch dem Memoirenschreiber nachsehen, vor allem dann, wenn er wie Semjonow nicht mehr die Möglichkeit hat, dazu Stellung zu nehmen. Von manchen Unzulänglichkeiten abgesehen, spricht er sich in seinem Buch auch ganz offen über Dinge aus, die wir schon immer wissen wollten – und das macht seine Erinnerungen interessant. Semjonow hat viele Jahre seines Lebens an den Brennpunkten des Zeitgeschehens verbracht, an denen sich nur wenige aufhalten konnten. Die Nähe des Geschehens läßt er seine Leser immer wieder unmittelbar miterleben, sei es im Berlin der Zeit unmittelbar nach Kriegsbeginn, in Stockholm im Krieg oder während der sowjetischen Besatzungszeit in Deutschland. Nicht von ungefähr bezeichnete er die Jahre von 1945 bis 1949 als die besten seines Lebens. Damit steht er nicht allein. Er teilt diese Ansicht mit vielen anderen sowjetischen Besatzungsoffizieren. Die meisten waren noch sehr jung, als man sie 1945 nach Deutschland schickte, um dort den politischen, wirtschaftlichen und kulturellen Neuaufbau zu lenken und zu kontrollieren. Viele waren hochgebildet und erblickten die Chance ihres Lebens: etwas aufzubauen und dabei relativ frei und eigenverantwortlich zu handeln. In der stalinistischen Sowjetunion wäre dies undenkbar gewesen. Im besetzten Deutschland war dies sogar ausdrücklich erwünscht.

Wladimir Semjonow besaß keinen drängenden Ehrgeiz, wurde aber dennoch Karrierediplomat. Seinen Aufstieg verdankte er anderen, allen voran Molotow. Vor ihm zieht er immer wieder respektvoll den Hut und zeichnet ein Bild, wie wir es nicht kennen und wie wir es uns nur schwer vorstellen können. Semjonow hatte auch Glück. Über manche Beförderung war er erstaunt, sogar erschrocken und fürchtete, nicht genügend qualifiziert zu sein. Am Ende erfüllte er jedoch die in ihn gesetzten Erwartungen. Im Rampenlicht der Öffentlichkeit zu stehen, war ihm nicht erlaubt, entsprach auch nicht seinem Wesen. Er war zurückhaltend und aufmerksam, freundlich und aufgeschlossen, aber stets äußerst vorsichtig. Als Diplomat hatte er die Politik anderer zu vertreten und auszuführen. Er war nicht derjenige, der sein Leben deswegen unnötig aufs Spiel gesetzt hätte. Offenbar verstand er es, rechtzeitig abzutauchen, wenn es gefährlich wurde. Er war bereit, ein hohes Maß an Verantwortung zu übernehmen, aber nicht jenes Höchstmaß, das nötig gewesen wäre, um auf der politischen Karriereleiter ganz nach oben zu steigen, wovon er sicher träumte. Semjonow kannte die Regeln des Intrigenspiels um die Macht, machte aber nicht rücksichtslos Gebrauch davon. In jedem Fall sicherte ihm sein Verhalten das Überleben im stalinistischen System.

Mit dreißig Jahren lebt der Mensch von seinen Erinnerungen.
ROMAIN ROLLAND

Alles fließt, alles ist in Veränderung. Man kann nicht zweimal in denselben Fluß steigen, und die Vergänglichkeit der Natur erfährt niemand zweimal. HERAKLIT

Die Sonne ist nicht nur jeden Tag neu, sie ist ewig und unablässig neu.
HERAKLIT

Zum Geleit

Meine Erinnerungen umfassen über ein halbes Jahrhundert. Wie ein Brennglas die Strahlen des Lichts, bündeln sie alle Fäden des Seins und Wissens eines lebensfrohen Menschen um Geschichte, Wissenschaft, Poesie und Weltanschauung.

Dies ist nicht die Arbeit eines Historikers und keine Studie aus Archiven, sondern ein freier Bericht darüber, was ich selbst beobachtete, wo ich selbst zugegen war und was ich von kundigen Menschen eines engen Kreises gehört habe.

Aus der Distanz dieser Jahrzehnte überblickt man besser das ausgehende 20. Jahrhundert mit seinem Hell und Dunkel, mit seinen Höhen und Tiefen, mit seinen Fortschritten und Rückschlägen. Aber selbst wenn drohende Wolken den Horizont verhüllten, schien dahinter immer noch die Sonne.

Ich bin in meinem Leben Zeuge oder Akteur großer Ereignisse gewesen, bin vielen hervorragenden Persönlichkeiten unseres Jahrhunderts begegnet oder habe in ihrer Nähe gearbeitet.

Nicht jede Einzelheit im Leben eines Menschen wird aufgezeichnet, und nicht jeder Augenblick im Leben der Staaten und Völker geht in die Chroniken der Geschichte ein. Viele bedeutsame Ereignisse vollziehen sich rasch, im engen Kreise oder unter vier Augen, in einem Telefongespräch oder an der Garderobe. Jede Gesellschaft hat ihr Intimleben, das weder in Archiven noch in Bibliotheken festgehalten wird. Hier ist die Erinnerung von unschätzbarem Wert.

Ich schreibe über das, was war, genauer gesagt, wie ich es im Zusammenspiel der jeweiligen Umstände sah. Als Diplomat und Politiker hatte ich jedoch vor allem die Beziehungen zwischen den Staaten und Völkern im Blickfeld. Innenpolitische Entwicklungen werde ich kaum behandeln; ich kenne sie nicht genügend oder weiß gar nichts darüber.

Der Mensch hat Gegenwart und Zukunft selbst in der Hand, aber die Vergangenheit kann er nicht zurückholen. Der Zug von gestern ist unwiderruflich abgefahren. Heute bewegen die Völker und Staaten andere Bedürfnisse, andere Bestrebungen und Sorgen. Natürlich kann man das Bild der Vergangenheit entstellen. Das haben von alters her viele Staatsmänner getan, die ihre Vorgänger abwerten und sich selbst erhöhen wollten.

Das 20. Jahrhundert klingt aus. Es hat unsere Welt stark verändert. Die meisten Menschen, die heute auf der Erde leben, wurden nach dem Zweiten Weltkrieg geboren. Ihnen sind die Prüfungen und Entbehrungen des Krieges, der Nachkriegsjahrzehnte erspart geblieben. Für die Jungen ist das eine längst vergangene, kaum interessante, vielleicht sogar absurde Zeit.

Aber der Zweite Weltkrieg ist eine historische Tatsache! Es war der größte und verheerendste Krieg in der Geschichte der Menschheit, eine Krise der menschlichen Zivilisation, die zugleich neue Wege öffnete. Die Welt hat sich danach sehr verändert, selbst das Denken der heutigen Generationen ist ein anderes.

Wenn der Zweite Weltkrieg ein solcher historischer Einschnitt war, dann hatten auch die Akteure jener Zeit mehr Größe und nicht weniger als die bedeutendsten Gestalten der Vergangenheit. In den »Geschichtsbüchern«, die heute verfaßt werden, erscheint die Tragödie des Zweiten Weltkrieges zuweilen als Farce in den Zerrspiegeln eines Lachkabinetts. Man verkündet z. B. nach neuesten »Entdeckungen« in Archiven, der Zweite Weltkrieg »hätte nach wenigen Monaten enden können«, wären da nicht die »Irrtümer« Stalins, die »Sünden« des Sozialismus gewesen. Als ob es die gigantischen Schlachten bei Moskau, bei Stalingrad und am Kursker Bogen, die grandiosen Kämpfe nicht gegeben hätte, die mit der Unterwerfung Deutschlands im Frühjahr 1945 endeten.

Diejenigen, die diese »neuen Geschichtsbücher« verfassen, verschweigen bewußt Tatsachen. Wer brach den Krieg in Europa vom

Zaun? Wer verkündete die Vernichtung der »slawischen Untermenschen«, der Juden, der Sinti und Roma, anderer Völker? Der deutsche Militarismus. Und wohin sind der Überfall der japanischen Militaristen, dieser Komplizen der deutschen Aggressoren, auf Pearl Harbor, wohin die Tragödien von Hiroshima und Nagasaki entschwunden? Was mußte die Menschheit nach dem Zweiten Weltkrieg nicht alles erdulden – das strategische Wettrüsten, die schrecklichen Kolonialkriege in Vietnam, in Indonesien, in Algerien, Angola und anderen Ländern!

So irren diese frischgebackenen »Historiker« in einer Scheinwelt umher, und mit ihnen jene, die die Gesellschaft in ferne, längst vergangene Zeiten zurückholen wollen.

Kehren wir jedoch zum 20. Jahrhundert zurück, wie es wirklich war. Es wird in die Weltgeschichte eingehen als eine Zeit, in der die Völker, Nationen und ethnischen Gemeinschaften des ganzen Erdballs zu selbständigem Handeln fanden. Und wenn das Menschengeschlecht auch gewiß noch große Schwierigkeiten erwarten, haben wir doch Grund zu der Annahme, daß die dunkelsten Kapitel der Weltgeschichte offenbar hinter uns liegen.

In meinem langen Diplomatenleben hatte ich das Glück an meiner Seite. Ich durfte auf bedeutsamen, »heißen« Feldern der Weltpolitik tätig sein und erklomm viele Stufen der Treppe, die nach oben führt. An diesem Buch habe ich vor etwa zehn Jahren zu arbeiten begonnen. Aus meinen persönlichen Tagebüchern, die ich seit den vierziger Jahren führe, wollte ich das Bild der Vergangenheit erstehen lassen, soweit das überhaupt möglich ist. Das Leben, die Generationen, ihre Sorgen und Nöte, ihr Horizont und ihre Bedürfnisse haben sich gewandelt. Auch ich selbst bin ein anderer geworden. Die Gegenstände und Inhalte, die Hintergründe, Gut und Böse haben gewechselt. Heute leben wir in einer Zeit grundlegender Umwälzungen des Denkens, die gebieterisch von uns fordert, alle Vorurteile, jede Enge und Voreingenommenheit abzulegen.

Schon die Schöpfer der Bibel und viele Philosophen des Altertums erkannten, daß ein wissender Mensch nicht selten weiter von der Wahrheit entfernt ist als ein unwissender. Wissen bedeutet noch nicht Weisheit. Was dem Weisen verborgen bleibt, enthüllt sich dem Kinde. Die Wahrheit ist häufig nicht in den tiefen Katakomben des Wissens, sondern auf den Gipfeln der Berge zu finden. Wir müssen uns von alten Formeln trennen, Vergangenheit und Gegenwart neu überdenken.

Jedoch die alten Formeln und Begriffe, die im Strom der Ereignisse unseres Jahrhunderts entstanden, sind kein nutzloser Plunder. Sie sind Teil der Geschichte, gleichsam ihr geistiger Ausdruck. Aber sie trugen und tragen das Element der Negation in sich. Der Krieg, von dem hier die Rede ist, war keine mittelalterliche Schlacht mit Rittern, Speeren und Schilden, war kein Kavalleriegefecht vom Anfang unseres Jahrhunderts. Das war ein Krieg ganzer Völker, ein Krieg der Maschinen, die noch während des Gemetzels weiterentwickelt wurden.

Es war ein langer, verzweifelter und kräftezehrender Krieg. Was hätte geschehen können, wenn das Sowjetvolk und seine Verbündeten zu spät gekommen wären, wenn man die deutsche V-2 und die Atomwaffe, die aus den Forschungen im Laboratorium Professor Hahns hervorging, auch eingesetzt hätte? Die völlige Zerstörung riesiger Regionen, ein gigantisches Tschernobyl, um ein heutiges Wort zu gebrauchen. Zweifellos hätte der Krieg mit einer Niederlage Deutschlands geendet, aber was wäre aus den Völkern Europas geworden?! Der Mai 1945 war die Rettung aus einem wahren Höllenfeuer.

Das Überdenken der Geschichte des 20. Jahrhunderts – des ganzen Jahrhunderts, nicht einzelner Teile – nimmt sich nur auf dem Papier einfach aus. Dafür braucht es Mut und geduldige, angespannte, zielstrebige Arbeit starker analytischer Köpfe. Blickt man z. B. auf den deutschen Kapitalismus und seine geschichtliche Leistung nur durch die Brille der beiden Weltkriege, dann war er eine für die Zivilisation äußerst gefährliche Erscheinung. Dieser Blick ist jedoch einseitig.

Der heutige Kapitalismus Deutschlands mit seiner Technologie, seiner Präzision und dem organisierten Zusammenwirken aller Glieder der Gesellschaft ist ein Höhepunkt der zivilisatorischen Entwicklung auf dieser Erde.»Von den Deutschen lernen« ist bis heute ein wichtiger Grundsatz, allerdings nicht von ihnen allein. Ein Gesamtbild des 20. Jahrhunderts ohne Voreingenommenheit, ruhig, ohne Übereilung und ohne Zeitverlust zu zeichnen, ist eine höchst komplizierte Aufgabe.

Dieses Buch enthält Zeugnisse und Beobachtungen meiner Person, meiner Freunde, aber auch meiner Gegner. Ich war nicht nur Diplomat, sondern auch Politiker, zuweilen eine Art Stabschef der Diplomatie meines Vaterlandes, der auf diesem Felde aktiv tätig sein durfte. In einem Buch kann jedoch nicht alles berichtet werden; dies ist nur ein Teil oder ein Teilchen meiner Erinnerung. Aber auch derartige Fragmente können in ungewöhnlicher Zusammenstellung wertvolle Zeugnisse sein und das Gesamtbild wesentlich beeinflussen.

Ich gedenke mit innerer Bewegung derer, mit denen mich das Schicksal zusammengeführt hat. Längst sind viele gegangen, die älter waren als ich, und fast keiner ist geblieben, mit dem ich meine Jugend verbrachte. Das ist der unaufhaltsame Fluß der Geschichte.

Es wäre sicher nicht richtig, die Ereignisse der Vergangenheit aus heutiger Sicht zu bewerten. Das hieße, ihnen einen Sinn und eine Bedeutung zu geben, die sie nicht hatten und nicht haben konnten. Unsere heutigen Sorgen und Nöte sind komplizierter und vielfältiger als die von gestern und vorgestern. Kompliziertere Etappen der Geschichte vollziehen sich aber bekanntlich auch nach komplizierteren Gesetzen. Andererseits wäre es auch kaum produktiv, unsere heutigen Schwierigkeiten lediglich mit dem Erbe der Vergangenheit erklären zu wollen. Das hinderte uns nur daran, sie im Lichte der gegenwärtigen Aufgaben zu sehen.

Das 20. Jahrhundert mit seinen Stürmen geht zu Ende. Im Grunde genommen leben wir heute bereits im neuen, dem 21. Jahrhundert.

Historiker, Politologen und Philosophen studieren die Vergangenheit unter neuen Gesichtspunkten. Kleine Geister murren zuweilen über die jüngsten Veränderungen, und manche Politiker haben nicht den Mut, die Dinge beim Namen zu nennen. Selbst eine solche Wende wie die Wiedervereinigung Deutschlands in den Grenzen von 1990, die durch internationale Verträge anerkannt und legalisiert ist, erweist sich als zu komplizierter Prozeß, um von allen vorbehaltlos akzeptiert zu werden.

Ich muß feststellen, daß einige Vorausabteilungen des Sozialismus, die eine Niederlage erlitten haben, sich durchaus nicht leicht, nicht ohne Schwierigkeiten von ihren sozialen Errungenschaften trennen. Und auch der Westen muß einiges bei sich ändern, um in der neuen Situation zu bestehen.

Diese neue Etappe der Geschichte, in die die Menschheit im letzten Viertel des scheidenden Jahrhunderts eingetreten ist, hat ihre eigenen Gesetze. Gleiche Prozesse laufen unter neuen Beziehungen zwischen den Völkern und Staaten bereits nach anderen Regeln ab. Und so wenig, wie die alte Sage von der Achillesferse ins Zeitalter des Pulvers und der Druckerpresse paßt, so wenig werden Ansichten vom Beginn oder der Mitte des 20. Jahrhunderts den objektiven Bedingungen und Aufgaben des heutigen Tages gerecht.

Ein solcher Umbruch in einem einzigen Jahrhundert, besonders in seinen letzten Jahrzehnten, macht es dem Memoirenschreiber, der diese Zeit erlebt hat, leicht und schwer zugleich. Die Argumente und Motive der Vergangenheit passen nicht zu den realen Verhältnissen der Gegenwart, sie sind nur noch von historischem Interesse als etwas Vergangenes und Unwiederholbares. Der Zickzackkurs, den die Entwicklung heute steuert, ist ein anderer als früher, wenn auch manche Äußerlichkeiten und Wörter einander ähneln. Die spiralenförmige Bewegung haben nicht Hegel oder Marx erfunden – sie ist ein objektives Entwicklungsgesetz dieser Welt.

Wenn wir uns also vergangener Ereignisse erinnern, können wir daraus für das Verständnis der Verhältnisse und Zusammenhänge jener Zeit bestimmten Nutzen ziehen. Wir sollten dies aber nicht dafür verwenden, um über Gegenwart oder Zukunft der Menschheit, der Staaten, Regionen und Völker zu urteilen. Große Ereignisse erfordern einen weiten Blick, frische Ideen und Kriterien.

Dieses Buch enthält Notizen über Gespräche, Reden und Begegnungen, die bisher unbekannt sind. Nur in meinen Tagebüchern steht, wie es war und wie ich es damals gesehen habe. Nicht immer kannte ich alle Hintergründe der beschriebenen Vorgänge. Dem Urteil des Lesers lege ich nur die Tatsachen vor, die mir bekannt geworden sind. Das war aufgrund meiner Dienststellung vieles, insbesondere im Bereich der zwischenstaatlichen Beziehungen. Er ist nur ein Teil dessen, was sich in dieser Zeit vollzog. Andererseits haben im 20. Jahrhundert mit seinen Weltbränden, auf deren Ruinen neue Staaten entstanden, die Beziehungen zwischen diesen ungewöhnliche Bedeutung erlangt.

In einem solch schwierigen Augenblick der Weltgeschichte können nur Wissenschaft und Theorie zu nüchterner Bewertung verhelfen. Diese ist nur möglich, wenn man der Theorie nicht ausweicht, sondern mutig auf sie zugeht und sie weiterentwickelt. Dann gewinnt man Einblicke in das Morgen und Übermorgen.

Man kann einwenden, meine Notizen seien zuweilen nicht präzise, meine Urteile einseitig und in manchem subjektiv. Aber sie spiegeln die Ereignisse auf ihre Weise wider, und sei es nur aus dem Blickwinkel eines Zeitzeugen, wie es der Verfassser dieser Zeilen ist. Ich war jedoch nicht nur Zeuge, sondern auch Teilnehmer des Prozesses, in dem das schwere Erbe im Verhältnis zwischen dem russischen und dem deutschen Volk allmählich überwunden und der Weg in die Zukunft gebahnt wurde. Heute leben leider antirussische und antisowjetische Stimmungen wieder auf. Das ist schlimmer als Revanchismus. Auch das muß klar und vernehmlich gesagt werden.

Über dieses Buch wird es Streit geben. Im Streit wird die Wahrheit geboren und weiterentwickelt. Wie ein gutgeschliffener Diamant erstrahlt sie in vielfarbigem Licht. Darin liegt ihre Kraft. Die Logik der Geschichte, der Tatsachen ist unüberwindlich, und auch hier gilt: Die Wolken ziehen, aber die Sterne sind ewig.

Mein Schicksal wollte es, daß ich nach meiner Pensionierung im Jahre 1991 aus dem aktiven Leben ausscheiden mußte. Ich hatte eine Reihe Operationen zu überstehen und konnte deshalb dem Gang der inneren und äußeren Dinge meines Landes nicht mehr folgen. Natürlich habe ich nicht tatenlos herumgelegen. Selbst als es mir sehr schlecht ging, wechselte ich kurzerhand den Gegenstand und befaßte mich mit Problemen der Geschichte und der Geschichtsphilosophie. Darüber kann ich jedoch nicht mehr sagen als Georg Wilhelm Friedrich Hegel, der mit 42 Jahren an seinen Freund schrieb: »Ich habe ... im ganzen mein irdisches Ziel erreicht, denn mit einem Amte und einem lieben Weibe ist man fertig mit dieser Welt. Es sind die Hauptartikel dessen, was man für sein Individuum zu erstreben hat. Das Uebrige sind keine eignen Kapitel mehr, sondern etwa nur Paragraphen und Anmerkungen.« (Hegel an Niethammer, 10. Okt. 1811. In: Briefe von und an

Hegel, Bd. I, Hamburg 1952, S. 386). In diesen »Paragraphen und Anmerkungen« des früheren Direktors eines Nürnberger Gymnasiums fanden sich dann seine Arbeiten »Wissenschaft der Logik«, »Grundlinien der Philosophie des Rechts«, »Enzyklopädie der philosophischen Wissenschaften im Grundrisse« und viele andere. Diese beschäftigten mich.

Wladimir Semjonow, Moskau, im Oktober 1992

TEIL I

Aller Dinge Anfang
1911-1939

Erstes Kapitel
Jugenderinnerungen

Meine ersten Eindrücke gehen bis an den Anfang der zwanziger Jahre zurück, die ich in der tiefsten Provinz, in dem Städtchen Kirsanow im Tambower Gebiet, 500 Kilometer südöstlich von Moskau verbrachte. Was stellte Rußland damals dar? Wie waren Gesellschaft, Wirtschaft, Wissenschaft und Kultur beschaffen, welche internationale Stellung nahm es ein? Wie sahen wir unsere Zukunft, wie floß die Zeit dahin, wie veränderten sich die Menschen und ihre Lebensbedingungen?

Der Anfang war hart und schwer. Ich erinnere mich an die Februarrevolution von 1917, die ich, am 16. 2. 1911 geboren, mit sechs Jahren erlebte, an den Sturz der Selbstherrschaft, an die roten Fahnen und Bänder, an den Klang der Blaskapellen. Aber der Erste Weltkrieg ging weiter, und in den düsteren Novembertagen desselben Jahres wurde in der Stadt die Sowjetmacht errichtet, kaum daß es jemand bemerkte. 1921 starb mein Vater an Typhus. Er war Lokführer bei der Eisenbahn gewesen und hatte lange Güterzüge nach Tambow gefahren. Vater wurde nach alter rechtgläubiger Sitte bestattet. Nachts las ich über seinem Sarg das Evangelium und Psalmen. Die Nachbarinnen flüsterten: »Noch so klein und liest schon so gut.«

Die Wirtschaft des Landes verfiel, im Wolgagebiet soll es sogar Kannibalismus gegeben haben. Das Geld war nicht das Papier wert, auf dem es gedruckt war, man rechnete in Hunderten Millionen von Rubeln. Selbst Bettler waren »Millionäre«. Die Industriebetriebe standen still, der Verkehr kam zum Erliegen, darunter auch die Hauptarterie unseres gigantischen Landes, das sich über 10 000 Kilometer von Brest nach Wladiwostok und 5000 Kilometer von den Polargebieten des Nordens bis zu den Subtropen Mittelasiens und Transkaukasiens erstreckte.

Nach Vaters Tod lebte unsere verwaiste Familie in einem Häuschen in der Nähe der Bahnstation. Nach schweren Regenfällen und im Herbst verwandelte sich unsere Straße, die den malerischen Namen »die Schmutzige« trug, in einen unpassierbaren Sumpf, in dem die Schuhe steckenblieben. Nur an den Zaun geklammert, schleppten wir uns nach Hause. Die Bahnstation galt als »rot«, denn sie anerkannte die Sowjetmacht. Auch meine Mutter ging mit den »Roten«. Sie hatte nur vier Klassen Grundschule und trat in das neue Leben durch den Eingang für Dienstboten, nicht für die Herrschaft ein. Sie arbeitete als Requisiteuse im Klub der Eisenbahner, und nachts nähte sie für die Modedamen der Stadt. In unsere winzige Zweizimmerwohnung brachte sie vom Bahnhof verwahrloste und verlauste Kinder mit, stückelte für sie etwas zum Anziehen zusammen, brachte sie in Kinderheimen und Asylen unter. Wir lebten schlecht, aßen Melde aus dem Garten und Suppe aus Rübenblättern. Manchmal gaben uns Bauern, die in unserem Hause übernachteten, einen Trockenfisch oder etwas Hirse ab, aus der Mutter Plinsen buk.

Der Bürgerkrieg erreichte Kirsanow erst gegen Ende, als der ehemalige Chef der Kreismiliz, Alexander Antonow, einen Aufstand anführte, dem sich die Bauern in einem großen Gebiet anschlossen. Die Aufständischen forderten den Sturz der Sowjetmacht, sprengten Bahngleise in die Luft und riefen die Bauern auf, keine Steuern mehr zu zahlen. Ich erinnere mich an ein schweres Gefecht in Kirsanow, wo die Antonow-Leute geschlagen wurden. Sie versuchten sich auch in unserem Häuschen zu verstecken, wurden dann aber von Einheiten der Roten Armee vertrieben, die Pawel Alexejewitsch Kurotschkin kommandierte. In den Kämpfen gegen die Antonow-Leute zeichnete sich auch der junge Kommandeur einer Kavallerieschwadron Georgi Konstantinowitsch Shukow aus, der später als Heerführer weltberühmt wurde.

Die Geschichte wollte es so, daß ich nach dem Zweiten Weltkrieg in Berlin sowohl mit Marschall Georgi Shukow als auch mit Generaloberst Pawel Kurotschkin zusammentraf, der Stellvertreter des Oberkommandierenden der sowjetischen Militäradministration wurde, d.h. mein unmittelbarer Mitarbeiter im Alliierten Kontrollrat der vier Mächte – der UdSSR, der USA, Großbritanniens und Frankreichs. Dieses Organ hatten die vier Mächte im Jahre

1945 für die Machtausübung in Deutschland während der Besatzungszeit geschaffen.

So führte das Schicksal nach der Oktoberrevolution von 1917 Menschen verschiedener Generationen und sozialer Herkunft zusammen. Dies widerlegt das heute gängige Vorurteil, die Entwicklung eines so riesigen Landes im 20. Jahrhundert sei nach den Weisungen einer kleinen Gruppe von Menschen aus einem Zentrum erfolgt. In Wirklichkeit waren es die Völker unserer Großmacht, die unsere ganze ungeheuer schwierige Geschichte gestalteten und solche Titanen hervorbrachten wie Iwan I., Peter I., Suworow, Kutusow, eine ganze Plejade glänzender Schriftsteller und Wissenschaftler wie Puschkin, Gogol, Tolstoi, Dostojewski, Tschechow, Lomonossow, Wernadski, Mendelejew, Popow, Dokutschajew und viele andere.

Die Niederschlagung des Antonow-Aufstandes leiteten von Tambow aus die bekannten Kommandeure Michail Nikolajewitsch Tuchatschewski und Jeronim Petrowitsch Uborewitsch.

Am nächsten Morgen sangen die Leute auf dem Markt im Zentrum Kirsanows das Lied des damals sehr beliebten Dichters Demjan Bedny:
So ziehn wir in den Kampf
für die Sowjetmacht
und sterben alle wie ein Mann
in dieser Schlacht...

Wladimir Iljitsch Lenin zog aus dem Antonow-Aufstand und anderen Erhebungen weitgehende Schlußfolgerungen. 1922 verkündete er die Neue Ökonomische Politik (NÖP). Das Ablieferungssoll wurde nun durch eine Naturalsteuer ersetzt, die den Bauern einen bedeutenden Teil ihrer Ernte ließ. Lenin begründete, daß es auch im Sozialismus Ware-Geld-Beziehungen geben müßte, rief die Menschen dazu auf, den Handel zu erlernen, die Kommunalwirtschaft in den Städten sachgerecht zu führen, mit jedem Kilogramm Kohle und Eisen hauszuhalten. Von der Arbeiterklasse forderte er, das Bündnis mit der werktätigen Bauernschaft zu festigen.

Am 6. Januar 1923 diktierte Lenin, damals schon schwerkrank, den Artikel »Über das Genossenschaftswesen«, in dem er feststellte: »...Zugleich müssen wir zugeben, daß sich unsere ganze

Auffassung vom Sozialismus grundlegend geändert hat. Diese grundlegende Änderung besteht darin, daß wir früher das Schwergewicht auf den politischen Kampf, die Revolution, die Eroberung der Macht usw. legten und auch legen mußten. Heute dagegen ändert sich das Schwergewicht so weit, daß es auf die friedliche organisatorische ›Kultur‹arbeit verlegt wird. Ich würde sagen, daß sich das Schwergewicht für uns auf bloße Kulturarbeit verschiebt, gäbe es nicht die internationalen Beziehungen, hätten wir nicht die Pflicht, für unsere Position im internationalen Maßstab zu kämpfen. Wenn man aber davon absieht und sich auf die inneren ökonomischen Verhältnisse beschränkt, so reduziert sich bei uns jetzt das Schwergewicht der Arbeit tatsächlich auf bloße Kulturarbeit.« (W. I. Lenin, Werke, Bd. 33, Berlin [Ost] 1962, S. 460).

Zehn Tage später, am 16. Januar 1923, diktierte er den Artikel »Über unsere Revolution (Aus Anlaß der Aufzeichnungen N. Suchanows)«, in dem er diesen Gedanken weiterentwickelte.

»Wenn zur Schaffung des Sozialismus«, heißt es dort, »ein bestimmtes Kulturniveau notwendig ist (obwohl niemand sagen kann, wie dieses bestimmte ›Kulturniveau‹ aussieht, denn es ist in jedem westeuropäischen Staat verschieden), warum sollten wir also nicht damit anfangen, auf revolutionärem Wege die Voraussetzungen für dieses bestimmte Niveau zu erringen, und dann schon, auf der Grundlage der Arbeiter- und Bauernmacht und der Sowjetordnung, vorwärtsschreiten und die anderen Völker einholen.« (W. I. Lenin, Werke, Bd. 33, Berlin [Ost] 1962, S. 464-465).

Während der Perestroika, die in der UdSSR im Jahre 1985 begann, fanden sich Leute, die den Gedanken von der »grundlegenden Änderung unserer ganzen Auffassung vom Sozialismus« aus dem Zusammenhang rissen und behaupteten, Lenin habe vor seinem Tode alle seine und andere marxistische Arbeiten über den Sozialismus negiert. Jeder, der Lenins Werke auch nur ein bißchen kennt, weiß, daß er in seinen letzten Arbeiten die bereits 1915 aufgestellte These von der Möglichkeit und Notwendigkeit der Errichtung des Sozialismus zunächst in einem oder mehreren Ländern, wobei er Rußland im Auge hatte, verteidigte und weiterentwickelte. Als Revolutionär und Wissenschaftler erdachte und konkretisierte er anhand der Erfahrungen der Oktoberrevolution und der nachfolgenden Ereignisse seine Thesen über die Wege des Aufbaus und der Errichtung des Sozialismus in unserem Lande. Er betrachtete die sozialistische Gesellschaft nicht als etwas Starres, Unbewegliches, sondern als den Beginn einer Bewegung der Gesellschaft in neuen Bahnen. Er lehnte es entschieden ab, diese Bahnen zu »erfinden«. Er hob hervor, daß der Sozialismus nur das Ergebnis des historischen Schöpfertums breitester Volksmassen sein kann und daß er in verschiedenen Ländern von eigenem, unwiederholbarem Charakter sein wird.

Für mich war und bleibt Lenin die zentrale Figur seiner Zeit und der russischen Geschichte. Er war ein Genie, das in vielen Bereichen weit vorausdachte. Ein großer Wissenschaftler und Revolutionär, schuf er in nur 26 Jahren eine Vielzahl fundamentaler Arbeiten zur Philosophie, Geschichte, Politökonomie, Theorie und Praxis der Revolution und des Sozialismus.

Seine politischen, sozialen und philosophischen Positionen waren stark, konsequent und zuweilen zugespitzt, aber nur in den vorbereitenden Arbeiten, in seinen Randbemerkungen und Briefen enthüllt sich dem Leser der verborgene Mechanismus seines Geistes. Er dachte über Wege und Etappen der Zukunft nach, aber zunächst ganz für sich; deshalb wartete er in einer neuen Situation zuweilen mit überraschenden Schlüssen auf.

Er verstand seine Zeit und seine eigene Bestimmung. Diese innere Überzeugung scheint in jeder seiner Arbeiten, seiner Reden und Artikel durch. Deshalb atmen sie eine solche Leidenschaft. Um zum Führer seiner Generation zu werden, mußte er ein Mann von umfassender Gelehrsamkeit sein, die sich mit dem Fortgang seines Lebens immer stärker ausprägte. Er begriff durchaus die Mängel seines Volkes und seiner Generation, urteilte jedoch nicht über sie von der Höhe des gebildeten Menschen aus, sondern durchlitt sie selbst.

Von einigen wichtigen Ereignissen des 20. Jahrhunderts wird noch die Rede sein. Kehren wir jedoch nach Kirsanow und zu unserem nach heutigen Vorstellungen armseligen Leben zurück, wo wir den Geräuschen des Alls an einem Detektorempfänger lauschten, den mein Bruder, ein begabter Autodidakt, zusammengebastelt hatte.

Ja, wir lebten damals schlecht, wir hungerten und froren. Das lag nicht nur an den Zerstörungen, die der Erste Weltkrieg und der

Bürgerkrieg angerichtet hatten. Andere unheimliche Bilder drängen sich mir auf. Die riesigen Dörfer mit strohgedeckten Hütten in der Umgebung meiner Heimatstadt. Brände verwandelten sie rasch in ein einziges Feuermeer. Die Bauern konnten mit Mühe das Nötigste retten. Im zaristischen Rußland brannte ein solches Dorf in der Regel alle 25 Jahre nieder. Die Bewohner benachbarter Ansiedlungen zettelten Schlägereien an. Einfach so, ohne ersichtlichen Grund.

Als die Neue Ökonomische Politik einsetzte, trat an die Stelle des entwerteten Rubel der Tscherwonez (ab 1925 mit realem Goldgehalt). Die Bauern durften nun ihr Getreide auf dem Markt frei verkaufen. Das Leben normalisierte sich allmählich.

Viele junge Leute gingen damals wichtigen Dingen nach. Achtzig Prozent der Bevölkerung waren jedoch noch Analphabeten. Als Junge brachte ich den im Stadtgefängnis einsitzenden Kriminellen Lesen und Schreiben bei. Schon der Anblick dieses Baus am Rande der Stadt war furchterregend. Riesige überfüllte Räume. Menschen verschiedensten Alters mit Heften in der Hand. Auf dem Schoße eines graubärtigen Tischlers an der Werkbank las ich ihnen langsam zum Nachsprechen vor: »Un-se-re Kraft, un-ser Feld«. »Wir sind kei-ne Skla-ven, Skla-ven sind wir nicht.« Das gleiche Bild bei den erwachsenen Frauen. Sie seufzten nach russischer Sitte tief auf, streichelten mir den Kopf und nahmen mit Freude jeden Buchstaben auf. Das war unser Alltag ...

Man kann auch geistig rege sein mit nur einem Hemd auf dem Leib. In der Jugend lacht einem das Glück, auch wenn die Zeiten schwer sind. Ihr gehört stets die Zukunft, sie hat ihre eigenen Freuden. Mein Vater war ein fortschrittlicher Mann. Nach seinem Tode hinterließ er mir in einer Kammer im Haus an der Schmutzigen Straße vier große Kisten mit Werken der russischen Klassiker – Gogol, Puschkin, Turgenjew, Tschechow. Er hatte die Beilagen zur Zeitschrift »Niwa« gesammelt, und ich entflammte in heißer Liebe zur klassischen Literatur. Mit zehn Jahren hatte ich diese ganze Bibliothek durchgeschmökert. Hatte ich viel von dieser Lektüre? Ich denke, ja. Es gibt Bücher, von denen man nicht sagen kann: »Ich habe sie gelesen«. Man nimmt sie immer wieder zur Hand, und jedesmal findet man etwas Neues, Gutes und Nützliches. Mir kommen die Worte des deutschen Komponisten Robert

Schumann in den Sinn, der sagte, der Mensch solle keine schlechte Musik spielen, ja nicht einmal hören, er solle sie töten. Oder der Hinweis eines deutschen Professors, der ausrechnete: Wenn du dein ganzes Leben lang Bücher liest, bringst du es maximal auf 5000. Das heißt, es müssen die besten und für dich nützlichsten Bücher sein.

Das ist ein sehr wichtiger Hinweis. Auch der große russische Schriftsteller Lew Tolstoi, der sein Lebtag die Werke seiner geliebten Klassiker zur Hand nahm, betonte immer wieder: »Ich verstehe nicht, warum die Menschen Abfälle aus der Müllgrube essen, da sie doch frische Nahrung zu sich nehmen können.« Bis heute habe ich die Gewohnheit nicht aufgegeben, die Bücher meiner Lieblingsautoren wieder und wieder zu lesen. Das sind vor allem Werke der Klassiker, politische Literatur oder Arbeiten zu einer Problematik, die mich gerade beschäftigt. Ich trainierte mein Gedächtnis, indem ich lange Passagen auswendig lernte, so aus Goethes »Faust«, Gedichte Puschkins, Lermontows und sogar Auszüge aus der Bibel, dem Koran und den Büchern anderer Religionen, die reich an Spruchweisheiten sind. So eignete ich mir allmählich eine Bildung an, die mir später in Verhandlungen oder diplomatischen Gesprächen oft ganz unerwartet zu Hilfe kam.

Alexander Herzen sagte einmal: »Nichts trägt so sehr zur Entwicklung des Menschen bei wie ein früh erwachtes gesellschaftliches Interesse.« Ich »erwachte«, als ich in jungen Jahren mit Zirkeln und Agitationsbrigaden im Klub der Eisenbahner in Berührung kam.

Als Junge wurde ich Mitglied einer Musikgruppe, spielte Balalaika und andere Saiteninstrumente. Meine Freunde schrieben Kinderverse, ich dachte mir dazu Melodien aus und schrieb »Partituren« für unser Mandolinenorchester. Meine Brüder und ich bildeten zu Hause ein Trio aus Mandoline, Mandola und Baßbalalaika. Ich verliebte mich in die »Stenographie der Gefühle«, wie Lew Tolstoi die Musik nannte, und träumte davon, aufs Konservatorium zu gehen. Mein ganzes Leben lang suchte ich die Gesellschaft von Musikern und später auch bildenden Künstlern.

Dieses früh erwachte Interesse an der Musik brachte uns den einfachen Menschen nahe, deren »Stenographie« der Gefühle wir entzifferten. Wir alle – meine Brüder und Freunde – wurden Bolschewiki. Mit zwölf Jahren organisierte ich unsere erste Pioniergruppe. Wir halfen dabei, das Analphabetentum zu überwinden, wir hielten Gärten in Ordnung, wir trugen Musik und Bildung auf die Dörfer.

Die Menschen brachten uns überall unerwartete Wärme, manchmal aber auch Wehmut entgegen. Noch sehr jung an Jahren, waren wir nicht weniger aktiv als die Erwachsenen. Als Anführer meiner Pioniergruppe und als Trommler trat ich nicht selten auf großen Versammlungen auf. Bereits diese ersten Erfahrungen lehrten mich, ein großes Publikum nicht zu fürchten. Schon damals hatte ich interessante Begegnungen.

Auf dem Übungsplatz der Kavallerie in Kirsanow, wo unsere Pioniergruppe häufig Leichtathletik trieb, lernte ich den späteren Marschall der Sowjetunion Semjon Budjonny kennen. Er war ein fröhlicher Mann, liebte die Jugend und drehte mit uns die Riesenwelle am Reck. Für unsere Pionierecke schrieb er die Widmung: »Liebe Freunde! Bleibt der Sache Lenins stets treu und seid bereit, für sie zu kämpfen!«

Ein Vierteljahrhundert später erinnerte ich Budjonny im Nachkriegsdeutschland an diese Begegnung. Er mußte von Herzen lachen. So lernen sich Menschen kennen. Später begegnete ich ihm noch häufig. Er berichtete mit listigem Schmunzeln, wie 1938 der Befehl erging, ihn festzunehmen. Das Verhaftungskommando umstellte seine große Datscha bei Moskau. Budjonny ließ seine persönliche Wachmannschaft aufmarschieren und rief Stalin an:

»Sind deine Leute verrückt geworden? Ihr wollt mich verhaften? Damit du's weißt, freiwillig ergebe ich mich nicht, ich werde mich bis zur letzten Patrone verteidigen! Überleg's dir, ich bin immer noch derselbe wie bei der Ersten Reiterarmee.«

Stalin brachte kein Wort heraus und legte den Hörer auf. Das Kommando wurde abgezogen. Budjonny ernannte man dafür zum Vorsitzenden eines der Militärtribunale für den Prozeß gegen die Gruppe hoher Militärführer, die der Verschwörung gegen die Sowjetmacht angeklagt wurden.

Zurück zum Bericht über meine Jugendzeit. Einmal teilte mir der Bahnhofsvorsteher von Kirsanow unter dem Siegel der Verschwiegenheit mit, daß der Sekretär des Zentralkomitees der Russischen Kommunistischen Partei (Bolschewiki), Wjatscheslaw

Molotow, mit dem Schnellzug nach Saratow durch unsere Stadt kommen sollte. Unsere Pioniergruppe nahm vor seinem Waggon Aufstellung. Zuerst wollte man uns nicht zu ihm lassen, dann aber bat Molotow selbst darum, lud uns in den Wagen ein, unterhielt sich mit uns und schrieb eine Widmung für unsere Gruppe. Wir hängten sie stolz in unserer Roten Ecke auf. Viele Jahre später, bereits als Diplomat, sprach ich Molotow einmal auf diese Begegnung an. Er war überrascht, konnte sich erinnern und bemerkte, er sei damals nicht nach Saratow, sondern im Auftrag des ZK zur Station Umjot in der Nähe von Kirsanow gefahren. Er war dafür verantwortlich, die Bande zwischen Stadt und Land enger zu knüpfen.

Damals begann man überall Arbeiter- und Bauernkorrespondenten auszubilden. Als junger Korrespondent schrieb ich nun kurze Notizen für unsere Lokalzeitung »Tambowskaja Prawda«, zuweilen aber auch für zentrale Zeitungen darüber, was in unserer Stadt und unserem Kreis passierte. Das waren Reportagen von zehn bis fünfzehn Zeilen, die durchaus auch Kritik enthielten. Bald schrieb ich für Jugendzeitschriften, entwarf und redigierte unsere Wandzeitungen. Im Sowchos »Stupino« konnte ich mir sogar etwas Geld verdienen, als man mich bat, diese Arbeit im dortigen Kulturhaus zu organisieren.

Den Tod Wladimir Iljitsch Lenins am 21. Januar 1924 empfand ganz Rußland als tiefen Schmerz. Als er beigesetzt wurde, heulten die Sirenen, und das ganze Land versank für einige Minuten in Schweigen. Die Eisenbahner unserer Stadt versammelten sich zu einer Trauerkundgebung, wir Kinder saßen auf dem Fußboden. Aus diesem Anlaß warb man für den Komsomol, einige meiner Freunde und ich traten in den Jugendverband ein.

Überraschend für mich kam eine Einladung zu einer Unionskonferenz der Arbeiter- und Bauernkorrespondenten. Bei der Anmeldung löste ich großes Erstaunen aus, denn man entdeckte, daß der Korrespondent aus Kirsanow ganze dreizehn Jahre alt war.

Dann die Konferenz. Ein armseliger, sehr einfach ausgestatteter Saal, ein Tisch mit rotem Tuch. Auf einem Podium aus rohem Holz das Präsidium. Gemeinsam mit anderen Jungen saß ich auf dem Fußboden vor der ersten Reihe. Und plötzlich wie ein Blitz aus heiterem Himmel die Ankündigung: »Das Wort hat nun der Vorsitzende des Gesamtrussischen Zentralexekutivkomitees, unser Unionsältester, Michail Iwanowitsch Kalinin.« Das gesamtrussische Zentralexekutivkomitee (WZIK) war das höchste Organ der Staatsmacht in der Russischen Sozialistischen Föderativen Sowjetrepublik (RSFSR) in den Jahren 1917 bis 1937.

Ich habe vor ihm und nach ihm viele Redner gehört, aber niemals einen wie Michail Iwanowitsch. Er ging auf dem Podium hin und her, ohne eine Notiz in der Hand, gleichsam mit jedem Anwesenden ins Gespräch vertieft. Nichts Affektiertes oder Aufgesetztes, ein lebendiges, kluges Gespräch, ein Rat, eine Frage, Gedanken über die großen und kleinen Dinge des Staates, über das Leben des Volkes in den Dörfern, Städten und Siedlungen. Ich weiß nicht mehr, wie lange dieses Gespräch dauerte, wahrscheinlich eineinhalb Stunden. Die Zuhörer lauschten wie gebannt...

Immer wieder habe ich erlebt, wie große Persönlichkeiten in der unmittelbaren Berührung mit den Menschen starke moralische Wirkung ausstrahlen. Im heiligen Buch der Inder »Dshammaputa« (»Buch der Wahrheit«) heißt es: »Wenn ein kluger Mensch auch nur einen Augenblick mit einem Weisen verbringt, erkennt er bald die Wahrheit (»Dshamma«), wie die Zunge den Geschmack der Suppe spürt. Ein Dummkopf kann das ganze Leben mit einem Weisen verbringen und wird die Wahrheit nie erkennen, wie der Löffel den Geschmack der Suppe nicht spürt.«

Als junger Korrespondent schrieb ich eine Broschüre mit dem Titel »Die Wandzeitung«, nachdem ich dafür eine Menge Material durchgearbeitet hatte. Seit der Zeit habe ich es mir zur Regel gemacht: Wenn man mir eine neue Aufgabe übertrug, versuchte ich stets, ihr ganz auf den Grund zu gehen. Zur Überprüfung meines Wissens verfaßte ich dann darüber einen Artikel.

Nach der Vierklassenschule bei der Eisenbahn kam ich auf die Mittelschule. Ich lernte gern. Nach dem Vermächtnis Lenins arbeitete man damals intensiv an der Verbreitung und Realisierung des ersten einheitlichen staatlichen Perspektivplanes zur Wiederherstellung und Entwicklung der Volkswirtschaft der Sowjetrepublik (Goelro-Plan). Nachdem ich eine Broschüre von Juri Steklow darüber gelesen hatte, nahm ich mir vor, meinen Mitschülern über den GOELRO-Plan zu berichten. Ich besprach das mit unserer Lehrerin, besorgte mir Literatur, konsultierte Schüler, die sich in Physik gut auskannten, informierte mich darüber, was nach diesem Plan im Gebiet Tambow und in Kirsanow gebaut werden sollte. Dann hielt ich in meiner Klasse einen Vortrag in drei Teilen von je zwei Stunden über den GOELRO-Plan. Meine Schulfreunde nahmen den Vortrag mit Interesse auf, und er wurde zum Schulgespräch. Ich sah im GOELRO-Plan die Zukunft unseres Landes. Dieses Thema interessierte mich mein ganzes Leben lang. Viele Jahre später kam meine alte Lehrerin im Gespräch mit meiner Mutter auf diesen Vortrag ihres Schülers zu sprechen.

»Was wohl aus diesem Jungen geworden ist?« meinte sie. Mutter antwortete, sie kenne den Jungen, es sei ihr Sohn, heute stellvertretender Außenminister der UdSSR. Der Lehrerin traten vor Überraschung und Freude Tränen in die Augen.

Im Jahre 1926 beendete ich die Neunklassenschule. Meine Tätigkeit im Komsomol führte mich in viele Gegenden des europäischen Teils unseres Landes. Aus Kirsanow zog ich in die Stadt Kaschira bei Moskau um (nach einem kurzen Zwischenaufenthalt in Saratow, dem großen Kulturzentrum an der Wolga, wo mein älterer Bruder studierte und arbeitete). Der Komsomol von Kaschira war auf den ersten Blick mit allem möglichen unbedeutenden Alltagskram beschäftigt. Aber alle diese Dinge dienten der Erfüllung der Aufgaben, von denen Lenin auf dem III. Komsomolkongreß im Oktober 1920 so begeistert gesprochen hatte.

Mitte der zwanziger Jahre trat die Umgestaltung der Landwirtschaft immer stärker in den Mittelpunkt des Interesses. Auch ich, ein siebzehnjähriger Junge, stellte im Kreiskomitee des Komsomol den Antrag, mich auf das Land zu schicken. Meine Bitte fand Gehör: Ich wurde Buchhalter und zugleich Sekretär des Exekutivkomitees des ländlichen Amtsbezirks Mokrino.

Ich erinnere mich, wie man den ersten und einzigen amerikanischen Traktor der Marke Ford im ganzen Kreis in unseren Amtsbezirk schickte. Wir hatten einen Wettbewerb im Pflügen zwischen dem Traktor und zwei Pferden initiiert, die jeweils einen eisernen Pflug und einen Holzpflug zogen. Das war im Jahre 1928. Zu diesem Ereignis liefen zahlreiche Bauern aus der ganzen Gegend zusammen. Der Traktor und die beiden Pferde mit dem Eisen- und dem Holzpflug wurden nebeneinander aufgestellt. Der Traktor ließ seine vierbeinigen Kontrahenten bald weit hinter sich, aber einige Bauern folgten ihm, hoben Erdklumpen aus der Furche auf und prüften mit der Nase, ob sie nicht nach Benzin rochen. Dann wurde zwei Tage lang diskutiert. Ich werde nie vergessen, wie ein Bauer sagte: »Der Traktor hat natürlich mehr drauf. Aber das Pferd frißt Gras und der Traktor Benzin. Gras wächst überall umsonst, aber Benzin kostet Geld. Wo werden wir das hernehmen?«

Später organisierten wir in unserem Amtsbezirk einen Wettbewerb um den besten Tänzer. Viele Bewerber kamen. Die Russen tanzen gut, deshalb ist das russische Ballett auch eines der besten der Welt – wie die Sänger in Italien.

In dieser Zeit arbeiteten wir bereits angestrengt daran, die ersten landwirtschaftlichen Kooperativen – Handels- und Produktionsgenossenschaften, Absatz- und Konsumgenossenschaften – zu gründen.

Ein altes Foto zeigt das Kreiskomitee des Komsomol in Kaschira. In der Mitte sitzt sein Sekretär, der vierundzwanzigjährige Pawel Grigorjewitsch Smirnow, ein begabter Autodidakt, der aus einer armen Bauernfamilie stammte. Ich bin in meinem Leben wenigen Menschen begegnet, die ihm nach angeborener Intelligenz und Selbstbeherrschung das Wasser reichen konnten. Pawel hatte von der Natur die Gabe mitbekommen, sich jedem Gegenstand ruhig und gründlich zu widmen. Er konnte anderen aufmerksam zuhören und spach selbst wenig. Aber das, was er sagte, war stets unerwartet und deshalb besonders beeindruckend. Er war ein glasklarer Mann. Er hatte seinen eigenen Blick auf Menschen und Dinge, besaß eine kaum erkennbare feine Ironie, konnte aber auch über unser Tun gutmütig schmunzeln. Dazu kam eine tiefe Treue zu unserer Sache. Pawel schrieb zuweilen Gedichte und war ständig im Gespräch mit den Menschen seiner Umgebung, zu denen auch ich gehörte. Abends in seiner Wohnung in Kaschira und später in Moskau versammelten wir uns oft um den Samowar ohne üppige Bewirtung. Dort spendete er uns Energie, die kühnsten Ideen und einen weiten Blick, der sich bei ihm zuweilen mit selbstironischer Melancholie und zugleich einem unerschütterlichen Glauben an die Zukunft verband.

Pawel kannte das Alltagsleben der arbeitenden Menschen mit ihren starken Charakteren und ihrem inneren Reichtum. Er kannte Hunger und Kälte, wußte, warum unser Land noch so rückständig war, und glaubte an das gewaltige erwachende Potential unseres Volkes. Er trieb uns zum Lernen an, las selbst viel, absolvierte später die Gewerkschaftshochschule und war in verantwortlichen Funktionen der Sowjetgewerkschaften tätig. Aber die Tuberkulose nagte an seinen Kräften. Vor meinem ersten Auslandseinsatz als Diplomat besuchte ich ihn in einer Tuberkuloseheilstätte bei Moskau. Er siechte bereits dahin, sein Gesicht war voller roter Flecken. Er freute sich über meine Entwicklung und war stolz auf unsere Freundschaft. Unerwartet beklagte er sich darüber, welch starke Anziehungskraft Frauen auf ihn ausübten.

»Weißt du, das ist eine echte dämonische Versuchung. Ich möchte jede küssen und lieben. Ein schlechtes Zeichen. Es sagt mir, daß der Tod nicht mehr fern ist. Bei Tbc-Kranken steigt der Lebenshunger.«

Wir nahmen Abschied für immer.

Fast alle Mitglieder des Kreiskomitees von Kaschira sorgten sich um die großen Interessen unseres Staates. Nicht zufällig gelangten viele von ihnen später in hohe Funktionen in Partei, Wirtschaft, Armee und Sicherheitsorganen. Auch große Staatsmänner sind darunter. Ich erinnere mich an Nikolai Semjonowitsch Patolitschew, den späteren hervorragenden Außenhandelsminister der UdSSR. Im Kraftwerk von Kaschira, wo ich zeitweilig Schlossergehilfe war, arbeitete zur gleichen Zeit auch Michail Grigorjewitsch Perwuchin, später ein hoher Wirtschaftsfunktionär, den man als Botschafter der UdSSR in die DDR schickte. Aus der Organisation von Kaschira stammt auch der spätere Vorsitzende des Ministerrates der UdSSR Georgi Maximiljanowitsch Malenkow.

Konstantin Arbusow, ein begabter Organisator der Jugend, stets fröhlich und übermütig, leitete später ein Moskauer Architekturbüro. Als Freiwilliger der Volksmiliz fiel er 1941 in den Kämpfen bei Moskau. Fjodor Sokolow, ein gutaussehender Mann und leidenschaftlicher Redner, in der Arbeit und im Leben unermüdlich, baute ein Vierteljahrhundert lang Eisenbahnbrücken in der ganzen Sowjetunion. Wassili Gorin, der stets mit erstaunlicher Hartnäckigkeit darauf achtete, daß alle gefaßten Beschlüsse realisiert wurden, war später Sekretär der Gebietskomitees der Partei in Simferopol und Swerdlowsk. Nicht so kreativ und anpassungsfähig wie Smirnow, folgte er der Parteilinie mit unerschütterlicher Beharrlichkeit.

»Er ist wie ein Rjasaner Soldat«, sagte Pawel Smirnow liebevoll über ihn. »Wenn man den mit einem Gewehr neben eine Truhe stellte, dann ließ er niemanden an sie heran, ohne sich dafür zu interessieren, was darin war.« Das sollte natürlich ein Scherz sein, aber Wassili Gorin hielt unser Kreiskomitee zusammen. Später stand er lange Zeit an der Spitze der Parteiorganisation beim Bau der Moskauer Metro. Der Leiter unseres Kreisbüros der Pionierorganisation, Anatoli Koslow, ging später in die Leitung der Pionierorganisation der ganzen Sowjetunion. Danach wurde er führender Mitarbeiter des KGB. Im Alter von sechzig Jahren stellte er den Antrag, ihn in seiner Dienststellung zurückzustufen (»Ich habe nicht mehr so viel Kraft wie früher«). Dann ging er in Pension und war viel gesellschaftlich tätig, natürlich ohne Bezahlung. Die Liste ließe sich fortsetzen...

Im Kreiskomitee des Komsomol hatte ich auch technischen Dienst zu versehen: Ich informierte die Amtsbezirke über bevorstehende Sitzungen, übermittelte ihnen telefonische Informationen des Kreiskomitees, führte auf den Sitzungen Protokoll und redigierte die Jugendseite unserer Kreiszeitung. Stückchenweise sammelte ich Erfahrungen einzelner Komsomolzellen und schrieb dann die Broschüre »Der Komsomol von Kaschira im Kampf um die Ernte«. Sie erregte Aufsehen. Man sandte sie den Komsomolkomitees aller Gebiete zu, und die »Komsomolskaja Prawda« brachte eine Rezension.

Geduldig und beharrlich zu sein, keine niedere Arbeit zu scheuen und hinter Alltagskram stets die große Sache unseres Landes zu sehen – all dies lernte ich in der einträchtigen Arbeit unseres Kreiskomitees von Kaschira. Heute wird überall danach gefragt, warum die Jugend so wenig Anteil am gesellschaftlichen und politischen Leben nimmt. Wechsel und Entwicklung der Generationen sind selbst in einem solchen Kulturland wie Deutschland ein schwieriges Problem. In den zwanziger Jahren hatten wir ein anderes Lebensgefühl – wir lebten ungezwungen, frei und kühn. Unsere älteren und erfahreneren Genossen halfen uns bereitwillig. Es war ein Verhältnis von gleich zu gleich; sie lehrten uns, wie man in einem Klub oder Laienzirkel arbeitet. In unserer Neunklassenschule in Kirsanow unterrichtete ein Instrukteur des Kreiskomitees Gesellschaftskunde, ein leidenschaftlicher Mann, der andere mit seiner Begeisterung ansteckte. Er kam auch zu unseren Komsomolversammlungen und zu den Sitzungen des Büros unserer Schulorganisation des Komsomol. Er gab fähigen und aktiven Schülern Unterstützung. Seine Mühen haben reiche Früchte getragen.

Auch an allen wichtigen Tagungen des Kreiskomitees des Komsomol in Kaschira nahm nach damaligem Brauch stets ein »Betreuer« vom Kreiskomitee der Partei teil, ein erfahrener, kluger Kommunist, der sich mit unseren Plänen und Ideen befaßte. Er berichtete uns von der Lage im Lande und in der Welt, von den Plänen des Staates in Wirtschaft und Wissenschaft. Das waren offene und vertrauensvolle Gespräche. An Personenkult dachte damals niemand.

Es war üblich, daß jede Komsomolorganisation von einem Parteimitglied betreut wurde. Das galt zu Recht als angesehene und ehrenvolle Aufgabe, der nicht jeder gewachsen war. Dazu gehören besondere Fähigkeiten und ein inneres Bedürfnis; man muß sich in die Gedanken und Pläne der neuen Generation hineinversetzen können. Solche Menschen gibt es in jeder gesunden Gesellschaft. In den zwanziger Jahren waren sie überall zu finden.

Das war die Zeit, als vorwiegend aus den Kreisen der Arbeiter, der Bauern und ihrer Kinder neue Kader heranwuchsen, die selbst zu Intellektuellen wurden. Aus diesem Milieu kamen die Kapitäne der Industrie und des Bauwesens, die führenden Vertreter von Wissenschaft und Kultur, diejenigen, die in allen Lebensbereichen unseres riesigen Vielvölkerstaates den Ton angaben. Die Intelligenz der vor der Revolution herangewachsenen Generation ging ihren eigenen Weg zu mannigfaltiger Tätigkeit.

Nach Moskau kam ich zum ersten Mal im Jahre 1926 nach einem Sportunfall. Die Stadt war damals noch stark von der alten Lebensweise geprägt. Überall sah man Pferdewagen, Straßenbahnen waren eine Seltenheit. Der Rote Platz war mit Kopfsteinen gepflastert. Mitten im Stadtzentrum konnte man Leiterwagen und Schlitten, Bauern in Bastschuhen und zahllosen Bettlern begegnen. Menschen ohne Arbeit und Obdachlose suchten einen Unterschlupf am Chitrow-Markt und auf dem Sucharew-Platz.

Ich wohnte beim Bruder meiner Mutter, Wladimir Pawlowitsch Schechonin, einem hochbegabten Arzt, der sich damit befaßte, das

Gesundheitswesen in Moskau zu organisieren. Alle Kinder meines Onkels, die sich mit Beharrlichkeit und unter großen Entbehrungen Hochschulbildung aneigneten, blieben parteilos. Die Schwester meiner Mutter, Walentina Pawlowna, begeisterte sich in ihrer Jugend fürs Theater, fuhr mit Schauspieltruppen zu Gastspielen in viele Städte unseres Landes, wo man zwar ärmlich lebte, aber auf den Erfolg beim Publikum stolz war. Mit 45 Jahren ließ sie sich in der usbekischen Stadt Andishan nieder, absolvierte dort im Fernstudium die juristische Fakultät der Universität, heiratete und wurde Justitiarin. Auch sie kam auf ihrem eigenen Weg zum Sozialismus. Das war der Weg ehrlicher und engagierter Pflichterfüllung.

Im Gestüt Nr. 1, zu dessen Komsomolzelle ich gehörte, nahm ich an einem politischen Zirkel teil. Er wurde von einem hochgebildeten jungen Parteifunktionär geleitet. Als er mein Interesse an der Politik entdeckte, scheute er nicht Zeit noch Mühe, zog mit mir nach unseren Zirkelabenden nächtelang durch Moskau und erklärte mir Lenins Lehre. Ich ließ mich von ihm anstecken und nahm mir vor, alle Werke Lenins vom ersten bis zum letzten Band zu studieren. Mit dem Stift in der Hand kämpfte ich mich durch die ersten drei Bände, las jede Zeile und fertigte Konspekte an. Aus dieser Zeit rührt mein Interesse für die Statistik und für die Agrarfrage, das mich mein Leben lang begleitet hat. Natürlich reichte mein Pulver nicht aus, um über den dritten Band hinauszukommen, aber selbst der Versuch, Lenins Werke systematisch zu studieren, brachte mir geistige Bereicherung.

Im Jahre 1927 erreichte unser Land das Vorkriegsniveau der Wirtschaftentwicklung. Von dieser niedrigen Schwelle setzte es zu dem Sprung an, den man später nicht nur bei uns, sondern auch im Ausland mit Staunen zur Kenntnis nahm. Mit seiner Hände Arbeit veränderte unser Volk sein Leben, überwand die wirtschaftliche und kulturelle Rückständigkeit. In vielen Gegenden dieser Großmacht – in Belorußland und der Ukraine, im Nordkaukasus und in Transkaukasien, in Mittelasien, in Kasachstan, in Tatarien, Baschkirien und im Ural, in Sibirien und im Fernen Osten – entstanden neue Industriezentren. Ganze Industriezweige, von denen das zaristische Rußland nicht zu träumen gewagt hatte, wurden aus dem Boden gestampft – die Flugzeugindustrie, der Automobilbau, der Maschinenbau, die chemische Industrie und andere. Ohne dies hätten wir in den Jahren des Großen Vaterländischen Krieges nicht standgehalten.

Die reale Lage veränderte sich allerdings nicht so sehr, daß alle Reste und Überbleibsel der alten Gesellschaft verschwanden. Giuseppe Garibaldi, der Held der nationalen Befreiungsbewegung Italiens, sagte bereits Mitte des vergangenen Jahrhunderts, der Sozialismus sei die Sonne der Zukunft. Aber Garibaldi wie auch viele andere Menschen, die von einer idealen Gesellschaft der Zukunft träumten, konnte und mochte sich wohl nicht vorstellen, daß sich auch auf der Sonne Flecken finden. Das konnte man als wissenschaftliche und theoretische Annahme vermuten; davon schrieben Karl Marx in der »Kritik des Gothaer Programms« oder Friedrich Engels in seinem »Anti-Dühring«. Lenin nahm diesen grundsätzlichen Gedanken auf. Er wies mehrfach darauf hin, daß der Sozialismus eine theoretische Abstraktion der nächsten Stufe in der Entwicklung der Gesellschaft sei, die man nicht dogmatisch, sondern konkret historisch verstehen müsse. Er sah den Sozialismus als kreative Tätigkeit des Volkes und nicht als Umsetzung von Weisungen oder Ideen einer führenden Oberschicht, die doch nur ein Tropfen im Ozean des Volkes war.

Das Leben hat gezeigt, daß Lenin im Prinzip recht hatte. Es hat allerdings auch vieles andere gezeigt, das weder Lenin noch seine Kampfgefährten voraussahen. All das muß ruhig, objektiv, vom wissenschaftlichen und praktischen Aspekt her untersucht werden, da helfen eilig hingeschriebene Broschüren nicht weiter. Wir müssen die Entwicklung des realen Lebens kritisch und mit einem gewissen Abstand betrachten, ohne Emotionen und propagandistische Klischees.

Im Jahre 1931 kam ich ans Moskauer Institut für Geschichte, Philosophie und Literatur (MIFLI) und schrieb mich dort an der Philosophischen Fakultät ein. Die Gesellschaftswissenschaften hatten mich von Jugend an brennend interessiert wie jeden Physiker die Lehre vom Atom.

Das MIFLI galt damals als die beste geisteswissenschaftliche Hochschule unseres Landes, aus der eine ganze Generation hervorragender Vertreter der neuen Intelligenz hervorging. Dort lehrten bedeutende Wissenschaftler. W. F. Asmus ist mir im Gedächtnis geblieben, ein Mann von enzyklopädischer Bildung. Mit seiner eleganten und geschliffenen Sprache, der inneren Schönheit seiner äußerlich objektiven Darlegung des Gegenstandes und seinem vielseitigen Wissen schlug er die Hörer in seinen Bann.

Philosophiegeschichte las der hochgebildete und auch als Mensch sehr sympathische L. Kwitko. Er sagte Sätze wie diese: »Ich soll heute eigentlich eine Vorlesung über die Philosophie Ludwig Feuerbachs halten. Darüber können Sie selbst nachlesen, ich spreche lieber über die Philosophie Goethes« (ein Thema, das nicht im Lehrplan stand).

Ich mußte nun zum Lebensunterhalt unserer Familie beitragen und ging deshalb keiner gesellschaftlichen Tätigkeit nach; dafür blieb einfach keine Zeit. Ich verschlang die gesamte angegebene Lektüre – Pflicht- und Zusatzliteratur, daneben noch vieles andere. Mich interessierten besonders konkrete Materialien über die Agrarverhältnisse in verschiedenen Ländern, außerdem aber auch die Naturwissenschaften. Die Werke der Begründer des Marxismus standen im Mittelpunkt unserer Studien.

Das MIFLI absolvierte ich mit Auszeichnung, wollte aber nicht als Aspirant in Moskau bleiben. Mich zog es ins reale Leben, und so fuhr ich als Lehrer für Philosophie und Gesellschaftswissenschaften nach Rostow am Don. Dort einen Vorlesungszyklus aufzubauen, war keine leichte Sache. Ich führte hitzige Debatten mit meinen Studenten, die häufig gleichaltrig waren oder sogar älter als ich. Mit Mühe und Beharrlichkeit erreichte ich schließlich das geforderte Niveau und erhielt den Titel eines Dozenten. Zu dieser Zeit hatte ich meine eigenen Vorlesungen allerdings schon etwas über, die ich auswendig kannte und völlig frei vortrug. Ich wünschte mir nun eine konkretere Arbeit, z. B. bei einer theoretischen Zeitschrift. Aber das Leben hatte es anders bestimmt.

TEIL II

An der diplomatischen Front
1939-1945

Zweites Kapitel
Überraschende Berufung

Im Sommer 1939 fand in Moskau eine Unionskonferenz der Leiter der Lehrstühle für Grundlagen des Marxismus-Leninismus an den sowjetischen Hochschulen statt. Dort wurden Probleme erörtert, die mit dem Erscheinen des »Kurzen Lehrgangs der Geschichte der KPdSU(B)« zusammenhingen. Dessen Endfassung stammte, wie man sich in den Pausen zuraunte, von Stalin persönlich. Am zweiten Tag der Konferenz hielt ich ein Kurzreferat, in dem ich davon sprach, daß Theorie und Praxis, Philosophie und Politik in einem engen Zusammenhang gesehen werden müßten. Ich glaube nicht, daß ich viel Tiefsinniges oder Neues sagte, aber immerhin ging ich mit Engagement und Frische zur Sache. Zwanzig Jahre später erfuhr ich, daß der Volkskommissar für Auswärtige Angelegenheiten der UdSSR, Wjatscheslaw Michailowitsch Molotow, in einer Loge mit geschlossenen Vorhängen meiner Rede zugehört hatte. Er berichtete Stalin davon, man nahm mich »ins Visier« und forderte mich auf, ins Volkskommissariat für Auswärtige Angelegenheiten der UdSSR (NKID) zum Gespräch mit einem Stellvertreter des Volkskommissars zu erscheinen. Von dort aus ging ich in die Verwaltung Kader des ZK der KPdSU(B) am Alten Platz in Moskau. Diese wenigen Tage wendeten mein Schicksal. Ich hatte davon geträumt, Wissenschaftler, Publizist oder Musiker zu werden. Statt dessen entschied sich nun, daß ich mein ganzes weiteres Leben mit diplomatischen Noten und Partituren verbringen sollte.

Ich füllte Fragebögen aus und wurde durch mehrere Büros geschickt. Besonders ist mir der Erste Stellvertreter des Volkskommissars, Wladimir Petrowitsch Potjomkin, im Gedächtnis geblieben, ein hochgebildeter Mann von aristokratischer Erscheinung. Er und die schweren Stilmöbel aus der Zeit Peters I. füllten den Raum. In diplomatischen Kreisen wußte man, daß Potjomkin einen langen, gewundenen Weg hinter sich hatte: Er war Gymnasiallehrer in Moskau und Dnepropetrowsk, kam nach der Oktoberrevolution ins Volkskommissariat für Bildung, war dort an der Ausarbeitung wichtiger Dokumente über die Volksbildung beteiligt und wurde im Bürgerkrieg in hohe militärpolitische Funktionen eingesetzt. 1922 machte man ihn zum Diplomaten und sandte ihn als Botschafter nach Griechenland, Italien und Frankreich. Er sprach mit mir über die Bedeutung und die Schwierigkeiten des diplomatischen Dienstes, wobei er Beispiele aus seiner eigenen Praxis berichtete. Er schilderte sie sehr bildhaft und behandelte mich als gleichrangigen Partner.

In jenen Tagen ging es im NKID zu wie in einem Bienenstock. Der Brand des Zweiten Weltkrieges schwelte bereits. Neue Aufgaben waren zu erfüllen. Fast der gesamte Kaderbestand des NKID wurde ausgewechselt. Heute weiß man, daß ein Teil dieser Menschen den Repressalien zum Opfer fiel. Nach und nach erneuerte man auch das Personal der Auslandsvertretungen.

In der Verwaltung Kader des ZK der Partei empfing mich ihr stellvertretender Leiter Nikolai Schatalin. Als ich in sein Büro kam, nachdem ich bereits in einer langen Schlange gewartet hatte, sah ich mich plötzlich einem meiner Genossen aus dem Komsomolkomitee in Kaschira gegenüber, der dort saß – in einem seitlich geknöpften Bauernhemd mit einer dichten Haartolle über der hohen Stirn.

»Kolka, was machst du denn hier?« fragte ich ihn.
»Und wie bist du hierher geraten?« fragte Schatalin zurück.
Das Gespräch war kurz, aber warm und herzlich. Er schaute sich meinen Fragebogen an, sagte aber nichts darüber, weshalb man mich herbestellt hatte. Dann fuhr ich auf Urlaub in das kleine Dorf Saloniki in der Nähe von Sotschi am Schwarzen Meer, wo unsere Familie ein Sommerhäuschen am Strand gemietet hatte.

Dann begann das Studienjahr wieder. Im September wurde ich nach Moskau gerufen. Offenbar hatte die Staatssicherheit diese Zeit gebraucht, um mich zu überprüfen.

Wjatscheslaw Molotow empfing eine Gruppe Teilnehmer der erwähnten Unionsberatung vom Sommer. Ich kannte ihn von Bildern, denn er war damals der zweite Mann in Partei und Staat nach Stalin. Er war mittelgroß, kräftig gebaut, hatte ein gelbliches

Gesicht, einen großen, fast quadratischen Schädel mit ausgeprägtem Kinn. Er betrachtete uns aufmerksam durch einen altmodischen Zwicker mit dicken ovalen Gläsern. Wir unterhielten uns über die Arbeit in unseren Instituten, darüber, wie man dort Fremdsprachen lehrte. Als er hörte, das sei besser geworden, wandte er ironisch ein:

»Besser? Vielleicht um eine Kopeke besser...«

Alle lachten. Dann fragte er uns, was wir davon hielten, Diplomaten zu werden. Die Älteren antworteten, sie wollten lieber bei ihrer Lehrtätigkeit bleiben, in der sie sich auskannten und die sie liebten. Von der Diplomatie wußten sie nichts und zweifelten auch, ob sie dafür geeignet seien. Ich schwieg und machte mir Notizen. Der Volkskommissar erwiderte auf alle Einwände Punkt für Punkt und sagte dann mit einem spitzbübischen Gesichtsausdruck:

»Sie sagen, Sie kennen die Diplomatie nicht. Als wir die Oktoberrevolution begannen, wußte auch keiner, wie das gemacht wird. Erfahrungen hatte niemand, und doch ist sie uns gelungen. Wir Bolschewiki haben ein Prinzip: Zuerst stürzen wir uns in die Rauferei, und dann schauen wir, was daraus wird. Sie sagen, Sie lieben Ihre Wissenschaft, Ihre Lehrtätigkeit und möchten sich nicht davon trennen. Natürlich ist etwas, das man kennt, immer einfacher und sicherer. Vielleicht denken Sie auch: Wir halten uns lieber an die Theorie, schlagen uns in die Büsche und warten ab. Später können wir dann die Arbeit der Praktiker vom Standpunkt der Theorie bewerten und kritisieren. Was kann es Besseres geben?! Nur, in den Büschen sind alle Plätze schon besetzt, und Sie müssen sich neues Terrain erobern. Was ist daran schlecht? Die Bolschewiki haben Neues nie gescheut, sind stets Gefahren und Schwierigkeiten kühn entgegengetreten. Jetzt müssen wir unsere diplomatische Front verstärken. Wir hoffen, daß Sie uns dabei helfen...«

Da ich über einige Grundkenntnisse der deutschen Sprache verfügte, setzte man mich in der III. Europäischen Abteilung ein, die mit den Beziehungen der UdSSR zu Deutschland, Skandinavien und dem Baltikum befaßt war. Dort fand ich Menschen, die meine Altersgefährten oder nur wenig älter waren und später große Diplomaten wurden – Georgi Maximowitsch Puschkin, Walerian Alexandrowitsch Sorin, Jewgeni Dmitriewitsch Kisseljow u.a. Sie alle kamen aus Arbeiter- oder Bauernfamilien. Ihre Neigungen, ihr Bildungsgrad und ihr Lebensweg waren verschieden, aber sie alle waren von den zwanziger und dreißiger Jahren, von dem Optimismus und Enthusiasmus geprägt, der damals im Volke herrschte.

All dies geschah im September 1939. Gerade waren die Verhandlungen der UdSSR mit England und Frankreich über ein gemeinsames Vorgehen im Falle einer militärischen Aggression Deutschlands in Europa gescheitert. Der Ribbentrop-Molotow-Pakt war unterzeichnet worden. Dieses ganze diplomatische Gerangel kannten wir jedoch nur aus den Zeitungen.

Uns Neulingen wurde allmählich klar, daß die Diplomatie eine universelle Tätigkeit ist, die eigene professionelle Fertigkeiten und ein riesiges Wissen erfordert. Wir machten uns daran, das ABC dieser neuen Tätigkeit zu erlernen, stellten Übersichten der ausländischen Presse und aktueller Ereignisse nach Ländern zusammen, vergruben uns in die Archive, wurden auch zuweilen bereits zu Treffen mit ausländischen Diplomaten mitgenommen. Einmal durfte ich sogar bei einem Gespräch mit dem Volkskommissar Protokoll führen.

Leiter der III. Europäischen Abteilung war damals Alexander Michailowitsch Alexandrow, ein Mann mit enormer Energie, dabei stets fröhlich und zum Lachen aufgelegt. Auch er war erst kürzlich ins NKID gekommen. Tag und Nacht verhandelten er und seine Stellvertreter mit den Botschaftern und Räten ausländischer Vertretungen, verfaßten Noten und Denkschriften. Er gab uns gutmütig einige nicht geheime Dokumente seiner Abteilung zur Kenntnis und übertrug uns operative Aufgaben. Jeder Mitarbeiter unserer Gruppe hatte regelmäßig eine Information über ein bestimmtes Thema mit Bezug auf Deutschland vorzutragen. Bei einer dieser Sitzungen tauchte unerwartet Molotow auf, setzte sich auf eine Ecke meines Stuhls und stellte mir Fragen.

Wjatscheslaw Molotow, der bereits zu Lenins Lebzeiten Sekretär des ZK der RKP(B) war, zeichneten ein scharfer Verstand und starker Charakter aus. Stets sehr beherrscht und innerlich konzentriert, verfügte er über vielfältige Erfahrungen und war von 1925 bis Mai 1941 Vorsitzender des Rates der Volkskommissare (Ministerpräsident – der Übers.) sowie seit Mai 1939 zugleich Volkskommissar für Auswärtige Angelegenheiten.

Molotow legte auf die Ausbildung der jungen Diplomaten großen Wert und befaßte sich selbst sehr eingehend mit dem Aufbau des diplomatischen Dienstes der Sowjetunion. Er initiierte eine »Bibliothek der Außenpolitik«, eine Reihe, in der die Memoiren Bismarcks, »Gedanken und Erinnerungen«, die »Diplomatischen Kommentare« des Japaners Iishi, das Buch Jules Cambons »Der Diplomat«, der »Leitfaden der diplomatischen Praxis« von Sir Ernest Mason Satow, eine dreibändige »Geschichte der Diplomatie«, Herausgeber Wladimir Potjomkin, u. a. erschienen. Im Jahre 1939 wurde auf der Grundlage des Instituts für Diplomaten und Konsularbeamte die Diplomatenhochschule zur Aus- und Weiterbildung von Mitarbeitern des diplomatischen Dienstes gegründet. Später, 1944, eröffnete man das Moskauer Staatliche Institut für Internationale Beziehungen (MGIMO).

Als ich erfuhr, daß ich mich mit Deutschland befassen sollte, legte ich nach dem bereits im Studium erworbenen Grundsatz alles andere beiseite und konzentrierte mich ausschließlich darauf, dieses Land zu erkunden – seine Geschichte, seine Literatur, Psychologie, Wirtschaft und sogar seine Musik. Ich füllte meine Bibliothek gründlich auf, legte mir neue Freunde zu und veränderte sogar meine Wohnungseinrichtung. Deutschland war ein großes Land, mit dem man sich in Ruhe und mit Gründlichkeit befassen mußte. Ich nutzte jede Gelegenheit, um mir Bildung anzueignen, die für mich hilfreich sein konnte.

Besonders eifrig lernte ich Deutsch. Man teilte mir eine ältere Dame mit tadellosen Sprachkenntnissen zu. Sie erzählte viel und gern von Deutschland, wo sie geboren war und fast ihr ganzes Leben verbracht hatte. Später erfuhr ich von Freunden, daß es die Witwe Karl Liebknechts war, den man im Januar 1919 in Berlin ermordet hatte.

Deutschland wurde nun für viele Jahre zum Hauptinhalt meines Lebens. Nach und nach erwarb ich den Ruf eines Deutschlandexperten; dieses unermeßliche Thema fesselte mich mehr und mehr, brachte mir große geistige und moralische Bereicherung.

Im Volkskommissariat stellte man an die Mitarbeiter hohe Ansprüche und achtete sehr auf die Geheimhaltung. Es war strengstens verboten, mit anderen Mitarbeitern über den Inhalt offizieller Unterredungen oder dienstlicher Dokumente zu sprechen. Es hieß, solche Sitten hätten seit Peter I. auch im Außenmisterium der Zarenzeit geherrscht.

Wenn einer von uns an einer Begegnung führender Vertreter des Volkskommissariats mit Ausländern teilnahm, durfte er davon nicht einmal seinem Abteilungsleiter berichten. Dieser erhielt bei Notwendigkeit davon aus den Gesprächsprotokollen Kenntnis, die an einen streng festgelegten Personenkreis verteilt wurden. Alexander Michailowitsch erhielt einmal von Molotow einen Rüffel, weil er dem Rat der deutschen Botschaft versprochen hatte, der Leitung des Volkskommissariats dessen Bitte zu übermitteln.

»Sie haben uns diese Frage aufgehalst, dabei hätten Sie sagen müssen, Sie wollten darüber nachdenken oder sich mit den Mitarbeitern Ihrer Abteilung beraten«, sagte der Volkskommissar mit strenger Miene.

Für die geringsten Fehler in Dokumenten, die dem Volkskommissar vorgelegt wurden, darunter auch orthographische, hagelte es strenge Strafen: Ein Staat wie unserer, sagte der Volkskommissar, dürfe sich auch nicht eine einzige Ungenauigkeit in der Diplomatie leisten.

Molotow führte scharfe Kontrollen ein: Der Termin für einen Auftrag war auf Tag und Stunde festgelegt. Manchmal rief er den Mitarbeiter auf die Minute selbst an: »Wo ist der Entwurf? Warum ist er noch nicht hier?« Oder: »Warum gehen Sie nicht selbst ans Telefon, sondern haben es auf die Sekretärin umgestellt? Wollen Sie sich wichtig machen?« Diese Strenge des Volkskommissars übertrug sich auf seine Stellvertreter, die Abteilungsleiter und andere Vorgesetzte. Besonders hart war er gegen seine engsten Mitarbeiter oder gegen jene, in die er seine größten Hoffnungen setzte.

Molotow war hart, streng, aber gerecht. Für ihn zu arbeiten, war schwer und doch interessant. Wenn im Entwurf einer Note oder eines anderen Dokuments ein Zitat aus einer ausländischen Zeitung auftauchte, prüfte er zuweilen die Übersetzung selbst nach. Gespräche mit ihm waren extrem kurz und gedrängt. Nachlässige oder unkonzentrierte Mitarbeiter versetzte man an einen anderen Platz oder entließ sie aus dem Volkskommissariat.

Zuweilen entstanden groteske Situationen. Vor meiner Abreise zu einem Auslandseinsatz sollte ich im ZK der KPdSU(B) unterschreiben, daß ich mich verpflichte, ohne Zustimmung der Leitung keine Ausländer zu treffen und nicht mit ihnen zu sprechen.

»Wie soll das gehen, dafür werde ich doch gerade hinausgeschickt?« fragte ich befremdet.

»Das ist nicht von Bedeutung. Unterschreiben Sie. Diese Instruktion stammt vom Sekretär des ZK Jemeljan Jaroslawski aus dem Jahre 1924.« Ich unterschrieb, wobei ich erklärte, ich werde die Instruktion verletzen, wenn die Sache es erfordere.

»Das macht nichts, so ist die Ordnung...«, gab man mir zur Antwort.

Ich mußte mich auch in anderen Volkskommissariaten und Institutionen vorstellen. Im Volkskommissariat für Innere Angelegenheiten (NKWD) an der Lubjanka stellte man mir die Frage, ob ich bereit sei, für die Sicherheitsorgane zu arbeiten. Ich antwortete, dieses Vertrauen sei eine Ehre für mich. Einige Male fungierte ich auch tatsächlich als Mittelsmann, dann aber ordnete Molotow an, mich nicht von meinen diplomatischen Aufgaben abzulenken, und verbot dem NKWD, mir weiter Aufträge zu erteilen. Sein Wort war Gesetz.

Ich bin stets der Meinung gewesen, daß eine koordinierte Tätigkeit der Mitarbeiter verschiedener Dienste sich von selbst versteht – wie Artillerie, Luftwaffe, Panzer und Infanterie im Kriege zusammenwirken. Natürlich war es notwendig, bestimmte Regeln der Konspiration zu beachten. So hatte der Botschafter z. B. nicht das Recht, sich für eine Information zu interessieren, die ihm der Geheimdienst nicht aus eigener Initiative gab. Er selbst wiederum hatte seine Dienstgeheimnisse zu wahren und es niemandem zu gestatten, in die diplomatische Tätigkeit einzugreifen. An dieses Prinzip hielt ich mich in meiner praktischen Arbeit. Deshalb hatte ich zu den führenden Vertretern des NKWD, die sich mit Außenbeziehungen befaßten, stets ein korrektes, sachliches Verhältnis, das von gegenseitigem Verständnis geprägt war. Ich sage das so offen, damit klar wird, daß die durch die westliche Presse geisternde Behauptung, ich sei ein »Mann Berijas« gewesen, unhaltbar ist. Ich habe mich niemals mit ihm getroffen. Zuweilen sah ich ihn auf Sitzungen. Zu Stalins Lebzeiten erfüllte Berija eine Funktion wie Davout bei Napoleon oder Araktschejew bei Alexander I. In den Fragen der großen Politik wagte er jedoch nie eine eigene

Meinung. Damit befaßten sich Molotow und einige andere Vertreter der Führung, wovon noch die Rede sein wird.

Als ich zum ersten Mal die Schwelle des NKID überschritt, das sich damals in einem kleinen alten Haus fünf Minuten vom Bolschoi-Theater befand, wo heute noch ein Denkmal für Waclaw Worowski (1871-1923) im Stile der zwanziger Jahre steht, loderte das Feuer des Zweiten Weltkrieges bereits in hellen Flammen. Der Krieg beschleunigte den Gang der Weltgeschichte. Er zählte nicht nur nach Tagen, sondern zuweilen sogar nach Stunden, so rasch folgten die Ereignisse aufeinander. Wir hatten sie zu verfolgen, zu analysieren und diplomatische Aktionen vorzuschlagen. Deshalb erlosch das Licht hinter den Fenstern des NKID meist erst um vier oder fünf Uhr morgens. Um zehn oder elf Uhr hatte man aber wieder zur Stelle zu sein. Besonders hart traf es diejenigen, die im Sekretariat des Volkskommissars arbeiteten. Oft erhielten sie am Ende des Arbeitstages Aufträge, die am nächsten Morgen erfüllt sein mußten. Stalin brachte einmal einen Trinkspruch aus »auf den Mann, der niemals schläft«. Ein solcher Mann war der Erste persönliche Mitarbeiter des Volkskommissars, Boris Fjodorowitsch Podzerob, ein äußerst exakter und fähiger Organisator der Arbeit des gesamten Apparates, ein strenger Hüter der Dienstgeheimnisse und guter Kollege.

Mitte Oktober 1939 stellte mir der Volkskommissar die Frage, was ich davon hielte, als Botschaftsrat nach Litauen zu gehen, und ob ich Erfahrungen in der politischen Arbeit besitze. Meine Antwort war – nein, höchstens im Komsomol.

»Komsomolerfahrungen genügen nicht«, seufzte Molotow bedauernd. Trotzdem wies er an, ich sollte mich einlesen und so rasch wie möglich nach Kaunas aufbrechen. So begann meine Vorbereitung auf den ersten Auslandseinsatz in einem Lande, das man in den dreißiger Jahren den neuralgischen Punkt Europas nannte.

Drittes Kapitel
Der erste Auslandseinsatz: Litauen

Die Räder rattern über die Schienenstöße. Auf den Bahnhöfen die eiligen Schritte der Reisenden. Zuerst die sowjetische Kontrolle, dann nach Passieren der Grenze zu Lettland die lettische. Die Grenzposten in einer Uniform mit vielen Litzen und Biesen, wie oft in kleinen Staaten, treten korrekt auf – mit einem Anflug von Arroganz. Ich nehme gierig all das Fremde, Ungewohnte auf. Auf dem Bahnhof habe ich mir Zeitungen in russischer Sprache gekauft. Sie sind offen antisowjetisch und bringen eine Menge Falschmeldungen. Eine Schlagzeile springt ins Auge: »Machtgerangel im Kreml. Woroschilow verhaftete Stalin«. Am nächsten Tag genau das Gegenteil: »Stalin verhaftete Woroschilow nach wilder Schießerei«. Dementis gab es nicht. Diese unsinnigen Meldungen der Boulevardzeitungen über die Lage in der Sowjetunion wurden aus Riga, wo die Propagandaorganisationen der weißen Emigranten Zuflucht gefunden hatten, in alle Welt verstreut. Dabei konnte es auch vorkommen, daß ein Arbeiter, der in der Straßenbahn einen Bericht aus Moskau über den Absturz des größten Flugzeuges der Welt »Maxim Gorki« (Konstrukteur Andrej Tupolew) las, dazu bemerkte: »Nun wissen wir wenigstens, daß Sowjetrußland große moderne Flugzeuge hat...«

Morgens servierte man im Restaurant »Riga« ein appetitliches Beefsteak, bei dem ich sofort an mein bescheidenes Dasein in Rostow am Don denken mußte: Damals erhielt ich für die ganze Familie 60 Rubel Gehalt monatlich; ein Kilo Kartoffeln kostete auf dem Basar aber drei Rubel. Kartoffeln waren deshalb für uns eine ausgesprochene Delikatesse. Unsere Lebensfreude ließen wir uns davon nicht verderben...

Noch einmal eine Doppelkontrolle an der lettisch-litauischen Grenze. Wir schrieben den 29. November 1939.

Dann erreichte ich Kaunas, die damalige Hauptstadt Litauens. Über die Hauptstraße, die »Freiheitsallee«, die um die Gäßchen der Altstadt einen Bogen macht, gelangte ich zur sowjetischen Botschaft. In diesem vierstöckigen Gebäude, in dem Wohn- und Diensträume untergebracht waren, erhielt ich eine kleine Zweizimmerwohnung. Beim Einschlafen hörte ich draußen das leise Läuten der Schellen der Pferdetroikas, die Planwagen zogen. »Was für ein patriarchalisches Land«, ging es mir durch den Kopf.

»Eine stille ländliche Gegend« – das war mein erster Eindruck von Litauen. Hinter dieser Fassade entdeckte ich jedoch mit der Zeit eine hochbegabte Nation mit einer komplizierten, zuweilen dramatischen Geschichte. Am folgenden Tag stellte ich mich dem Botschafter der UdSSR, Nikolai Georgiewitsch Posdnjakow, vor. Er war mittelgroß, hatte maßvolle Bewegungen und eine leise Stimme. Aus einem großen Gesicht blickten einen aufmerksame, kluge Augen durch eine Brille an. Wenn er nachdachte, schob er mit den Fingern seine Unterlippe zusammen. Posdnjakow war ein gebildeter selbstbeherrschter Mann, der gern mit jungen Leuten arbeitete, ihnen große Handlungsfreiheit gewährte, jedoch bestrebt war, ihnen Provinzialität bis hin zum Auftreten auszutreiben. Bevor er Diplomat wurde, wofür er keine besondere Ausbildung besaß, war Nikolai Posdnjakow Sekretär des Gebietskomitees der Partei in Saratow gewesen. In Kaunas arbeitete er schon einige Jahre und wurde der Rolle des Botschafters inzwischen voll gerecht.

Posdnjakow war mein erster Lehrmeister im diplomatischen Auslandsdienst. Er erklärte mir, als Botschaftsrat sei ich sein Stellvertreter und trage die gesamte Verantwortung für die innere Verwaltung und das Alltagsleben unseres kleinen Kollektivs. Außerdem oblag mir der Aufbau der Informationstätigkeit für die operative Abteilung des NKID der UdSSR und die Verbindung zu unserer Handelsvertretung.

Der Botschafter griff in diese Bereiche nur wenig ein, es sei denn bei seltenen Kontrollen oder wenn wichtige Dinge zu entscheiden waren. Er selbst dachte vor allem über die hohe Politik nach, gab seinen Mitarbeitern entsprechende Anregungen, achtete darauf, daß wir gut zusammenarbeiteten und die Weisungen der Zentrale exakt erfüllten. Er lebte etwas zurückgezogen, obwohl er eigentlich ein geselliger Mensch war.

Nikolai Posdnjakow hob stets hervor, eine der Hauptaufgaben der sowjetischen Botschaft in Litauen bestehe darin, freundschaftliche Beziehungen zwischen unseren Ländern in Politik, Wirtschaft und Kultur zu entwickeln, wobei das Prinzip der Nichteinmischung in die inneren Angelegenheiten und das politische Leben Litauens strikt einzuhalten war. Zu diesem Zwecke lud die Botschaft regelmäßig zu Empfängen ein, deren Gäste allerdings mit Vorbedacht stets wechselten – darunter waren Beamte des Außenministeriums und der Regierung, Kulturschaffende, Schauspieler, Schriftsteller und Journalisten.

Auf diesen Empfängen begegnete ich zum ersten Mal dem bekannten linken Publizisten Justas Paleckis, dem Schriftsteller Pjatras Cvirka, der Dichterin Salomeja Neris, dem Dichter Eduardas Miezelaitis und dem Staatsanwalt von Kaunas, Pokarklis, der als einer der Führer der Nationalpartei (Tautininkai) galt, jedoch in der persönlichen Unterhaltung gut von der Sowjetunion sprach, wo er auf Kongressen und Dienstreisen gewesen war. All diese Menschen empfanden Sympathie für die Sowjetunion und schauten sich gern unsere Filme an. Meist ging es bei diesen Abenden nicht sehr offiziell zu. Man war guter Laune und vergaß zuweilen fast, daß man sich auf einem diplomatischen Empfang befand.

Für uns war das natürlich vor allem harte Arbeit. Vor jedem Empfang rief uns der Botschafter zusammen, gab Anweisungen, mit wem worüber zu sprechen sei und was man dabei zu sagen hatte. Manchmal legte er fest: »Heute werden überhaupt keine Sachgespräche geführt. Bemühen Sie sich, den Leuten persönlich näherzukommen...« Wir versuchten, von den Gästen in der Regel ihre Sicht auf die Lage im Lande oder seine Beziehungen zu anderen Staaten zu erfahren, sondierten Möglichkeiten zum Ausbau kultureller und anderer Beziehungen.

Zugleich hatten wir die Tätigkeit der Deutschen und ihrer Botschaft in Litauen genauestens zu beobachten und, wenn es unsere Interessen erforderten, nach Möglichkeiten zu suchen, entsprechende Gegenmaßnahmen zu treffen.

Nikolai Georgiewitsch führte mich in die politische Lage im Baltikum und den damaligen Stand der sowjetisch-litauischen Beziehungen ein.

Die Lage in Litauen war damals kompliziert und widersprüchlich. Der Westen sah dieses Land wie auch die beiden anderen baltischen Republiken Lettland und Estland als Teil des »cordon sanitaire«, den er um die UdSSR gezogen hatte. Im Jahre 1919 war die Sowjetmacht in Litauen mit Hilfe deutscher Bajonette gestürzt worden. In der herrschenden Klasse zeigten sich recht früh autoritäre Tendenzen. Im Jahre 1926 erlebte das Land einen Staatsstreich, der das diktatorische Regime der Nationalpartei an die Macht brachte, eine Partei des städtischen und ländlichen Großbürgertums sowie der Großgrundbesitzer. In Estland und Lettland blieb die bürgerlich-demokratische Ordnung bestehen, aber auch dort hatte man 1934 die Parlamente abgeschafft.

Der litauische Präsident Smetona führte Partei und Staat mit eisernem Willen, verbreitete im Lande die nationalistische Ideologie, wofür er die reiche Geschichte Litauens geschickt nutzte, das zur Zeit des Großfürsten Gediminas (1316-1341) zum Teil in Rivalität mit Polen, zum Teil in einer Union mit ihm die Errichtung eines Großreiches von der Ostsee bis zum Schwarzen Meer anstrebte.

Bis zur Oktoberrevolution von 1917 gehörte Litauen zum Russischen Reich. Das Leben in der ganzen Region bestimmte die Aristokratie, die »baltischen Barone« deutscher Herkunft, die dem Zarenhof Nikolaus II. nahestanden. Nach Ausrufung der Unabhängigkeit Litauens ging dort wie in Lettland und Estland der Einfluß der Barone zurück, und örtliche Nationalisten traten in den Vordergrund, die sich auf England und Frankreich orientierten. Im Jahre 1920 annektierte der polnische Diktator Pilsudski mit stillschweigender Duldung dieser Mächte die litauische Hauptstadt Vilnius und erklärte sie sowie das umliegende Gebiet zu einem Teil Polens.

Weitreichende Aggressionspläne gegenüber Litauen verfolgte auch Deutschland, das das Baltikum zum Aufmarschgebiet für einen Überfall auf die UdSSR ausbauen wollte. Im März 1939 forderte der deutsche Außenminister Joachim von Ribbentrop ultimativ von der litauischen Regierung, die Stadt Klaipeda (Memel) und das umliegende Gebiet innerhalb 48 Stunden »freiwillig« an das Reich abzutreten. Bei einer Weigerung wurde angedroht, Kaunas dem Erdboden gleichzumachen.

Das litauische Parlament, das von dieser Forderung tief verletzt war, weigerte sich, der Abtretung Klaipedas zuzustimmen, fand jedoch nicht den Mut, das Ultimatum konsequent zurückzuweisen. Deutsch- und hitlerfeindliche Stimmungen, die es im litauischen Volk seit langem gab, erhielten Auftrieb. Die Tautininkai-Regierung, die Deutschland nahestand, war zum Rücktritt gezwungen. Aber auch die von Smetona gebildete Koalitionsregierung Merkis, der Vertreter anderer Parteien und Militärs angehörten, setzte die bisherige Linie fort.

In diesem Strudel der Ereignisse versuchte ich das Land, das Volksleben, die nationale Kultur und die Traditionen besser kennenzulernen. Wie ich es gewohnt war, beschaffte ich mir Bücher zur Geschichte und Kultur Litauens. In der Diplomatie herrscht ein ungeschriebenes Gesetz, das mich die Praxis eines halben Jahrhunderts gelehrt hat. Schätze, achte und liebe das Volk und das Land, in dem du akkreditiert bist. Wenn du es nicht kannst, dann wechsle den Aufenthaltsort. Der chinesische Denker Konfuzius sagte einmal: »Von drei Menschen, die mir entgegenkommen, ist einer mein Lehrer.« Mit anderen Worten, von jedem dritten kann man etwas lernen.

In dieser Zeit, als sich der Zweite Weltkrieg in Europa immer mehr ausbreitete, gewannen die baltischen Staaten für die UdSSR lebenswichtige strategische Bedeutung. Sie konnten (das ist aus heute veröffentlichten Dokumenten aus den Archiven der westeuropäischen Mächte bekannt) zu einem Aufmarschgebiet für militärische Aktionen gegen die UdSSR seitens Deutschlands oder auch Englands und Frankreichs werden. Diese Gefahr abzuwenden, war Gegenstand der Verhandlungen der UdSSR mit England und Frankreich im Sommer 1939. Dasselbe Problem wurde danach auch mit Deutschland in den Verhandlungen über den sowjetisch-deutschen Nichtangriffspakt vom 23. August 1939 und das Geheimabkommen über die Abgrenzung der Sphären der Sicherheitsinteressen zwischen der UdSSR und Deutschland während des zweiten Besuchs von Außenminister Ribbentrop in Moskau vom 26. bis 28. September 1939 erörtert. Von dem Geheimprotokoll zum genannten Vertrag und der Septembervereinbarung wußte ich damals nichts. In Moskau schwieg man darüber und meinte, mit der Zeit werde ich es wohl selbst verstehen. Das war damals durchaus eine richtige Haltung: In den diplomatischen Beziehungen aller Zeiten und Staaten herrscht das Prinzip strenger Konspiration, deren Verletzung zu ernsten internationalen Komplikationen führen kann. Auch Nikolai Posdnjakow kannte dieses Protokoll nur in Auszügen, hielt sich jedoch an die Regeln und sprach mit mir nicht darüber.

Beim ersten Besuch Ribbentrops in Moskau am 23. August 1939 hörte sich Stalin die Vorschläge Hitlers über die Aufteilung der Sicherheitssphären zwischen der UdSSR und Deutschland an. Konkret wurde vorgeschlagen, erstens, Polen längs einer Linie zu teilen, die durch Warschau führte, und, zweitens, Litauen im Bereich der Lebensinteressen Deutschlands zu belassen.

Während des zweiten Besuchs Ribbentrops vom 26. bis 28. September 1939 brachte Stalin eine Korrektur an: Polen sollte nicht geteilt werden, da geteilte Staaten stets nach Wiedervereinigung streben, und Litauen sollte der Interessensphäre der UdSSR zugeschlagen werden. Es sollte die alte Hauptstadt Vilnius und das umliegende Gebiet zurückerhalten. Stalin sagte während der Verhandlungen, um unerwünschte Konflikte zu vermeiden, sollte die Trennlinie im Westen der UdSSR besser nach dem ethnischen Prinzip gezogen werden, d. h. die Staatsgrenze sollte längs der sogenannten Curzon-Linie verlaufen.

Hitler gab zähneknirschend nach.

»Er versteht sein Handwerk, der Schuft«, sagte Stalin zu Molotow, als sie den Verhandlungsraum verließen. »Es wird Krieg geben.«

So kam es auch. Die Episode mit Litauen tauchte später in Hitlers Memorandum zum Überfall Deutschlands auf die UdSSR als einer der Gründe wieder auf, mit dem die Aggression motiviert wurde.

Molotow sagte mir später einmal, Stalin wollte nicht, daß sich die Sowjetunion an der von Hitler vorgeschlagenen Teilung Polens beteiligte. Er sah die lebenswichtige Bedeutung Polens für die Sowjetunion als starker und unabhängiger Staat zwischen unserem Lande und Deutschland. Diese Position der Sowjetunion wurde bei den Konferenzen der Führer der Alliierten – der UdSSR, der USA und Großbritanniens – in Jalta und Potsdam 1945 klar und eindeutig vertreten.

Die Sowjetregierung suchte bis zur letzten Minute nach Möglichkeiten, die Sicherheit Europas durch ein Bündnis mit den Westmächten zu gewährleisten. Aber die Verhandlungen darüber mit Militärdelegationen Englands und Frankreichs endeten Mitte August 1939 ergebnislos. Wie heute aus veröffentlichten Archivdokumenten bekannt ist, wußte Stalin aus dechiffrierten Telegrammen und Berichten, daß das Ziel der damaligen britischen und einiger anderen westlicher Politiker darin bestand, Deutschland und die Sowjetunion aufeinanderzuhetzen, die einander schwächen sollten, wonach man dann die eigenen frischen Kräfte in die Waagschale werfen und die Bedingungen der Nachkriegsordnung diktieren wollte.

Die Führung der Sowjetunion war bemüht, einen Zusammenschluß der Kräfte des Westens gegen unser Land nicht zuzulassen, und betrieb deshalb eine umsichtige Außenpolitik. Sie hatte das Ziel, in der rasch wechselnden internationalen Lage an den Grenzen der Sowjetunion möglichst lange den Frieden zu erhalten.

Mir war bereits damals klar, daß das Scheitern der Verhandlungen zwischen den Militärdelegationen der UdSSR, Englands und Frankreichs die Sowjetführung zwang, das Angebot Deutschlands anzunehmen und einen Nichtangriffspakt zu schließen.

Heute ist allgemein bekannt, daß Hitler sowie die Führung der deutschen Rüstungswirtschaft, die die Weltherrschaft anstrebten, den sowjetisch-deutschen Pakt für die Vernichtung der Armeen Englands und Frankreichs nutzen wollten. Danach beabsichtigten sie, gestützt auf das militärische und wirtschaftliche Potential ganz Europas, die Sowjetunion blitzartig zu überfallen und zu ihrer Kolonie zu machen.

Als Litauen in die Interessensphäre der UdSSR eingegliedert wurde, mußte das »Tausendjährige Reich« seine Pläne wesentlich korrigieren. Im deutschen Auswärtigen Amt hatte man bereits Ende August 1939 einen Entwurf zur Errichtung des deutschen Protektorats über Litauen fertiggestellt, und auf allen deutschen Karten des »neuen Europa« erschien Litauen bereits in den Farben des Reichs. Auch die deutsche Botschaft in Kaunas war fieberhaft in dieser Richtung tätig. An den litauischen Grenzen wurden deutsche Truppen zusammengezogen und für den Einmarsch vorbereitet.

Als Hitlers Truppen am 1. September in Polen einfielen, bot Deutschland den damaligen Führern Litauens an, sich am Krieg gegen Polen zu beteiligen. Dafür versprach man ihnen die Rückgabe von Vilnius und des umliegenden Gebietes. In Moskau löste dieser Schritt, von dem man über Geheimdienstkanäle Kenntnis erhalten hatte, Unruhe aus. Die sowjetische Führung warnte Hitler nachdrücklich davor, Litauen in seine militärischen Aktionen hineinzuziehen, denn wie Lettland und Estland gehörte es für sie zur Sicherheitszone der Sowjetunion.

Es bleibt eine Tatsache, daß die Sowjetunion durch den Abschluß des Paktes mit Deutschland eine Atempause von zwei Jahren erhielt, die sie für die Stärkung ihrer Verteidigungsfähigkeit nutzen konnte. Die Praxis bestätigte, daß diese Strategie richtig war.

Im Zweiten Weltkrieg, der nun begonnen hatte, betrieb die Sowjetunion eine Politik der Neutralität und Nichtteilnahme. Sie tat alles, daß Deutschland sich an den Vertrag vom 23. August 1939 hielt. Zugleich traf sie Maßnahmen zur Sicherung ihrer Grenzen.

Ich war noch in Moskau, als die Regierung der UdSSR der Roten Armee am 17. September 1939 den Befehl gab, in die Westukraine und in Westbelorußland einzurücken, die 1920 von den Weißpolen annektiert worden waren. Dort sollten sie Leben und Eigentum der Ukrainer und Belorussen unter ihren Schutz nehmen.

Als die Rote Armee sich den Grenzen Litauens näherte, erklärte die UdSSR deren Unverletzlichkeit. Sie sah es für zweckmäßig an, unter diesen Bedingungen Litauen sowie Estland und Lettland den Abschluß von Verträgen über gegenseitigen Beistand anzubieten.

Am 10. Oktober 1939 wurde ein solcher Vertrag mit Litauen geschlossen.

In Artikel 1 hieß es, zur Festigung der Freundschaft mit Litauen übergebe die Sowjetunion diesem die Stadt Vilnius und das umliegende Gebiet.

Vorauseilend sei hier angemerkt, daß ich im Zusammenhang mit der Übergabe Vilnius' an Litauen vom Botschafter den Auftrag erhielt, General Vitkauskas, den Verteidigungsminister in der Merkis-Regierung, aufzusuchen. Der General war aufmerksam und zurückhaltend. Er fragte mich nach den Zielen der Politik der UdSSR gegenüber Litauen aus. Feindseligkeit konnte ich bei ihm nicht feststellen.

In Artikel 2 des Vertrages hieß es, die vertragschließenden Seiten verpflichteten sich, einander jegliche Hilfe, darunter auch militärische, zu erweisen, falls es zu einem Überfall oder zur Geahr eines Überfalls seitens einer europäischen Großmacht komme. Die UdSSR verpflichtete sich, die litauische Armee zu Vorzugsbedingungen mit Waffen und Kriegsmaterial zu versorgen.

Artikel 4 sah die Verpflichtung Litauens vor, der Sowjetunion das Recht zu gewähren, Marinebasen und Flugplätze in Litauen zu unterhalten sowie dort ein streng begrenztes Kontingent sowjetischer Bodentruppen und Luftstreitkräfte auf eigene Kosten zu stationieren, deren Zahl in einem besonderen Abkommen festzulegen war.

Außerdem verpflichteten sich die vertragschließenden Seiten dazu, keinerlei Bündnisse einzugehen und sich nicht an Koalitionen zu beteiligen, die gegen eine von ihnen gerichtet waren.

Derartige Verträge über gegenseitigen Beistand schloß die Sowjetunion auch mit Lettland (am 5. Oktober) und mit Estland (am 28. September 1939) ab. Diese Verträge waren nicht allein für die Sicherheitsinteressen der Sowjetunion wichtig. Auch die kleinen baltischen Staaten hätten aus eigener Kraft einer Intervention der Großmächte keinen ernsthaften Widerstand entgegensetzen können. So schützten diese Verträge die Völker des Baltikums vor einem ausländischen Einmarsch und hielten sie aus dem immer größere Teile Europas erfassenden Kriege heraus.

Als die sowjetischen Truppen entsprechend den Verträgen einmarschierten, hielt sich die Sowjetregierung strikt an das Prinzip der Nichteinmischung in die inneren Angelegenheiten und die Politik der baltischen Staaten. Nikolai Posdnjakow zeigte mir ein von Molotow unterzeichnetes Telegramm vom 21. Oktober 1939:

»Ich verbiete Ihnen, allen Mitarbeitern der Botschaft, darunter auch dem Militärattaché, kategorisch jegliche Einmischung in die internationalen Angelegenheiten Litauens, die Unterstützung jeglicher oppositioneller Tendenzen usw. Der geringste Versuch, sich in das innere Leben Litauens einzumischen, zieht für den Schuldigen strengste Strafe nach sich. Beachten Sie, daß der Vertrag mit Litauen unsererseits ehrlich und pünktlich erfüllt wird. Das gleiche werden wir auch von der litauischen Regierung fordern. Das provokatorische und schädliche Gerede von einer Sowjetisierung Litauens ist zu unterlassen.«

Tallinn und Riga erhielten noch schärfere Weisungen aus der Zentrale. Die diplomatischen Neulinge hatten zum Teil noch wenig Erfahrungen, und es passierten Pannen. So hieß es z. B. in einer Weisung Molotows an unseren Botschafter in Estland, K. N. Nikitin, vom 23. Oktober 1939:

»Sie haben unsere Politik in Estland im Zusammenhang mit dem sowjetisch-estnischen Vertrag über gegenseitigen Beistand nicht verstanden. In Ihren letzten Chiffretelegrammen, insbesondere in dem Telegramm Nr. 201 vom heutigen Tage, in dem Sie über die vorgesehenen Feierlichkeiten und Reden zum 7. November berichten und darüber, daß die Marine Delegationen von Arbeiterorganisationen in Tallinn empfangen will, wird deutlich, daß Sie dem Gedanken an eine Sowjetisierung Estlands verfallen sind, der unserer Politik grundsätzlich widerspricht. Sie müssen endlich begreifen, daß es unseren Feinden und den antisowjetischen Provokateuren in die Hände spielt, wenn Sie den Gedanken an eine Sowjetisierung Estlands in irgendeiner Weise unterstützen oder auch nur den Widerstand dagegen unterlassen. Sie haben sich nur darum zu kümmern, daß unsere Leute, insbesondere unsere Militärs in Estland, den Vertrag über gegenseitigen Beistand exakt und gewissenhaft erfüllen, sich strikt an das Prinzip der Nichteinmischung in die Angelegenheiten Estlands halten, sowie eine gleiche Haltung Estlands zu diesem Vertrag sicherzustellen. Im übrigen, insbesondere im Zusammenhang mit dem 7. November, haben Sie über den Rahmen der üblichen Tätigkeit der Botschaft nicht hinauszugehen. Die Hauptsache ist, keinerlei Einmischung in die Angelegenheiten Estlands zuzulassen.

In diesem Zusammenhang verpflichte ich Sie:

1. Keine Treffen von Einheiten der Marine und der Landstreitkräfte mit Arbeitern und anderen estnischen Delegationen zuzulassen;

2. Piip von mir den Rat zu übermitteln, am 7. November keine Festveranstaltung mit Reden durchzuführen, da dieses von den

linken Arbeitern Estlands als Zeichen eines für sie wünschenswerten Drucks der UdSSR auf die Innenpolitik Estlands aufgefaßt werden könnte, was dem Prinzip der Nichteinmischung in die Angelegenheiten Estlands entschieden widerspräche;

3. Ich verbiete Ihnen kategorisch, sich in den Kampf der Gruppen in Estland einzumischen, Delegationen dieser Gruppen oder der Gewerkschaften zu empfangen;

4. Alles Gerede über eine Sowjetisierung Estlands einzustellen, da dies im Augenblick nur Provokateuren und Feinden der UdSSR von Nutzen und willkommen ist.«

Wie streng die Stationierung der Truppen geregelt war, zeigen auch einige Bestimmungen des sowjetisch-lettischen Abkommens, das am 12. November 1939 von General Hartmanis für Lettland und von Korpskommandeur Morosow sowie Brigadekommissar Marejew für die Sowjetunion unterzeichnet wurde.

»1. Bewegung einzelner Angehöriger sowjetischer Militäreinheiten, Schiffe und militärischer Einrichtungen:

Angehörige des sowjetischen Militärkorps, von Schiffen und militärischen Einrichtungen dürfen das Gelände ihrer Garnisonen oder ihre Schiffe nur mit Erlaubnis ihrer Vorgesetzten verlassen. Diese Personen müssen darüber ein Dokument bei sich führen. Dieses muß in russischer und lettischer Sprache nach einem einheitlichen Muster ausgefertigt sein. Außerhalb des Geländes ihrer Garnisonen habe diese Personen die Bestimmungen zur Kontrolle und Registrierung von Dokumenten einzuhalten, die für Angehörige der lettischen Armee gelten.

Leitende Offiziere des sowjetischen Armeekorps, die Genehmigungen und Nummernschilder für Fahrzeuge und Zugmaschinen zur Benutzung von Straßen und Wegen Lettlands erhalten haben, dürfen sich im Stationierungsraum des sowjetischen Armeekorps ungehindert bewegen, wobei sie die allgemeinen Verkehrsregeln einzuhalten haben.

Ein Verlassen des Stationierungsraums des sowjetischen Armeekorps, dessen Grenzen auf der beiliegenden Karte markiert sind, ist nur auf Bescheinigungen möglich, die von den Vertretern der lettischen Armee in einer Anzahl ausgestellt werden, die ausreicht, um die normale Truppenführung und die materielle Versorgung des sowjetischen Armeekorps zu gewährleisten.

Diese Ordnung gilt auch für Bewegungen von Familienmitgliedern des Militärpersonals...

3. Das Verhältnis der Angehörigen des sowjetischen Armeekorps und der lettischen Armee beim Aufeinandertreffen:

Beim Aufeinandertreffen haben Einheiten des sowjetischen Armeekorps und der lettischen Armee die allgemeinen Regeln der militärischen Höflichkeit zu beachten. In diesem Zusammenhang entstehende einzelne Probleme werden vom Chef der örtlichen Garnison der sowjetischen Truppen und dem entsprechenden Vertreter der lettischen Armee geregelt.«

Wenn man die diplomatische und militärische Korrespondenz jener Zeit analysiert, so zeigt sich, daß Verletzungen der von der Sowjetunion und den baltischen Staaten unterzeichneten Abkommen durch sowjetische Offiziere äußerst selten waren und in der Regel keine ernsten Folgen nach sich zogen.

Es ist in der Praxis bewiesen, daß die Regierung der UdSSR weitblickend und umsichtig handelte. In allen baltischen Staaten, insbesondere in Litauen, verstärkte Deutschland seine antisowjetische Diversionstätigkeit. Dafür nutzte es vor allem die regierenden halbfaschistischen Parteien. Es herrschte faktisch ein diktatorisches Regime, das sich nur leicht in einen pseudodemokratischen Schleier hüllte. So hatte der Sejm (das Parlament) Litauens nur sehr beschränkte Vollmachten, während nahezu die ganze Macht in den Händen des scharf antisowjetisch eingestellten Präsidenten Smetona lag. Dieser hatte keinerlei Hemmungen, den Staatsapparat, seine Propagandamaschinerie sowie die recht zahlreiche deutsche Bevölkerung für seine Zwecke einzusetzen. Letztere hatte in der Vergangenheit zwar engen Kontakt zum Zarenregime in Rußland gehalten, war nach der Oktoberrevolution jedoch auf die Seite Deutschlands übergegangen, insbesondere nachdem dort Hitler zur Macht kam.

Wir beobachteten aufmerksam die Aktivitäten des deutschen Botschafters, des Spitzendiplomaten W. Zechlin, der im Auftrage Hitlers ein Buch über den diplomatischen Dienst geschrieben hatte – eine Art Handbuch für Nazis, die die Diplomaten der Weimarer Zeit ablösten. Der Botschafter hatte persönlichen Anteil daran, daß die in Litauen lebenden Deutschen litauischen Armeeinheiten beitraten, die darauf vorbereitet wurden, an Kampfeinsätzen der

Wehrmacht gegen die Sowjetunion teilzunehmen. Nach Errichtung der Sowjetmacht in Litauen wurde Zechlin als Botschafter nach Finnland versetzt, was zeigt, welche große Bedeutung Litauen in jener Zeit für Hitlerdeutschland hatte.

Als ehemaliger Dozent eines pädagogischen Instituts war ich daran gewöhnt, mehr oder weniger auf nur einem Felde zu arbeiten, und konnte mich lange nicht darauf einstellen, eine Vielzahl von Aufgaben gleichzeitig zu erfüllen. Dabei erhielt ich von Nikolai Posdnjakow unschätzbare Hilfe. Seine ständige Aufmerksamkeit und sein Wohlwollen, seine Unterstützung, seine Hinweise und Gespräche haben großen Anteil daran, daß ich allmählich zu einem Berufsdiplomaten heranwuchs.

Die Mitarbeiter der Botschaft waren ein gutes Kollektiv. Junge Leute überwogen. Erster Sekretär, d. h. der mir nachgeordnete Diplomat, war Fjodor Fjodorowitsch Molotschkow. Bereits damals war er sehr exakt in allen Dingen, bis zum Kragen zugeknöpft, wie es die Regeln des diplomatischen Dienstes von uns forderten. Er ist als einer der glänzendsten Protokollchefs in die Annalen des Außenministeriums der UdSSR eingegangen. Ein Vierteljahrhundert lang war er sowjetischer Botschafter in der Schweiz und Belgien. Seit Anfang der siebziger Jahre lehrte er an der Diplomatischen Akademie des Außenministeriums der UdSSR. Er hat originelle Arbeiten über die diplomatische Praxis und das Protokoll geschrieben. Es war angenehm, mit ihm zu arbeiten. Er war ein bescheidener und aufgeschlossener Mann mit einem vielseitigen Wissen.

Mein erster wichtiger Auftrag bei diesem ersten Auslandseinsatz war die Teilnahme an den Verhandlungen mit den Vertretern des Außenministeriums und der Regierung Litauens über die Bedingungen für den Aufenthalt sowjetischer Truppen. Eine grundlegende Übereinkunft darüber war schon vor meiner Ankunft in Litauen geschlossen worden.

Als ich Ende November 1939 nach Kaunas kam, waren die sowjetischen Garnisonen bereits an den vereinbarten Punkten stationiert. In Moskau hatte man vereinbart, daß die technischen Bedingungen des Aufenthalts unserer Truppen, Umfang und Gebühren für die zu pachtenden Grundstücke, Gebäude und Kommunikationslinien später in einem besonderen sowjetisch-litauischen Abkommen festgelegt werden sollten. Die litauische Regierung zögerte dies jedoch hinaus. Am 9. Dezember erhielten wir ein drohendes Telegramm Molotows, daß die Verhandlungen unbedingt zu beschleunigen seien. Bereits am nächsten Tag stellte mich Botschafter Posdnjakow dem litauischen Außenminister Urbschis als Rat der Botschaft vor, der an den Verhandlungen teilnehmen werde.

Zunächst legte die litauische Delegation einen Abkommensentwurf vor. Dieser war im Grunde genommen gegen die Stationierung der sowjetischen Truppen gerichtet. Wir wiesen darauf hin, daß diese Frage bereits im Regierungsabkommen geregelt sei und die Delegationen lediglich die Aufgabe hatten, die technischen Bedingungen für den Aufenthalt der Truppen auszuhandeln. Die Delegation des litauischen Außenministeriums beharrte jedoch auf ihrem Standpunkt. Daraufhin legten wir unseren Entwurf vor. Um eine Konfrontation in vielen Punkten zu vermeiden, entschieden wir uns dafür, zunächst ein Gerippe anzubieten, das aus den Festlegungen bestand, die das Regierungsdokument enthielt, und nur einige Punkte hinzuzufügen, gegen die schwerlich etwas einzuwenden war (z. B. die Präambel des Abkommens und einige juristische Schlußbestimmungen).

Unser Verhalten brachte die Partner in große Schwierigkeiten. Wenn sie die zwischen den Regierungen abgestimmten Formulierungen ablehnten, wurde die juristische Haltlosigkeit der litauischen Position offenbar. Wir schlugen vor, die praktischen Festlegungen, wo und zu welchen Bedingungen die Truppen zu stationieren seien, im späteren Verlauf auszuarbeiten. Zunächst wollen wir die Grundlagen fixieren, so sagten wir, und danach die konkreten Bestimmungen und entsprechenden Formulierungen des Abkommens erörtern. Die litauische Führung war gezwungen, diesem Ablauf der Verhandlungen zuzustimmen.

Trotzdem zogen sie sich hin. Beinahe um jedes Wort und jedes Komma wurde ausführlich debattiert. Wir verhandelten ruhig und stimmten Änderungen zu, wenn es nicht um das Wesen der Sache ging.

Heftiger Streit entbrannte um die Pachtgebühren für Grundstücke, Gebäude und Übungsplätze, um die Tarife für die Nutzung von Fernmeldeeinrichtungen, Eisenbahnen und Straßen. Die litauische Seite wollte unerhörte Preise durchsetzen. Wir wandten ein, diese seien nicht »annehmbar«. Diese Formel war von Stalin vorgeschlagen, von der litauischen Regierung in Moskau akzeptiert worden und löste nun heftige Diskussionen aus.

»Welche Preise sind für Sie denn annehmbar?« fragten unsere litauischen Gegenüber.

»Die für beide Seiten annehmbar sind«, antworteten wir.

»Wie sollen die konkret festgelegt werden?«

Wir argumentierten, in Litauen seien für die litauische Armee bestimmte Pachtgebühren für Grundstücke, Gebäude und Fernmeldeverbindungen üblich. Diese könne man als »annehmbar« betrachten. Jedoch unsere Partner brachten immer neue Einwände vor. Es war ein zäher Handel mit vielem Hin und Her.

Nach zwei Monaten hatten wir die Arbeit an diesem Dokument beendet, das nun für abgestimmt erklärt wurde. Aus dem Außenministerium Litauens erhielten wir den auf offiziellem Papier geschriebenen russischen und litauischen Text der Abkommen zur Unterschrift. Ich bat den Dolmetscher der Botschaft, einen Litauer, sorgfältig zu prüfen, ob der litauische und der russische Text übereinstimmten. Wie groß war unsere Überraschung, als er uns mitteilte, bei dem litauischen Text handle es sich um den ersten Entwurf der litauischen Seite mit geringfügigen Abänderungen.

Ich eilte natürlich sofort ins Außenministerium, um festzustellen, ob ein Irrtum vorliege. Die Antwort war entmutigend: »Wir können nicht anders.« Auf meine Frage, weshalb wir dann überhaupt verhandelt und die Delegationen so lange gearbeitet hätten, wiederholten die Beamten des litauischen Außenministeriums nur immer wieder, sie könnten nicht anders, sie hätten entsprechende Weisung.

Da der Termin für die Stationierung sowjetischer Truppen in Litauen mit der Regierung vorher vereinbart war, rückten die Truppen ein, ohne daß die Bedingungen für ihre Unterbringung, Pachtgebühren usw. bereits abgestimmt waren. Später wurden diese Fragen von beiden Seiten auf der Grundlage der in Litauen geltenden Normative geklärt. Im Grunde genommen war es wie in einer Provinzposse: Wenn wir den litauischen Text unterschrieben hätten, dann hätte die litauische Seite darauf bestehen können, daß er wie der russische Text authentisch sei.

Dieser Zwischenfall war mir eine Lehre fürs ganze Leben. Als wir im Mai 1972 aus Helsinki nach Moskau zurückflogen, stellten wir bei einem Vergleich der Texte des SALT-I-Vertrages im englischen Original eine Menge Fehler und Ungenauigkeiten fest. Die Amerikaner brachte dies in beträchtliche Verlegenheit. In solchen Textvergleichen mit dem Englischen war Botschaftsrat W. W. Smolin, später russischer Botschafter in Kolumbien, sehr erfahren.

Verträge können ein wechselvolles Schicksal haben, und unter bestimmten Umständen können Ungenauigkeiten im Wortlaut als Vorwand für Streitfälle dienen. »Exaktheit ist die Mutter der Weisheit...«, dieser Worte muß jeder Diplomat stets eingedenk sein.

Wie später bekannt wurde, sollte die Weigerung der Führung Litauens, das Abkommen über die technischen Bedingungen der Stationierung sowjetischer Truppen in Litauen zu unterzeichnen, eine Geste politischer Härte darstellen. Damit wies sie im Grunde genommen den bereits gültigen Vertrag über Freundschaft und gegenseitigen Beistand vom 10. Oktober 1939 zurück.

Smetona verhehlte seine feindselige Haltung zur Sowjetunion und zu diesem Vertrag nicht. Ihm nahestehende Militärkreise stellten faktisch ganz offen Verbindungen zu den Militärs von Lettland und Estland her, womit sie den De-facto-Beitritt Litauens zur sogenannten baltischen Entente demonstrierten, der dem Vertrag mit der Sowjetunion nach Geist und Buchstaben zuwiderlief.

Die Regierungen Lettlands und Estlands verhielten sich vorsichtiger und gaben Smetona zu verstehen, daß dies ein riskanter Kurs sei. Smetona spielte jedoch va banque. Wir sahen in Kaunas sehr deutlich sowohl seine wachsende Aktivität gegenüber Militärkreisen Finnlands als auch die immer intensivere Arbeit der deutschen Botschaft in Litauen, wo die deutschen Bürger verblieben waren. Aus Lettland und Estland hatte man sie dagegen nach der Übereinkunft mit Ribbentrop im August 1939 evakuiert.

Unter dem Eindruck der weiteren Entwicklung in Europa schwankte Smetona zwischen beiden Seiten hin und her. Im Februar 1940 sandte er den Direktor der Politischen Abteilung des Staatssicherheitsamtes Litauens, A. Povilaitis, nach Berlin, um die führenden Kreise Deutschlands davon zu informieren, daß er beschlossen habe, ganz auf Deutschland zu setzen. Er wollte sondieren, ob Deutschland bereit sei, Litauen unter seinen Schutz zu nehmen. Der Mitarbeiter Himmlers, mit dem man verhandelte, erklärte, Deutschland werde möglicherweise vor September 1940 ein Protektorat über Litauen errichten, auf jeden Fall aber nicht später als bei Beendigung des Krieges im Westen. Vertreter des litauischen und des deutschen Generalstabs tauschten Besuche aus. Generalfeldmarschall Keitel kam ins Baltikum.

Der demonstrative Konfrontationskurs Smetonas gegen die Sowjetunion wurde von einer feindseligen Kampagne in den profaschistischen Zeitungen begleitet. In den Basisorganisationen der Nationalpartei fanden Versammlungen statt, wo die Mitglieder aufgerufen wurden, sich zum bewaffneten Kampf an der Seite des Reichs vorzubereiten. Es wurden paramilitärische Jugendgruppen geschaffen, die später mit den SS-Leuten gemeinsame Sache machten.

Die Botschaft informierte Moskau über die Lage in Litauen, über die antisowjetische Kampagne in der litauischen Presse sowie über die zunehmenden Kontakte der litauischen Militärs zu den Generalstäben Lettlands und Estlands auf litauische Initiative.

Nikolai Posdnjakow fuhr oft nach Moskau, wo er von Stalin und Molotow persönlich Weisungen erhielt. Als er im März 1940 aus Moskau zurückkam, sagte er mir noch auf dem Flugplatz, Stalin habe empfohlen, gegenüber der litauischen Regierung nicht vorstellig zu werden und nicht zu protestieren. Daran hielten wir uns natürlich. Smetona und seine Umgebung sahen in der Passivität der sowjetischen Botschaft jedoch ein Zeichen von Schwäche der sowjetischen Seite und nahmen dies als Bestätigung für die Richtigkeit ihres Konfrontationskurses. Um die sowjetischen Garnisonen wurde eine unerträgliche Atmosphäre der Feindseligkeit und der Provokationen geschaffen. Man lehnte es demonstrativ ab, sowjetischen Militärangehörigen Lebensmittel zu verkaufen, in unmittelbarer Nähe der Garnisonen wurden Bordelle eröffnet. Immer häufiger kam es zu Entführungen oder Morden an sowjetischen Soldaten.

Im Juni 1940 erhielten wir den Auftrag, den Entwurf einer Note der Sowjetregierung über Verletzungen des gültigen Vertrages durch die litauische Seite vorzulegen. Am 12. Juni 1940 schrieb ich als zeitweiliger Geschäftsträger der UdSSR in Litauen an den Volkskommissar für Auswärtige Angelegenheiten:

»Die Lage in Litauen und die Situation in den Beziehungen zur Sowjetunion bleibt kompliziert und widersprüchlich. Die Presse, offizielle und halboffizielle Vertreter verbreiten in den letzten Tagen großzügig schmeichelhafte Erklärungen und Reverenzen an die Adresse der UdSSR. Dies hängt mit der Reise von Premierminister Merkis nach Moskau zusammen. Zum Vertrag über gegenseitigen Beistand hat man mehr gute Worte verloren als in den sieben Monaten seit seiner Unterzeichnung. Wenn man jedoch nicht nach den Worten, sondern nach den Taten der litauischen Behörden urteilt, dann ist klar, daß sie entweder nicht den Wunsch oder nicht die Möglichkeit haben, die Beziehungen zur Sowjetunion und ihren Truppen akzeptabel zu gestalten.« Danach folgten Tatsachen über die Provokationstätigkeit von Polizeiagenten um die sowjetischen Garnisonen, über Razzien und Verhaftungen von Personen, die Kontakte zu sowjetischen Vertretern hatten, sowie über das Verschwinden sowjetischer Militärangehöriger. Meine Zusammenstellung dieser Tatsachen fand in die Note Eingang. Diese enthielt die Schlußfolgerung, in Litauen sei eine Lage geschaffen worden, die die Sicherheit des Sowjetstaates bedrohe. Auf der Grundlage aller Informationen, die die Botschaft geliefert hatte, wurde der Beschluß gefaßt, ein zusätzliches Kontingent sowjetischer Truppen nach Litauen zu entsenden.

In jenen Tagen debattierten wir viel und mit großer Sorge über die Entwicklung der Lage in Europa. Im Frühjahr 1940 hatten deutsche Truppen Dänemark und Norwegen besetzt. Die Balkanstaaten wurden zerstückelt; unter dem Vorwand, das Erdölrevier von Ploesti zu »schützen«, besetzten die Deutschen strategische Positionen in Rumänien. Im Mai 1940 erklärte Hitler, alle baltischen Staaten seien dem Reich einzugliedern.

Im Juni 1940 warfen Hitlers Armeen in einem blitzartigen Feldzug Frankreich nieder, besetzten Belgien und die Niederlande und zwangen die britischen Truppen, sich auf die Insel zurückzuziehen. Von den Erfolgen im Westen berauscht, ließ Deutschland seine Truppen in Finnland einmarschieren und verstärkte seine militärischen Aktivitäten in Rumänien und Bulgarien.

Litauen spielte für sich genommen nicht die entscheidende Rolle an unserer Nordflanke. Wäre die Lage in Europa stabil geblieben, hätten wir durchaus bei unserer bisherigen Linie der strengen

Nichteinmischung in die inneren Angelegenheiten Litauens bleiben können. Aber sie veränderte sich sehr rasch, und in Litauen entstand eine Situation, die die Sicherheit des Sowjetstaates bedrohte. Deshalb ließ die Sowjetregierung weitere Truppenkontingente nach Litauen und in die anderen baltischen Staaten einrücken. Das geschah am Tag nach dem Fall von Paris. Ich erinnere mich noch an die Atmosphäre, die beim Einmarsch der sowjetischen Truppen auf den Straßen herrschte. Viele Menschen standen an den Straßenrändern und begrüßten unsere Einheiten. Die Polizei versuchte sie zu vertreiben, was ihr aber nicht gelang.

Ein oder zwei Tage später traf der stellvertretende Volkskommissar für Auswärtige Angelegenheiten, Wladimir Georgiewitsch Dekanosow, in Kaunas ein. Er war klein, von schroffem Auftreten und in der Politik wenig erfahren. Er brachte einen Kurier mit, der sich als »Wassiljew« vorstellte. Dekanosow deutete mir an, »Wassiljew« sei ein wichtiger Mann in Moskau und entsprechend zuvorkommend zu behandeln. Ich spielte eine ganze Nacht mit ihm Billard, wobei er sich für die Lage in Litauen interessierte und darum bat, ein Treffen mit einem litauischen Bürger im Wald bei Kaunas zu arrangieren. Dieses stellte ihn zufrieden, zugleich lobte er mich für meine »gute Kenntnis« der Lage im Lande.

Später erfuhr ich, daß »Wassiljew« der Erste Stellvertreter des Volkskommissars für Innere Angelegenheiten, Lawrenti Pawlowitsch Berija, und sein richtiger Name Wsewolod Nikolajewitsch Merkulow war.

Merkulow galt als einer der gebildetsten Männer in der Umgebung Berijas. Heute wissen wir, daß er für ihn die Broschüre »Zur Geschichte der Organisationen der RKP(B) in Transkaukasien« verfaßte, die von Stalins Jugendjahren handelte. Sie half Berija wesentlich dabei, seine Position zu konsolidieren. Merkulow schrieb auch Theaterstücke, und nicht einmal schlechte. In Moskau lud er mich und meine Frau, der er ein wenig den Hof machte, ins Theater ein, wo eines seiner Stücke gezeigt wurde (in diesem Gebäude befindet sich heute das Zentrale Kindertheater).

Doch zurück zur politischen Entwicklung in Litauen im Juni und Juli 1940.

Die litauische Gesellschaft jener Zeit war wie jede kapitalistische Gesellschaft bunt und von eigenem Gepräge. Die litauische

Bourgeoisie und die Großgrundbesitzer waren relativ schwach, tendierten nach Deutschland und stützten sich auf die Nationalpartei. Die ständige Unruhe und Furcht vor der Gefahr aus dem Osten hinderten sie daran, die Situation nüchtern einzuschätzen, verleiteten sie zu unüberlegten, feindseligen Schritten gegen die Sowjetunion. Zugleich fanden sich in vielen hohen Positionen Litauens Menschen, die sich demokratischen Idealen verpflichtet fühlten.

Im Juni 1940 nahm die demokratische Bewegung im Lande an Stärke zu. Die soziale Basis des Smetona-Regimes schrumpfte immer mehr. Seine hitlerfreundliche Orientierung wurde von der Mehrzahl der Menschen nicht unterstützt, die sich mit dem entwürdigenden Ultimatum Ribbentrops, der Abtretung Klaipedas und der umliegenden Region an das Reich weder abfinden konnten noch wollten. Auch die militant chauvinistischen Erklärungen der Führer Hitlerdeutschlands waren ihnen zuwider. Die Woge der Sympathie für die Staaten, die Krieg gegen das Reich führten (vor allem England und Frankreich, die Litauen traditionell bevorzugte), schwoll an. Die Schritte der Sowjetunion zur Unterstützung der Unabhängigkeit und Integrität Litauens stießen im Volk auf wachsende Resonanz. Im Kontrast zur Haltung der Masse der Bevölkerung beglückwünschten die Präsident Smetona nahestehenden Führer der Nationalpartei Hitler zu seinen Siegen in Europa. Das wurde in den demokratischen Kreisen Litauens offen verurteilt. Diese Polarisierung der Kräfte blieb nicht ohne Wirkung auf den späteren Gang der Ereignisse.

Mitte 1940 hatte der antifaschistische Aufschwung breite Massen der Werktätigen erfaßt. Die schwierige Wirtschaftslage im Lande und die Repressalien des Smetona-Regimes gegen die Gewerkschaften und andere Massenorganisationen führten zu einem Anschwellen der Streikbewegung in den Städten und Industriegebieten des Landes. Die linken demokratischen Organisationen aktivierten sich. Die kommunistische Partei, die nach dem Umsturz von 1926 in tiefer Illegalität gearbeitet, aber stets spürbaren Einfluß in den Gewerkschaften, den Versicherungsverbänden und anderen Massenorganisationen, selbst in denen von der Tautininkai-Partei gegründeten, behalten hatte, gewann zunehmend an Ansehen.

Wir erfuhren, daß Präsident Smetona auf einer Kabinettsitzung vorgeschlagen hatte, den Kriegszustand einzuführen und die Armee zur Unterdrückung der Volksbewegung einzusetzen. Der Oberkommandierende der litauischen Truppen, General Vitkauskas, lehnte diesen Vorschlag jedoch ab, wobei ihn Innenminister Rastakis unterstützte.

Smetona war dadurch faktisch in die Isolierung geraten und floh ins Ausland. Zahlreiche politische Gefangene erhielten ihre Freiheit. Der bekannte Publizist und Politiker Justas Paleckis, der später Präsident des Landes wurde, kehrte aus der Verbannung zurück. Die Gewerkschaften, die Bauernverbände und Jugendorganisationen, die Smetona verboten hatte, wurden wieder aktiv. Eine Koalitionsregierung entstand. Sie setzte sich aus bekannten Politikern unterschiedlicher Richtungen zusammen, darunter auch Parteilosen. Regierungschef wurde der Vorsitzende der Versicherungskasse der Region Siauliai, Gedvilas, sein Stellvertreter der Klassiker der litauischen Literatur Kreve-Mickevicius. Justizminister wurde der ehemalige Staatsanwalt der Stadt Kaunas, Pokarklis (von der Nationalpartei). Der Erste Sekretär des ZK der Kommunistischen Partei Litauens, Antanas Sneckus, wurde Chef der Abteilung Polizei im Innenministerium.

Der legendäre Revolutionär Antanas Sneckus stammte aus einer wohlhabenden Bauernfamilie und kam bereits als junger Mann zur kommunistischen Bewegung, deren illegaler Funktionär er wurde. Unter dem Regime der Tautininkai-Partei saß er mehrfach in Gefängnissen und Konzentrationslagern. Wie ich später erfuhr, hatte er 1938 von der Komintern die Weisung erhalten, eine »Säuberung« der Führungskader der Partei durchzuführen. Er vermied es jedoch, diese Weisung durchzuführen. Daraufhin sperrte man der Kommunistischen Partei Litauens die Zuwendungen der Internationalen Abteilung des ZK der KPdSU(B). Sie mußte von nun an allein mit Mitgliedsbeiträgen und Spenden der litauischen Kommunisten und ihrer Sympathisanten auskommen. Sneckus befürchtete Repressalien aus Moskau wegen seines »Ungehorsams«, beugte sich jedoch nicht. So blieb der Führung der KP Litauens das tragische Schicksal erspart, das die meisten Führungskader der Kommunistischen Partei Westbelorußlands ereilte.

In jener stürmischen Zeit, als im Lande grundlegende Umwälzungen vor sich gingen, hielt ich im Auftrage des Botschafters Kontakt zum ZK der Kommunistischen Partei Litauens. Eine Rede auf einer Landesversammlung von Lehrern zur Geschichte der KPdSU(B) ist mir im Gedächtnis geblieben. Alles verlief ruhig, als ich jedoch geendet hatte, zeigte man im Saal alte litauische Fahnen, und die Lehrer stimmten einmütig die alte Hymne an. Dem Präsidium blieb nichts weiter übrig, als sich ebenfalls von den Plätzen zu erheben. Danach ging die gesamte Versammlung zu einer Demonstration hinaus, die zum Glück ohne Zwischenfälle verlief.

Am 14. und 15. Juli 1940 fanden in Litauen allgemeine, direkte, gleiche und geheime Wahlen zum Sejm statt. Die amerikanische Journalistin und Schriftstellerin Anna Louise Strong war Augenzeugin dieser Ereignisse und hat sehr lebendig beschrieben, was »in Litauen in zwei historischen Wochen geschah«.

Dies ist der Wortlaut ihrer Reportage, die in der amerikanischen Zeitschrift »Friday« vom 16. August 1940 erschien:

»Um 15.20 Uhr am Nachmittag des 21. Juli erhob sich ein kleiner untersetzter Mann namens Gedvilas von seinem Platz im goldgeschmückten Theater von Kaunas, in dem das neugewählte litauische Parlament tagte. Er schlug vor, daß Litauen Sowjetrepublik werden sollte. Die Abgeordneten brachten einmütig Zustimmung zum Ausdruck. Zwei Stunden später schlug der neue Justizminister Pokarklis vor, daß Litauen seinen großen Nachbarn, die Union der Sozialistischen Sowjetrepubliken, darum bitten sollte, eine der Republiken zu werden, die diesen Staat bilden. Auch diesem Vorschlag stimmten die Abgeordneten einmütig zu.

Ich war die ganze Zeit in Litauen, als die Wahlen zum neuen Parlament durchgeführt wurden und die Entscheidung fiel, der UdSSR beizutreten. Ich war die einzige ausländische Korrespondentin, die sich über zwei Wochen dort aufhielt, und auch die einzige, die die Prozesse aus unmittelbarer Nähe beobachtete. Was ich schrieb, war keiner Zensur unterworfen. Ich konnte mich ohne Beschränkungen frei bewegen.

Die drei Tage und Nächte nach meiner Ankunft zog eine lärmende Menge durch die Straßen von Kaunas. Stundenlang defilierten die Menschen an meinem Fenster im Hotel ›Metropolis‹ vorüber. Manchmal waren es Jugendliche, dann Bauern zu Pferde oder mit ihren Wagen, dann wieder Fabrikarbeiter auf dem Wege zur Arbeit. All das war, wie ich bald erfuhr, Teil der Vorbereitungen für die Wahlen zum litauischen Parlament, dem Sejm.

Unter der Intelligenz und den Beamten hörte ich allerdings auch ein Stöhnen und Klagen darüber, daß nur eine politische Partei, die kommunistische, und nur eine Liste, die der Union des werktätigen Volkes, sich zur Wahl stellten. Die einzige Liste beunruhigte die Intelligenz am meisten. Sie wollte etwas nutzen, was sie ›die Kraft der Auswahl‹ nannte und brachte ihre Unzufriedenheit mit der ›offiziell genehmigten‹ Liste zum Ausdruck. Daß keine weitere vorhanden war, tat der Begeisterung der Bauern und Arbeiter jedoch keinen Abbruch. Viele von ihnen gaben zum ersten Mal im Leben ihre Stimme ab.

Um die Wahrheit zu sagen, hatte auch niemand festgelegt, daß nur eine Partei an der Wahl teilnehmen sollte. Im Jahre 1926 hatte sich Antanas Smetona selbst zum faschistischen Diktator erklärt. Er hatte die Kommunistische Partei sofort in die Illegalität gezwungen, die bis 1920 in Litauen eine führende Rolle gespielt hatte. 1936 löste er auch alle anderen Parteien auf. Die Kommunisten konnten ihre Partei in der Illegalität allerdings erhalten. Als Smetona scheiterte und 99 Prozent des Volkes ihm ›eine gute Reise‹ wünschten, war die Kommunistische Partei als einzige politische Organisation übriggeblieben. Und nachdem Smetona nach Nazideutschland geflohen war, dessen Interessen er offensichtlich gedient hatte, waren die Kommunisten die einzigen, die sich für legal erklären konnten.

Das gleiche geschah auch mit den Gewerkschaften. Vierzehn Jahre lang waren sie verboten, jetzt sind sie im ganzen Lande wiedererstanden. Zunächst wurden Betriebskomitees organisiert. Dann führten sie ein Treffen durch und beauftragten einige Dutzend ›Organisatoren‹, die in einer Woche die Gewerkschaften in ganz Litauen zu organisieren hatten!

Gemeinsam mit einem dieser ›Organisatoren‹, der in Kaunas lediglich einfacher Arbeiter ist, fuhr ich nach Siauliai, der drittgrößten Stadt Litauens und ein Industriezentrum, wenn man davon in diesem Agrarland überhaupt sprechen kann. Am Freitagabend setzten wir uns in den Zug und kamen um Mitternacht an. Während ich schlief, nahm er Vertreter aller Fabriken von Siauliai zusammen. Am Morgen begann die Beratung. Über die Hälfte der Großbetriebe hatten bereits auf eigene Initiative Gewerkschaften organisiert. Die Lederarbeiter benannten zwanzig Kandidaten, von denen neun ausgewählt werden mußten. Jeder Kandidat trat auf die Bühne, um sich vorzustellen, verschwand aber dann wieder hinter den Kulissen, um die Delegierten bei der Abstimmung nicht in Verlegenheit zu bringen. Abgestimmt wurde durch das Erheben der Hand. Wer die meisten Stimmen erhielt, wurde Vorsitzender der Gewerkschaft, der nächste Sekretär, der dritte Schatzmeister usw., bis sechs Vorstandsmitglieder beisammen waren. Die Gewerkschaften beschlossen sofort eine Lohnerhöhung um 20 Prozent. Zugleich setzten sie Kommissionen ein, die die Finanzen der Arbeitgeber prüfen sollten, um deren Zahlungsfähigkeit festzustellen. Das beruhigte die Geschäftsleute ein wenig.

Die Kandidaten für das Parlament zogen durch das Land, ohne die üblichen Reden zu halten, wie sie die Amerikaner aus Wahlkampagnen kennen. Sie holten die Meinungen der Menschen ein, verbrachten viel Zeit auf dem Lande und erklärten, sie hielten es nicht für richtig, ›sich selbst anzupreisen‹. Wie auch die anderen zahlreichen Beobachter stellte ich fest, daß die Angehörigen der Roten Armee sich von allen Diskussionen der baltischen Politiker und von den Wahlen fernhielten, die ausschließlich Sache des Volkes selbst waren.

Die Minister wurden überall mit Beifall empfangen, wo sie auch erschienen. Es sind bekannte Vertreter der Intelligenz, darunter einige Kommunisten. Die politische Organisation, die sie vertreten, die Union des werktätigen Volkes, ist eine typische Volksfront. In ihrem Programm fordert sie eine Landreform, ein Schuldenmoratorium, die Legalisierung der Gewerkschaften, kostenlose Schul- und Hochschulbildung, die staatliche Registrierung von Geburt, Tod und Eheschließung sowie eine enge Zusammenarbeit mit der UdSSR.

Nachdem die Wahlen stattgefunden hatten, trat das Parlament innerhalb von zwei Wochen zusammen. In einem inoffiziellen Interview erklärte mir Justas Paleckis, der neue junge Präsident Litauens, ein glänzender Journalist, der bis zur Flucht Smetonas in einem Konzentrationslager saß, die Gründe für diese Eile mit folgenden Argumenten: ›Die neuen Minister waren nicht in der Lage, ohne die Unterstützung eines legalen Machtorgans zu handeln, das unmittelbar vom Volke gewählt ist. Wir haben denjenigen die Wahlen aus der Hand genommen, die die Macht bisher gegen das Volk genutzt haben, und sie einem Block übergeben, der aus Dutzenden fortschrittlicher Organisationen besteht. Sie haben eine einheitliche Kandidatenliste aufgestellt.‹

Die Wahlscheine wurden, so weit ich es beobachten konnte, sorgfältig gesammelt und gezählt. Die Kandidaten der Union des werktätigen Volkes haben dreimal mehr Stimmen erhalten als das höchste Ergebnis, das die Smetona-Administration jemals erzielte. 95,5 Prozent der Wahlberechtigten nahmen an der Abstimmung teil.

Überall zeigte sich rasch eine allgemeine Unterstützung des Gedankens, der Sowjetunion sofort beizutreten. Resolutionen aus den Provinzen mit dieser Forderung erreichten in großer Zahl die Zeitungen, wurden per Telefon weitergegeben und füllten die Briefkästen der Offiziellen. Meine Gespräche mit Abgeordneten zeigten, daß sie eine wirkliche Mehrheit der Wähler darstellen, die die Meinung des Volkes zum Ausdruck bringen. Die Mehrheit der Litauer war davon überzeugt, daß der Beitritt zur UdSSR sie davor bewahren wird, unter die Räder der Kriegsmaschinerie Hitlers zu geraten...«

»All das«, schloß die Autorin, »vollzog sich ohne einen einzigen Schuß und ohne Blutvergießen. Das Geschäftsleben ging ungeachtet der Wahlen wie gewöhnlich weiter. Die Intelligenz stellte ihre Klagen ein, als bekannt wurde, wieviele ihrer Kandidaten, zum größten Teil Nichtkommunisten, ins Parlament gelangt waren...«

Leider wurden im Feuer der demokratischen Umwälzungen ernsthafte Fehler begangen, die sich im weiteren noch verschärften. Die Bodenreform entsprach insgesamt den Interessen der armen und Mittelbauern. Die Losung »den Boden denen, die ihn bearbeiten«, war populär. Jedoch die Festsetzung der Obergrenze für Landbesitz auf 20 Hektar verletzte die Interessen eines bedeutenden Teils der mehr oder weniger wohlhabenden Bauern. Man begann eine Kampagne der Umsiedlung der verstreuten Einzelhöfe in die Dörfer mit der Begründung, daß diese angeblich aus der Stolypin-Zeit (der zaristischen Landreform) stammten und die Jugend in Großdörfern besser leben werde. Diese Aktionen der

Behörden störten jedoch die gewachsene Lebensweise im Lande und lösten Unzufriedenheit aus. Diese wurde dadurch verstärkt, daß das Warenangebot in den Geschäften schrumpfte. Ein Gesetz über die Einberufung litauischer Jugendlicher zur Roten Armee führte dazu, daß die jungen Leute zu den Partisanen gingen. Was daraus wurde, ist in dem bekannten litauischen Film »Keiner wollte sterben« sehr drastisch dargestellt. Auch die bekannten Verbrechen Stalins in der nationalen Frage, eine Tragödie in der Geschichte des litauischen Volkes, der Tausende unschuldiger Bürger zum Opfer fielen, dürfen hier nicht verschwiegen werden.

Während dieser stürmischen demokratischen Umwälzungen in Litauen erhielt ich einen Anruf von Molotow mit der Aufforderung, als Rat der Botschaft der UdSSR nach Deutschland zu gehen. Obwohl ich lieber in Litauen geblieben wäre, wo das Leben stürmisch pulsierte, mußte ich mich nach einem zweiten Anruf des Volkskommissars, der bereits recht bedrohlich klang, seiner Weisung fügen. Mein Schicksal nahm eine steile Wende. Natürlich konnte ich mir damals überhaupt nicht vorstellen, daß die deutschen Dinge mich den größten Teil meines weiteren Lebens beschäftigen sollten.

Viertes Kapitel
Im Reich

Im Sommer 1940 flogen die Linienmaschinen von Moskau nach Berlin über Königsberg. Dort wurde ich von Generalkonsul Jewgeni Dmitriewitsch Kisseljow herzlich begrüßt. Der bewegliche und lebensfrohe junge Diplomat, der wie ich diese Laufbahn erst kürzlich eingeschlagen hatte, war mir sofort aufgefallen, und wir blieben Freunde fürs Leben. Er hatte ein umfangreiches Wissen, sein politisches Denken war kühn, ja sogar etwas poetisch, und er war ein leidenschaftlicher Musikliebhaber. Er hatte sich mit der inneren Lage dieser Region und ihrer Geschichte gründlich vertraut gemacht und unterhielt gute Kontakte zu den Nazigrößen der Stadt.

Königsberg, der Stützpunkt des Militarismus in Ostpreußen, ist mir als eine Stadt im Gedächtnis geblieben, die fest in den Fängen des Hakenkreuzes steckte, das auf den zahllosen roten Fahnen mit weißem Kreis prangte. Die Stadt war offenbar von einer riesigen Zahl Militärs bevölkert, an deren Uniformen man dasselbe Symbol sah. Erst mit der Zeit gewöhnte ich mich an dieses Bild, das damals im Reich so alltäglich war.

Eine kurze Rundfahrt durch die Stadt, ein Gespräch mit Kisseljow über die Lage. Ich konnte nicht einmal das Grab Immanuel Kants aufsuchen, und schon war ich wieder in der Luft. Wir schrieben September 1940.

Hitlerdeutschland hatte von den Faschisten den hochtrabenden Namen »Tausendjähriges Reich« erhalten und verhehlte nicht seinen Drang zur Weltherrschaft. Der Puls dieses Staates, der für dieses Ziel bereits den Krieg vom Zaune gebrochen hatte, schlug in Berlin besonders heftig. Hitler hatte alles auf eine Karte gesetzt, und die Deutschen bekamen das auch ständig zu spüren. Das Dröhnen der Lautsprecher in den Straßen, die endlosen Reden, das Hakenkreuz und das Knallen der beschlagenen Stiefel, die linkischen Figuren der Jugendlichen, die von der Schulbank weg zum Arbeitsdienst beim Bau von Autobahnen, Kasernen und Verteidigungsanlagen mobilisiert wurden und sich großsprecherisch »Armee Todt« (»Organisation Todt«, benannt nach ihrem Leiter Fritz Todt, 1940-1942 Reichsminister für Bewaffnung und Munition) nannten, was in meinen Ohren klang wie »Armee des Todes« – all das mutete mich ganz ungewöhnlich und seltsam an.

Unser Wagen bremste weich vor der sowjetischen Botschaft an der berühmten Straße Unter den Linden unweit des Brandenburger Tores. In der Botschaft herrschte feierliche Stille. Die ganze zweite Etage nahmen Repräsentationsräume und das Büro des Botschafters A. Schkwarzew ein, der erst seit kurzem in Berlin weilte. Nachdem ich das Gepäck in meiner Wohnung abgestellt hatte, begab ich mich sofort zum Botschafter. Schkwarzew, ein schwergewichtiger Mann von beeindruckendem Äußeren, der sich in die Rolle des Botschafters jedoch noch nicht hineingefunden hatte und einen sehr besorgten Eindruck machte, verblüffte mich mit der Frage:

»Nun? Welchen Auftrag bringen Sie mit? Werden jetzt Köpfe rollen...?«

Dann sprach er von den Schwierigkeiten der diplomatischen Arbeit.

»Hier sitze ich nun und versuche diese feinen diplomatischen Fäden zusammenzuknüpfen...«

Er rang die Hände und löste sie wieder voneinander – eine Geste, die genau zu diesem ungewöhnlichen Gespräch paßte. Er überschüttete mich mit einem Schwall von Fragen, die er sogleich selbst beantwortete. Offenbar war der Grund für seine Sorge der bevorstehende Besuch Molotows in Berlin.

Später berichtete man mir, für den Botschafterposten in Deutschland habe es zwei Kandidaten gegeben – Borodulin, den Leiter des Wissenschaftlichen Forschungsinstituts für die Textilindustrie, und Schkwarzew, den Parteisekretär desselben Instituts. Stalin schlug Molotow vor, daß sie mit beiden sprechen sollten.

»Welchen Punkt dieser Erde halten Sie gegenwärtig für den gefährlichsten?« fragte Stalin Schkwarzew.

»Litauen!« antwortete dieser prompt.

»Nun, worauf warten wir noch?« sagte Stalin zu Molotow. »Da hast du den Botschafter.«

So wurde Schkwarzew, den man eigentlich für den Posten des Leiters der Handelsvertretung in Berlin vorgesehen hatte, zum Botschafter, und Borodulin, der Botschafter hatte werden sollen, zum Handelsvertreter (was er bis Juni 1941 auch blieb). Schkwarzew erwies sich als ungeeignet für die Diplomatie und kehrte aus Berlin bald wieder an sein Textilinstitut zurück.

Man konnte die Mitarbeiter der Botschaft verstehen, die mit Sticheleien und Spitzen gegen den neuen Botschafter nicht hinter dem Berg hielten. Dieser spazierte nicht selten an den Schaukästen vorbei, in denen sein Foto prangte, um aus den Bemerkungen der Passanten zu erkennen, was die Deutschen von seiner bedeutenden Person dachten.

Als ich nach Berlin kam, damals eines der Zentren der Weltpolitik, wurde mir die ganze Verantwortung meiner Mission bewußt, die zu meiner geringen diplomatischen Erfahrung in keinem Verhältnis stand. Deshalb betrachtete ich die Menschen, mit denen ich leben und arbeiten sollte, besonders aufmerksam, versuchte, in die Formen und Methoden meiner neuen Tätigkeit einzudringen.

In allen unseren großen Botschaften sind den Botschaftsräten Gruppen von Mitarbeitern zugeordnet, die die verschiedenen Bereiche des Lebens im Lande beobachten und für die entsprechenden Fragen verantwortlich sind. Das können auch außenpolitische oder internationale Probleme sein. Ich erhielt den Auftrag, die Gruppe zu leiten, die sich mit dem inneren Leben des Reiches befaßte. Zu ihren Aufgaben gehörte es, die Lage in der regierenden faschistischen Partei, der NSDAP, in der »Arbeitsfront«, den Jugend- und anderen Organisationen, die ideologische Tätigkeit der Faschisten, ihre Vorbereitung auf den Krieg gegen die UdSSR genauestens zu beobachten. Dieser wurde sowohl in Moskau als auch in Berlin bereits für unvermeidlich gehalten. Unklar war nur der Zeitpunkt. Eine weitere wichtige Aufgabe unserer Gruppe bestand darin zu ergründen, wie die Bevölkerung über die Sowjetunion dachte.

Eine andere Gruppe von Mitarbeitern war für Pressefragen zuständig. Sie analysierte faschistische Zeitschriften und Bücher, stellte Presseübersichten allgemeiner Art und zu besonderen Themen zusammen, hielt den Kontakt zu deutschen und ausländischen Journalisten. Eine besonders große Belastung hatten die Diplomaten zu tragen, die sich mit der inneren Organisation, Protokoll- und Konsularfragen befaßten. Auch die sowjetisch-deutschen Kulturbeziehungen wurden bearbeitet, obwohl sich auf diesem Gebiet kaum noch etwas regte. Die Handelsvertretung, die Büros des Marine- und des Luftwaffenattachés arbeiteten selbständig.

Da unsere Möglichkeiten, an Informationen heranzukommen, sehr beschränkt waren, konnte die Einteilung der Mitarbeiter in Gruppen nur bedingt gesehen werden. Jeder teilte seine Beobachtungen auch seinen Kollegen mit, und bei Notwendigkeit wurden Ad-hoc-Gruppen gebildet. Angesichts der komplizierten historischen Situation bearbeiteten wir das ganze Spektrum der Probleme als Kollektiv, das eine gemeinsame große Aufgabe erfüllte.

Die Gestapo ließ alle Mitarbeiter der sowjetischen Botschaft scharf beobachten. Deshalb mußten wir uns wohl oder übel vor allem darauf konzentrieren, die Presse zu analysieren, in der sich das Leben des Landes eher wie in einem Zerrspiegel zeigte. Ein wichtiger Informationskanal waren die Kontakte mit den Mitarbeitern anderer Botschaften, mit denen wir Beobachtungen von Interesse austauschten. Dabei mußte man stets genau wissen, wovon sich der Gesprächspartner leiten ließ: War es für ihn von Nutzen, dem sowjetischen Diplomaten bestimmte Überlegungen über die Politik seines Staates mitzuteilen, um dafür seinerseits notwendige Informationen über Politik und Leben in der Sowjetunion zu erhalten? In den Gesprächen nutzten wir in der Regel Veröffentlichungen der sowjetischen Presse, die wir natürlich besser kannten als unsere Gesprächspartner.

Besonders interessant waren für uns die Beobachtungen der Mitarbeiter anderer sowjetischer Einrichtungen – der Handelsvertretung, des Konsulats sowie der überall im Lande tätigen Einkäufer von Ausrüstungen, die an der Erfüllung der Handelsverträge arbeiteten. Sie kamen direkt mit der Bevölkerung in Berührung, und ihre Berichte trugen dazu bei, daß wir eine genauere Vorstellung von der Politik und den Kriegsvorbereitungen des Reiches erhielten. Außerdem bereisten Deutschland auch sowjetische Delegationen, die ebenfalls über ihre Eindrücke berichteten. Die Sammlung und Verarbeitung dieser Informationen erforderte viel Zeit und Mühe. Der Arbeitstag reichte weit über die normale Dienstzeit hinaus. Reisen konnten wir in dieser Zeit nur wenig; die Bewegungsfreiheit der Diplomaten wurde von den Behörden stark eingeschränkt.

Ich stellte bald zu mehreren Botschaften recht enge Kontakte her. Von Zeit zu Zeit besuchte ich im Auftrage des Botschafters den Staatssekretär im Auswärtigen Amt, Ernst Freiherr von Weizsäcker (den Vater des Altbundespräsidenten). Weizsäcker war einsilbig, hörte uns an und ging dann sofort zu seinen eigenen Angelegenheiten über. Auf Empfängen konnte ich auch andere bedeutende Männer des Hitlerreiches aus der Nähe beobachten. Das waren für mich diplomatische Lehrjahre, in denen ich mir die Regeln des Protokolls aneignete und bestimmte Erfahrungen im Umgang mit Ausländern sammelte.

An der Botschaft war ein starkes und einmütiges Kollektiv tätig, in dem es viele interessante Persönlichkeiten gab.

Besonders fiel mir der Erste Sekretär Wladimir Nikolajewitsch Pawlow auf, ein ungewöhnlich präziser Dolmetscher bei den wichtigsten Gesprächen, der in mehreren Fremdsprachen arbeitete. Man erzählte sich, er schließe sich beim Sprachenlernen im Bad ein, lasse das Wasser laut in die Wanne laufen und rezitiere dazu fremdsprachige Texte, um die Aussprache zu üben und das Gedächtnis zu trainieren. Pawlow wurde später persönlicher Dolmetscher Stalins. Auf einem Parteitag der Kommunistischen Partei wählte man ihn ins ZK. Das war aber offensichtlich zu viel für ihn: Er verhielt sich gegenüber einigen führenden Vertretern der Partei nicht richtig, machte unüberlegte Bemerkungen und verschwand bald darauf aus der großen Politik.

Ein ganz eigenes Schicksal hatte auch der zweite Dolmetscher der Botschaft, Valentin Michailowitsch Bereshkow. Er leistete eine tadellose Arbeit und war ein guter Kollege von weichem und etwas lyrischem Wesen. Bei Kriegsende stellte sich heraus, daß sein Vater, der bei Kiew lebte, während der Besatzungszeit die Gendarmerie eines Dorfes geführt hatte. Valentin Bereshkow schied daraufhin aus dem diplomatischen Dienst aus und wurde Journalist. Er schrieb interessante Bücher mit seinen Erinnerungen an die Konferenzen von Teheran, Jalta und Potsdam sowie an die

Gründung der UNO, wo er ebenfalls als Dolmetscher eingesetzt war. Die Pressegruppe leitete Andrej Andrejewitsch Smirnow. Hochgewachsen und kräftig, mit einer hohen Stirn und riesigen Händen, war er von ausgeglichenem Charakter und wurde später ein großer Diplomat. In seiner Jugend war er Heizer auf einem Schiff der Baltischen Flotte gewesen und geriet 1936 zu seiner großen Überraschung in die Diplomatie. Als ich nach Berlin kam, arbeitete er bereits ein Jahr lang (das war damals eine beträchtliche Zeit) als Dritter Sekretär. Dann wurde er sofort zum Ersten Sekretär und sehr bald auch zum Botschaftsrat befördert. Später war er Botschafter im Iran. Zeitweilig trennten sich unsere Wege. Am Ende des Großen Vaterländischen Krieges führte uns die Deutschlandfrage wieder zusammen, und zwischen uns entwickelte sich eine sehr enge menschliche und berufliche Beziehung.

Auch unsere Familien freundeten sich rasch an, und diese Freundschaft hielt ein Leben lang. Andrej Smirnow dachte stets in großen strategischen Zusammenhängen. Jedes wichtige Ereignis der Politik sah er als Glied in einer Kette anderer Ereignisse und versuchte Verbindungen zwischen ihnen herauszufinden. Kleinigkeiten und Alltagskram ließ er beiseite. Nur wenigen war es wie ihm gegeben, die Dinge aus dem Blickwinkel einer Großmacht zu verallgemeinern. So sah er große Linien der Politik, wenn diese sich kaum abzeichneten. Ein Diplomat hat nicht nur auf die Entwicklung zu reagieren, sondern sie auch zu analysieren und ihren Zusammenhang mit den Tendenzen der Weltpolitik zu erkennen. Wir führten oft lange Gespräche über die Wechselfälle der Politik Hitlerdeutschlands, über deutsche Geschichte und Literatur, machten uns gegenseitig auf interessante Informationen aufmerksam, die wir in der riesigen Menge nazistischer Literatur fanden.

Die Organisation war nicht die starke Seite Andrej Smirnows; derartige Aufgaben überließ er gern anderen. Tiefes Nachdenken, die Analyse der Ereignisse aus ganz unerwarteter Sicht und Schlußfolgerungen für die praktische Politik – diese Stärke zeigte sich bei ihm von Anfang an. Ein bemerkenswerter Mann, den die »Geschichte der Diplomatie« nicht umsonst unter den zehn größten sowjetischen Diplomaten der Nachkriegszeit nennt.

Die Lage in Deutschland wurde immer gespannter. Der Sieg über Frankreich im Sommer 1940 stieg nicht nur Hitler und seiner

Umgebung zu Kopf, sondern auch den höchsten Militärs, der Rüstungsindustrie und einem bedeutenden Teil der Bevölkerung, der sich von der chauvinistischen Woge mitreißen ließ und einen baldigen Triumph der »nationalsozialistischen« Ideen erwartete, die der »Herrenrasse« Glück und Erfolg bringen sollten.

Der Anschluß Österreichs, die Besetzung der Tschechoslowakei, Dänemarks, Norwegens, Belgiens, Hollands und Luxemburgs, die Eroberung Polens, der Einmarsch deutscher Truppen in Finnland, Rumänien und Bulgarien waren bereits bezwungene Stufen der eskalierenden Aggression. Und ein Ende der Treppe war nicht abzusehen.

Unsere Tätigkeit in Hitlerdeutschland vollzog sich unter extremen Bedingungen. Zu meinen Aufgaben gehörte es, an öffentlichen Versammlungen der Hitlerpartei teilzunehmen, die sich demagogisch Nationalsozialistische Deutsche Arbeiterpartei nannte. Auf einer dieser Versammlungen, die ich mit einem Mitarbeiter der Botschaft besuchte, sprach ein bekannter Nazi. Natürlich konnten wir keine objektive Analyse der inneren oder äußeren Situation des Reiches erwarten. Im Geiste der Zeit verbreitete sich der Redner über die Einmaligkeit der arischen »Herrenrasse«, über ihren Anspruch auf die wirtschaftliche und ideologische Weltherrschaft, über die Neuordnung Europas, über die amerikanischen »Plutokraten«, die Schwächen Englands und dessen baldige Niederlage. Wenn es besonders pathetisch wurde, sprang der bis zum Bersten gefüllte Saal auf und ließ donnernd sein »Heil!«, »Sieg heil!« erschallen. Dabei taten wir natürlich nicht mit, was uns argwöhnische böse Blicke eintrug.

Ich hörte auch Hitler sprechen, der ein eigenwilliger und geschickter Redner war. Er kannte seine Anhängerschaft gut und verstand es, sie mit starken Modulationen der Stimme in seinen Bann zu schlagen. Er brüllte in den höchsten Tönen, ging dann unvermittelt fast zum Flüsterton über und ließ die Stimme allmählich wieder fast bis zum Schrei anschwellen.

Der Inhalt seiner Reden war meist trivial. Wieder und wieder sprach er davon, daß die Nationalsozialisten anfangs nur eine kleine Gruppe waren, die die Volksmassen mit ihrem Programm anzog, der Jugend den Glauben an den Sieg Deutschlands und die Eroberung der Weltherrschaft schenkte. Gedruckt wirkten seine

Reden blaß, aber wenn er sprach, tobte das Publikum, als hörte es von ihm zum ersten Mal erschütternde Wahrheiten. Soweit ich mich erinnern kann, wurden Hitlers Reden nicht gesammelt herausgegeben, dafür prangte sein Buch »Mein Kampf«, das dieselben vereinfachten Phrasen über die Vorzüge der arischen Rasse enthielt, in der Auslage jedes Buchladens. Im übrigen bekannte Hitler im kleinen Kreise, er brauche kein Programm, das ihm nur die Hände binden würde.

Zum Alltag Berlins gehörten damals zahllose grandiose Aufmärsche. Wenn der italienische Duce Mussolini, der ungarische Diktator Horthy, die Führer Rumäniens, Bulgariens oder andere hohe ausländische Gäste empfangen wurden, artete dies in lautstarke Demonstrationen aus: SS und Wehrmacht, hinter ihnen Scharen von Berlinern mit Fähnchen des Reiches und des Landes, aus dem der Gast kam, säumten die Straßen. Überall im »Tausendjährigen Reich« wurden Manifestationen und Kundgebungen abgehalten. Im April 1941 empfing Berlin den japanischen Außenminister Matsuoka. Dieser hatte unerwartet für Hitler in Moskau Zwischenstation gemacht und mit der Sowjetunion einen Nichtangriffspakt unterzeichnet, was der deutschen Führung gar nicht behagte. Aus den Zeitungen erfuhren wir, daß zum ersten Mal in der Geschichte der sowjetischen Diplomatie Stalin persönlich den Minister auf dem Bahnhof in Moskau verabschiedet hatte.

Die gleichgeschalteten Medien erhielten ihre Linie aus den täglichen Artikeln des Reichspropagandaministers Joseph Goebbels.

Auf Empfängen in der sowjetischen Botschaft erschien nicht selten hohe Prominenz: Generalfeldmarschall Keitel, der damals Hitlers rechte Hand war, Goebbels, Göring und andere Führer des Reiches.

Am 11. November 1940 traf der Volkskommissar für Auswärtige Angelegenheiten der UdSSR, Wjatscheslaw Molotow, zu einem offiziellen Besuch in Berlin ein. Der Botschafter fuhr ihm bis zur Grenze entgegen, und ich als zeitweiliger Geschäftsträger hatte ihn gemeinsam mit Ribbentrop zur offiziellen Begrüßung auf dem Anhalter Bahnhof zu erwarten. Das war meine erste protokollarische Begegnung mit dem deutschen Außenminister. Mittelgroß, mit hoher Schirmmütze, wirkte er abweisend, hochmütig und hielt sich strikt an das Zeremoniell. Erst als Molotow und seine

Begleiter auf der Schwelle des Waggons erschienen, kam etwas Bewegung in seine Züge. Er lächelte, aber seine Augen blickten kalt auf den Gast. Der Volkskommissar begrüßte die Mitarbeiter der Botschaft herzlich und fuhr dann in seine Residenz im Schloß Bellevue. Bald darauf erschien Molotow in der Botschaft. Als er beim Botschafter eintrat, sah er auf dessen Schreibtisch die Memoiren Bismarcks liegen.

»Haben Sie dieses Buch gelesen?« fragte er Schkwarzew unerwartet.

»Ich habe das Vorwort von Jerussalimski gelesen, sehr interessant...«, antwortete der Botschafter.

»Ich frage nicht, ob Sie das Vorwort, sondern ob Sie das Buch gelesen haben«, erwiderte Molotow ärgerlich.

»Das Vorwort ist sehr interessant«, wiederholte Schkwarzew.

Dadurch nahm das Gespräch unerwartete Schärfe an. Wir erfuhren, daß Schkwarzews Ablösung bereits entschieden war. An den Verhandlungen mit Hitler und Ribbentrop nahm an seiner Stelle bereits Wladimir Dekanosow teil, der bald darauf zum Botschafter in Deutschland ernannt wurde.

Diese Verhandlungen sind in Valentin Bereshkows Buch »Jahre im diplomatischen Dienst« (Dietz Verlag, Berlin [Ost] 1975) ausführlich beschrieben. Er war dort gemeinsam mit Wladimir Pawlow als Dolmetscher eingesetzt. Der Inhalt wurde natürlich geheimgehalten, wie es die Regeln der Konspiration und die Interessen der Sache erforderten.

Heute ist dokumentarisch belegt, daß Hitler bereits am 31. Juli 1940 auf einer Besprechung mit führenden Militärs im Berghof gesagt hatte, nach der Zerschlagung der britischen und französischen Armeen bei Dünkirchen sei der Krieg im Prinzip bereits gewonnen. England habe Illusionen, was seine Entschlossenheit stärke. Englands Hoffnung seien Rußland und Amerika. Wenn die Hoffnung auf Rußland wegfalle, falle auch Amerika weg, weil dann eine Aufwertung Japans in Ostasien in ungeheurem Maße folgen werde. »Ist aber Rußland zerschlagen«, sagte Hitler, »dann ist Englands letzte Hoffnung getilgt. Der Herr Europas und des Balkans ist dann Deutschland.« Daraus zog er den Schluß: Im Zuge dieser Auseinandersetzung müsse Rußland erledigt werden. Zeitpunkt: Frühjahr 1941.

Der Gedanke, daß es an der Zeit sei, den sowjetisch-deutschen Vertrag von 1939 zu brechen, tauchte meines Wissens zum ersten Mal im Januar 1940 auf, d. h. lange vor dem Einmarsch in Frankreich. Während des Frankreichfeldzuges erging dann die Weisung an das Oberkommando der Wehrmacht, den Plan auszuarbeiten, der später den Namen »Barbarossa« erhielt. Die Stabsdokumente für diese Operation waren bereits vor Aufnahme der Verhandlungen mit Molotow fertiggestellt.

Hitlers Plan lief darauf hinaus, Rußland anzubieten, dem Dreimächtepakt beizutreten, den Deutschland, Italien und Japan im September 1940 unterzeichnet hatten, und sich an der Aufteilung der Welt zu beteiligen. In den Verhandlungen mit Molotow in Berlin am 12. und 13. November 1940 tat Hitler so, als habe Deutschland den Weltkrieg bereits gewonnen. Er bot der Sowjetunion an, sich an der Aufteilung des angeblich bereits besiegten britischen Imperiums, an Operationen am Persischen Golf und an einem Feldzug nach Indien zu beteiligen. Molotow lehnte entschieden und sogar mit einer Portion Ironie ab, über dieses Thema zu sprechen. Am ersten Verhandlungstag flog die britische Luftwaffe einen Angriff auf Berlin. Molotow stellte im Bunker die Frage: »Wessen Flugzeuge bombardieren Berlin, doch nicht etwa die des besiegten Englands?!« Er forderte von der deutschen Seite Aufklärung über ihr Vorgehen in Finnland, Rumänien, Bulgarien und der Türkei (im Zusammenhang mit den Meerengen), wo die Sicherheitsinteressen der Sowjetunion verletzt wurden.

Hitler reagierte darauf aus gutem Grund nervös: Er wollte die Sowjetunion in Verhandlungen über die Aufteilung des britischen Weltreiches ziehen, um dies London mitteilen zu können. Es geschah aber genau das Gegenteil: In London wurde bekannt, daß Molotow jedes Gespräch über dieses Thema abgelehnt hatte. Was das Vorgehen in Rumänien, Bulgarien, Griechenland und Finnland betraf, so sagte Hitler, politische Abkommen würden nur zu 20 bis 25 Prozent erfüllt; Deutschland sei gezwungen, mit Militäraktionen in die Entwicklung auf dem Balkan einzugreifen und seine Truppen in Finnland einrücken zu lassen, weil dies die Interessen der »Neuordnung« Europas und der Welt erforderten. Molotows Versuche herauszubekommen, was unter der »Neuordnung« Europas und dem »großen ostasiatischen Raum« zu verstehen sei, endeten ergebnislos. Heute ist bekannt, daß Hitler bereits am ersten Tag der Verhandlungen mit Molotow Weisung gab, die Vorbereitungen für mögliche Operationen im Osten fortzusetzen. Am Schluß der Verhandlungen teilte er den Militärs mit, der Plan »Barbarossa« sei nun beschlossene Sache.

Hitler erwähnte übrigens mehrmals, Deutschland benötige bestimmte Rohstoffe, die es unter allen Umständen sichern müsse. Deshalb könne er es nicht zulassen, daß die Engländer in Saloniki, unweit der Erdölfelder Rumäniens, die für Deutschland unverzichtbar seien, eine Militärbasis errichteten. Über die USA sagte Hitler, sie hätten weder in Europa noch in Afrika oder Asien etwas zu suchen, der Dreimächtepakt werde eine Art Monroe-Doktrin für Europa entwickeln.

Die Berichte über die Verhandlungen Molotows in Berlin sind heute in Deutschland und in der Sowjetunion veröffentlicht. Natürlich informierte er damals die Botschaft nicht über den Inhalt seiner Verhandlungen und seines Berichts an Stalin. Was ich darüber später an Einzelheiten erfuhr, stammt entweder aus kurzen Äußerungen Pawlows und Bereshkows oder aus den Protokollauszügen, die im Archiv des sowjetischen Außenministeriums aufbewahrt werden. Als stellvertretender Außenminister gab ich grünes Licht für die Veröffentlichung des heute bekannten Buches Valentin Bereshkows, wo er von diesen Verhandlungen ausführlich berichtet. Dem äußeren Anschein nach wirkten sich die sowjetisch-deutschen Meinungsverschiedenheiten nicht auf das protokollarische Zeremoniell des Besuches aus. Die Deutschen waren ausgesprochen protokollbewußt und brachten es fertig, an den verschiedensten Stellen des Besuches militärische Ehren einzubauen. Molotow nahm diese gleichmütig entgegen. Wie ich auch später beobachten konnte, bewahrte er in jeder Lage Ruhe und Würde, wie es dem Vertreter einer Großmacht zukommt.

Nach dem Besuch Molotows trat im Verhältnis zwischen Deutschland und der Sowjetunion eine spürbare Abkühlung ein.

Am 28. November begrüßte ich auf dem Anhalter Bahnhof den neuen Botschafter Wladimir Dekanosow, der zugleich weiterhin stellvertretender Volkskommissar für Auswärtige Angelegenheiten blieb. In Anbetracht der Rolle, die er später spielte, soll er dem Leser hier näher vorgestellt werden.

Ich war ihm bereits in Moskau und Kaunas begegnet. Stets war er zuvorkommend gewesen und hatte mir wichtige Aufträge für die Botschaft überbracht. Obwohl nur von geringer Bildung – er hatte lediglich zwei Jahre Medizin studiert –, war er ein beharrlicher und erfahrener Organisator, der das Schicksal der Mitarbeiter des NKID wesentlich beeinflußte, denn er leitete die Kaderabteilung. Von Natur aus Pragmatiker und sehr ehrgeizig, konnte Dekanosow mit Mitarbeitern sehr grausam umspringen, wenn ihm etwas nicht paßte. Im Gespräch blickte er zum Fenster hinaus oder schaute an seinem Gegenüber vorbei. Man mußte erraten, was ihm gegen den Strich ging und sich im Laufe des Gesprächs darauf einstellen. Während des Krieges war ich mehrmals Augenzeuge, wie der »kleine Mingrelier« (eine kaukasische Nationalität, der Dekanosow entstammte – der Übers.) Mitarbeiter ohrfeigte.

Nach seiner Ankunft in Berlin drängte Dekanosow auf eine rasche Übergabe seines Beglaubigungsschreibens an Hitler, um die Möglichkeit zu haben, persönliche Kontakte im Diplomatischen Corps und mit deutschen Offiziellen anzuknüpfen. Zwei Wochen später, am 12. Dezember, empfing Ribbentrop Dekanosow und versprach, die Akkreditierung könnte bald nach der Rückkehr Hitlers aus dem Urlaub stattfinden. Im Gespräch mit Ribbentrop fragte Dekanosow, ob dieser von den Verhandlungen Schwedens und Finnlands über eine Union beider Staaten gehört habe. Er betonte, die Sowjetunion lehne derartige Pläne strikt ab.

Die Übergabe des Beglaubigungsschreibens an Hitler fand am 19. Dezember statt. Es war eine pompöse Zeremonie.

Die Autokolonne, die von einer SS-Eskorte auf Motorrädern begleitet wurde, bewegte sich von der sowjetischen Botschaft zur Residenz des Reichskanzlers. Obwohl es bis zur Reichskanzlei höchstens zehn Minuten Fußweg waren, kurvten wir durch viele Straßen, bis unsere Kolonne endlich vor dem Eingang des riesigen grauen Gebäudes, halb Festung, halb Palast, hielt. Die Architekten hatten hier auf gewaltige Mauern und Höfe sowie auf riesige Innenräume Wert gelegt. Als wir in den Innenhof einfuhren, empfing uns der ohrenbetäubende Lärm von Trommeln und Fanfaren.

Vom Protokollchef begleitet, entstieg der Botschafter dem Dienstwagen des Auswärtigen Amtes. Wir Diplomaten niederer Ränge sprangen ebenfalls aus unseren Wagen und schlossen uns ihm an – all das unter den finsteren Blicken der zahlreichen bewaffneten Wachmannschaften, die überall aufgestellt waren.

Dann führte man uns lange durch das Gebäude – über einen endlosen Korridor, durch einen Saal, einen weiteren Korridor und noch einen Saal, bis wir schließlich das Vorzimmer des Reichskanzlers erreichten. Das war ein riesiger Raum, in dem zahlreiche Mitarbeiter und Wachposten, die meisten blutjung, einen sehr beschäftigten Eindruck machten. Laut Protokoll hatten wir noch etwas zu warten. Dann öffneten sich die hohen Flügeltüren, und wir traten in Hitlers Arbeitszimmer ein. Dabei hoben alle Mitarbeiter und die Wachposten in Paradeuniform die Hand zum Hitlergruß. Hitler dankte ihnen mit einer lässigen Bewegung. Die Leute verschwanden, im Raum blieben Ribbentrop und der Chef der Reichskanzlei Meißner, der einige Worte Russisch konnte, aber im Gespräch so tat, als sei er in der Sprache perfekt und ein großer Freund der Russen.

Nach dem Zeremoniell hatten wir uns nun auf einen Teppich in einem gewissen Abstand vom Botschafter zu stellen, der eine vorbereitete Ansprache verlas und Hitler die Mappe mit dem Beglaubigungsschreiben überreichte. Der gab diese sofort an einen hinter ihm stehenden Diplomaten weiter, ohne hineinzuschauen. Er antwortete mit einigen allgemeinen Floskeln und bat uns dann in die Sesselecke. Ich nahm in der Nähe des Botschafters Platz, so daß ich alles gut sehen und hören konnte.

Hitler war damals 52 Jahre alt. Er erschien mir als exaltierter mittelgroßer Herr mit einem kurzgeschnittenen rötlichen Schnurrbärtchen. Eine Haarsträhne, die ihm in die Stirn fiel, warf er von Zeit zu Zeit zurück. Beim Sprechen war Hitler ständig in Bewegung und schnippte sogar mit den Fingern.

Der Botschafter sprach unter anderem den Schutz der Botschaftsgebäude vor Bombenangriffen an.

»Oh, das regeln wir gut und schnell für Sie!« rief Hitler aus und schnippte dabei mit den Fingern. »Da haben wir Erfahrung. Der West-Wall, den unsere Pioniere gebaut haben, ist an keiner Stelle überwunden oder durchbrochen worden.«

Er wies seinen Sekretär an, einen Eilauftrag auszuschreiben. Lange Gespräche sind bei der Akkreditierung nicht vorgesehen, und so absolvierten wir bald das ganze Zeremoniell noch einmal:

wieder lange Korridore, Säle, Trommeln und Fanfaren, das Tor und die umständliche Rückfahrt. Man sagte uns, mit derartigen Theatereffekten versuche Hitler seine Gäste zu beeindrucken. Das erinnerte mich an die Beschreibung von Empfängen beim türkischen Sultan im 18. Jahrhundert. Dieser ließ sich aber noch samt seinem Thron an Seilen in die Höhe hieven, so daß die erstaunten ausländischen Gäste, wenn sie sich aus der Verneigung aufrichteten, weder den Sultan noch seinen Thron erblickten; nur weit oben schrie ein Papagei.

Im Jahre 1940 erhielt unsere Botschaft von Stalin den Auftrag, einen umfassenden Bericht über Hitlers Pläne für die Neuordnung Europas und der Welt anzufertigen. Bereits beim ersten Nachdenken wurde klar, wie kompliziert diese Aufgabe war. Aus den antikommunistischen, antisemitischen Publikationen und aus der Spezialliteratur die notwendigen Informationen herauszufiltern, war nicht einfach. Moskau drängte, und anfangs ging die Sache sehr mühsam voran. Um die notwendigen Aussagen treffen zu können, durchwühlten wir Berge von Material, nahmen an offenen und geschlossenen Versammlungen der NSDAP teil. Ich hatte die Vollmacht erhalten, alle Möglichkeiten unserer Botschaft und anderer sowjetischer Dienststellen zu nutzen, aber erst allmählich zeichnete sich eine klare Linie ab. Mir kam ein Ausspruch Goethes in den Sinn, der sagte, man müsse an einem Gegenstand so beharrlich arbeiten, bis das eigene Werk umschlage und eine Tür sich öffne. Der Schlüssel zu dieser Tür war die Theorie. Als Philosoph und Historiker begriff ich, daß die Wurzeln dieser »Neuordnung« in den Konzeptionen und Ideen zu suchen waren, die bereits der Begründung des Ersten Weltkrieges gedient hatten, in den nationalistischen, chauvinistischen und militaristischen Schriften, die in Deutschland vor, während und nach diesem Kriege erschienen waren.

Der Bericht der Botschaft bestand schließlich aus neunzig maschinengeschriebenen Seiten, denen Karten, Schemata und andere Anlagen beigefügt waren. Botschafter Dekanosow nahm einige Kürzungen vor, besonders in dem Teil, wo von den konkreten Plänen zur Versklavung der UdSSR die Rede war.

Der Bericht enthielt umfangreiches Material, das die Pläne der Führungsspitze des »Dritten Reiches« enthüllte. Eine endgültige

Schlußfolgerung konnten wir allerdings nicht formulieren. Aber das konkrete Material gab viel Stoff zum Nachdenken.

Wie mir bekannt wurde, las Stalin den Bericht aufmerksam durch, nannte ihn »vorbildlich für einen Diplomaten, nur etwas lang« und fragte, wer der Verfasser sei. Dekanosow nannte meinen Namen. Stalin bemerkte, bei derartigen Arbeiten sollte der Verfasser stets genannt werden. Nach dem Überfall Deutschlands auf die UdSSR empfahl Stalin dem stellvertretenden Volkskommissar für Auswärtige Angelegenheiten, Solomon Losowski, den Bericht als Broschüre herauszugeben. Ich war dagegen, denn die dort verwendeten internen Aussagen konnten die Informationsquellen gefährden.

Der Inhalt des Berichts läßt sich, kurz zusammengefaßt, so beschreiben:

Die Pläne zur »Neuordnung« sahen vor, die Welt in drei große Räume aufzuteilen: erstens den deutschen, der ganz Europa und Afrika, den Nahen und Mittleren Osten bis zum Persischen Golf umfaßte, zweitens den japanischen, zu dem der ganze Pazifische Raum und Asien bis an die Grenzen des »großdeutschen Raumes« gehören sollten, und drittens den nordamerikanischen, der den gesamten amerikanischen Kontinent die angrenzenden Gewässer einschloß.

In Europa sollte eine komplizierte Hierarchie von Staaten errichtet werden, an deren Spitze das »arische Reich« der Herrenrasse stand. Viele Länder und Völker wollte man vernichten oder kolonialisieren und ihre Territorien germanisieren. Das sogenannte Euroafrika war zur Ausplünderung durch die deutschen Faschisten und Rassisten freigegeben. Die Bewohner Schwarzafrikas erklärte man zu »Untermenschen«.

Das erste militärische Ziel der Wehrmacht in der Sowjetunion, so schrieben wir in unserem Bericht, bestand darin, bis zur »Linie A-A« (Astrachan-Archangelsk) vorzurücken und danach die Operationen auf den Ural auszudehnen. Der gesamte europäische Teil der UdSSR sollte kolonialisiert, die Russen sollten hinter den Ural zurückgedrängt und alle großen Städte wie Moskau, Leningrad, Kiew, Charkow, Minsk und andere dem Erdboden gleichgemacht werden. Für die Liquidierung der Bevölkerung Rußlands waren nur wenige Wochen nach Abschluß des Blitzkrieges vorgesehen.

Danach wollte Hitler seine militärischen Kräfte nach Westen richten und die Herrschaft der Plutokraten Englands und Amerikas brechen. Man bereitete eine Industrie zur Vernichtung von Hunderten Millionen Bewohnern Europas vor, insbesondere slawischer Herkunft, dazu die Zerstörung slawischer Kulturdenkmäler nach dem Vorbild der Kolonialisierung weiter Gebiete Afrikas im 19. Jahrhundert.

Erstaunlich offen und zynisch beschrieb Alfred Rosenberg diese Pläne in seiner Schrift »Zukunftsweg einer deutschen Außenpolitik«, die bereits 1927 erschienen war. Von demselben Geist durchdrungen ist auch die umfangreiche chauvinistische Literatur vom Anfang des 20. Jahrhunderts, die Pläne zur Errichtung eines sogenannten Mitteleuropas enthält.

Das zentrale Motiv dieser Pläne war der sogenannte Drang nach Osten. Nicht alles war uns damals bekannt; vieles wurde später enthüllt. Im engen Führungskreise des Hitlerreiches debattierte man damals die Frage, ob die Deutschen das moralische Recht hätten, die Vernichtung des russischen Volkes und die Kolonialisierung der Sowjetunion anzustreben. Man leitete dieses Recht daraus ab, daß auch England bei der Errichtung seines Kolonialreiches einem großen Teil der Welt dieses Schicksal bereitet habe. Heute wissen wir, daß Ribbentrop auch den Japanern diesen Plan zur Teilung der Welt in drei Großräume erläuterte, um Japan als Partner zu gewinnen. Die Japaner erschraken jedoch vor dieser Idee, die in bestimmtem Maße ihren eigenen Vorstellungen von einer Nachkriegsordnung zuwiderlief. Offenbar war dies auch einer der Gründe, weshalb sich Japan bei dem bereits erwähnten Besuch von Außenminister Matsuoka in Moskau zum Abschluß eines Nichtangriffsvertrages mit der Sowjetunion bereitfand. Dieser löste damals in der Führung des Reiches unverhüllte Verärgerung aus und belastete die Beziehungen für eine bestimmte Zeit. Japanischer Botschafter in Berlin war damals Hiroshi Oshima, ein erfahrener Diplomat und kluger Politiker.

In Deutschland existierte eine politische Richtung (ich möchte sie mit den Namen Joseph Wirth, Graf von der Schulenburg, Otto Wolff und anderen verbinden), die die Auffassungen Hitlers durchaus nicht teilte, ganz abgesehen von den offenen Gegnern des Faschismus und der Hitlerherrschaft, die in den Konzentrationslagern saßen, emigriert waren oder sich für eine gewisse Zeit aus der aktiven Politik zurückgezogen hatten. In jenen Monaten der Jahre 1940 und 1941 hatten aber eindeutig die aggressiven faschistischen und militaristischen Kreise die Oberhand; ihre Gegner waren in den Hintergrund gedrängt. Wie die weitere Entwicklung zeigte, ist Vernunft nicht immer das Bestimmende in der Politik. Der Wahnsinn treibt sie lautlos, aber zielsicher in die Katastrophe.

Botschafter Dekanosow brachte eine Reihe Aufträge nach Berlin mit, die er konsequent erfüllte. Er führte eine neue Art von Informationsberichten ein, so z. B. über die Methoden zur Tarnung von Gebäuden, Verkehrsmitteln, Industrieanlagen usw. Derartigen Berichten wurden Muster von Verdunklungsrollos, Dosen mit Leuchtfarbe, die von oben nicht zu erkennen ist, zur Markierung von Bus- oder Straßenbahnhaltestellen, Verdunklungspläne, Signalsysteme u. a. beigefügt. Diese Berichte unterzeichnete der Botschafter selbst. Mir fiel häufig die Aufgabe zu, die Materialien zu sammeln und die Entwürfe zu schreiben.

Viele Materialien wurden nach diesen Mustern in sowjetischen Betrieben kopiert und produziert. Die Intensität, mit der die Botschaft sich diesen Aufgaben widmete, zeigt, daß sie von Stalin persönlich ausgingen und die sowjetische Führung keinen Zweifel daran hatte, daß Hitler den Nichtangriffspakt brechen würde und eine Aggression gegen die Sowjetunion vorbereitete.

Wie heute bekannt ist, kamen die meisten Nachrichten über die Kriegsvorbereitungen des Reiches von der sowjetischen Botschaft in Berlin. Berija, der im NKWD unmittelbarer Vorgesetzter Dekanosows war, forderte im Mai 1941, diesen aus Berlin abzuberufen, weil er »Desinformationen« über einen geplanten Überfall Deutschlands auf die UdSSR verbreite. Stalin teilte diese Meinung Berijas jedoch nicht, und Dekanosow erfreute sich während des ganzen Krieges seines persönlichen Wohlwollens. Später änderte sich dies. Dekanosow wurde aus der Diplomatie und der großen Politik entfernt. Davon wird noch die Rede sein.

Es ergab sich, daß ich während der Amtszeit Dekanosows als Botschafter in Berlin de facto der zweite Mann der Botschaft war. Die Zusammenarbeit mit den anderen sowjetischen Institutionen wie der Handelsvertretung behielt der Botschafter allerdings selbst in der Hand. Soweit ich mich erinnere, waren die Militärattachés nicht dem Botschafter unterstellt, sondern empfingen ihre Aufgaben direkt von den eigenen Vorgesetzten. Reibungen oder Probleme in den Beziehungen habe ich nicht beobachtet.

Nach der Akkreditierung Dekanosows zog der diplomatische Alltag wieder ein. Aber nichts war mehr wie vorher: Wir mußten es nun lernen, in einer Atmosphäre unverhüllter Feindseligkeit zu leben. Es war verboten, in den nicht abhörsicheren Räumen Gespräche über politische Fragen oder auch nur über persönliche Beziehungen unter den Mitarbeitern zu führen. Man empfahl uns, nicht mehr allein in die Stadt zu gehen, in jedem Falle aber den Diensthabenden über Aufbruch und Rückkehr zu informieren. Wir hielten diese Vorschriften streng ein und lernten es, unsere Arbeit zum Teil in sehr ungewöhnlichen Formen weiterzuführen.

Ich traf mich damals von Zeit zu Zeit mit dem Chefkommentator der wichtigsten Zeitung der Nazis, dem »Völkischen Beobachter«, Karl Mägerle, in Restaurants und Kneipen. Er legte in der Hauptsache die offizielle Position der Hitlerregierung zu wichtigen politischen Fragen dar. Um mein Interesse an den Zusammenkünften wachzuhalten, teilte er mir von Zeit zu Zeit interne, zuweilen gefälschte Informationen über Pläne und Absichten Hitlers mit, als dessen Sprachrohr er galt. Unsere Aufgabe bestand darin, Lüge von Wahrheit zu unterscheiden, den wirklichen Sinn seiner Mitteilungen herauszufinden und zu beobachten, wohin seine Desinformationen über die Pläne und Absichten der Reichsführung zielten. Nach Veröffentlichungen der sowjetischen Presse legte ich meinem Partner die Position der UdSSR dar. Damit erhielt Mägerle die Möglichkeit, die sowjetische Position zu bestimmten Fragen in seinen Kommentaren – vollständig oder teilweise – darzustellen. Da es damals zu seinen Aufgaben gehörte, gegenüber der Sowjetunion »freundliche Absichten« des Reiches vorzutäuschen (deren wahren Wert wir aus anderen Quellen kannten), war das, was er in seinen Artikeln beschrieb, häufig annähernd die sowjetische Position. So hatte die Bevölkerung des Reiches die Möglichkeit, sich zuweilen selbst in der Nazipresse über Standpunkte der Sowjetunion zu informieren. Mägerle legte sie natürlich aus seinem Blickwinkel dar, aber wir konnten so der deutschen Öffentlichkeit uns wichtige Dinge zur Kenntnis bringen.

Nach dem Besuch Molotows in Berlin nahmen die Ausfälle gegen die Sowjetunion in der Reichspresse zu, waren allerdings nach wie vor mit Freundschaftsbeteuerungen vermischt. Aber man konnte bereits erkennen, daß das Problem sich so oder so lösen mußte. Im April 1941 marschierte die Wehrmacht in Jugoslawien ein. Das war ein Schritt, mit dem das Reich ganz offenbar sein Hinterland und die Flanken für den künftigen Krieg gegen die Sowjetunion absichern wollte.

Um ihre wahren Absichten zu verhüllen, speisten die Faschisten in verschiedene Kanäle Gerüchte über eine bevorstehende Landung der Wehrmacht in England ein. Sowjetischen Diplomaten wurden Briefe zugespielt, die über angebliche Verlagerungen von Truppen und Ausrüstungen nach Westen berichteten. Auch im Diplomatischen Korps kursierten solche »Informationen«; die Geheimdienste mehrer Länder wurden mit diesen Falschmeldungen gefüttert.

Jedoch gelangten von allen Seiten Tatsachen über die Vorbereitung des Überfalls auf die Sowjetunion in unsere Botschaft. Wir übermittelten regelmäßig Informationen über die verstärkten Kriegsvorbereitungen des Reiches nach Moskau.

Am 14. März meldete der Militärattaché in Berlin, Wassili Iwanowitsch Tupikow, nach Moskau, der Beginn der Kriegshandlungen sei zwischen dem 15. Mai und dem 15. Juni 1941 zu erwarten. Ein deutscher Major habe erklärt: »Wir verändern unseren Plan vollständig. Wir ziehen nach Osten, gegen die UdSSR. Dort holen wir uns Getreide, Kohle und Erdöl. Dann werden wir unbesiegbar sein und gegen England und Amerika marschieren.«

Am 6. Mai 1941 informierte der Volkskommissar für die Seekriegsflotte, Admiral Nikolai Gerassimowitsch Kusnezow, Stalin davon, daß nach einem Bericht des Marineattachés in Berlin, Woronzow, »die Deutschen nach den Worten eines Offiziers aus dem Stabe Hitlers zum 14. Mai den Einmarsch in die UdSSR über Finnland, das Baltikum und Rumänien vorbereiten. Zugleich sind massive Angriffe der Luftwaffe auf Moskau und Leningrad sowie die Landung von Fallschirmtruppen in den grenznahen Zentren geplant.«

Bereits vor dem Einmarsch in Jugoslawien hatten die Faschisten unseren Kundschaftern die »Information« zugespielt, der Tag des

Überfalls auf die Sowjetunion sei nah. Dann wechselten sie mehrmals die Termine, offenbar, um uns in Verwirrung zu bringen. Das erinnert an eine alte Geschichte aus dem Dorfleben: Zweimal ertönt der Ruf: »Wölfe kommen!« Als sich das zweimal als blinder Alarm herausstellt, reagieren die Bauern beim dritten Mal nicht mehr und werden überrascht, als wirklich Wölfe auftauchen.

Stalin und seine nächste Umgebung erwarteten von Hitler deshalb im Juni 1941 keinen Überfall, weil sie nicht glauben wollten, daß den Deutschen ein solcher strategischer Fehler unterlaufen konnte.

Im März 1941 kam eine sowjetische Militärdelegation nach Berlin. Sie war eingeladen worden, um einige Unternehmen des Reiches zu besuchen und eventuell dort Militärtechnik zu bestellen. Ich nahm an den Protokollveranstaltungen für diese Delegation teil. Auf dem Empfang in der sowjetischen Botschaft zu Ehren der Delegation erschienen Propagandaminister Goebbels, Generalfeldmarschall Keitel, der oft zu unseren Empfängen kam, General Jodl und einige Admirale. Ich erinnere mich an den Toast eines Admirals auf den sowjetischen Auftrag für Kriegsschiffe: »Ich hoffe, dieser Vertrag wird nicht so bitter wie der Wermut, den wir jetzt gemeinsam trinken.« Das war lediglich die elegante Verpackung einer sorgfältig durchdachten Aktion der psychologischen Kriegsführung.

Ein Abend in dem Bunker, der in der sowjetischen Botschaft auf Weisung Hitlers inzwischen gebaut worden war, ist mir im Gedächtnis geblieben. Die britische Luftwaffe bombardierte das Zentrum von Berlin. Die Bomben dröhnten und zischten, als sie auf der Straße Unter den Linden explodierten. Wir sahen das Gebäude der Staatsoper in Flammen aufgehen.

Als wir im Bunker saßen, berichteten die Artillerie- und Panzerkonstrukteure, die mit der Delegation angereist waren, man habe ihnen die Rüstungsbetriebe gezeigt und sogar die Türen der Konstruktionsbüros geöffnet. Unsere Fachleute konnten die neuesten Modelle der Flugzeuge von Messerschmitt und Heinkel, der Panzer, Geschütze und anderer Waffen besichtigen.

»Das ist eine psychologische Attacke. Sie wollen uns mit dem hohen Niveau ihrer Militärtechnik schrecken. Im Grunde haben wir aber nichts Neues gesehen. Wir sind Hitler in der Entwicklung der Militärtechik ein ganzes Stück voraus, nur werden unsere Modelle noch nicht in Serie produziert. Einen Rückstand haben wir lediglich bei den leichten Feuerwaffen...«

»So werden wir Stalin auch berichten«, flüsterte mir ein Delegationsmitglied ins Ohr.

All das zeigte sich später auf den Schlachtfeldern des Großen Vaterländischen Krieges, insbesondere bei Stalingrad und danach.

Viele Jahre später erzählte ich Molotow, der damals schon in Pension war, bei einem Spaziergang im Sanatorium Archangelskoje bei Moskau von jenem Abend im Bunker der Botschaft.

»Wir handelten nach der Weisung Lenins, daß sich die Rote Armee und das Land auf einen neuen Überfall der Imperialisten gründlich vorbereiten mußten«, sagte er. »...Es wurde die Aufgabe gestellt, die Artillerie, die Luftwaffe, die Panzertechnik und die Seekriegsflotte so schnell wie möglich auf das höchste Niveau zu bringen. Stalin befaßte sich persönlich sehr eingehend mit diesen Zweigen der Rüstung und ihrer Anwendung im technischen Krieg.«

»Um dafür eine solide Basis zu schaffen«, fuhr Wjatscheslaw Michailowitsch fort, »wurde das gesamte Industrialisierungsprogramm unseres Landes in erster Linie darauf ausgerichtet, neue Zentren des Kohlebergbaus und der Metallurgie, aber auch der Rüstungsindustrie im Ural und in Sibirien aufzubauen. Sowjetische Konstrukteure, meist junge Leute, schufen originelle Waffentypen. So galt der Panzer T-34 während des ganzen Krieges als der beste für die damalige Zeit. Unsere Artillerie konnte mehrere Ziele gleichzeitig bekämpfen. Die sowjetischen Katjuschas blieben bis Kriegsende ein Monopol der Roten Armee. Wir besaßen sehr präzise Minenwerfer. Die Luftwaffe war der deutschen nach den Kampfeigenschaften überlegen, und Flugzeuge zur Panzerabwehr bauten sie noch gar nicht. Die Seekriegsflotte wurde in den ersten Phasen des Krieges wegen der besonderen geopolitischen Lage unseres Landes nicht sehr stark eingesetzt, schlug sich aber später hervorragend in den Schlachten vor Leningrad, Odessa, Sewastopol, Noworossisk, Murmansk und im Fernen Osten.«

»Stalin«, berichtete Molotow, »befaßte sich persönlich mit der Ausrüstung der Armee und kannte sich im Kräfteverhältnis der Streitkräfte der einzelnen Länder aus. Deshalb berichten alle Konstrukteure fasziniert von Gesprächen mit Stalin, der ihnen nicht selten konkrete Konstruktions- und Kampfaufgaben stellte. Mit leichten Feuerwaffen waren die Deutschen am Anfang des Krieges besser ausgerüstet, jedoch diesen Rückstand hatten wir nach etwa eineinhalb Jahren aufgeholt.«

»Das Problem bestand darin«, fuhr der ehemalige Volkskommissar fort, »daß unsere neue Bewaffnung noch nicht in Serie produziert wurde, während die Kampftechnik der Deutschen bereits ihre Feuertaufe erhalten hatte und in Kampfeinsätzen erprobt war. Im Jahre 1942 änderte sich das – ein Prozeß, der während des ganzen Krieges anhielt. Da die Parteiführung eine richtige Strategie verfolgte, war die Rote Armee, als sie Berlin erreichte, stärker als je zuvor. Bei Kriegsende besaßen wir eine gut bewaffnete und allseitig ausgebildete Armee von zehn Millionen Mann. Die Alliierten wußten, wenn sie die zweite Front nicht eröffneten, wäre das Reich von der Sowjetarmee allein in die Knie gezwungen worden.«

Generaloberst I. I. Belezki, der Mitglied der Delegation bei den sowjetisch-amerikanischen Verhandlungen über den SALT-II-Vertrag war, berichtete mir, seit Ende 1929 habe Kliment Woroschilow dem Verteidigungsrat der UdSSR vorgestanden, dem auch Stalin und Molotow angehörten.

Dort wurde über die Entwicklung solcher Waffenarten wie Flugzeuge, Panzer, Artilleriegeschütze und neue Arten strahlgetriebener Waffen beraten. Stalin beteiligte sich aktiv an diesen Sitzungen, stellte Fragen und präzisierte die Aufgaben. Es heißt, Stalin habe sich in den Jahren der ersten beiden Fünfjahrpläne ohne Unterbrechung seiner Arbeit das Wissen mehrerer Zweige der Militärtechnik angeeignet.

Offenbar ging Stalin hier von einem Hinweis Friedrich Engels' aus, der sich eingehend mit dem Militärwesen befaßt hatte. Im »Anti-Dühring« schrieb Engels von dem gewaltigen Einfluß der Waffentechnik auf Strategie und Taktik des Krieges.

Ich denke, die Tatsache, daß in der UdSSR mit solcher Energie am Aufbau neuer Zentren des Kohlebergbaus, der Metallurgie und des Maschinenbaus im Osten (Magnitogorsk, Karaganda, Tscheljabinsk, Swerdlowsk, Mittelasien) gearbeitet wurde, hing mit dem strategischen Plan zur Abwehr eines Überfalls des Imperialismus zusammen, den Lenin für unausbleiblich hielt, den er aber nicht zeitlich fixieren konnte. Die Konzentration aller Kräfte des Volkes auf die Aufgabe, bereit zu sein, Freiheit und Unabhängigkeit der Heimat zu schützen, schuf die Voraussetzungen dafür, daß die schreckliche Gefahr der Vernichtung der Sowjetunion abgewendet werden konnte. Heute denken viele in ihrer Ignoranz kaum über diese Zusammenhänge nach oder machen sich lustig darüber. Es ist, als ob man das eigene Haus anzünden müßte, um auf diesem Feuer ein Spiegelei zu braten.

Im März 1941 hielten die Faschisten im Zentrum Berlins eine große Parade ab. Sie wurde vom Stellvertreter Hitlers in der Partei, Rudolf Heß, abgenommen. Als ob es heute wäre, sehe ich den großen schwarzen Wagen mit Heß, der die Truppen abfährt, und die Volksmenge vor mir. Einige Wochen später machte Heß damit Schlagzeilen, daß er über den Ärmelkanal nach England zu Verhandlungen flog.

Die Hitlerleute behaupteten, sie hätten mit diesem Flug nichts zu tun, denn aus den Verhandlungen wurde nichts, und die Briten internierten Heß bis Kriegsende. Uns Mitarbeitern der sowjetischen Botschaft versuchte man einzureden, dies sei lediglich eine »persönliche Initiative« Heß' gewesen, der aus idealistischen Motiven Frieden erreichen wollte. Wir wußten jedoch, daß Heß alles andere als Idealismus zu dieser Tat trieb. Dies war der Versuch, eine »gemeinsame Front« des Westens gegen die Sowjetunion zustande zu bringen. Heute ist bekannt, daß das Reich zu hohe Forderungen stellte und Großbritannien nicht bereit war, eigene Positionen und Interessen zu opfern.

Im Frühjahr 1941 erhielt ich eine Einladung des Gauleiters von Niederschlesien, Krause, dort eine Landwirtschaftsausstellung zu besuchen. Wir beschlossen, die Einladung anzunehmen.

Als wir zum Bahnhof kamen, bot sich uns ein unerwartetes Schauspiel. Eine riesige Menge von Fahrgästen versuchte den Zug zu stürmen, der mit Zivilisten und Militärs bereits überfüllt war. Uns sagte man, die Strecken nach Osten seien von Militärtransporten verstopft, was den Personenverkehr arg in Mitleidenschaft ziehe. Obwohl ich eine Fahrkarte erster Klasse hatte, mußte ich mit Hilfe meiner Begleiter und der Beamten der Protokollabteilung des Außenministeriums durch das Fenster in mein Abteil steigen. Die ganze Strecke nach Breslau stand ich in eine Ecke gezwängt zwischen den Fahrgästen, von denen viele gar keine Fahrkarte hatten. In Breslau erwartete mich ein Vertreter des Gauleiters, und wir fuhren durch die Stadt zu seiner Residenz. Überall wimmelte es von Militär. Offenbar wurden in aller Eile Truppen und Ausrüstungen in die Gebiete Polens verlegt, die an die UdSSR grenzten. Vor dem zentralen Hotel der Stadt hatte es sich Generalfeldmarschall von Rundstedt in voller Uniform auf einem Stuhl bequem gemacht und ließ sein glattrasiertes Gesicht von der Frühlingssonne bescheinen. Ich kannte ihn von Empfängen in der Botschaft und von zahlreichen Fotografien. In ehrfürchtiger Entfernung verharrten seine Leibwächter. Diese Beobachtungen und viele andere übermittelte die Botschaft natürlich sofort nach Moskau.

Dann empfing mich der Gauleiter, ein junger, kräftiger, energischer Mann, der ganz eindeutig öffentliche Auftritte genoß. Er ließ mich zu seiner Rechten Platz nehmen und holte zu einer großen Rede aus. Mit 35 Jahren führe er, Sohn eines Dorfschmiedes, ein so großes Land des Reiches. Vorher hatte er als Kommandeur einer Panzerkompanie am Frankreichfeldzug teilgenommen.

»Das war eine echte Prüfung«, erklärte Krause. »Ich kämpfte mich bis zum Ärmelkanal durch. Dann wurde ich überraschend zum Gauleiter ernannt. Stellen Sie sich vor, wie viele Verpflichtungen nun auf meinen Schultern lasten. Alle meine Mitarbeiter sind ebenfalls noch jung. Jetzt führen wir Krieg, danach werden wir den nationalen Sozialismus aufbauen. Nicht so einen wie bei Ihnen. Wir haben Krupp und Thyssen – das sind Helden der Arbeit; die Klassenwidersprüche sind verschwunden. Unsere arische Rasse...« Und immer so weiter.

Während ich ihm zuhörte, versuchte ich zu ergründen, welches Ziel dieser Mann verfolgte, wenn er mir Dinge sagte, von denen er wußte, daß sie meiner ganzen Weltanschauung zutiefst widersprachen. Warum hatte er gerade mich zum Gast und Gesprächspartner erwählt? Vielleicht deshalb, weil ich in seinen Augen trotz allem der Vertreter einer Weltmacht war, noch dazu eines Nachbarn Deutschlands?

Er wußte natürlich eine ganze Menge. Ihm war bekannt, warum sich von Rundstedt in Breslau aufhielt, warum die Stadt mit Truppen vollgestopft war und warum der normale Zugverkehr nicht mehr funktionierte. Und doch redete er auf mich ein wie ein echter Neubekehrter.

Vielleicht glaubte er wirklich an das, was er sagte. Wir wollen die Geschichte nicht vereinfachen. Unter den Anhängern Hitlers gab es nicht wenige, die von der Richtigkeit ihrer Sache überzeugt waren, und viele junge Leute hatten den Drang nach Gewalt und den hehren Traum vom »Tausendjährigen Reich« bereits verinnerlicht.

Ich kannte die bemerkenswerte deutsche Schriftstellerin Anna Seghers. Sie berichtete davon, wie die nazistische Propaganda die überkommenen geistigen und moralischen Grundlagen der Deutschen allmählich aufweichte, wie faschistische Klischees immer stärker auf sie einwirkten, was sie bis zum Sadismus trieb. Selbst ihre eigenen Kinder verrieten solche Leute an die SS, wenn diese sich gegen den Faschismus wandten.

Die psychologische Entartung eines Volkes und zugleich die physische Vernichtung seines fortgeschrittenen Teils ist eine Tatsache der jüngeren Geschichte. Das bringt mich heute wieder ins Grübeln, wenn ich sehe, daß erneut Populisten nach oben kommen, wie das schon unter Ludwig XVIII. oder unter Napoleon III. in Frankreich im vergangenen Jahrhundert geschah.

Als ich aus Breslau zurückkehrte, schrieb ich einen langen Bericht nach Moskau.

Neben der operativen Arbeit in Berlin hatte ich viel Literatur über Deutschland zu lesen. Ich erwähnte bereits, daß das Studium der Geschichte und Theorie sowie ihre Anwendung auf die Praxis mir regelrecht zur Leidenschaft geworden war. Es gab faktisch keine Zeit, da mich neben meinen dienstlichen Obliegenheiten nicht irgendein theoretisches Problem beschäftigte. Das bereichert das Leben, trainiert den Geist und verhilft zu einer geschliffenen Sprache, was für einen Diplomaten nicht unwichtig ist.

Bereits in der Mittelschule beschäftigte ich mich aus reinem Vergnügen mit der Agrarfrage in Japan, in Indien und den Ländern Lateinamerikas. Das Eindringen in diese Vielfalt der Bodenverhältnisse in verschiedenen Ländern half mir in gewisser Weise auch in der Politik. In Berlin stieß ich auf hochinteressantes Material über die Agrarverhältnisse in Deutschland in einer Fachzeitschrift über Landwirtschaft, die wertvolle statistische Angaben,

Tabellen, Karten und Diagramme enthielt. Die Analyse der Bodenverhältnisse, darunter die Verteilung des Bodens pro Kopf und pro Wirtschaft, die Pachtverhältnisse, die Einteilung der Flächen nach Größe und Qualität, ebenso der Wälder, Angaben zur Bodenfruchtbarkeit und zum Niveau der technischen Ausstattung der einzelnen landwirtschaftlichen Anbaugebiete fanden sich hier nicht nur für ganz Deutschland, sondern auch für die einzelnen Länder. Das ist wichtig, denn Deutschland existiert als Einheitsstaat (das Reich, danach die Weimarer Republik und dann wieder das Reich) erst seit 1871. Vorher war es in viele selbständige Kleinstaaten, Fürstentümer, freie Städte u.a. aufgesplittert. Heine bemerkte einmal spitz, die deutschen Länder seien im 18. Jahrhundert so »groß« gewesen, daß ein Soldat sie auf seiner Stiefelspitze wegtragen konnte.

Die Lektüre dieser Hefte packte mich, und ich beschloß, in meiner Freizeit einen Bericht über die Bodenverhältnisse in Deutschland nach einzelnen Ländern zu schreiben. Der Botschafter stellte mir einmal die Frage, warum ich mich damit befaßte. Ich antwortete, das sei interessant und könnte sogar einmal politischen Wert erlangen: Wenn wir uns hypothetisch vorstellen, daß die Sowjetarmee einmal nach Deutschland käme, müßten wir doch wissen, wie hier eine Bodenreform unter Berücksichtigung der Bodenverhältnisse in den verschiedenen Gegenden durchzuführen sei. Der Botschafter schaute mich entgeistert an und brummte: »Seltsame Ideen haben Sie in Ihrem Kopf...« Aber offenbar hatte nicht ich allein solche Gedanken.

Zwei Monate vor dem Überfall des faschistischen Deutschland auf die Sowjetunion erhielten wir aus Moskau die Weisung, das Archiv der Botschaft zu verbrennen. Aus dem Schornstein unseres Hauses Unter den Linden quoll nun der Rauch, in dem unverbrannte Papierstückchen mit einzelnen Buchstaben flatterten. Dabei verbrannte auch die schon fast abgeschlossene Arbeit über die Landwirtschaft Deutschlands. Ich sah ohne Bedauern zu, wie die Flammen meine Arbeit vieler Nächte auffraßen. In der Jugend fällt einem so etwas allerdings leichter. Die Mühe, die ich für den verbrannten Bericht aufgewandt hatte, war aber nicht umsonst...

Am 22. Juni 1941 gegen 4.00 Uhr morgens weckte mich ein Anruf des Botschafters, der gerade von Ribbentrop kam.

»Rasch zu mir! Es ist Krieg!«
»Gegen wen?«
»Gegen uns, schnell!«
Ich stürzte in die zweite Etage. Dort waren die höheren Diplomaten bereits versammelt. Der Botschafter informierte darüber, daß Deutschland der Sowjetunion den Krieg erklärt hatte, berichtete, wie man ihn nachts zu Ribbentrop geholt hatte, und schlug eine Neuverteilung unserer Aufgaben in dieser veränderten Lage vor.

Nun begann eine wahre Odyssee, in deren Verlauf das Personal der sowjetischen Einrichtungen und Firmen in Westeuropa interniert und dann gegen die deutschen Bürger in der UdSSR ausgetauscht wurde.

Die Sache komplizierte sich dadurch, daß die Mitarbeiter der sowjetischen Botschaften und ihre Familien aus allen Staaten Westeuropas in Berlin versammelt werden mußten. Bald glich der rechteckige Hof unserer Botschaft einem Heerlager. Die Wohnungen waren total überfüllt. Am Verlassen der Botschaft hinderte uns ein starkes Aufgebot der Waffen-SS. Verbindung zum Auswärtigen Amt hatten wir nur über Valentin Bereshkow.

Jedoch durchaus nicht alle Deutschen unterstützten den Krieg gegen die Sowjetunion. Ein Mitarbeiter der Protokollabteilung des Auswärtigen Amtes nannte Valentin Bereshkow seinen Namen und erklärte, er sei gegen diesen »irrsinnigen Krieg«.

»Vergessen Sie das nicht«, betonte er und begann dann mit der Kontrolle der Listen der neu eingetroffenen Personen.

Ins Botschaftsgebäude versuchten die Faschisten nicht einzudringen. Per Telefon erfuhren wir jedoch, daß sie sich Zugang zum Haus unserer Handelsvertretung verschafft hatten, das ebenfalls Exterritorialität genoß. Dort stürmten sie die Stahltür der Chiffrierabteilung. Die Mitarbeiter der Handelsvertretung versuchten den Angriff abzuwehren, aber man öffnete die Tür mit einem Schneidbrenner und drang in die Räume ein. Unseren Mitarbeitern gelang es, die Dokumente und Codes zu verbrennen. Dafür benutzten sie nicht nur Öfen, sondern auch ein glühendes Blech. Wutentbrannt warfen die Deutschen einen Chiffreur darauf.

Wenn ich nicht irre, war an diesem Handgemenge Wassili Wassiljewitsch Tschistow beteiligt, der danach lange Zeit im Ministerrat der UdSSR arbeitete. Die Botschaft erklärte der deutschen Seite offiziell Protest.

Wir wurden nun alle für interniert erklärt. Mehrmals täglich versammelten wir uns auf dem Hof der Botschaft, wo Botschaftsrat Ilja Tschernyschew Meldungen des Sowinformbüros, des sowjetischen Rundfunks und andere Informationen verlas. Wir waren in Kampfstimmung. Am zweiten Tag bat ich um die Erlaubnis, den Ersten Sekretär A. M. Korotkow, der einen dringenden Auftrag zu erledigen hatte, bei einem Gang in die Stadt zu begleiten. Die Atmosphäre war gedrückt; viele Deutsche spürten offenbar intuitiv, daß der Krieg gegen die Sowjetunion für das Reich tragisch enden konnte.

Die deutschen Behörden versuchten der Evakuierung der Sowjetbürger Hindernisse in den Weg zu legen, indem sie unsere Korrespondenten Iwan F. Filippow und I. M. Lawrow in Haft hielten. Wir erklärten entschieden, kein einziger Sowjetbürger werde Berlin verlassen, wenn man nicht alle ohne Ausnahme evakuierte. Schließlich brachte man I. M. Lawrow nach Berlin und versprach, daß I. F. Filippow in Wien zu uns stoßen werde.

Am 2. Juli bestiegen wir mit minimalem Handgepäck den Bus und fuhren zum Bahnhof. Ich stand auf der hinteren Plattform des Doppeldeckers. Unvermittelt trat ein Deutscher in Polizeiuniform an mich heran, nannte seinen Namen und erklärte leise, er sei gegen diesen Krieg. Unbemerkt hob er die Faust und grüßte mit »Rot Front«.

Im Zug war ich für den letzten Waggon verantwortlich. Draußen flogen die Alpen vorbei, die Täler Rumäniens und Jugoslawiens. Dann hielten wir in Swilengrad an der bulgarisch-türkischen Grenze. Ein bulgarischer Eisenbahner, der die Achsen kontrollierte, flüsterte mir zu: »Achtung! Sie fahren Euch zurück ...«

Ich meldete das dem Botschafter. Man sagte uns, es gehe nach Nis in Jugoslawien, wo wir zu warten hätten. Die SS-Männer versuchten unseren Leuten mit der Behauptung Angst einzujagen, wir würden zur Erschießung gefahren.

»Das ist noch nicht sicher, wer hier wen erschießt«, erhielten sie zur Antwort.

In Nis ließ man uns zehn Tage bei verschärfter Bewachung stehen, danach ging es zurück nach Swilengrad. Zu einem festgesetzten Zeitpunkt wurde an der türkischen Grenze das Personal der sowjetischen Einrichtungen und der deutschen Botschaft in der Sowjetunion ausgetauscht. Unter den Deutschen war auch Botschafter Graf von der Schulenburg, den später ein tragisches Schicksal ereilte. Im Oktober 1944 wurde er im Zusammenhang mit dem Attentat des Grafen Stauffenberg auf Hitler gehängt.

Unterwegs führte ich lange Gespräche mit unserem Militärattaché, General Wassili Iwanowitsch Tupikow, einem außergewöhnlichen Mann von hoher Bildung und einem strategischen Denker. Nach seiner Meinung hatte unser Land von 1939 bis 1941 intensiv aufgerüstet. Es fehlten ein bis zwei Jahre, um die Umstellung der Landesverteidigung auf die neuen Grenzen zu vollziehen und die Armee mit neuer Technik auszurüsten.

Hitler ging nach Meinung Tupikows davon aus, daß die Sowjetarmee mit der Technik kämpfen werde, die in Spanien und Finnland im Einsatz war. Da in der europäischen Tiefebene Rußlands keine natürlichen Hindernisse zu erwarten waren, hoffte er auf einen rasanten Verlauf der Kriegshandlungen.

Tupikow berichtete, er habe die Operationen der Wehrmacht in Westeuropa im Sommer 1940 genau studiert. Hitlers Generäle hätten im Grunde genommen nichts Neues zur Militärtheorie beigetragen, sondern die Konzeptionen des sowjetischen Militärtheoretikers Triandafillow und anderer sowjetischer Heerführer der zwanziger und dreißiger Jahre über Operationen moderner Armeen im sogenannten tiefen Gefecht geschickt angewandt. Diese Taktik war auch im Krieg gegen die Sowjetunion zu erwarten. Deshalb sollte man das Vorgehen der Deutschen in Frankreich nicht kopieren, sondern ganz anders handeln.

Der sowjetische General war überzeugt davon, daß die Blitzkriegspläne Hitlers scheitern und die Sowjetunion die Kraft finden werde, dem Druck der faschistischen Wehrmacht standzuhalten. Er meinte, der Krieg wäre zu vermeiden gewesen, wenn sich Hitler nach den erfolgreichen Operationen in Westeuropa nicht für unbesiegbar gehalten hätte. Den Krieg mit allen möglichen und unmöglichen Mitteln hinauszuzögern, ihn möglichst zu vermeiden, war auch das Ziel Stalins, der voraussah, welche Leiden ein Krieg gegen eine so starke Macht wie Hitlerdeutschland für die Sowjetunion mit sich bringen mußte.

W. M. Tupikow wurde am 28. Juli 1941 zum Chef des Stabes der Südwestfront ernannt und fiel bald darauf in den Kämpfen um Kiew. Er ruht am Fuße des Ruhmesdenkmals in dieser Stadt.

Bereits die ersten grenznahen Schlachten an der Südwestfront und um Kiew bewiesen, daß Tupikow mit seinen Überlegungen recht hatte. Die Blitzkriegsstrategie zeigte bereits erste Schwächen, und in der Schlacht um Moskau, die Marschall Shukow stets nur mit der Opration um Berlin im April/Mai 1945 verglich, kündigte sich ihr Scheitern bereits an.

Der Zweite Weltkrieg war eine der größten Tragödien der Weltgeschichte. Ich wage zu hoffen, eine Tragödie, die manches Übel der Vergangenheit überwinden half und der Menschheit neue Horizonte öffnete. Dieser Krieg war die Wasserscheide für weltweite Veränderungen. Aus dieser globalen Perspektive begann der Zweite Weltkrieg nicht erst am 1. September 1939, sondern Jahre früher. Die Besetzung großer Teile Chinas durch Japan, das Eingreifen Deutschlands in den Spanischen Bürgerkrieg, die Okkupation Äthiopiens durch Italien, das Münchener Abkommen und das aggressive Verhalten Deutschlands, das von Erklärungen Hitlers begleitet war, das Reich werde die führende Weltmacht sein und nach Osten ziehen – all das waren Schritte, die die Welt allmählich in den Zweiten Weltkrieg stießen.

Wenn ich auf die Gesamtsituation in Deutschland von September 1940 bis Juni 1941 zurückblicke, dann muß ich feststellen, daß das Land unter Hochspannung stand. Der im Reich allgegenwärtige Kult der militärischen Gewalt, dieser höchste Gott der Faschisten, dem bereits in einem riesigen Teil Europas gehuldigt wurde, ließ keinen Zweifel daran, daß die Flammen dieses Krieges jeden Augenblick auch den Sowjetstaat erfassen mußten. Der Zusammenbruch Frankreichs und die Besetzung eines europäischen Staates nach dem anderen, die Truppenkonzentrationen in den der UdSSR benachbarten Gebieten bewiesen, daß Hitler und die Kräfte, die hinter ihm standen, dem von langer Hand vorbereiteten Plan für einen Weltkrieg folgten, der auf die globale Herrschaft des »Tausendjährigen Reiches« zielte. Die militärischen und politischen Manöver des Reiches in den verschiedenen Etappen dienten diesem Gesamtplan zur Neuordnung des Erdballs.

Zu Beginn des Zweiten Weltkrieges hatte die Militärtechnik im Vergleich zu 1914 einen großen Sprung nach vorn getan. Nun begann ein Krieg der Maschinen, ein Krieg von Menschen, die komplizierteste Technik führen konnten und neuen strategischen Konzeptionen folgten. Deutschland gelang es, Italien, Japan, Finnland, Rumänien, Ungarn und halb Frankreich unter dem Vichy-Regime in sein Bündnis zu ziehen sowie fast das gesamte Industriepotential Westeuropas an sich zu reißen und für seine Ziele nutzbar zu machen.

Wenn ich über Verlauf und Ausgang des Krieges gegen die Sowjetunion nachdenke, muß ich daran erinnern, daß es den Hitlerfaschisten bereits seit Anfang der dreißiger Jahre gelungen war, Deutschland selbst völlig zu verändern. Hitler ertränkte die Arbeiterbewegung, die Hoffnung und Zukunft der Nation, im Blute und vernichtete die demokratischen Kräfte. Das Deutschland der Dichter, Musiker und Denker fiel in tiefe Ungnade, da nur wenige seiner Vertreter auf Positionen des Faschismus übergingen. Chauvinismus, Rassismus und Antisemitismus wurden zur Staatsideologie und -politik erhoben.

Die Vernichtung der Sinti und Roma, Juden und nach ihnen der Polen, Russen und anderer Völker war nur als das Vorspiel zur Weltherrschaft des »Tausendjährigen Reiches« gedacht. Die Industrie der Vernichtung von Millionen Menschen wurde bis in die letzten Kriegsmonate hinein immer effektiver gestaltet.

Die Rüstungsmonopole, die Junker und ein Häuflein Nazibonzen waren die Haupttriebkräfte des aggressiven Reiches. Hitler prägte die Entwicklung durch seine Persönlichkeit und seinen pathologischen Antisemitismus, aber wenn es ihn nicht gegeben hätte, wäre sicher ein anderer gekommen. Heißt es doch: Wo ein Sumpf ist, finden sich auch Teufel ein. Wenn man dazu das Wüten des japanischen Imperialismus im Pazifischen Raum und die Besetzung riesiger Teile Chinas bedenkt, wird klar, in welch tödlicher Gefahr die Menschheit schwebte. Gegen einen solchen Feind hatte noch niemand gekämpft.

Die Versuche der Sowjetunion, die Abwehr der deutschen Aggression durch ein gemeinsames Vorgehen mit Frankreich und

England zu organisieren, endeten, wie bereits beschrieben, ohne Ergebnis. Der Westen war bemüht, Deutschland und die Sowjetunion gegeneinander zu hetzen, sich gegenseitig erschöpfen zu lassen und dann seine Bedingungen für die Nachkriegsordnung Europas und der Welt zu diktieren. Die USA warteten ab, nahmen aber im Grunde dieselbe Haltung ein.

In dem Strom von Literatur über den Zweiten Weltkrieg trifft man heute nicht selten die Vorstellung, zwei Persönlichkeiten – Hitler und Stalin – sowie deren Umgebung sollen das Wesen des Krieges bestimmt haben. Trifft das zu? Nein, das ist eine vereinfachte Sicht. Wenn Hitler und Stalin alles hätten bestimmen wollen, dann hätten sie wie mittelalterliche Ritter gegeneinander kämpfen müssen. Sie beide waren herausragende Personen in dieser Tragödie, deren Rolle auf keinen Fall heruntergespielt werden darf. Jedoch an diesem Krieg waren Hunderte Millionen Menschen beteiligt; weit über 50 Millionen verloren ihr Leben. Deshalb halte ich es für richtiger, den Zweiten Weltkrieg als eine gewaltige Tragödie in der Geschichte der Menschheit zu betrachten, die möglicherweise nur mit der Eiszeit verglichen werden kann, von der uns über 200 000 Jahre trennen. Die Geschichte aber ist kein Gerichtshof. Schlußfolgerungen und Lehren aus der Vergangenheit sind nützlich, jedoch nur dann, wenn sie auf Wahrheit beruhen.

Ein Thema bewegt mich sehr, und nicht nur mich allein. Warum reagierte Stalin, wie wir heute wissen, nicht auf die Signale, die ihm den bevorstehenden Überfall ankündigten?

Eine Antwort auf diese Frage kann nach meiner Meinung nur aus strategischer Sicht unter Berücksichtigung vieler Faktoren gefunden werden.

Untersuchungen der letzten Jahre deuten darauf hin, daß Stalins Verhalten zu Beginn des Krieges von seiner Grundstrategie der Verteidigung des Landes bestimmt war. Gewinn an Zeit bei Verlust an Raum war bekanntlich ein Eckpfeiler der Strategie Lenins, als er im März 1918 auf den demütigenden Vertrag von Brest-Litowsk einging. Die Armeen des deutschen Kaisers rückten bis zum Don vor, aber schon einige Monate später schlug man sie in wilde Flucht, und der Brester Vertrag war nur noch ein Fetzen Papier.

Wie ich später erfuhr, kam der Überfall Deutschlands auf die Sowjetunion für Stalin überraschend. Als nüchterner, logisch denkender Mensch fragte er seine Mitarbeiter befremdet: »Wie konnte das geschehen? Hitler hat sich damit doch selbst das Todesurteil gesprochen.« Die Geschichte hat ihm recht gegeben.

Stalin und Molotow dachten darüber nach, wie man den Krieg durch Kompromißlösungen vom Typ des Brester Friedens hinauszögern konnte. Diesem Ziel diente auch der sowjetisch-deutsche Nichtangriffspakt. Der deutsche Politiker und Diplomat Bernhard von Bülow sprach vom Prinzip, den Krieg zu gewinnen, ohne eine Schlacht zu schlagen. Hätte Hitler vor dem Kriege Forderungen an die Sowjetunion gestellt – man hätte darüber reden können. Ich glaube aber, Hitler fürchtete einen Kompromiß, weil er nicht wollte, daß jemand den zum Kriege bereiten deutschen Panzern Bremsklötze in den Weg legte. Deshalb hörte er nicht auf Schulenburg und schrie, in vierzehn Tagen sei alles vorbei. Deshalb war Ribbentrop nicht dazu bereit, mit dem ehemaligen deutschen Botschafter in London, Dirksen, auch nur zu sprechen.

Natürlich zogen sich die sowjetischen Truppen in der ersten Etappe des Krieges nicht deswegen bis nach Moskau und an die Wolga zurück, weil Stalin Hitler in eine Falle locken wollte, sondern weil sie die Front nicht halten konnten. Aber Stalin bestand darauf, die Hitlertruppen durch ständige Gegenangriffe zu zermürben und mit den eigenen Kräften hauszuhalten. Selbst Maschinenpistolen und Gewehre wurden nur auf seine persönliche Weisung ausgegeben. Und aus den der Umzingelung entkommenen Resteinheiten wurden immer wieder neue Fronten aufgebaut.

Eigentlich hätten die an den neuen Grenzen konzentrierten sowjetischen Truppen nach der Zahl der Divisionen ausreichend sein müssen. Aber nach Mannschaften und Bewaffnung waren sie höchstens zu einem Viertel aufgefüllt. So gewann Hitler den Eindruck, mit dem Sieg über Divisionen und Armeen an der Grenze, bei Kiew und Minsk, habe er bereits die Hauptkräfte der Roten Armee zerschlagen. Jedoch nach Stalins Meinung wäre es der sichere Untergang gewesen, wenn man die Reserveeinheiten, die in Mittelasien und hinter dem Ural vorbereitet wurden, in den Kampf geworfen hätte, bevor wir sicher waren, daß wir die Horden des Feindes mit mächtigen Gegenschlägen zurückwerfen konnten. Stalin war ein Meister der Konspiration, er enthüllte seine Gedanken selbst Molotow oder Woroschilow, seinen Gefährten aus Verbannung und Gefängnis, mit denen er sich duzte, niemals ganz. Es war sehenswert, wie er den Generalstab bei dessen Evakuierung aus Moskau nach Osten auf dem Bahnhof verabschiedete. Er sprang noch vom Trittbrett des Zuges und rief: »Fahrt Ihr nur, ich bleibe doch hier.«

In seiner Verschlossenheit ging Stalin so weit, daß er selbst den Generalstab nicht lange vorher in Details der Vorbereitung Moskaus auf die Verteidigung, der Sitzung des Moskauer Stadtrates in der Metrostation »Majakowskaja« am 6. November 1941 und die Parade auf dem Roten Platz am 7. November 1941 einweihte, von wo die Truppen direkt an die Front gingen.

Die große Politik gegenüber Deutschland konzipierte Stalin ganz allein, wie das seinerzeit auch Lenin getan hatte.

Nur nach diesen großen Maßstäben und eingedenk der riesigen Gefahr, die über unserem Lande schwebte, kann man darüber urteilen, wer letzten Endes den generellen Kurs der Verteidigung bestimmte – Shukow oder Stalin. Er beherrschte natürlich nicht wie Shukow alle Feinheiten der Militärstrategie und der taktischen Kunst, dachte jedoch in großen Zusammenhängen, hörte sich geduldig, zuweilen auch ungeduldig die scharfe Kritik Shukows und anderer Heerführer an seiner Person an. Und zog doch, ohne seine Gedanken zu enthüllen, wie der Adler am Himmel einsam seine Kreise.

Fünftes Kapitel
Im neutralen Schweden

Unser Aufenthalt in der Türkei währte nur einige Tage. Dann durchquerten wir Anatolien mit einer Schmalspurbahn und kehrten so in unsere Heimat zurück. Der Miteigentümer der amerikanischen Zeitung »New York Times«, Sulzberger, und ich teilten ein Abteil. Gemeinsam schauten wir in die tiefen Bergschluchten hinab und tranken Whisky aus einer Flasche.

Als wir Ende Juli 1941 endlich Moskau erreichten, wurde ich bald darauf zum Leiter der III. Europäischen Abteilung des NKID ernannt. Zunächst geschah nichts Aufregendes. Als jedoch die Wehrmacht auf Moskau marschierte, hob ich, wie alle anderen, Schützengräben am Rande der Stadt aus und reihte mich in die Volksmiliz ein. Meine Familie wurde nach Mittelasien evakuiert. Nach einigen Wochen Marschübungen im Park am Gewerkschaftsgebäude war ich bereit, als Freiwilliger der Volksmiliz an die Front zu gehen. Jedoch im letzten Augenblick strich Molotow meinen Namen zusammen mit einigen anderen von der Liste. Am 20. Oktober erhielten wir die Weisung, unverzüglich die Evakuierung aus Moskau vorzubereiten. Ich übergab alle warmen Sachen, die ich noch besaß, dem Verteidigungsfonds. Für mich behielt ich nur ein Federbett und ein Kissen. Auf dem Weg nach Kuibyschew wurde unser Zug von deutschen Fliegern angegriffen. Eine Zeitlang gab es nichts zu essen, wir tranken nur heißes Wasser. Dann aber erreichten wir friedlichere Gegenden. Am Zug handelten Bauern mit solchen Köstlichkeiten wie Piroggen und gebackenen Kartoffeln.

In Kuibyschew schliefen wir in einem großen Saal auf Tischen. Später gab man uns jeweils zu viert ein kleines Zimmer. Anfangs war Bier unsere einzige Nahrung. Die Brauerei am Ort, die früher einen riesigen Bezirk beliefert hatte, setzte ihre Produktion jetzt nur noch in der Stadt ab, und es gab Bier für alle. Im Volkskommissariat für Auswärtige Angelegenheiten waren nur noch wenige Mitarbeiter zurückgeblieben. Unter der Aufsicht von Andrej Wyschinski, der an allem herumnörgelte, selbst kaum etwas von der Sache verstand, waren wir mit laufenden Angelegenheiten beschäftigt. Er selbst verfaßte des Nachts seine pseudojuristischen Artikel.

Kuibyschew war vollgestopft mit Evakuierten aus Moskau, darunter, wenn ich nicht irre, auch Orchester und Ensemble des Bolschoi-Theaters. Viele ergreifende Begegnungen aus jener Zeit sind mir im Gedächtnis geblieben. Besonders erinnere ich mich an den Zweiten Sekretär des ZK der Kommunistischen Partei Litauens, Adomas, einen Mann von hoher Bildung und großem Mut. Als man ihn mit einer Gruppe Parteifunktionäre nach Litauen abkommandierte, wo er die Partisanenbewegung aufbauen sollte, kam er zu mir, um Abschied zu nehmen.

»Du wirst es schwerhaben, mein lieber Adomas, mit Juden macht man heute in Litauen kurzen Prozeß.«

»Keine Angst«, erwiderte er und lachte. »Ich lasse mir einen Bart wachsen wie ein Bauer, und niemand wird mich erkennen.« Adomas ereilte ein tragisches Schicksal. Durch Verrat wußten die Deutschen, wann und wo die Gruppe abspringen sollte. Man erschoß sie noch an den Fallschirmen, darunter auch Adomas.

Ich holte mir eine Erkältung und bekam hohes Fieber. Einmal suchte mich der stellvertretende Volkskommissar Dekanosow auf. Als er sah, daß ich weder ein richtiges Bett noch eine Matratze oder warme Unterwäsche hatte, wies er an, mir Bettzeug zuzuteilen. Nun schlief ich etwas wärmer. Außerdem erhielt ich Zugang zu einer Außenstelle der Kreml-Kantine. Als ich einmal nach heißem Wasser anstand, begegnete ich dem großen Komponisten Dmitri Schostakowitsch, dessen Werke zur Klassik des 20. Jahrhunderts gehören. Wie viele andere ernährte auch er sich nur von Bier und heißem Wasser. Ich konnte erreichen, daß er ebenfalls von der Kreml-Kantine versorgt wurde. Im Kulturpalast von Kuibyschew fand am 5. März 1942 die Uraufführung seiner Siebenten Sinfonie statt, die Schostakowitsch im belagerten Leningrad komponiert hatte. Diese Sinfonie ist zu einem musikalischen Denkmal des Großen Vaterländischen Krieges von 1941 bis 1945 geworden.

Dieses Werk, das von höchster Leidenschaft und wahrem Humanismus durchdrungen ist, hatte gewaltige Resonanz nicht nur in der Sowjetunion, sondern auch im Ausland. Man spielte die Sinfonie in den USA und in England. Sie war ein flammender Appell zum Kampf und zum Sieg über den Faschismus.

Als Abteilungsleiter sandte ich Molotow nach Moskau von Zeit zu Zeit kurze Informationen über laufende Angelegenheiten und den Aufbau der Kriegswirtschaft in Deutschland. Im März 1942 schrieb ich, nach vorliegenden Angaben habe man in England bereits in den ersten Kriegsmonaten damit begonnen, Dokumente über die Kriegsziele Großbritanniens und über Nachkriegsregelungen auszuarbeiten. Später erfuhr ich, daß Molotow im Mai 1942 eine streng geheime Gruppe einsetzte, die sich unter Leitung des jungen Diplomaten Basarow mit Problemen einer Nachkriegsregelung befaßte.

Abends trafen sich in unserem Zimmer häufig die Musikliebhaber unter den Mitarbeitern des NKID. Wir bildeten ein kleines Ensemble, in dem sich unser Ungarn-Referent mit dem passenden Namen Geiger auf der Violine besonders hervortat. Er hatte bereits in Ungarn im Untergrund gearbeitet und war dort schwer gefoltert worden. In Kuibyschew trainierte er, Schmerzen zu ertragen. Später flog er zurück nach Ungarn, wo er verhaftet wurde und in den Kerkern des Horthy-Regimes ums Leben kam. Uns kam zu Ohren, daß die Musikabende der Dritten Europäischen Abteilung Wyschinski sehr mißfielen. »Bald werden sie wohl an den Straßenecken spielen«, bemerkte er bissig.

Die Mitarbeiter des NKID waren in kämpferischer Stimmung. Auf den Kollegiumssitzungen hörten wir Vorträge zu den verschiedensten Themen. Einmal mußte ich dort über meine Tätigkeit in Deutschland berichten. Dafür erhielt ich scharfe Kritik vom stellvertretenden Außenminister Solomon Losowski, den mein Vortrag seltsamerweise an die Debatten in der Staatsduma des zaristischen Rußland erinnerte. Ich habe nie begriffen, worauf dieser originelle Kommentar zurückzuführen war. Eine Zeitlang stand unsere Abteilung unter seiner Aufsicht. Alle Informationen und Vorschläge zeichnete er stets mit den Initialen S. L. ab. Aber es blieb unklar, was diese bedeuteten – daß Losowski zustimmte oder nur, daß er das Dokument zur Kenntnis genommen hatte.

Von den Mitarbeitern des NKID in Kuibyschew ist mir der ukrainische Schriftsteller Alexander Jewdokimowitsch Kornejtschuk im Gedächtnis geblieben, der kurzzeitig Stellvertreter des Volkskommissars war. Außerdem der bekannte georgische Revolutionär Sergej Kawtaradse, ein Gefährte Stalins aus der Verbannung. Er war ein weicher und offenherziger Mann. 1936 fälschlich eines Mordanschlags gegen Stalin angeklagt, hatte er schwere Jahre in Berijas Kerkern hinter sich.

Im März 1942 wurde ich nach Moskau zurückgerufen. Dort eröffnete mir Molotow, ich sollte mich unverzüglich darauf vorbereiten, als Rat an unsere Mission (Botschaft) in Schweden zu gehen.

»Stockholm ist für uns ein wichtiger Punkt«, bemerkte der Volkskommissar. »Wir haben eine Vertretung in Bulgarien, die faktisch von den Deutschen blockiert wird. Auch unsere zweite Vertretung in der Türkei kann gegenwärtig kaum Kontakte nach Europa herstellen. Botschafterin in Stockholm ist Alexandra Miachailowna Kollontai. Beachten Sie, daß sie keine Bolschewikin ist. Damit werden Sie zurechtkommen müssen.«

Ich hatte mich nun in die schwedische Problematik einzuarbeiten. Zusammen mit meiner Familie, die aus der Evakuierung zurückkehrte, fuhr ich durch Karelien, wo Kämpfe tobten, nach Murmansk. Dort mußten wir einige Tage auf britische Kriegsschiffe warten, die einen Konvoi von Frachtern eskortierten. Ich suchte den Sekretär des Gebietsparteikomitees auf, der mich über die Kriegslage in Karelien informierte. Mitten in unserem Gespräch gab es eine Detonation, Fenster und Türen flogen heraus, und mein Gesprächspartner war verschwunden.

»Solche Bombardements haben wir hier ständig«, ließ sich der Sekretär des Gebietskomitees plötzlich wieder hören und kroch lächelnd unter dem Tisch hervor.

Auf der Straße sah ich blutüberströmte Menschen. Am Abend desselben Tages ging ich mit meiner Frau und unserer kleinen Tochter an Bord des 5000-Tonnen-Frachters »Pjatichatka«, wo man uns eine kleine Kabine neben der des Kapitäns zuwies. In derselben Nacht machten deutsche Bomber das Hotel dem Erdboden gleich, in dem wir seit unserer Ankunft in Murmansk gewohnt hatten.

Die Barentssee ist im Frühjahr märchenhaft schön. Die Sonnenstrahlen brachen sich an den Eisbergen, und schillernde Regenbogen spannten sich über den Himmel. Bald jedoch kam Sturm auf, riesige Wellen gingen über das Schiff hinweg, und sogar hartgesottene Matrosen wurden seekrank. Mir konnte das alles wenig anhaben, ja, mich erfaßte sogar wilde Freude, wenn das Deck wie ein Uhrpendel hin- und herschwankte. Ich kam mir vor wie bei Turnübungen in der Jugend. Ich stand den anderen Passagieren bei, so gut ich konnte.

Am 2. Mai 1942 stieß der britische Konvoi in der Nähe der Bäreninsel auf deutsche Kriegsschiffe und U-Boote. Deutsche Jagdflieger rasten im Sturzflug über die »Pjatichatka« hinweg. Rings um uns brodelte das Wasser. Vor unseren Augen ging der sowjetische Holzfrachter »Majakowski« in Flammen auf. Seine Sirene erklang noch dreimal, und schon war er in der Tiefe des Meeres verschwunden. Von den zehn Frachtern des Konvois versenkten die Deutschen fünf. Dieses Schicksal ereilte auch den für jene Zeit riesigen britischen Kreuzer »Edinburgh«, der zum Geleitschutz gehörte. Die militärischen Regeln verboten es, daß Kriegsschiffe Frauen an Bord nahmen. Das rettete unserer Familie das Leben. Nach dieser Seeschlacht, die sogar in die Literatur Eingang gefunden hat, wurde der nördliche Seeweg nicht mehr von derartigen Konvois befahren.

Nach dem Kampf nahmen die Reste des Konvois Kurs auf Island. Unsere »Pjatichatka« sollte den Zug der Frachter anführen. Mit Erstaunen und wachsender Sorge bemerkten wir jedoch bald, daß sie hinter dem Konvoi zurückblieb. Seine Rauchfahnen, die zunächst noch am Horizont zu sehen waren, verschwanden bald ganz. Nun waren wir in der endlosen Eiswüste ganz allein. Die Gespräche verstummten, an Deck regte sich nichts mehr. Jeder wußte, wenn ein deutsches U-Boot oder ein Flugzeug in der Nähe auftauchte, dann blieb von unserem kleinen Schiff nicht einmal mehr eine Erinnerung. So fuhren wir einen ganzen Tag lang durch das Eis in gleißendem Sonnenlicht, dem jedoch bald dichter Nebel folgte. Der Kapitän übernahm nun selbst das Ruder, Signalglocken läuteten, um andere Schiffe zu warnen. Die Sicht betrug etwa fünf bis zehn Meter. Am nächsten Morgen riß der Nebel auf, die Rauchfahnen des Konvois kamen in Sicht, und wir fanden den Anschluß wieder. Alles atmete erleichtert auf. Unser Kapitän, ein Brite, hatte den Konvoi absichtlich ziehen lassen, weil er aus Erfahrung wußte, daß die Deutschen, die uns irgendwo auf dem Wege nach Schottland auflauerten, immer das erste Schiff beschossen.

Als wir in einer hellen Nacht erwachten, war bereits Land in Sicht. Wir hatten Island erreicht. Nach den Gesetzen des Krieges durften Schiffe kriegführender Staaten jedoch nicht in neutrale Häfen einlaufen. Island hielt sich daran, und wir mußten auf Reede bleiben. Der Hafen von Reykjavik lag frisch und sauber in einer Bucht vor uns. Wir glaubten, einen schöneren Ort auf Erden könnte es nicht geben. Hier im Sommer Ferien machen! Als Trost erschien auf unserem Speisezettel der berühmte isländische Hering.

Dann stachen wir wieder in See. Unser Kapitän sollte recht behalten. In den isländischen Küstengewässern lag dichter Nebel, auf allen Schiffen ertönten die Warnglocken. Kaum war jedoch die Sicht wieder klar, als auch schon deutsche U-Boote auftauchten. Von der Reeling unseres Dampfers konnte ich beobachten, wie ein stumpfnasiger Torpedo zehn Meter an unserem Schiff vorbeischoß und seine tödliche Spur hinter sich herzog.

Aber wir hatten Glück und kamen schließlich wohlbehalten in Schottland an. Die Matrosen sagten, die U-Boote hätten den Konvoi ständig eskortiert, und nur der Nebel habe uns vor dem sicheren Tod bewahrt.

Wir machten zunächst in Edinburgh fest und fuhren später in die Themsemündung ein. Schließlich erreichten wir das Seebad Saint Andrews, wo wir einige Wochen bleiben mußten. Ich fuhr in dieser Zeit nach London.

Botschafter Iwan Maiski empfing mich sehr höflich, aber kurz angebunden. Offenbar hatte er mit dem diplomatischen Nachwuchs nicht viel im Sinn, noch dazu, wenn dieser in ein anderes Land reiste. Schließlich hatte es das Schicksal so gefügt, daß er mit Churchill, Eden und anderen Größen des Britischen Empire verkehrte.

Ich freundete mich mit Botschaftsrat Kirill Wassiljewitsch Nowikow an, der zwar Jahre älter, als Diplomat aber ein ebensolcher Neuling war wie ich. Auf diesem Feld leistete Nowikow jedoch Außergewöhnliches. Stets hatte er fähige junge Leute um sich, denen er alle Entfaltungsmöglichkeiten bot. Später ließ er sich auf

Kollegiumssitzungen im Außenministerium der UdSSR auf erbitterte Wortgefechte ein, bekannte dabei jedoch treuherzig, seine Gedanken könnten durchaus auch falsch sein. Molotow und Gromyko gaben ihm die Möglichkeit, sich zu äußern, und tatsächlich trugen falsche Gedanken, die er äußerte, dazu bei, daß in kollektiven Anstrengungen Brauchbares entstand. Molotow pflegte zu sagen, er schieße »knapp an der Wahrheit vorbei«, und lauschte gern den interessanten Verirrungen solcher intelligenten jungen Leute.

Kirill Wassiljewitsch berichtete mir von der Tragödie der skandinavischen Staaten. Nachdem die sowjetisch-britisch-französischen Verhandlungen über die Verhinderung einer Aggression in Europa im August 1939 gescheitert waren, planten Großbritannien und Frankreich, Finnland zu besetzen. Zugleich wollten sie weitere skandinavische Staaten in die Hand bekommen, um Deutschland von Norden einzukreisen. Als die Rote Armee jedoch die Mannerheim-Linie durchbrochen hatte und die Sowjetunion ein diplomatisches Abkommen mit Finnland schloß, scheiterten diese Absichten Großbritanniens und Frankreichs. Bei Ausbruch des Zweiten Weltkrieges zog Hitlerdeutschland Finnland auf seine Seite, besetzte im Frühjahr 1940 Dänemark und brachte Norwegen unter seine Kontrolle. Schwedens Schicksal hing nur noch an einem seidenen Faden. Deutschland versuchte es mit verschiedenen Versprechungen in den Krieg hineinzuziehen. Schweden bekräftigte jedoch seine Neutralität und blieb so außerhalb des Kriegsgeschehens.

Zugleich gewährte Schweden Deutschland bestimmte Zugeständnisse, ließ deutsche Transportschiffe seine Territorialgewässer passieren und stellte zeitweilig seine Eisenbahnstrecken für den Transport deutscher Truppen und Kriegsgüter nach Finnland zur Verfügung, woran es kräftig verdiente. Schwedisches Erz, Metalle und andere Rohstoffe wurden in großen Mengen an Deutschland geliefert. Für eine Besetzung Schwedens hätte man einige Divisionen gebraucht, die die Deutschen nicht zur Verfügung hatten. Das half Schweden, seinen Balanceakt fortzusetzen. Im Februar 1942 erklärte Schweden als Reaktion auf die Aufforderung Berlins, sich am Finnlandkrieg zu beteiligen, sogar eine Teilmobilisierung seiner Reservisten. Die Deutschen, die an den regelmäßigen Eisenerzlieferungen aus Schweden interessiert waren, mußten sich mit diesen Zugeständnissen zufriedengeben. So wurde die Ostsee kein rein deutsches Meer. Das war in kurzen Zügen das Bild, das Kirill Nowikow von der Lage zeichnete.

Einige Zeit später flogen wir mit einem kleinen britischen Flugzeug nach Stockholm. Ein deutscher Jäger setzte uns nach, aber es ging alles gut. Das nächste Flugzeug wurde abgeschossen, wobei die Familie des sowjetischen Marineattachés in Stockholm, Tarabrin, ums Leben kam. Mit Unterstützung der schwedischen Behörden und vieler Freunde richteten wir ein weltliches Begräbnis aus, wo klassische und moderne Trauermusik von Beethoven, Chopin, Schostakowitsch, Britten und anderen Komponisten erklang. Die Schweden kannten derartige Trauerfeiern außerhalb der Kirche nicht und schrieben viel darüber in ihren Zeitungen.

Am 8. Juni 1942 trafen wir in Stockholm ein. Botschafterin Alexandra Michailowna Kollontai hatte Mitte Mai einen Krampf der Herzkranzgefäße erlitten und befand sich noch im Krankenhaus.

Die zwei Jahre gemeinsamer Arbeit mit ihr waren für mich eine gute diplomatische Schule. Alexandra Michailowna empfing meine Familie und mich mit der Gastlichkeit, für die sie bekannt war. Sie sorgte sich darum, daß wir gut unterkamen. Zugleich versuchte sie aber auch abzuschätzen, wer der Mann war, den man ihr geschickt hatte. Sie beantragte in Moskau, mich zum Ersten Botschaftsrat zu ernennen. Die Antwort lautete, damit sollte sie abwarten. Ich möge mich zunächst einarbeiten, und dann werde man weitersehen

Alexandra Kollontai war damals bereits über 70 Jahre alt. Sie bewegte sich jedoch mit aristokratischer Würde und ließ sich nicht anmerken, wie sehr ihr die Krankheit zeitweilig zu schaffen machte. Sie hatte ein Kollektiv um sich geschart, das zusammenhielt und zu kämpfen verstand. Mit ihren außergewöhnlichen natürlichen Gaben, ihrer hohen Intelligenz, ihrem Weitblick und ihrem Mut, der ihr schwierige und zum Teil sehr delikate Aufträge zu erfüllen half, überragt sie in meinem Gedächtnis viele andere Diplomaten, denen ich später begegnete. In moralischer, politischer und fachlicher Hinsicht gab sie uns allen ein Beispiel, das ganz von selbst erzieherisch wirkte.

Sie war so gütig und herzlich, daß man beinahe neidisch werden konnte, stellte zugleich aber auch harte Anforderungen. Ihr Prinzip war unermüdliche und vielseitige Arbeit. Damit wirkte sie auf die Presse ein, damit beeinflußte sie auch die Haltung der verschiedensten Vertreter der Öffentlichkeit. Sie fand stets die Seiten an einem Mitarbeiter heraus, deren Entfaltung den größten Nutzen brachte. Kein Wunder, daß aus der Mission der UdSSR in Schweden eine ganze Reihe bedeutender sowjetischer Diplomaten und Politiker hervorgegangen ist. Hängt doch die moralische und fachliche Entwicklung eines Menschen wesentlich davon ab, wie man seine besonderen Gaben fördert. Es gibt keinen schlechten Boden, nur schlechte Bauern. Ich kannte Botschafter, die mit ihren Mitarbeitern eng zusammenarbeiteten, deren Möglichkeiten, Neigungen, Vorlieben und Fähigkeiten nutzten. Ich bin jedoch auch solchen begegnet, die stets alles allein oder mit sehr wenigen Mitarbeitern in Angriff nahmen. Die Arbeit bei ihnen war keine Schule für junge Kollegen. Alexandra Michailowna mit ihrer enormen Erfahrung in der politischen Arbeit wirkte wie ein guter Dirigent. Schlechte Mitarbeiter, Spießer oder Gleichgültige konnte sie nicht ausstehen und versuchte sie bald wieder loszuwerden.

Alexandra Kollontai war nicht nur Diplomatin, sondern auch Berufsrevolutionärin. Stets war zu spüren, daß sie lange vor der Revolution ihre Feuertaufe erhalten hatte, mit Lenin, Stalin und anderen Vertretern der Führung persönlich bekannt war und sich im Zentrum der Macht gut auskannte.

Die persönliche Bibliothek Alexandra Kollontais in ihrer Wohnung bestand vor allem aus Werken der Führer der II. Internationale – Bebel, Hilferding und Kautsky. Werke von Lenin und Marx besaß sie nicht und hatte sie auch nicht studiert. In der Unterhaltung mit mir kam sie häufig auf ihre Begegnungen mit Plechanow, Lenin, Kautsky und anderen zu sprechen. Rätselhaft erwähnte sie die positive Rolle, die Stalin in ihrem Schicksal gespielt hatte. Während des Krieges, als es schien, als streife sie der Flügel des Todes, diktierte sie einen leidenschaftlichen persönlichen Dankesbrief an ihn.

Alexandra Kollontai stammte aus einer bekannten Adelsfamilie. Mit dieser brach sie, als sie Werke Plechanows gelesen hatte. Ihn verehrte sie wie einen Gott. Bei der ersten Begegnung mit ihm, den sie sich als ganz außergewöhnlichen Menschen vorstellte, war sie tief aufgewühlt. Ganz gegen ihre Erwartung traf sie jedoch auf einen Lehrer, der sich seiner Würde wohl bewußt war, einen Mann mit gewissen Herrenmanieren, der mit seinem Gesprächspartner nicht warm wurde, selbst wenn er mit ihm gedanklich übereinstimmte. In Plechanows Gegenwart ging es mir nicht gut, erinnerte sich Alexandra Kollontai, ich fühlte mich stets wie eine Schülerin, die etwas verbrochen hatte. Die herablassende, belehrende Art, aber auch die enormen Gaben Plechanows nahmen ihr allen Mut, so daß sie nach Begegnungen mit ihm stets von komplizierten und widersprüchlichen Gefühlen geplagt war.

Viele Male berichtete sie von Begegnungen mit Lenin. Dabei hob sie stets hervor, daß er genial, zugleich aber einfach im Umgang war und sich niemals in den Vordergrund spielte. In ihren Berichten erschien Lenin als selbstkritischer, aufrichtiger und starker Charakter. Er verhielt sich völlig unauffällig, und obwohl er in der Partei sehr bekannt war, nahm er keinerlei Sonderrechte in Anspruch. Lenin versuchte in die innere Welt der Menschen einzudringen, denen er begegnete. Er stellte die Fragen, die ihn bewegten, interessierte sich für die persönlichen Neigungen und Auffassungen der Revolutionäre. Im Gespräch hörte er genau zu, fragte viel und sprach selbst wenig. Deshalb fühlte man sich in Lenins Anwesenheit nach den Worten Alexandra Kollontais stets wohl, und man konnte viel von ihm lernen, nicht nur, was Theorie, Logik und die Organisation der Parteiarbeit auf den verschiedensten Gebieten betraf. Er hatte auch nicht die Spur von Arroganz, Herablassung und Unglauben in die Kraft der Mitkämpfer, die man bei Plechanow häufig spürte. Zugleich konnte Lenin sehr prinzipiell und zuweilen sehr hart sein.

Sie bedauerte aufrichtig, daß sie mit ihm mehrfach unterschiedlicher Meinung war und sich nach der Oktoberrevolution an vielen Oppositionsbewegungen beteiligt hatte, »weil Chaos in meinem Kopfe herrschte«, wie sie manchmal sagte. »Lenin hatte es schwer, er mußte die Hauptschläge der Gegner abfangen«, erzählte sie, »und wir dachten uns noch dazu alle möglichen ›ismen‹ aus und belästigten ihn mit unseren unüberlegten Konzeptionen oder unreifen Ideen. Und all das zu einer Zeit, da er eine übermenschliche Last zu tragen hatte – er kommandierte die Fronten des Bürgerkrieges, versuchte die Grundlagen eines proletarischen Staates aufzubauen und befaßte sich außerdem noch mit theoretischen Problemen. Einmal suchte ich ihn mit einer ganzen Gruppe der ›Arbeiteropposition‹ auf. Wir schauten in sein Arbeitszimmer, aber das war leer. Als Lenin hörte, wir seien gekommen, nahm er Mantel und Mütze und machte sich durch die Hintertür davon. Er wollte keinen sinnlosen persönlichen Streit mit Andersdenkenden, wenn dies die Lage nicht dringend erforderte.«

Meine Lieblingsgestalt unter den sowjetischen Berufsdiplomaten der ersten Jahre nach der Oktoberrevolution war und bleibt Georgi Wassiljewitsch Tschitscherin. Mich begeisterten seine enorme Allgemeinbildung, seine diplomatische Meisterschaft, seine Kenntnis des Orients, mit dem er im Kollegium des NKID auch hauptsächlich befaßt war. Er kannte sich in der Türkei, in China, Afghanistan und Iran, aber auch in Italien hervorragend aus. Er schrieb hinreißende und tiefgründige persönliche Briefe an die sowjetischen Botschafter in diesen Ländern. In seinen persönlichen Aufzeichnungen verteidigte er seine Auffassungen selbst gegenüber Lenin und setzte sich damit häufig auch durch. Tschitscherins persönliches Archiv im Außenministerium ist riesig und besonders interessant zu Lebzeiten Lenins, als er sich von dessen Geist unmittelbar inspirieren ließ. Von seinem Nachfolger Maxim Litwinow ist hingegen nur ein dürftiger Nachlaß geblieben, meist unbedeutende Papiere administrativer Art, von denen noch dazu etwas Anmaßendes ausgeht.

Wenn Alexandra Kollontai auch zuweilen naive und falsche Auffassungen verteidigte, so z. B. in ihren Memoiren, so war sie doch eine überzeugte Kommunistin. Ihre Position hatte etwas Erhabenes; man spürte, daß sie tiefe Ehrfurcht für die ideologische und organisatorische Tätigkeit der Partei und deren Führung empfand. Sie stärkte in uns die unerschütterliche Treue zum Sowjetstaat, den Glauben daran, daß die Beschlüsse, die die Parteiführung faßte, allseitig abgewogen waren, daß ihre Durchsetzung uns allen half, stärker zu werden, unseren Zusammenhalt zu festigen und allen Schwierigkeiten die Stirn zu bieten. In dieser Hinsicht hob sie sich sehr vorteilhaft von anderen Diplomaten ab, die ich später kennenlernte, die glatt und selbstzufrieden waren und langsam Fett ansetzten.

Sie hatte eine offene, aber ganz eigene Haltung zu Personen und Ereignissen der Vergangenheit. Einmal sprach ich voller Achtung von den Reden Litwinows, in denen er seine These vertrat, daß der Frieden unteilbar sei.

»Nach Thesen, die im ZK erdacht und geschrieben wurden, kann man leicht Reden halten«, entgegnete sie. »Glauben Sie, das hat sich Litwinow ausgedacht? Nein, es kam aus dem ZK. Litwinow besaß die Fähigkeit, aus solchen Dokumenten ganze Reden zu entwickeln, die er vor allem in Parlamentsdebatten nutzte. Aber die Hauptgedanken zu den wichtigsten Fragen kamen stets von der obersten Parteiführung.«

Erst viel später, als ich im Außenministerium die entsprechenden Archivdokumente zu Gesicht bekam, wurde mir klar, wie recht Alexandra Kollontai gehabt hatte.

Sie hatte eine originelle Methode, Berichte für die Zentrale auszuarbeiten. Schon für die Wahl des Themas ließ sie sich Zeit. Dann schrieb sie Entwürfe, legte diese in einer besonderen Mappe ab, arbeitete daran und legte sie wieder beiseite. So erreichte sie nicht nur eine sehr klare Gedankenführung, sondern auch Einfachheit im Stil, bis schließlich jedes Kind ihre Darlegungen hätte begreifen können.

»Diesen Bericht wird man ganz oben lesen«, sagte sie mit gesenkter Stimme, gehobenem Zeigefinger und ehrfürchtigem Gesichtsausdruck. »Dort oben sind Menschen beschäftigt, denen tausend andere Dinge durch den Kopf gehen. Sie sind überarbeitet, denn sie tragen für alles die Verantwortung. Bedenken Sie, auch sie sind nur Menschen, auch ihr Tag hat nur 24 Stunden, aber sie haben die verschiedensten Angelegenheiten zu regeln. Ihnen darf man nur Depeschen senden, deren Themen wichtig, deren Inhalt exakt überprüft und deren Form leicht zugänglich ist. Schließlich befassen sie sich nicht alle tagaus tagein mit Außenpolitik; ihre Sache sind militärische, wirtschaftliche, ideologische und andere Fragen. Der Stil muß einfach und der Gegenstand diesem Leserkreis angemessen sein. Wenn Inhalt und Termine es zulassen, dann legen Sie Ihren Bericht lieber noch einmal zwei, drei Tage beiseite, lesen ihn erneut, prüfen und polieren ihn noch einmal, und wenn Sie ihn dann geeignet finden, setzen Sie Ihre Unterschrift darunter.«

Die Sprache ihrer Schriftstücke war nicht glatt und geschliffen, sie war gegen den Strich gebürstet und fiel gerade deshalb auf. Aber stets atmete sie hohe Kultur, die von solchen Vorbildern wie Alexander Herzen kam, den sie sehr verehrte.

In der Regel hatten wir es eilig, Moskau über die verschiedensten Aspekte der Entwicklung zu informieren, und nahmen uns deshalb nicht immer die Zeit, unsere Depeschen rund und glatt zu machen. Es gab ärgerliche Fehler, für die wir Kritik einstecken mußten. Wir lernten beim Vorwärtsschreiten. Dabei half uns die geschichtliche Erfahrung, in die Geheimnisse unseres Berufes einzudringen. Ich studierte viele Bände Korrespondenz von Diplomaten aus der Zarenzeit Zeile für Zeile durch, um zu lernen, wie man Berichte knapp, aussagekräftig und gewichtig verfaßte. Das war eine schwere, aber notwendige Schule.

Den Dingen und Ereignissen auf den Grund zu gehen, die objektiven Gesetzmäßigkeiten zu erkennen und wirklich zu durchschauen, die den zuweilen stürmischen und unumkehrbaren historischen Prozessen zugrundeliegen – von diesem Prinzip ließ ich mich mein Leben lang leiten. Manche meiner Gefährten schalten mich zuweilen deswegen einen »Weltbetrachter«, aber ich glaube, auf einem so komplizierten Feld wie der Diplomatie müssen Menschen mit ganz unterschiedlichen Interessen und Neigungen tätig sein. Einer muß schließlich auch das Waldhorn spielen können!?

Nach Schweden ließ ich mir aus Moskau Clausewitz' Arbeit »Vom Kriege«, Wladimir Triandafillows »Strategische Entfaltung«, Boris Schaposchnikows dreibändiges Werk »Das Hirn der Armee« und später die »Strategie« schicken, die Wassili Sokolowski herausgab, von dem noch die Rede sein wird. Alle diese Werke studierte ich gründlich. Als Zivilist nach Bildung und Erfahrung gab mir das Studium dieser Fachliteratur sicherlich nicht sehr viel. Aber ich zwang mich dazu, auch in Fachbereichen, die mir wenig zugänglich waren, ein bestimmtes Grundwissen zu erwerben. Später hörte ich einmal auf einer Plenartagung des ZK der KPdSU, wie Georgi Malenkow kritisiert wurde, weil er sich als Vorsitzender des Ministerrates der UdSSR darüber beklagt hatte, er könne nicht über alle Fragen Bescheid wissen, die ihm vorgelegt werden, er habe nun einmal kein enzyklopädisches Wissen. »Mach' es doch anders«, riet ihm ein Teilnehmer des Plenums. »Berate dich häufiger mit Fachleuten, beziehe sie in die Arbeit ein und sorge dich vor allem um die politische Linie. Sei nicht zu bequem, neuen Fragen auf den Grund zu gehen. Taste dich Stufe für Stufe vor. So wirst du allmählich das erwerben, was das große Wort Bildung ausmacht.«

Trotz ihres angegriffenen Gesundheitszustandes behielt Alexandra Kollontai die Hauptfragen im Blick und schätzte die Spezifik der politischen Lage stets richtig ein. Wenn sie nach krankheitsbedingten Unterbrechungen ihre Arbeit erneut aufnahm, wechselte sie immer wieder, zuweilen unerwartet, Formen und Inhalt ihrer Tätigkeit.

Unser Land führte Krieg auf Leben und Tod; bei Stalingrad tobten blutige Kämpfe. Schweden war von der UdSSR und den mit uns verbündeten Westmächten abgeschnitten. Nur der dünne Faden einer Flugverbindung reichte noch bis England. Die deutschfreundlich eingestellten Kreise der schwedischen Bourgeoisie hatten großen Einfluß. Diese Geschäftsleute ließen sich von kühler Berechnung leiten und zogen aus der Kriegskonjunktur enormen Profit.

Um die außenpolitische Orientierung Schwedens tobte während des ganzen Krieges ein harter Kampf, in dem die Aktivitäten der sowjetischen Diplomaten keine unwesentliche Rolle spielten.

In Moskau befürchtete man damals, Schweden könnte an der Seite Deutschlands in den Krieg eintreten. Unsere Mission führte darüber einen Briefwechsel mit Moskau und hatte in scharfem Ton abgefaßte Noten der Sowjetregierung gegen den Transit deutscher Truppen über schwedisches Territorium nach Finnland und zu anderen Fragen zu überbringen. Das verfehlte seine Wirkung nicht und veranlaßte die Schweden zu gewisser Zurückhaltung.

Zugleich schätzte Alexandra Michailowna die nationalen Besonderheiten der Schweden, vor allem ihre politische Umsicht, richtig ein. Sie wies stets darauf hin, daß die Schweden vorsichtige, kluge und weitblickende Politiker seien, die ihren Vorteil im Handel und nicht im Krieg suchten, die es verstanden, Lehren aus der Geschichte zu ziehen, weit vorauszuschauen und ihre Entscheidungen nicht von kurzfristigen konjunkturellen Erwägungen abhängig zu machen. Die Mehrheit der schwedischen Bourgeoisie fürchtete, ihr Land könnte in den Krieg hineingezogen werden. Ihr saß noch immer die Niederlage in der Schlacht bei Poltawa im Jahre 1709 in den Knochen, als Peter I. Karl XII. überraschend schlug und damit den militärischen Ambitionen der Großmacht Schweden für Jahrhunderte einen Dämpfer aufsetzte. Alexandra Michailowna war der festen Überzeugung, Schweden werde sich aus diesem Krieg heraushalten. Diese Meinung vertrat sie auch immer wieder gegenüber der Zentrale. Das war für den Einsatz der sowjetischen Truppen im Raum von Leningrad und auf dem ganzen nördlichen Kriegsschauplatz außerordentlich wichtig. Sie sollte recht behalten. Als die Waagschale des Zweiten Weltkrieges sich eindeutig zugunsten der Antihitlerkoalition neigte, konnten wir auf die Anfrage Moskaus mit Sicherheit antworten, Schweden werde sich nicht am Krieg gegen die UdSSR beteiligen. Die schwedische Neutralität war für uns von großer Bedeutung, denn sie ermöglichte es uns, vor der schwedischen Küste und an der sowjetisch-finnischen Front mit weniger Truppen auszukommen.

Alexandra Kollontai hatte ihre eigenen Methoden der diplomatischen Arbeit. Gespräche mit Schweden oder Vertretern des diplomatischen Korps führte sie stets mit fester Zielsetzung. Schweden war während des Krieges einer der wenigen neutralen Staaten, und Stockholm galt als »kleine Stadt der großen Intrigen«. Wir benötigten Informationen nicht nur über die Lage im Lande, sondern auch über die Pläne und Absichten der gegnerischen Koalition sowie aller kriegführenden Seiten. Diese zu erhalten, halfen der Botschafterin ihre weitverzweigten Kontakte in den verschiedensten Kreisen der schwedischen Gesellschaft – vom königlichen Palast bis zu den Linksradikalen. Unter ihren Partnern waren hochgestellte Persönlichkeiten und völlig unscheinbare Menschen, wie z. B. der Leibarzt des Königs oder ein Journalist mit den nötigen Verbindungen. Sie pflegte im Scherz zu sagen, ein Diplomat müsse solche »Helfer« haben, um eine bestimmte Aussage oder Bitte zu jeder Stunde an jeden Ort zu bringen. Langjährige Verbindungen pflegte sie zu den Großindustriellen Schwedens, die in der Politik ein gewichtiges Wort mitsprachen, so z. B. zur Familie Wallenberg, den Besitzern der Maschinenbaufirma Sandviken u. a. Zu jedem Partner fand sie einen eigenen Zugang, denn sie kannte Auffassungen und Stellung dieser Menschen gut und wußte genau, was sie bei einer Kontaktperson unter den konkreten Bedingungen des Krieges erreichen konnte. Bei all diesen Kontakten setzte sie natürlich wirkungsvoll und zum Teil auch sehr bewußt ihren weiblichen Charme ein.

Eine große Rolle spielte dabei König Gustav V. persönlich. Er war seines Vorfahren, Jean Baptiste Bernadotte, Marschall von Frankreich und Kampfgefährte Napoleons I., würdig. Der war 1810 vom schwedischen Reichstag zum Nachfolger des kinderlosen Karl XIII. gewählt worden. Dafür setzte er sich vehement für die nationalen Interessen Schwedens ein und befehligte im Jahre 1813 gar die schwedischen Truppen im Krieg gegen Frankreich. Gustav V. befaßte sich nur mit den großen Fragen der Politik, die er vor einer Entscheidung stets geschickt in der Geschäftswelt, in Regierungs-, Militär-, Diplomaten- und wissenschaftlichen Kreisen des Landes sondierte. Deshalb waren seine Entschlüsse in der Regel auch für alle annehmbar. Der König saß seiner selbst sicher in seinem Palast und genoß den Respekt, den ihm seine Untertanen entgegenbrachten.

Im Januar 1943 erhielten wir aus Moskau ein Telegramm folgenden Inhalts:

»Von Ihnen treffen nach wie vor wenig Informationen ein. Manchmal kommt wochenlang gar nichts. Beauftragen Sie mit dieser Arbeit einen der Botschaftsräte. Teilen Sie dessen Namen mit. Gebraucht werden Informationen nicht nur über Schweden, sondern auch über die Ereignisse in Deutschland, Finnland, Norwegen und anderen Staaten.«

Das war Molotows Auffassung. Wir versuchten den Mangel mit gemeinsamen Anstrengungen zu überwinden und stellten die gesamte Tätigkeit der Mission um. Alexandra Kollontai mischte sich in diese Dinge nicht ein, ihre Interessen galten der hohen Politik.

Große Sorge bereitete uns der Transit deutscher Truppen und Rüstungsgüter über Schweden nach Finnland und zurück. Auf Weisung Moskaus bombardierten wir die Schweden mit Protestnoten und Memoranden. Auf einflußreiche Kreise des Landes hatte dies eine bestimmte ernüchternde Wirkung.

Anfang 1943 fragte Moskau erneut an, ob Schweden in den Krieg gegen die Sowjetunion eintreten werde. Unsere wohlbegründete Antwort lautete, Schweden werde an seiner Neutralität mit einer gewissen Neigung zu Deutschland festhalten und sich nicht in den Krieg hineinziehen lassen. Ich glaube, unsere Antwort hatte praktische Folgen – denn eine Reihe Divisionen wurde von der Nordfront abgezogen und an andere Frontabschnitte geworfen.

Jahre später hatte ich die Möglichkeit, im Archiv meine Telegramme aus Schweden einzusehen, die ich nach Moskau gesandt hatte, als Alexandra Kollontai krank war. Ich fand darauf zahlreiche scharfe Kommentare Molotows. So schrieb er z. B. im Januar 1943: »Genosse Semjonow ist schwach wie nie zuvor und läßt sich zu sehr auf Linquist ein.« Dies war der Korrespondent einer schwedischen Zeitung, der seine Akkreditierung in Moskau betrieb.

Im Oktober 1942 verhafteten die schwedischen Behörden den Mitarbeiter der sowjetischen Handelsvertretung Sidorenko. Als ich Moskau um Weisungen bat, holte ich mir eine scharfe Abfuhr: »Sie müssen selbst fest und entschlossen handeln und sollten nicht hilflos um Weisungen bitten.« Ich war wütend auf mich selbst und beschloß, in Zukunft vorzugehen, wie ich es für richtig hielt. Nach Moskau antwortete ich kurz angebunden: »Sehe ein, daß Sie recht haben, verspreche Besserung.«

Sidorenko wurde auf einer Hauptstraße Stockholms bei der Übergabe militärischen Geheimmaterials auf frischer Tat ertappt. Die Beweise waren eindeutig, er selbst ein junger, unerfahrener Mann. Seine Kollegen sagten mir, es bestehe Gefahr, daß er nervlich zusammenbrechen und sich dann ergeben könnte. Ich zog Ärzte zu Rate, diese jedoch reagierten überängstlich und meinten, sie könnten nichts tun. Ich mußte einen Weg finden, um ihn freizubekommen.

Ich entschloß mich, va banque zu spielen und suchte den Leiter des Schwedischen Instituts für Psychiatrie auf, eine in ganz Europa bekannte Größe seines Fachs (der Name ist mir leider entfallen). Er hörte mich an und versprach, den Häftling zu untersuchen. Bei einem nachfolgenden Treffen in einer konspirativen Wohnung teilte mir der Professor mit, Sidorenko sei gesund und weise nur geringfügige nervöse Abweichungen auf. Er habe jedoch Verständnis für unsere Lage und ergreife gern die Gelegenheit, seinen Beitrag zur Stalingrader Schlacht zu leisten. Der Professor war häufiger Gast auf Empfängen der sowjetischen Mission, hatte 1936 am Weltkongreß für Psychiatrie in Leningrad teilgenommen und war sehr beeindruckt von der Atmosphäre, die er in der Sowjetunion erlebt hatte, von ihrem Heroismus.

»Wären Sie bereit, für mich einen Brief zum Fall Sidorenko zu entwerfen? Ich könnte ihn über medizinische Kanäle mit dem Ziel verbreiten, meinen Landsmann in ein Gefängnishospital überführen zu lassen, wo er die notwendige Pflege erhält. Alles Weitere wird sich finden.«

Ich bat den Professor im Grunde genommen darum, eine ärztliche Diagnose zu stellen, die ich dann noch geringfügig ergänzte.

Dann suchte ich um eine Audienz bei Premierminister Per Albin Hansson nach, dem Führer der Sozialdemokratischen Partei Schwedens. Ihm übergab ich das Papier und trug meine Bitte vor. Hansson war ein vorsichtiger, flexibler und sehr beliebter Politiker, der es verstand, kritische Punkte zu umschiffen.

»Ich verstehe Ihren Standpunkt«, antwortete der Premierminister respektvoll.

Er behielt das Papier bei sich. Die Presse bekam Wind von der Sache, und der Professor wurde in die verschiedensten Behörden zitiert – ins Innen-, Sicherheits- und Außenministerium. Dort mußte er Vorwürfe, Drohungen, selbst Erpressungsversuche über sich ergehen lassen. Er erklärte jedoch, der psychische Zustand des Inhaftierten sei noch ernster, als er geschrieben habe, er verschlechtere sich weiter, und es bestehe die Gefahr eines plötzlichen Zusammenbruchs. Man forderte aufgebracht von ihm, er solle sich nicht in Dinge einmischen, die ihn nichts angingen. Er erwiderte, er habe ein rein fachliches Urteil abgegeben und glaube nicht, daß ein tragischer Ausgang der Angelegenheit Schwedens Ruf dienlich wäre. Der Fall Sidorenko beherrschte eine Zeitlang die Schlagzeilen der schwedischen Presse. Ein Gericht verurteilte ihn zu zwölf Jahren Gefängnis. Unterdessen ging die Schlacht bei Stalingrad mit dem Untergang der 6. Armee von Paulus zu Ende. Um die Freilassung Sidorenkos mußten wir uns jedoch weiter bemühen. Die Geschichte endete schließlich damit, daß man ihn in ein Hospital verlegte und die Haftbedingungen erleichterte. Nach ein, zwei Jahren wurde er ohne großes Aufsehen in die Sowjetunion abgeschoben. Mit ähnlichen Situationen hatte ich später noch mehrfach fertigzuwerden.

Das Scheitern der Blitzkriegspläne in der Schlacht von Stalingrad stärkte die Positionen jener Kreise der schwedischen Bourgeoisie, die an der Neutralität festhalten wollten. Im Jahre 1943 bestand faktisch keine Gefahr mehr, daß Schweden in den Krieg eintrat. Am 30. August 1943 verkündete Schweden die Einstellung des Transits deutscher Waffen und Munition auf seinen Eisenbahnstrecken. Dabei ließ man sich allerdings ein Hintertürchen offen. Postzüge verkehrten auch weiterhin unter deutscher Bewachung nach Finnland und Nordnorwegen. Außerdem wurde der Transit anderer »nichtmilitärischer« Güter fortgesetzt. So konnten weiterhin Versorgungsgüter, Lebensmittel und Kraftfahrzeuge an die deutsche Front in Finnland gebracht werden. Auch der Transit deutscher Soldaten und deutschen Kriegsgeräts durch schwedische Territorialgewässer ging weiter. Schwedische Kriegsschiffe begleiteten nach wie vor deutsche Transporte in ihren Territorialgewässern und übergaben diese auf offener See der deutschen oder finnischen Kriegsmarine.

Gunnar Myrdal, ein führender schwedischer Sozialdemokrat, wandte sich vor allem gegen den Transit durch die schwedischen Territorialgewässer. Mit Zustimmung unseres Volkskommissars gaben wir ihm dabei Unterstützung.

An der Swir-Front in Karelien lag nach wie vor ein schwedisches Freiwilligenbataillon, was die sowjetische Presse auf unseren Hinweis anprangerte. Dort erschienen auch Zahlen über den Profit (mehr als 80 Millionen Schwedenkronen), den Schweden aus dem Transit deutscher Soldaten und Offiziere zog. Dabei waren die Summen, die die Deutschen für die Nutzung der schwedischen Territorialgewässer, für die Begleitung von Schiffstransporten usw. zahlten, noch gar nicht einbegriffen.

Meine persönliche Lage war nicht gerade rosig. Mehrfach teilten mir Freunde im Vertrauen mit, man erwäge meine Ablösung. Mir wurde vorgehalten, ich sei im Fall Sidorenko ungeschickt vorgegangen. Außerdem hatte ich zum Novemberempfang der Mission für 2000 Schwedenkronen ein norwegisches Restaurant gemietet, und kein Gast kam. Aus Moskau hieß es: »Sie hätten auf die erfahrene Alexandra Kollontai hören sollen, die ganz richtig nur einen Teenachmittag für die Damen mit 26 Teilnehmern vorgesehen hatte.«

Aber auch die Botschafterin kam nicht ungeschoren davon. Man kritisierte sie dafür, daß sie Außenminister Günter nicht scharf genug auf die Behauptung geantwortet hatte, sowjetische U-Boote operierten angeblich in schwedischen Territorialgewässern.

Moskau fuhr damals gegenüber Schweden einen sehr harten Kurs. Offenbar wollte man erreichen, daß das Land nicht der Versuchung erlag, doch noch in den Krieg einzutreten oder seine Neutralität anderweitig aufzugeben. Großbritannien bestärkte uns in dieser Haltung.

Um an mehr Informationen zu gelangen, intensivierten wir unsere Kontakte nach allen Seiten – zum diplomatischen Korps, zu Regierungskreisen, zur Intelligenz, die starke Sympathien für England und die USA hegte, aber auch zu linken antifaschistischen und demokratischen Kräften.

Ich selbst unterhielt enge Verbindungen zu Liberalen und anderen Demokraten.

Zu meinen guten Freunden gehörte der dänische Schriftsteller Martin Andersen Nexö. Sein Roman »Ditte Menschenkind« ist das Beste, was ich damals zu lesen bekam. Wahrhaftigkeit, eine tiefe Liebe zu den Ärmsten der Gesellschaft und hohe Ideale finden sich in diesem Buch in seltener Harmonie. Nexö war damals etwa 70 Jahre alt, seine Frau erst 35. Sie hatten sechs Kinder.

Martin Andersen Nexö berichtete viel aus seinem Leben. Als Student war er auf Wanderschaft gegangen, hatte ganz Europa durchquert und war bis nach Afrika gelangt. In Berlin luden die führenden Sozialdemokraten Hilferding und Kautsky den aufsteigenden Stern der skandinavischen Literatur zu einem Empfang ein. Dort sangen sie ein Loblied auf die deutsche Kultur, die deutschen Schriftsteller, Künstler und Wissenschaftler. Die Unterhaltung spitzte sich zu.

»Sagen Sie mir doch, wer ist der Erbe dieser Kultur?! Wer wird sie weiterführen?« erhitzte sich Hilferding.

»Idioten«, entgegnete der junge Mann barsch.

Damit verließ Nexö die illustre Gesellschaft.

Noch heute sehe ich seinen Löwenkopf in tiefem Nachdenken über etwas Wichtiges und Bedeutsames vor mir. Da ich während des Krieges mit den Besitzern der Sandviken-Werke und anderen

Geschäftsleuten bekannt geworden war, lud ich sie zu einem Empfang zu Ehren Martin Andersen Nexös ein. Seine Tischdame war die Gattin eines schwedischen Industriemagnaten. Sie redete ununterbrochen mit dünner, schneidender Stimme. Die Schweden sind sehr protokollbewußt und lauschten schweigend dem Redefluß der aufgedonnerten Dame. Plötzlich hörte ich, wie Nexö ihr mit der gleichen piepsenden Stimme antwortete. Alle waren schockiert. Mir gelang es kaum noch, die Unterhaltung in normale Bahnen zu lenken. Als ich mit meinem Hauptgast den Empfangssaal verließ, fragte ich ihn:

»Nun, wie hat es Ihnen gefallen?«

»Idioten«, antwortete der berühmte Schriftsteller laut. Er wandte sich nach der ganzen Gesellschaft um, die uns folgte und natürlich alles gehört hatte.

Als Diplomat zog ich aus diesem Vorfall die Lehre, wie wichtig es ist, Gäste richtig auszuwählen. Meine Freundschaft zu Nexö hielt bis zum Ende seiner Tage. Mit dem Alter ertrug er das skandinavische Klima immer schlechter. Den Rest seines Lebens verbrachte er in Dresden. Ein Riese an Geisteskraft, ein großer Mann wie aus einem Guß.

Die engen, vertrauensvollen Kontakte zu Musikern, Wissenschaftlern und jungen Leuten machten unseren Alltag bunter, brachten uns aber auch mehr Informationen. Als uns der Volkskommissar dafür kritisierte, daß wir zu kostspielige Telegramme sandten, reagierten wir mit der Bitte, die Mittel für Repräsentation zu kürzen, aber unsere Informationsmöglichkeiten nicht zu beschneiden.

Wir waren nun bemüht, unsere Depeschen zu straffen und inhaltsreicher zu gestalten. Das führte offenbar zu einem Stimmungsumschwung in Moskau. Im September 1943 erreichte uns die Nachricht, daß man meine Mitarbeiter und mich auf der diplomatischen Rangleiter befördert hatte. Die Wolken lichteten sich, und manchmal schaute sogar ein wenig die Sonne durch.

Von entscheidender Bedeutung für die sowjetisch-schwedischen Beziehungen und größere diplomatische Aktivitäten in Stockholm waren die Siege bei Stalingrad und am Kursker Bogen. Der Chefredakteur der »Göteborg Handels Tidningen« erklärte mutig: »Wir müssen uns aus der Erstarrung lösen und können wieder unsere Stimme erheben, denn Deutschland ist nun nicht mehr in der Lage, zwanzig oder dreißig Divisionen gegen uns in Marsch zu setzen.«

Im Jahre 1943 begannen Vertreter der mit Hitler verbündeten Staaten Kontakt zur sowjetischen Mission zu suchen. Der Botschafter Italiens sprach mehrfach mit mir über die schwierige Lage seiner Regierung, die angeblich aus dem Krieg ausscheiden wollte, aber durch ihre Verpflichtungen gegenüber Deutschland gebunden sei. Zeitweilig hatte ich es mit den Vertretern dreier Richtungen aus Rumänien zu tun; sowohl Premierminister Antonescu als auch der Außenminister und selbst König Michael schickten ihre Abgesandten. Alle drei bestanden auf strenger Geheimhaltung der Treffen und natürlich ihres Inhalts. Wir mußten uns besondere Maßnahmen der Konspiration einfallen lassen. Auch die Ungarn begannen zu sondieren. In Schweden konnten diese Verhandlungen jedoch zu keinem Ergebnis geführt werden. Die Italiener nahmen z. B. nach den Sondierungen in Stockholm direkten Kontakt zu Moskau auf.

Ausführlicher soll hier von den deutschen Sondierungsgesprächen in Stockholm berichtet werden. Dabei ist Peter Kleist von besonderem Interesse. Er war ein enger Vertrauter Ribbentrops, Obersturmbannführer der SS und Ostexperte der Nazipartei. Im Dezember 1942 kam er ohne ersichtlichen konkreten Auftrag nach Stockholm. Wie er in seinen Erinnerungen schreibt, wollte er über einen Mittelsmann, der gute Verbindungen zur sowjetischen Mission in Stockholm unterhielt, wenigstens durch einen Türspalt einen Blick darauf werfen, was sich in der Sowjetunion tat.

Kleist ließ im engen Kreis verlauten, nach der Schlacht bei Stalingrad, wo Paulus' 6. Armee eingekesselt worden war, sollte man mit der Sowjetunion die Übereinkunft anstreben, den Krieg in den Grenzen von 1937 zu beenden. Kleist versuchte Kontakt zu Alexandra Kollontai herzustellen, die dies jedoch strikt ablehnte.

Am 6. Dezember 1942 sprach Kleist mit einem hochrangigen schwedischen Vertreter, der den Gedanken äußerte, Deutschland sollte gegenüber dem Westen formal kapitulieren, um dann gemeinsam die Front im Osten halten zu können. Kleist wies diesen Gedanken als völlig indiskutabel zurück, weil eine englische oder amerikanische Armee, der gegenüber man kapitulieren könne, noch gar nicht da sei. Zugleich kamen der Abgesandte Ribbentrops und seine Gesinnungsgenossen bei nüchterner Überlegung zu dem Schluß, eine Kapitulation Deutschlands werde von den Westmächten zur Vernichtung des deutschen Wirtschafts- und Wissenschaftspotentials sowie der führenden Stellung Deutschlands in Europa genutzt werden, unabhängig davon, ob sich das Land in den Händen Adolf Hitlers oder eines Jesuitenpaters befinde. Deshalb setzte man Hoffnungen in eine separate Übereinkunft mit der Sowjetunion, um die Einheit Deutschlands zu bewahren.

Diese Gedanken Kleists schienen mir interessant, weil sie zeigten, wie man in den Kreisen um Ribbentrop und möglicherweise auch noch höher dachte.

Dann wurde ein Agent Himmlers und Canaris' eingesetzt – der »Geschäftsmann« Edgar Clauß, ein Jude, der als Doppelagent für die deutsche und die sowjetische Aufklärung arbeitete. Für die Sowjetunion hatte man ihn in Kaunas 1939 oder 1940 geworben. Canaris schätzte diesen Mann sehr und empfahl ihn seiner Führung als einen Kenner der Materie mit engen Kontakten zu Mitarbeitern der sowjetischen Mission in Stockholm.

Canaris hatte Clauß im Mai 1941 bereits einmal nach Stockholm gesandt, wo er mit sowjetischen Diplomaten und anderen Mitarbeitern sowjetischer Einrichtungen in Schweden Kontakt aufnehmen sollte, um Informationen über die militärstrategische Lage der UdSSR zu sammeln.

Am 6. Dezember 1942 führte Peter Kleist ein Gespräch mit Clauß über die Lage in der Sowjetunion zu jener Zeit. Darüber schrieb er in seinen Erinnerungen:

»Die Sowjets sind«, sagte Clauß mit großer Bestimmtheit, »gewillt, nicht einen Tag, auch nicht eine Minute ... länger als notwendig für die Interessen Englands und Amerikas zu kämpfen ... Über der Leiche des vernichteten Deutschlands wird die erschöpfte, aus vielen Wunden blutende Sowjetunion den blanken, von keinem Hieb abgestumpften Waffen der Westmächte entgegentreten müssen. Bis heute sind die Anglo-Amerikaner mit keiner garantierbaren Erklärung über Kriegsziele, territoriale Abgrenzungen, Friedensgestaltung etc. etc. hervorgetreten. ... Die gesamte Kriegslast wird dem Osten zugeschoben. Von einer zweiten Front in Europa ist nicht die Rede. Die Landung in Afrika scheint eher der Flankendeckung gegenüber der Sowjetunion, als einem Angriff gegen die Achsenmächte zu dienen. ... Aus den Besprechungen mit den anglo-amerikanischen Staatsmännern und Generalstäblern geht immer deutlicher die Absicht hervor, eine zweite Front auf dem Balkan zu etablieren. Dem Kreml ist das höchst unerwünscht.« (Zwischen Hitler und Stalin. Aufzeichnungen von Dr. Peter Kleist, Bonn 1950, S. 237, 238, 246.)

Als zeitweiliger Geschäftsträger (Alexandra Kollontai hatte einen Herzinfarkt erlitten und war nach wie vor krank) war ich in die Kontakte mit Clauß von 1942 bis Mitte 1943 zum guten Teil eingeweiht. Diese Kontakte wurden meines Wissens vom Residenten des NKWD B. A. Rybkin und dessen Frau, die die Presseabteilung der Mission leitete (sie wurde später unter dem Namen Soja Iwanowna Woskressenskaja als Schriftstellerin bekannt), über Mittelsmänner geführt. Die zweite Etappe der Kontakte lag in der Hand meines Stellvertreters Rasin. Als Kleist nach Deutschland zurückkehrte, wurde er vom Flugplatz weg verhaftet. Obergruppenführer Ernst Kaltenbrunner persönlich verhörte ihn und hielt ihn zwei Wochen unter Hausarrest. Offenbar waren einflußreiche Militärkreise damals gegen jegliche Kontakte mit der Sowjetunion, weil sie darauf hofften, die Sowjetunion im Sommer 1943 bei Orjol und am Kursker Bogen militärisch zu schlagen.

Nach der Schlacht am Kursker Bogen erinnerte man sich Kleists wieder.

Mitte August 1943 rief ihn Ribbentrop zu sich und sprach mit ihm über vier Stunden. Weisungen erhielt er jedoch nicht. Nachdem der Außenminister Hitler in der Wolfsschanze besucht hatte, gab man Kleist zu verstehen, von Verhandlungen mit Moskau könne keine Rede sein. Jedoch bereits einige Tage später erhielt Kleist von Ribbentrop die Weisung, wieder mit Edgar Clauß in Kontakt zu treten. Dieser Auftrag war allerdings von so vielen Wenn und Aber begleitet, daß Kleist faktisch keinerlei Handlungsfreiheit blieb.

In meiner langen diplomatischen Tätigkeit habe ich die Erfahrung gemacht, daß das Außenministerium niemals das einzige mit Außenpolitik befaßte Organ ist. Die Geheimdienste spielen nicht selten eine Sonderrolle, insbesondere in der großen Politik, wenn es nicht um die Form, sondern um den Inhalt geht.

Wenn Hitler also bei der Besprechung in der Wolfsschanze gesagt hatte, von Verhandlungen könne keine Rede sein, dann bedeutete das, dieser Gedanke mußte einflußreichen Militärs, die an der Besprechung teilnahmen, sehr gegen den Strich gehen. Wenn dem Unterhändler, zweitens, keinerlei Handlungsfreiheit gewährt wurde, konnte das nur heißen, dies waren Vorgespräche, denen in der großen Politik oft besonders große Bedeutung zukommt. In solchen Gesprächen kann man wesentlich mehr sagen und Hoffnungen wecken, ohne sich zu etwas zu verpflichten oder gar Gegenleistungen zu erbringen. Wenn offizielle Vertreter in die Verhandlungen eingreifen, erhält auch jede Antwort offiziellen Charakter.

Bei der zweiten Begegnung mit Kleist erklärte Clauß, die sowjetische Seite mache jeden weiteren Kontakt mit den Deutschen davon abhängig, ob diese Bereitschaft andeuteten, ihren außenpolitischen Kurs zu ändern, indem sie z.B. den Minister für die besetzten Ostgebiete, Alfred Rosenberg, und Außenminister Joachim von Ribbentrop ablösten. Verhandlungsziele des Kreml seien angeblich die russisch-deutsche Grenze von 1914, Handlungsfreiheit bei den Meerengen am Schwarzen Meer und der Ausbau der Wirtschaftsbeziehungen zwischen Deutschland und der Sowjetunion. Als Verhandlungspartner könnten die Russen Kleist, Schulenburg und einige weitere deutsche Berufsdiplomaten akzeptieren. Mit Bezug auf den Rat der sowjetischen Mission in Stockholm, Wladimir Semjonow, erklärte Clauß, die Abberufung der sowjetischen Botschafter Maxim Litwinow und Iwan Maiski aus Washington bzw. London sei bereits ein Zeichen der Sowjetunion, das ihre Bereitschaft signalisieren sollte, Verhandlungen mit Deutschland aufzunehmen. Clauß unternahm diesen geschickten Schachzug, weil er damit rechnete, daß der deutsche Emissär nicht aktuell informiert war, denn zu dieser Zeit waren die genannten sowjetischen Diplomaten bereits in Moskau zu Stellvertretern des Volkskommissars für Auswärtige Angelegenheiten der UdSSR ernannt worden.

Clauß setzte alles daran, mich als Ersten Botschaftsrat der Mission in Stockholm zu treffen.

Dieses Spiel lief jedoch nur auf ein Tor: Ich empfing Briefe und führte verschlüsselte Telefongespräche, worüber ich Moskau berichtete. Nach einer Weile setzte dort Funkstille ein. Offenbar hatte man die Kontakte den Mitarbeitern des NKWD in Stockholm übergeben. Der Mittelsmann sprach nun mit dem Residenten in Norwegen, dem Botschaftsrat der Mission Rasin. Dieser berichtete seinerseits nach Moskau.

Am 8. September 1943 kam Kleist erneut nach Stockholm, um Clauß zu treffen. Am 11. Oktober erhielt die sowjetische Mission einen anonymen Brief mit gefälschtem Absender, in dem mitgeteilt wurde, man sei bereit, der sowjetischen Regierung Informationen zukommen zu lassen, die die Beendigung des Krieges noch in diesem Jahr bewirken könnten. Ich übermittelte den Inhalt nach Moskau, äußerte als Geschäftsträger jedoch die Meinung, die Information des unbekannten Absenders erscheine mir nicht vertrauenswürdig.

Am 12. November sandte Molotow den Botschaftern Großbritanniens und der USA in Moskau, Archibald Clark Kerr und Averell Harriman, persönliche Noten, in denen von »kürzlichen Friedenssondierungen der Deutschen in Stockholm« die Rede war. Darin hieß es, die sowjetische Mission in Stockholm habe »dem genannten Brief keine große Bedeutung beigemessen«, sich aber nichtsdestoweniger bereit erklärt, die Information anzuhören. Dies wurde einem Mitarbeiter übertragen, der sich mit dem Verfasser des Briefes traf.

Der genannte Mitarbeiter war, wenn ich nicht irre, Andrej Michailowitsch Alexandrow. Kleist und Clauß waren mit Alexandrow nicht zufrieden, der ständig ins Gespräch einflocht, er sei nicht bevollmächtigt, derart wichtige Fragen zu erörtern, um sich in seinen Antworten nicht festlegen zu müssen. Ich hatte es mir zum Grundsatz gemacht, von den Mitarbeitern der Aufklärung keine Berichte zu fordern. Ich begnügte mich mit allgemeinen Angaben, denn es war klar, daß sie Moskau direkt informierten und in ihren Kontakten sehr gewichtige Fragen behandelten, die weit über den Stockholmer Horizont hinausgingen.

In Molotows Note an die Botschafter hieß es weiter, als Verfasser des genannten anonymen Briefes habe sich Edgar Clauß herausgestellt. Er teilte dem Mitarbeiter der sowjetischen Mission mit, in Deutschland gebe es eine Gruppe Industrieller um den Vorsitzenden des Aufsichtsrates des Stumm-Konzerns, Kleist, der in engem

Kontakt zu Ribbentrop stehe und gemeinsam mit Gleichgesinnten für den Abschluß eines Separatfriedens mit der Sowjetunion eintrete. Im Herbst 1943 seien mehrfach Abgesandte dieser Gruppe nach Stockholm gereist, um mit sowjetischen Vertretern in Schweden in Kontakt zu treten. Sie hätten jedoch keine geeigneten Gesprächspartner gefunden und seien deshalb unverrichteter Dinge zurückgekehrt. Einen zweiten Anlauf habe der genannte deutsche Geschäftsmann Clauß selbst genommen und der sowjetischen Mission den bewußten Brief gesandt. Clauß bezog sich auf einen Auftrag Kleists und weiterer Industrieller, als er dem sowjetischen Mitarbeiter erklärte, die Deutschen seien bereit, auf alles einzugehen, was die Sowjetregierung fordere, selbst auf die Grenzen von 1914.

Die Deutschen wüßten, der Krieg sei verloren, die Stimmung der Bevölkerung sinke katastrophal, und Deutschland habe nicht mehr genügend Truppen zur Verfügung, um den Krieg weiter fortzusetzen. Diese Kreise seien über die Ergebnisse der gerade beendeten Moskauer Konferenz der Alliierten und das Zurückweichen der deutschen Wehrmacht an der sowjetisch-deutschen Front besorgt. Zum Abschluß des Gesprächs stellte Clauß die Frage, ob er seinen Auftraggebern versprechen könne, daß ein Kontakt mit sowjetischen Vertretern möglich sei, und ob ein sowjetischer Abgesandter nicht mit Ribbentrop zusammentreffen wolle. »Der Mitarbeiter der sowjetischen Mission«, schrieb der Volkskommissar, »antwortete im Auftrage des Geschäftsträgers in Schweden (Wladimir Semjonow), von Verhandlungen oder Kontakten sowjetischer Vertreter mit Deutschen könne keine Rede sein.« Weitere Treffen und Gespräche mit der genannten Person lehnte er kategorisch ab.

Einige Monate später erhielt ich aus der Zentrale die unmißverständliche Weisung: »Alle Kontakte sind einzustellen. Drohen Sie dem Deutschen, daß Sie sich an die schwedische Polizei wenden, wenn er weiterhin um Begegnungen nachsucht.« Soviel ich weiß, war diese Affäre damit beendet. Auf Umwegen erfuhr ich später, Churchill habe bei Stalin angefragt, was für Verhandlungen wir in Stockholm mit den Deutschen führten, und ob etwa die Gefahr eines Separatfriedens drohe. Stalin reagierte mit Gegenfragen nach den Verhandlungen mit den Deutschen in Istanbul, wo sich Botschafter von Papen mit amerikanischen Vertretern getroffen hatte, und in Bern. Als Churchill versicherte, die Vereinbarung, mit dem Reich keinen Separatfrieden abzuschließen, bleibe in Kraft, bestätigte Stalin die analoge Position der Sowjetunion, und nach Stockholm erging die genannte Weisung. Das war Teil der diplomatischen Vorbereitung der Teheraner Konferenz der drei Mächte, die vom 28. November bis zum 1. Dezember 1943 stattfand.

Am 9. Dezember 1943 erhielt die sowjetische Mission in Stockholm einen weiteren »anonymen Brief derselben Person«, in dem als möglicher deutscher Unterhändler für Friedensverhandlungen Dr. Kleist genannt wurde. In dem Brief hieß es, er werde in Berlin als Rußlandkenner geschätzt, weil er sich angeblich auch gegen den Überfall Deutschlands auf Sowjetrußland gewandt hatte.

Die diplomatischen Mitarbeiter der sowjetischen Mission, die diese anonymen Briefe in Empfang nahmen, wußten nicht, daß Edgar Clauß nicht nur als Doppelagent, sondern zuweilen auch als Provokateur auftrat. So warnte er z. B. in einem Gespräch am 14. November 1944 einen Vertrauten des amerikanischen Gesandten in Stockholm vor der Gefahr, die eine sowjetisch-deutsche Zusammenarbeit für die Westmächte in sich berge.

Für den rätselhaften Edgar Clauß interessierte sich sogar Allan Dulles, der zu jener Zeit das Zentrum des amerikanischen Geheimdienstes in Bern leitete. Telegrafisch erhielt er die Mitteilung, Clauß stehe mit dem deutschen Widerstand in Verbindung. Er ließ die Sache nachprüfen und kam zu dem Schluß, Clauß sei »vollkommen in Ordnung«, lediglich etwas schwatzhaft und übereifrig. Er stellte fest, es gebe keinen Grund, Clauß nicht zu nutzen.

Es war also offenbar kein Zufall, daß man in den westlichen Hauptstädten von jeder »deutschen Sondierung« schon wußte, bevor sie überhaupt stattfand. Umso richtiger handelte die sowjetische Führung, wenn sie die Alliierten über jede derartige Aktion informierte. Am 2. Februar 1944 wies Molotow die sowjetischen Botschafter in Washington und London an, in seinem Namen von einer weiteren »deutschen Sondierung« zu berichten. Am nächsten Tag sandte Botschafter Fjodor Gussew an Außenminister Anthony Eden einen Brief, in dem es hieß:

»Die Sowjetregierung hat mich beauftragt, der Regierung Großbritanniens mitzuteilen, daß Ende Januar dieses Jahres beim TASS-

Korrespondenten in Stockholm ein Mitarbeiter des skandinavischen Nachrichtenbüros in Dänemark erschien, der sich zunächst als Däne vorstellte. Der Besucher erklärte, es sei allgemein bekannt, daß das Ende des Nazismus nahe sei. In Deutschland kämen nun die Militärs an die Macht; die Position Keitels werde gestärkt, der ein ›unpolitischer General‹ sei. Der Besucher teilte mit, er sei am 26. Januar aus Kopenhagen eingetroffen, wo er vor seinem Abflug ein Gespräch mit dem Vertreter des Reichs, Best, hatte. Nach seinen Worten bat Best ihn im Auftrage der deutschen Regierung, in Stockholm einen Vertreter der Sowjetunion aufzusuchen, damit diese wisse, die deutsche Regierung sei zu jeder beliebigen Zeit bereit, eine hochrangige offizielle Persönlichkeit mit allen Vollmachten der Regierung nach Stockholm zu entsenden, um dort Friedensverhandlungen zwischen der UdSSR und Deutschland aufzunehmen.

Als der Mitarbeiter von TASS erkannte, daß er keinen Dänen, sondern einen Deutschen vor sich hatte, brach er das Gespräch sofort ab und forderte den Besucher unverzüglich zum Gehen auf.«

Es verging jedoch kaum eine Woche, als Alexandra Kollontai dem NKID berichtete, ein weiterer »anonymer Brief« sei eingegangen, in dem es heiße, »ein Vertreter Deutschlands« werde »in Stockholm eintreffen«, um Verbindung zur sowjetischen Mission aufzunehmen.

Da man in Moskau hinter all diesen »Sondierungen« allmählich eine lenkende Hand vermutete, entschloß sich die sowjetische Aufklärung nunmehr zu einem analogen Schachzug.

Am 17. Januar 1944 druckte die »Prawda« eine Meldung ihres Kairoer Korrespondenten, daß nach gewissen Informationen in einer Stadt der Pyrenäenhalbinsel ein Geheimtreffen zweier hochrangiger britischer Vertreter mit Ribbentrop stattgefunden habe, wo man Bedingungen für den Abschluß eines Separatfriedens mit Deutschland erörterte.

Noch am selben Tag erschien der britische Geschäftsträger in Moskau, Arthur George Balfour, beim stellvertretenden Volkskommissar Dekanosow und brachte seine Verwunderung über diese Meldung der »Prawda« zum Ausdruck. »Die Presse belagert mich«, fuhr der britische Diplomat fort, »und ich muß wieder und wieder erklären, daß diese Meldung nicht den Tatsachen entspricht.« Er habe darüber London informiert, wo diese Angelegenheit »einen unangenehmen Eindruck« hinterlassen werde. Damit nicht genug, am 21. Januar schrieb Balfour noch einmal einen Brief an den stellvertretenden Volkskommissar zu dieser Frage. Aber Dekanosow, der enge Verbindungen zum NKWD hatte und die Interessen des Geheimdienstes im NKID vertrat, teilte in seiner schriftlichen Antwort vom 23. Januar mit, eine Zeitung habe das Recht, »Meldungen zu veröffentlichen, die sie von eigenen Korrespondenten erhält, denen die Redaktion vertraut«.

Mitte Februar 1944 löste Hitler Canaris' Abwehr wegen zahlreicher Mißerfolge ihrer Agenten auf und schlug den Rest dem von Kaltenbrunner geleiteten Reichssicherheitshauptamt zu. Die SS-Leute säuberten nun die Abwehr gründlich von Agenten jüdischer Herkunft. Darunter hatte auch Edgar Clauß zu leiden. Peter Kleist machte ihn jedoch bald wieder ausfindig.

Am 19. Mai 1944 informierte ich das NKID über den Eingang eines Briefes des »bekannten Absenders«, in dem dieser mitteilte, vor einigen Tagen sei in Stockholm »ein Mann eingetroffen, der im Volkskommissariat für Auswärtige Angelegenheiten gut bekannt ist – Herr Bruno Peter Kleist. Kleist nahm an den Verhandlungen mit Ribbentrop im Jahre 1939 in Moskau teil.« Kleist sei von Ribbentrop beauftragt, »Möglichkeiten zu finden, um Verhandlungen über einen Separatfrieden mit Sowjetrußland aufzunehmen...«. Selbst wenn die Sondierung mit einem Mißerfolg enden sollte, hieß es in dem Brief weiter, wolle Ribbentrop die Tatsache des Zustandekommens der Gespräche nutzen, um Mißtrauen unter den Alliierten zu säen.

Am 28. Mai 1944 meldete ich dem NKID den Eingang zweier weiterer Briefe, aus denen hervorging, daß sich Kleist eine Zeitlang in Stockholm aufgehalten habe, aber keine Verbindung zur sowjetischen Mission bekam. In einem der Briefe hieß es, am 20. Mai sei er nach Berlin zurückgekehrt, werde aber Ende Mai erneut in Stockholm sein. Ich hob hervor, der Absender der letzten drei Briefe bestehe auf einem persönlichen Treffen, da die bisherige Methode der Informationsübermittlung sich als unzuverlässig und schwierig erwiesen habe.

In dem Telegramm merkte ich an, Kleist habe sich zur angegebenen Zeit tatsächlich in Stockholm aufgehalten.

Am 20. Juni 1944 informierte ich das NKID über den nächsten Brief, der die Mitteilung enthielt, Kleist sei am 19. Juni wieder in Stockholm eingetroffen. »Er versucht mit allen Mitteln Verbindung aufzunehmen, ... um diskrete Privatgespräche über einen möglichen Frieden zu führen.« In dem genannten Brief hieß es, die Deutschen seien bereit, »den Führer von der politischen Bühne verschwinden zu lassen, alle besetzten Gebiete, d. h. Estland, Lettland, Litauen, Polen, Bessarabien und Finnland zu räumen«. Es wurde noch einmal unterstrichen, Kleist sei »der direkte Bevollmächtigte Ribbentrops«. In dem Telegramm informierte ich weiter darüber, daß die Mission am selben Tage mit der Post eine 1940 in Schweden erschienene Landkarte Europas erhielt, die den offenbar von derselben Person angebrachten maschinengeschriebenen Vermerk trug: »Höchst wichtig. Um dem Krieg ein Ende zu setzen – gehen Sie auf den Kontakt ein...«

Möglicherweise versuchten die Verschwörer gegen Hitler tatsächlich am Vorabend des 20. Juli 1944 die außenpolitischen Positionen eines Deutschlands nach Hitler zu stärken. Auf diese Information reagierte die sowjetische Führung rasch und kategorisch. Am 22. Juni 1944 funkte Molotow nach Stockholm:

»Sie dürfen die anonymen Briefe, die deutsche Provokateure Ihnen von Zeit zu Zeit zuspielen, nicht länger mißachten. Wenn die sowjetische Mission diese weiterhin annimmt, kann das zu unerwünschten Gerüchten führen.

Ich verpflichte Sie: a) den letzten anonymen Brief und die Karte an das schwedische Außenministerium zu schicken und in einem Begleitbrief darauf hinzuweisen, daß Sie derartige provokatorische anonyme Briefe nicht länger anzunehmen gedenken, die dunkle Gestalten aus dem der Sowjetunion feindlich gesinnten Lager der Mission per Post zuschicken; b) alle bisherigen Briefe und Materialien zu verbrennen, die von dem anonymen Absender bereits bei Ihnen eingegangen sind...«

Diese Weisung Molotows wurde am selben Tage ausgeführt.

Am 7. August 1944 meldete Alexandra Kollontai dem NKID, der amerikanische Gesandte Herschel Johnson habe sie informiert, daß die deutsche Mission in Stockholm bemüht sei, »durch Erfindungen und Gerüchte« Mißtrauen unter den Alliierten zu säen. In einem Gespräch habe Johnson Alexandra Kollontai mitgeteilt, die deutsche Mission verbreite das Gerücht, »Kleist habe Semjonow angeblich um 2.00 Uhr nachts auf seiner Datscha aufgesucht und sich dort recht lange aufgehalten. Offenbar habe es Verhandlungen gegeben. Kleist ist einer ihrer Vertrauensleute, obwohl er nach außen als Geschäftsmann auftritt.« Johnson lachte, schrieb Alexandra Kollontai in ihrem Telegramm weiter, und meinte, für Verhandlungen brauche man sich nicht nachts auf der Datscha zu treffen. Trotzdem stellte er mir die Frage, fuhr sie fort, ob derartige Sondierungen seitens der Deutschen möglich seien. Sie habe derartige Gerüchte als reine Erfindung zurückgewiesen und Johnson ihrerseits die Geschichte mit den anonymen Briefen erzählt, die in der sowjetischen Mission eingingen. Sie stellte Johnson nun die Frage, ob er ebenfalls derartige Briefe erhalte. Johnson erwiderte, »in der letzten Zeit nicht, aber ähnliche anonyme Schreiben sind früher eingegangen«.

In einem Telegramm vom 16. August 1944 billigte der stellvertretende Volkskommissar Andrej Wyschinski Alexandra Kollontais Antwort an Johnson, fragte aber dennoch nach: »...Verstehen wir Ihre Antwort richtig, daß Semjonow tatsächlich keinerlei Begegnung mit Kleist hatte?«

Darauf antwortete Alexandra Kollontai am 18. August 1944: »Selbstverständlich hat es keinerlei Treffen eines diplomatischen Mitarbeiters unserer Mission mit Kleist gegeben. Einen derartigen Schritt hätten wir niemals ohne Ihre Weisung unternommen.«

Am 21. August 1944 informierte der britische Botschafter Archibald Clark Kerr den stellvertretenden Volkskommissar Andrej Wyschinski in einer persönlichen Note im Auftrage der britischen Regierung, der deutsche Außenminister Ribbentrop habe seinen Emissär Peter Kleist nach Stockholm entsandt, der dort mit sowjetischen Vertretern Kontakt aufnehmen sollte, »um Friedensverhandlungen mit der UdSSR in die Wege zu leiten«. Der Botschafter fragte, ob der Sowjetregierung Informationen über Kleists Mission vorlägen und ob dieser versucht habe, mit sowjetischen Vertretern in Kontakt zu treten. Eine Auskunft darüber, schrieb der Botschafter, wäre der britischen Regierung neben dem allgemeinen Interesse auch dafür wichtig, den Wert des deutschen Journalisten als Quelle einzuschätzen, der die genannte Information übermittelte.

In seiner Antwortnote vom 4. September 1944 legte Wyschinski daraufhin alle Fakten über die anonymen Briefe ausführlich dar, die die sowjetische Mission in Schweden erhalten, jedoch unbeantwortet gelassen hatte. Er teilte auch mit, der letzte Brief sei dem Außenministerium Schwedens mit der Bitte übergeben worden, »die Mission vor derartigen provokatorischen Schreiben zu bewahren«. Zugleich teilte er dem Botschafter mit, die sowjetische Botschafterin Alexandra Kollontai habe den amerikanischen Gesandten in Stockholm, Johnson, über diese Angelegenheit in Kenntnis gesetzt.

Am nächsten Tag dankte der britische Botschafter Wyschinski ausdrücklich für diese erschöpfende Antwort.

Am 29. August 1944 verbreitete die deutsche Nachrichtenagentur die Erklärung eines Sprechers des deutschen Auswärtigen Amtes, der auf die Frage eines ausländischen Korrespondenten nach den Gerüchten antwortete, es habe angeblich Versuche gegeben, über neutrale Staaten Kontakt mit dem Feind aufzunehmen. Der Sprecher der Wilhelmstraße erklärte, »Kontakt hat Deutschland mit seinen Feinden ausschließlich auf dem Schlachtfeld. Von anderen Kontakten kann keine Rede sein«.

Aus einer Studie der deutschen Historikerin Ingeborg Fleischhauer, die zahlreiche Dokumente aus den Archiven der Bundesrepublik Deutschland, Großbritanniens, der USA und Schwedens gründlich analysierte, geht hervor, daß Edgar Clauß bis Kriegsende tätig war, weiterhin Kontakt zu Peter Kleist und den schwedischen Behörden hielt, die ihn nach Kriegsende wegen seiner Verbindungen zum Reich aufforderten, Schweden zu verlassen und nach Deutschland zurückzukehren. Am 1. April 1946, dem Tag, an dem er abgeschoben werden sollte, starb er in einem schwedischen Krankenhaus an einem Herzinfarkt.

Diese Dokumente bestätigen, daß es keine Verhandlungen über einen Separatfrieden, ja nicht einmal direkte Kontakte sowjetischer Diplomaten in Stockholm mit den Deutschen gab. Auch mein angebliches Treffen am 28. Juni 1944 auf meiner Datscha in Lidingö in Anwesenheit des sowjetischen Militärattachés N. I. Nikituschew, von dem bei westlichen Historikern zuweilen die Rede ist, fand nicht statt. Alexandra Kollontai charakterisierte die Einstellung der sowjetischen Diplomaten jener Zeit höchst treffend, als sie betonte, diese hätten einen solchen Schritt niemals ohne Weisung des Zentrums gewagt. Eine solche Weisung aber erging nicht.

All das schließt nicht aus, daß einzelne deutsche Vertreter, die gegen das Hitlerregime eingestellt waren, tatsächlich Kontakt zur sowjetischen Mission suchten und dabei aufrichtig hofften, zu einem baldigen Ende des Krieges beitragen zu können. Klar ist aber auch, daß die führenden Kreise Deutschlands, die Stalin bereits einmal wortbrüchig betrogen hatten, nicht darauf hoffen konnten, sein Vertrauen so rasch zurückzugewinnen. Deshalb konnte jeder Versuch in dieser Richtung nur als Provokation aufgefaßt werden, die das hinterhältige Ziel verfolgte, Mißtrauen in die Reihen der Antihitlerkoalition zu tragen.

Auf das Ausscheiden Finnlands aus dem Krieg hinzuarbeiten, hielt Alexandra Kollontai stets für eine unserer Hauptaufgaben. Sie verstand es, das Interesse der Schweden und Finnen an diesem Thema wachzuhalten, wobei sie häufig ganz unerwartete Methoden anwandte. Sie versäumte es niemals zu betonen, die Sowjetunion sei um ein Vielfaches stärker als jene, denen die finnischen Machthaber sich verschrieben hatten. Ab und zu hatte sie direkten Kontakt zu den Vertretern der Richtung, die sich in Finnland für gutnachbarliche Beziehungen zur Sowjetunion einsetzte.

Nach der Stalingrader Schlacht unternahmen auch die Finnen – zunächst auf Umwegen, aber doch recht eindeutig – erste Sondierungsversuche. So wurde unser Botschaftsrat z. B. vom belgischen Botschafter in Schweden angesprochen, einem Sproß der dort herrschenden Dynastie. Die Gespräche waren zunächst sehr unbestimmt und zogen sich hin. Erst in dem Maße, wie sich das Kriegsglück wendete, ließen sich diejenigen, die später standhaft die außenpolitische Linie Paasikivi-Kekkonen vertraten, in eine harte Auseinandersetzung mit der finnischen Reaktion ein.

Wie bereits erwähnt, hatte Alexandra Kollontai 1943 eine schwere gesundheitliche Krise zu überstehen. Ein Herzinfarkt verursachte eine linksseitige Lähmung, und nach zweimonatiger Behandlung mußte sie längere Zeit im Sanatorium verbringen, wo man ihr nur ein Minimum an Betätigung gestattete. Wir mußten nun auch ihren Teil der Arbeit übernehmen. Die wichtigsten Gespräche, z. B. mit Tanner und Paasikivi, behielt sie sich allerdings selbst vor und hielt sie aus verständlichen Gründen sogar vor mir geheim. So traf sie sich in ihrem Sanatorium in Saltsjöbaden mit dem finnischen Minister Tanner und auch mit Paasikivi, der sich für Frieden zwischen Finnland und der Sowjetunion einsetzte. Aber der Einfluß der Befürworter des Krieges überwog nach wie vor, und die Kontakte gewannen bis 1944 kein großes Gewicht.

Zuweilen streckten auch die Schweden vorsichtig ihre Fühler aus. Finnland war stets ein wichtiger Faktor in der schwedischen Politik. Für Schweden war es geopolitisch wichtig, daß an seiner Grenze nicht unvermittelt ein sowjetischer Vorposten seinen Schatten warf. Ungeachtet der bekannten Aversionen zwischen Schweden und Finnen fanden ihre bürgerlichen Politiker durchaus eine gemeinsame Sprache.

Alexandra Kollontai stellte ihre Taktik darauf ein, Schweden stärker in die Bemühungen zur Beendigung des Krieges im Norden einzubeziehen. Die siegreichen Operationen der Roten Armee bei Leningrad und Nowgorod hatten starken Einfluß auf die Entwicklung der Lage in Finnland. Es stand vor der Frage: Wie weiter und mit wem? Es mehrten sich die Stimmen, die eine Übereinkunft mit der Sowjetunion forderten. Jedoch das damals amtierende finnische Kabinett Ryti wies derartige Ansinnen zurück und klammerte sich hartnäckig an das Bündnis mit Deutschland.

Für die Sowjetunion war das Verhältnis zu Finnland wichtiger Bestandteil einer späteren umfassenden Friedensregelung. Die sowjetische Führung wollte im Nordwesten einen befreundeten Nachbarn haben, mit dem man nützliche Kontakte knüpfen und gegenseitig vorteilhafte Beziehungen entwickeln konnte. Außerdem lag jenseits Finnlands ganz Skandinavien. Das Finnland der Tanner und Mannerheim war unser Kriegsgegner. Das konnte niemand ignorieren. Aber da war auch das finnische Volk, das an seine Zukunft denken mußte. Nach der Zerschlagung der Truppen des faschistischen Deutschland bei Leningrad und Nowgorod fragte die finnische Regierung bei der Sowjetunion an, zu welchen Bedingungen Finnland aus dem Krieg ausscheiden könnte. Die Sowjetregierung forderte den Abbruch der Beziehungen mit Deutschland, die Internierung der deutschen Truppen auf finnischem Gebiet sowie den Rückzug der finnischen Einheiten bis zu den Grenzen von 1940. Zugleich wurde die Bereitschaft ausgedrückt, den Krieg so rasch wie möglich zu beenden, die Zahl der Opfer gering zu halten und in Verhandlungen mit Finnland einzutreten. Die schwierigste Aufgabe für unsere Truppen war die Säuberung Nordfinnlands von deutschen Einheiten, die den Auftrag hatten, dort den Raum von Petsamo (Petschenga) mit seinen reichen Nickelvorkommen auf Leben und Tod zu halten.

Die finnische Regierung weigerte sich jedoch, das Bündnis mit Deutschland aufzukündigen und die deutschen Truppen aus Finnland zu vertreiben oder zu internieren. Die Verhandlungen wurden im Mai 1944 abgebrochen. Die führenden Kreise Finnlands hielten an ihrem Kurs fest, den Krieg gegen die Sowjetunion weiterzuführen. Der ganze Operationsplan der sowjetischen Streitkräfte wurde nun umgestellt und entschieden, den Hauptstoß gegen die feindlichen Truppen auf der karelischen Landenge und in Südkarelien zu führen.

Am 10. Juni 1944 begannen die Kämpfe an der Swir-Petrosawodsker Front, und zehn Tage später eroberten die Truppen der Leningrader Front Wyborg. Am 28. Juni marschierten sowjetische Einheiten in Petrosawodsk ein.

Je mehr sie sich der finnischen Grenze näherten, desto hartnäckiger wurde der Widerstand der Finnen. Man sprengte Brücken und verminte jeden Quadratmeter Boden.

Einzelne Ereignisse erhielten nun größere Bedeutung, wuchsen zu einer drohenden Kette und stellten Helsinki vor die Frage, was weiter zu tun sei. Die verzweifelte Verteidigung Finnlands verlor jede Aussicht auf Erfolg.

Am 21. Juli erreichte die Rote Armee die Staatsgrenze der Sowjetunion. Die Verfechter der Vorkriegspolitik Finnlands hatten ihrem Volke nichts mehr anzubieten.

Gemeinsame Schläge der Leningrader und der Karelischen Front erschütterten die finnisch-deutsche militärische Zusammenarbeit bis in ihre Grundfesten. Anfang August dankte Präsident Ryti ab. Bald darauf erkundigten sich die Finnen nach den Bedingungen für einen Waffenstillstand. Am 25. August erhielt die Sowjetregierung das offizielle Angebot aus Helsinki, die Waffen ruhen zu lassen.

An mehreren Frontabschnitten erschienen nun finnische Parlamentäre, die voller Freude verkündeten, der Krieg sei zu Ende.

Aber aus Moskau kam die Antwort: »Die finnische Regierung hat die Bedingungen der Sowjetregierung noch nicht akzeptiert.« Am 5. September nahm Finnland dann die neuen Forderungen an. Es verpflichtete sich, die deutschen Divisionen auf seinem Gebiet zu entwaffnen. Nun wurden die Kampfhandlungen im südlichen Abschnitt der Karelischen Front eingestellt.

Am 7. September 1944 traf eine finnische Verhandlungsdelegation in Moskau ein.

Nach Abschluß des Abkommens zwischen Finnland und der Sowjetunion suchte ich den Staatssekretär im schwedischen Außenministerium auf und legte ihm die Forderung vor, die deutschen Transporte in schwedischen Territorialgewässern zu internieren, damit sie über die offene See unter sowjetischer Bewachung nach Leningrad geführt werden konnten. Der Staatssekretär erwiderte, der sowjetische Vertreter in Finnland, Andrej Shdanow, habe angeblich zugestimmt, diese Schiffe freizugeben. Ich antwortete ziemlich scharf, Schweden falle nicht in Shdanows Kompetenz, und ich fordere im Auftrage Moskaus von Schweden kategorisch, dies unverzüglich zu veranlassen. Einige Stunden später erging die Weisung, die deutschen Transporte den sowjetischen Behörden zu übergeben. Das war eine kleine Unterstützung für Leningrad – außer Lebensmitteln hatten die deutschen Schiffe auch finnische Fertigteilhäuser an Bord.

Im Archiv des Außenministeriums sah ich auf meinem Telegramm den Originalvermerk: »Richtig. J. Stalin«. Der Volkskommissar telegrafierte mir: »Sie haben richtig gehandelt, als Sie von den Schweden die Herausgabe des deutschen Beutegutes zusammen mit den finnischen Schiffen forderten.«

Im Hohen Norden tobten weiter harte Kämpfe gegen die Deutschen, die Petsamo nicht freigeben wollten.

Am 19. September wurde das Waffenstillstandsabkommen in Moskau unterzeichnet. Die Finnen waren nun gezwungen, die deutschen Truppen aus dem Lande zu weisen. Das finnische Außenministerium erklärte dem deutschen Botschafter, die Beziehungen zwischen beiden Ländern seien abgebrochen. Aber in Lappland standen nach wie vor deutsche Verbände. Ende Oktober begannen die Finnen die deutschen Einheiten in Petsamo aufzulösen. Den ganzen November rückten sie langsam weiter vor. Sie brauchten sechs Monate, um den Raum von Kilpisjarvi von den Deutschen zu säubern.

Die Rote Armee hatte bereits am 30. September die besetzten sowjetischen Gebiete vollständig befreit. In der Nacht zum 29. Oktober stellte die Front unter dem Befehl Kirill Merezkows die Kämpfe ein. Er selbst wurde nach Moskau beordert und in den Fernen Osten versetzt.

Das Geschehen an den Fronten stand unter direkter militärischer und politischer Führung des Stabes des Oberkommandierenden. Unsere Aufgaben in Stockholm waren sozusagen diplomatische Begleitaktionen. Die schwedischen Diplomaten wurden allmählich aktiver, neigten jedoch in der Regel stärker zu Finnland. Das Ausscheiden Finnlands aus dem Krieg war für Deutschland ein harter Schlag. Über 40 Divisionen der Roten Armee konnten nun an anderen Kampfabschnitten eingesetzt werden. Den Mitarbeitern der Mission in Stockholm wurden für ihre Arbeit in den vergangenen zwei Jahren Orden verliehen. Ich bekam den höchsten Orden, den ein Zivilist erhalten konnte, den Orden des Vaterländischen Krieges Erster Klasse in Gold. Das war eine seltene Ausnahme. An Zivilisten, die nicht an der Front gekämpft hatten, also auch an Diplomaten, konnte dieser Orden wie auch andere Kampfauszeichnungen in der Regel nicht vergeben werden.

Im Oktober 1944 erhielt Alexandra Kollontai die Weisung, »Semjonow nach Moskau zu schicken, da er lange nicht hier war und uns über die Lage in Schweden umfassend Bericht erstatten soll«.

Unterwegs machte ich in Helsinki Station. Als ich ankam, war es bereits dunkel. Ich stieg in irgendeinem Hotel ab, rief aber für alle Fälle den Mitarbeiter Andrej Shdanows, Kusnezow, an und teilte ihm meine Ankunft mit. Danach legte ich mich schlafen. Um 3.00 Uhr nachts klingelte plötzlich das Telefon: »Genosse Shdanow bittet Sie zu sich. Der Wagen ist schon unterwegs.« In seinem Vorzimmer das überraschte Gesicht der Sekretärin: »Ich weiß nicht, weshalb er Sie gerufen hat. Gehen Sie hinein.«

Andrej Shdanow empfing mich an der Tür. Er hatte während des Krieges sichtbar zugenommen und stand in der Blüte seiner Jahre. Er bat mich, Platz zu nehmen, und begann von der Situation in Finnland zu berichten.

»Sagen Sie dort in Moskau, daß die Lage hier kompliziert ist. Hinter jedem Strauch wird geschossen, und wir haben gerade erst begonnen, persönliche Kontakte zu knüpfen.« Dann sprach er von den Eindrücken der Offiziere und Soldaten, die aus europäischen Staaten zurückgekehrt waren.

»Wir haben natürlich noch nicht das hohe Niveau Europas erreicht. Aber ob das alle richtig verstehen werden? Kosmopolitismus und Mißachtung der Interessen des Vaterlandes – das ist jetzt die größte Gefahr für unsere innere Entwicklung.«

Shdanow betonte immer wieder, ich sollte dies unbedingt in Moskau betonen. Ich begriff nicht, warum.

Eine Stunde später flog Shdanow nach Leningrad ab und bot mir an, sein Flugzeug zu benutzen.

Auf dem Flugplatz wehte heftiger Wind, und die Sicht war schlecht. Der Kapitän der Maschine, der aussah wie ein Donkosak, trat verlegen von einem Bein auf das andere.

»Es ist kein Flugwetter, Genosse Mitglied des Kriegsrates. Wir können nicht fliegen.«

»Ich muß dringend nach Moskau. Schaffen wir es bis Leningrad?« »Zu Befehl. Wir können aber nur über der See längs der Küste fliegen. Der Nebel zwingt uns nach unten, die Sicht beträgt kaum 50 Meter.«

Shdanow zog sich in die Nachbarkabine zurück, legte sich auf die Pritsche und schlief sofort ein. Ich schaute zum Fenster hinaus auf die stürmischen Wellen unter uns. Das Flugzeug wurde ordentlich durchgerüttelt, und ich stieß mehrmals mit dem Kopf an die Decke, obwohl ich angeschnallt war. Schließlich kamen die Vororte Leningrads in Sicht.

Auf dem Flugplatz hießen die führenden Funktionäre Leningrads Shdanow willkommen. Man lud uns zum Frühstück ein.

»Zeigt unserem Gast die Stadt und betreut ihn, wie es sich gehört. Ich fliege nach Moskau. Stalin erwartet mich.«

Leningrad hatte unter dem Artilleriebeschuß und der Blockade schwer gelitten. Man nahm mich gastfreundlich auf. Im Auto fuhr ich durch die Stadt, die sich in den Kriegsjahren sehr verändert hatte. Am Abend besuchte ich ein Konzert in der Philharmonie. Dirigent war der hochgewachsene, schlanke Jewgeni Mrawinski. So herrliche Musik hatte ich lange nicht gehört.

»Dirigent Mrawinski bittet Sie auf die Bühne«, hörte ich plötzlich hinter mir. Ich durfte dabeisein, als er mit dem Orchester das Konzert dieses Abends durchging. Ein Musiker hatte eine Pause verpaßt, ein anderer eine Solopartie ausgezeichnet gespielt, ein dritter in irgendeinem Takt nicht die richtige Klangfarbe hören lassen. Mrawinski war mit höchstem Einsatz bei der Sache. Mich erstaunte, weshalb er mir persönlich Aufmerksamkeit widmete. Bald stellte sich heraus, daß ich einen Neffen Alexandra Kollontais vor mir hatte. Seine Mutter war die Künstlerin des Marientheaters Mrawina, von der er seinen Künstlernamen Mrawinski herleitete. Alexandra Kollontai hatte mir viel von ihrer allzu früh verstorbenen begabten Schwester erzählt, dabei Jewgeni Mrawinski jedoch nie erwähnt.

Während des gesamten Aufenthaltes in Leningrad betreute mich der Dritte Sekretär des Stadtparteikomitees Pastuchow. Er brachte mich auch zum Flugzeug. Ich konnte nicht ahnen, welch tragisches Schicksal ihn erwartete. Doch davon später.

Sechstes Kapitel
Der Sieg

Ich war kaum in Moskau angekommen, als mich auch schon Molotow zu sich rief.

»Wir denken daran, Sie wegen der schweren Erkrankung Alexandra Kollontais zum Botschafter in Schweden zu ernennen.«

»Auf gar keinen Fall!«, rief ich aus. »Ich habe die Schweden satt, und sie mich auch. Wenn sich das Kriegsgeschehen jetzt nach Westeuropa verlagert, wird Stockholm wieder zu einem Provinznest. Im diplomatischen Korps ist bereits ein großer Wechsel im Gange, fast alle Länder ziehen ihre aktiven Leute ab. Es bleibt noch Finnland, aber dort haben wir eine besondere Vertretung. Schwedens Rolle wird weiter zurückgehen.«

»Was möchten Sie denn?« fragte der Volkskommissar verwundert.

»Ich kenne mich in Deutschland aus. Ich möchte gern bei der Militäradministration in Deutschland eingesetzt werden.«

»Aber dort ist noch Krieg.«

»Der Krieg wird bald zu Ende gehen. Wir müssen uns auf den Frieden vorbereiten. Das wird eine komplizierte und neue Aufgabe.«

Einige Tage später sagte Molotow:

»Wir denken über Ihre Vorstellungen nach. Zunächst aber ernenne ich Sie zum Berater beim Volkskommissar für Auswärtige Angelegenheiten für den Bereich Deutschland. Sehen Sie sich um und legen Sie mir Ihre Gedanken vor.«

In Vorbereitung auf diese Tätigkeit suchte ich sowohl Georgi Dimitroff, damals Leiter der Abteilung für internationale Information beim ZK der KPdSU, als auch Mitarbeiter der Politverwaltung der Roten Armee und des Rates der Volkskommissare auf. Ich stellte Kontakt zu den Volkskommissariaten und Einrichtungen her, die mit Deutschland zu tun haben konnten. Ich vergrub mich im Archiv des NKID, studierte Literatur über die Okkupationspolitik verschiedener Staaten im Ersten Weltkrieg, über das Vorgehen Napoleons I. während seiner Italienfeldzüge und bei der Besetzung des Rheinlandes nach seiner Krönung. Ich sprach mit Historikern, die über Deutschland geschrieben hatten, und anderen Kennern dieses Landes.

Es war klar, daß mich eine beispiellose Arbeit erwartete, denn dieser gigantischste, grausamste und verheerendste Krieg der Geschichte konnte nur mit Entscheidungen im großen Stil abgeschlossen werden, die in der Welt ohne Beispiel waren.

In allen Volkskommissariaten und Institutionen war man jedoch verständlicherweise mit dem noch andauernden schweren Krieg und den Aufbauarbeiten in den Gebieten der Sowjetunion beschäftigt, wo die Hitlerfaschisten verbrannte Erde hinterlassen hatten. Außerdem – und auch das war verständlich – herrschte überall strengste Geheimhaltung. Es war verboten, mit irgendjemandem die großen Fragen der Politik zu erörtern. Der Titel eines Beraters beim Volkskommissar für Auswärtige Angelegenheiten der UdSSR ohne operative Funktion öffnete mir viele Türen, aber meine Gesprächspartner hörten mich an und ließen das Visier herunterklappen, wenn ich vorsichtig nach ihrer Tätigkeit und ihren Zukunftsplänen fragte. Es war einfach nicht üblich, derartige Fragen zu stellen, das verstand ich durchaus.

Literatur über die mich interessierenden Themen gab es kaum, und auch die Archive waren wie ausgefegt. Nur über kuriose Fälle wurden Papiere aufbewahrt. Während des Krieges sprachen die Waffen, und über Okkupationspolitik fand sich nur sehr dürftiges Material. Den Kurs, den Napoleon I. dabei fuhr, hat der französische Schriftsteller Stendhal, damals Offizier im Stab des Kaisers, grob umrissen. Aussagekräftige Dokumente über die Befehle Napoleons und das Vorgehen der französischen Armee in Moskau im Jahre 1812 finden sich in den Aufzeichnungen und im Roman Lew Tolstois »Krieg und Frieden«. Napoleon hatte keine durchdachte Okkupationspolitik für Rußland. Meist geschahen nur negative Dinge. Auch in den diplomatischen Archiven des zaristischen Rußlands fand ich kaum etwas Brauchbares. Die Memoiren von Politikern und Diplomaten Großbritanniens und Frankreichs über den Ersten Weltkrieg enthalten lediglich einige verstreute Bemerkungen zu diesem Thema.

Vielleicht war es auch besser so, denn vor der Roten Armee, dem Sowjetstaat und dem sowjetischen Volk stand ohnehin eine in ihren Dimensionen nie dagewesene Aufgabe. Der grausame Krieg hatte Leidenschaften, Sehnsüchte, Hoffnungen, Interessen und Bestrebungen aufs äußerste zugespitzt. Auch als die Kanonen schwiegen und die ersten Nachkriegsabkommen der Mächte der Antihitlerkoalition unterzeichnet und in Kraft gesetzt waren, erschütterte der entfesselte Sturm der Leidenschaften noch lange die Länder und Kontinente der ganzen Welt in den verschiedensten Richtungen.

Rußland und Deutschland, die Sowjetunion und die Alliierten, dazu das schwer angeschlagene Reich, das sich in seine Höhle zurückgezogen hatte, Bruchstücke von Plänen für eine »Neuordnung« Europas und der Welt – so etwas hatte die Weltgeschichte noch nicht gesehen. Und es war schon ein Adlerblick vonnöten, um diese bizarre Landschaft nicht nur in ihrer Gänze zu erfassen, sondern auch keine Einzelheit zu übersehen.

Heute wird viel über den Ausbruch des Krieges geschrieben und gesprochen. Die Erfahrung der Geschichte lehrt jedoch, daß die höchste Spannung im Finale liegt.

Die Begegnung mit Georgi Dimitroff, bis zu ihrer Auflösung 1943 Generalsekretär des Exekutivkomitees der Komintern, ist mir im Gedächtnis geblieben. Der energiegeladene, sehr gebildete und mit den Lebensbedingungen in Deutschland bestens vertraute Dimitroff war einer der Organisatoren der Widerstandsbewegung in den Ländern West- und Mitteleuropas, die entweder von den Faschisten besetzt waren oder mit Hitlerdeutschland im Bündnis standen. In engem Kontakt mit Stalin setzte er in der letzten Phase des Krieges die strategische Linie zur Entwicklung einer antifaschistischen Volksfront durch. Der in unserem Lande und in der ganzen Welt als Held des Reichstagsbrandprozesses bekannte Dimitroff, der im Jahre 1933 den auf die Kommunistische Partei Deutschlands zielenden Prozeß gegen Göring und andere Größen des Naziregimes gewendet hatte, stellte mir einige Fragen, die ich in der neuen historischen Situation durchdenken sollte. Er hob hervor, Hitler und seinen Gefolgsleuten sei es gelungen, die Deutschen auf zweierlei Weise zur Unterstützung des faschistischen Regimes zu bewegen: erstens durch Gewalt und grausame Abrechnung mit den demokratischen Kräften, vor allem der Kommunistischen Partei, die im März 1932 bei den Präsidentschaftswahlen 4 983 341 Millionen Stimmen auf ihren Kandidaten Ernst Thälmann vereinigen konnte, und zweitens durch eine soziale und nationalchauvinistische Politik und Propaganda.

Professor W. M. Chwostow, Mitarbeiter Dimitroffs, sagte mir später, Dimitroff habe mir eine große Karriere vorausgesagt. Dabei habe er auf meine Neigung zu theoretischen Verallgemeinerungen in praktischen Fragen und auf meine hohe Arbeitsfähigkeit hingewiesen. Seine Aufmerksamkeit wußte ich erst später richtig zu schätzen, denn er hatte zweifellos großen Anteil an der Ausarbeitung der Hauptelemente des Kurses der antifaschstisch-demokratischen Kräfte in Deutschland nach ihrer Befreiung von der Hitlertyrannei.

Deutschland galt seine besondere Aufmerksamkeit, denn das Reich war der Baum, den man fällen mußte, um mit den Zweigen und Ausläufern anderer faschistischer Tendenzen und Parteien, die sich um das Reich und Hitlers Bündnis rankten, fertig zu werden.

Mehrfach traf ich mit dem Leiter der Politischen Verwaltung der Roten Armee, Schtykow, zusammen. Er war selbst Arbeiter gewesen, kannte dieses Leben aus eigener Erfahrung, weshalb seine Gedanken stets um die Sorgen und Nöte der einfachen Menschen kreisten. Im Gespräch tastete er sich langsam vor, äußerte sich sehr philosophisch und gab kaum verwertbare Antworten oder konkrete Ratschläge. Für mich blieben die Tätigkeit der Abteilung VII der Politischen Verwaltung an den Fronten und in den Armeen, die Arbeit des Bundes deutscher Offiziere in Krasnogorsk und andere umfangreiche Aktivitäten, die in der mit aktiver Unterstützung der Antifaschisten aus verschiedenen Ländern Europas geschaffenen politischen Atmosphäre der Nachkriegszeit abliefen, ein Rätsel. Im Unterschied zu meinem späteren Partner, dem politischen Berater bei der US-Militäradministration Robert Murphy, war ich nicht Mitglied der Europäischen Beratenden Kommission in London, die 1944 die Grundzüge eines Dokuments über die gemeinsame Verwaltung Deutschlands durch die alliierten Mächte nach der Kapitulation ausarbeitete. Dieses Dokument, das später den Titel »Deklaration über die Niederlage Deutschlands« erhielt, wurde in Berlin am 5. Juni 1945 unterzeichnet.

Im Dezember 1944 hatte ich das Glück, an einem großen Empfang im Gästehaus des NKID der UdSSR an der Spiridonowka zu Ehren des Präsidenten des freien Frankreich, Charles de Gaulle, teilzunehmen. Die Atmosphäre war sehr festlich; auf der Empore des weißen Marmorsaales spielte ein Blasorchester, und unten sang der berühmte Tenor des Bolschoi-Theaters Iwan Koslowski den Walzer »Auf den Hügeln der Mandschurei«.

Zu diesem Empfang hatte sich die Crème der Moskauer Gesellschaft jener Zeit versammelt – berühmte Heerführer, die sich gerade in Moskau aufhielten, bekannte Wissenschaftler, Mathematiker, Physiker, Waffenkonstrukteure –, unbekannte und unsterbliche Genies, die aus der Tiefe des Volkes aufgestiegen waren, Berühmtheiten der Kultur, Diplomaten und Mitglieder des diplomatischen Korps. Eine lebensfrohe und hochgestimmte Atmosphäre herrschte in dem Marmorsaal mit den Sesseln aus Katharinas Zeiten. In den benachbarten Räumen verhandelte man indessen.

Dann betrat der hochgewachsene und sich seiner Bedeutung voll bewußte General de Gaulle den Saal. Hinter ihm tauchten die sowjetischen Verhandlungsteilnehmer auf. Molotow verteilte sein Lächeln und einige Worte nach allen Seiten. Plötzlich stand er überraschend vor mir und fragte:

»Wie geht es Ihnen?«

Ich war verwirrt und antwortete nur kurz angebunden. Erst dann bemerkte ich, daß mich alle ringsum musterten: »Wer ist denn das...?« Molotow war in dieser Zeit ungeheuer beschäftigt, ich bekam ihn kaum zu Gesicht. Ich war ein Berater des Volkskommissars, der ihm kaum etwas raten konnte. Er war der Volkskommissar mit so vielen Beratern, daß er nicht die Zeit fand, sie alle anzuhören. Inzwischen flogen die Tage und Wochen dahin. Die sowjetischen Truppen überschritten an vielen Fronten die Grenzen unserer Heimat.

Ich wurde nun auch in die Tätigkeit der Reparationskommission einbezogen, wo ich den Auftrag erhielt, den Schaden festzustellen, den der Überfall Hitlerdeutschlands in Kultur und Kunst angerichtet hatte. Dieser war kolossal. Besonders schwer hatten

Museen und Kirchen gelitten. Sonderabteilungen der »Goldfasane« hatten enorme Werte in die Schatzkammern Görings geschleppt, darunter viele alte Ikonen. Ich konnte natürlich nur ungefähre Berechnungen anstellen, denn Informationen gingen nur spärlich ein. Die örtlichen Kommissionen gaben den Ikonen zuweilen spaßige Namen (»Jesus Christus in Hausschuhen«) und schätzten deren Wert mit bloßem Auge. »Das ist wie mit einem Tenor im Bolschoi-Theater: Für den Opernfreund ist er von unschätzbarem Wert, für den Gleichgültigen ebenfalls«, meinte der Vertreter des Kulturministeriums in der Kommission.

Die Angaben über die Verluste unseres Landes durch die Okkupation Hitlerdeutschlands wurden im Namen der Sonderkommission veröffentlicht. Jedoch die Vorschläge für Reparationen, die diese Kommission unter Leitung des aus London zurückberufenen Botschafters Iwan Maiski vorlegte, lehnte man als politisch und in der Sache unhaltbar ab. Ich war gerade in Molotows Arbeitszimmer, als Stalin ihn anrief und fragte:

»Was machen wir mit Maiski? Vielleicht sollten wir ihn zum Mitglied der Akademie der Wissenschaften ernennen? Hat er wissenschaftliche Arbeiten geschrieben?«

Molotow antwortete, aus seiner Feder existierten einige kleine Untersuchungen über die Mongolei und mehrere Artikel zu Problemen der internationalen Arbeiterbewegung.

»Nun gut, dann soll er in der Akademie sitzen, wenn wir keine andere Arbeit für ihn haben.«

So wurde Iwan Maiski zu einer Leuchte unserer Wissenschaft.

In der Nacht zum 11. April 1945 trat ein Offizier ins Zimmer des Volkskommissars, wo ich über Dokumenten saß, und sagte in befehlendem Ton: »Folgen Sie mir!«

Der Wagen mit geschlossenen Vorhängen nahm einen ungewöhnlichen Weg – direkt über den Roten Platz, durch das Spasskitor in den Kreml, am Eingang des Rates der Volkskommissare vorbei und um die Ecke. Die wachhabenden Offiziere innerhalb des Gebäudes schauten meine Dokumente und mich lange an, als ob damit etwas nicht in Ordnung sei. Im Vorzimmer, das bis zur Decke eine Eichentäfelung trug, wie es damals üblich war, kam mir der kahlköpfige, nicht sehr große Alexander Poskrjobyschew entgegen und sagte freundlich:

»Genosse Stalin bittet Sie zu sich.«

Erst jetzt bemerkte ich, daß mehrere Mitglieder des Politbüros und des Staatlichen Verteidigungsrates ebenfalls warteten. Verwirrt stellte ich mich neben Andrej Shdanow. Molotow ging an uns vorbei in Stalins Arbeitszimmer. Als er mich in meinem schwedischen Anzug und mit einem knallbunten Schlips erblickte, knurrte er nur. Wie ich später erfuhr, liebte Stalin keine farbenfrohe Kleidung.

Dann stand ich im Arbeitszimmer Stalins, der mir zum ersten Mal persönlich gegenübertrat. Anfang der dreißiger Jahre hatte ich ihn inmitten einer Studentengruppe von der Tribüne am Leninmausoleum ein einziges Mal gesehen. Er stieg, jung und fröhlich lächelnd, mit seinem leichten Gang des Bergbewohners dort hinauf. In gehörigem Abstand folgten ihm die Mitglieder des Politbüros. In dieser Nacht zum 11. April aber trat mir ein ergrauter, etwas beleibter 66jähriger Mann entgegen, den ich von Bildern kannte – in seiner dunklen Militärjacke ohne Rangabzeichen und den abgetragenen weichen Stiefeln. Er hatte Molotow, Wyschinski und mich kommen lassen und gab uns den Auftrag, einen Dokumentenentwurf zu irgendeiner Frage auszuarbeiten, die ich nicht kannte. Molotow und Wyschinski gingen schnell wieder, und ich stand nun allein in meinem unsäglichen Kostüm in diesem Arbeitszimmer.

Stalin schaute mich an, lächelte ein wenig in seinen rötlichen Schnurrbart und fuhr mit seiner Arbeit fort. Eine der größten und kompliziertesten Operationen des Krieges stand bevor – der Übergang über die Oder und die Offensive mehrerer Fronten gegen Berlin und weitere große Teile Deutschlands. Zum Ende des Krieges hatte Stalin alle großen Heerführer (Shukow, Konew, Wassilewski, Rokossowski, Bagramjan u. a.) ins Kampfgebiet geschickt und die Koordinierung der Operationen aller Fronten in dieser entscheidenden Richtung selbst übernommen. Zu dieser Zeit zählten die aktiven deutschen Streitkräfte 5,3 Millionen Mann. Auf seiten der Roten Armee kämpften 6 Millionen Mann; sie besaß die Überlegenheit bei Artillerie, Panzern und der Luftwaffe. Aber auch nach vier Jahren Krieg war es nicht leicht, sich den Grenzen eines Deutschland zu nähern, das solch eine Armee besaß. Stalin hatte sie in allen Teilen gründlich studiert und hob stets hervor,

Hitlers Wehrmacht sei eine starke und gefährliche Kraft, ein verwundetes Tier, das nun in seine Höhle zurückgejagt würde. Ein verwundetes Tier ist besonders gefährlich. Man muß es verfolgen und unbedingt zur Strecke bringen. Zudem kämpften unsere Truppen nun auf fremdem Territorium, d. h. in einem ganz anderen politischen Umfeld, als sie es bisher gewohnt waren. Zu Generalstabschef Antonow sagte Stalin, man müsse nun sowohl die internationalen Aspekte als auch die Lage des Landes berücksichtigen, wo Befreiungsoperationen durchgeführt wurden. Das sei nicht weniger schwierig als die Vertreibung der faschistischen Truppen vom Territorium der Sowjetunion. Stalin wußte, daß der Feind die Gebiete westlich von Oder und Neiße mit dem Mut der Verzweiflung verteidigen werde.

Auf der Sitzung des Staatlichen Verteidigungsrates in jener Nacht beriet man den endgültigen Plan der Operation zur Einnahme von Berlin. Der hochgewachsene, gutaussehende, intelligente und wortkarge Armeegeneral Antonow legte den Operationsplan der Ersten Belorussischen Front anhand einer Karte dar, die man auf einem riesigen Tisch ausgebreitet hatte. Stalin hörte diesem Vortrag über drei Stunden lang zu, verfolgte den Plan auf der Karte, fragte nach den Standorten von Armeen, Divisionen, einigen Regimentern und nach ihren Kommandeuren, von denen er viele namentlich nannte. Er äußerte eigene Gedanken und brachte Korrekturen an. Die Bitte des Befehlshabers der Ersten Belorussischen Front, Marschall Shukow, ihm Artillerieverstärkung zuzuteilen, wies Stalin barsch zurück:

»Was will er denn, die ganze sowjetische Artillerie bei sich zusammenziehen? Soll er mit Flakgeschützen auf Bodenziele schießen ...«

Der Staatliche Verteidigungsrat bestätigte den Plan im wesentlichen. Danach empfing Stalin, ohne eine Sekunde zu verlieren, Mitarbeiter zu anderen Fragen.

Alexander Poskrjobyschew trat fast lautlos mit einem chiffrierten Telegramm des Befehlshabers der anglo-amerikanischen alliierten Truppen, General Eisenhower, ein, der sich nach den weiteren militärischen Plänen der Sowjetunion erkundigte.

»Was erwartet er von uns?« fragte Stalin die Mitglieder des Staatlichen Verteidigungsrates.

Sie schwiegen. Der amtierende Leiter der Verwaltung Aufklärung im Generalstab, General Iwan Iljitschow, berichtete Stalin über das Verhör eines gefangenen rumänischen Generals. Dann erstatteten Berija, der stellvertretende Vorsitzende des Verteidigungsrates W. A. Malyschew und einige andere zu weiteren Fragen Bericht. Anwesende Mitglieder des Rates diskutierten untereinander. Plötzlich wandte sich Stalin aus der Mitte des Sitzungssaales an die Anwesenden:

»Er (Eisenhower) will unsere Pläne kennenlernen. Nichts werde ich ihm sagen.«

Während der Berichterstattung zu verschiedenen Fragen hatte Stalin also auch über dieses wichtige Problem weiter nachgedacht. Die weitere Entwicklung gab Stalin mit seiner Bewertung dieses Telegramms recht. In den höchsten Militärkreisen der Alliierten stritt man darüber, ob man nicht auf Berlin marschieren sollte, da sich schon einige deutsche Truppenteile den anglo-amerikanischen Einheiten ergeben hatten. Bei näherem Hinsehen zeigte sich jedoch, daß die Armeen unserer westlichen Alliierten auch unter diesen Umständen würden schwere Verluste hinnehmen müssen. Und so zogen sie gegen Leipzig, was Verfechter des kalten Krieges vom Schlage eines Robert Murphy noch Jahre später in Rage brachte.

Molotow und Wyschinski kamen mit einem Dokumententwurf herein. Stalin überflog ihn, nickte und sagte:

»Genosse Semjonow, wir wollen Sie als Leiter einer Sondergruppe der Regierung zum Befehlshaber der Ersten Ukrainischen Front, Konew, schicken. Wann können Sie fliegen?«

»Heute morgen«, antwortete Wyschinski an meiner Stelle.

»Wozu diese Eile, verbringen Sie noch einen Tag mit Ihrer Familie, gehen Sie ins Theater.«

»Ich warte schon lange auf eine Aufgabe. Gestatten Sie mir, heute morgen zu fliegen«, entgegnete ich.

»Nun, wenn Sie es so eilig haben, dann wünsche ich Ihnen Erfolg. Kommen Sie, ich zeige Ihnen, wohin Sie fliegen sollen.«

Und nebenan in seinem Ruheraum, wo ein einfaches eisernes Bett stand, stellte Stalin einen Stuhl vor die riesige Karte des Kriegsgebietes, in dem Konews Armee agierte, kletterte hinauf und wies mit dem Finger auf einen Ort:

»Das ist Sagan. Dort erwartet Sie Armeegeneral Iwan Jefimowitsch Petrow. Senden Sie Ihre Chiffretelegramme an mich persönlich, wenn es notwendig sein sollte.«

Die Szene mit dem Stuhl half, die psychologische Barriere abzubauen; alles war plötzlich klar und einfach.

So traf ich also einige Tage vor der Entscheidungsschlacht um Berlin am 16. April als Leiter einer Sondergruppe der Regierung, zuständig für die Erfüllung der Weisung des Oberkommandierenden zur Normalisierung des Lebens der deutschen Bevölkerung in den von der Ersten Ukrainischen Front befreiten Gebieten, im Stabsquartier Marschall Konews ein. Befehlshaber und Stabschef empfingen unsere Gruppe junger sowjetischer Diplomaten, die vor dem Krieg in Deutschland tätig gewesen waren, herzlich und halfen uns, wo sie konnten.

Iwan Jefimowitsch Petrow stellte unserer Gruppe eine Villa mit eigenem Chiffrierdienst für die direkte Verbindung mit der Zentrale zur Verfügung. Wir nahmen unsere praktische Tätigkeit unverzüglich auf.

Nach den Operativplänen sollte Konews Front auf Leipzig, Dresden und Prag vorrücken, wo riesige Kräfte der Hitlerarmee konzentriert waren. In diesem beispiellosen Krieg griff das sowjetische Oberkommando 1944/1945 zu beispielloser Desinformation in Politik, Wirtschaft und Strategie, die selbst bei einem so ausgekochten Politiker und Militär wie Hitler wirkte. Über das riesige Netz der deutschen Aufklärung und Abwehr, das alle Länder Europas und der Welt erfaßte, kam eine gigantische Menge an Informationen zusammen. Sie liefen im wesentlichen darauf hinaus, daß die Sowjetarmee ihre Hauptschläge auf dem Balkan und in Südosteuropa führen werde. Darauf orientierten sich übrigens auch Churchill und Roosevelt, wie aus den Dokumenten der Teheraner Konferenz vom November und Dezember 1943 klar zu ersehen ist. In tiefster Geheimhaltung wurden in Moskau jedoch Pläne ausgearbeitet, die den Hauptschlag gegen das deutsche Kernland vorsahen.

Danach nahm man buchstäblich im letzten Kriegsmonat noch einmal tiefgreifende Umstellungen auf der Kommandeursebene der sowjetischen Truppen vor. Die Einheiten der Ersten Ukrainischen Front wurden blitzschnell auf Berlin ausgerichtet, und

Konew mußte auf dem Marsch alle seine operativen Befehle ändern.

Im Stab Shukows wurden die Operationen zur Überwindung der Oder und zur Einnahme Berlins ausgearbeitet, wo die Deutschen nach den Erfahrungen von Stalingrad inzwischen jedes Haus und jedes Stadtviertel zur Verteidigung vorbereitet hatten. Entgegen den ursprünglichen Plänen Stalins und des Generalstabes bestand Shukow darauf, die Überschreitung der Oder um einige Monate zu verschieben. Großbritannien und die USA waren erst nach großen Anstrengungen und faktisch unter dem Druck eines Ultimatums Stalins dazu zu bewegen gewesen, im Juni 1944 die zweite Front in Frankreich zu eröffnen. Am 1. Dezember 1943 hatte Stalin erklärt, eine Großoffensive solchen Ausmaßes könne man nicht geheimhalten. »Wir werden in diesem Falle«, sagte er, »den Gegner täuschen, indem wir Attrappen von Panzern und Flugzeugen aufbauen und große Flugplätze vortäuschen. Mit Zugmaschinen werden diese Panzer und Flugzeugattrappen in Bewegung versetzt. Die Aufklärung wird über die Bewegungen berichten, und die Deutschen glauben, dort bereiteten wir den Hauptschlag vor. In den Räumen, wo dieser tatsächlich stattfinden wird, herrscht völlige Ruhe. Transporte werden nur nachts vorgenommen. Ich denke an 5000 – 8000 Panzerattrappen, an 2000 Flugzeuge und eine größere Zahl vorgetäuschter Flugplätze. Für die Irreführung des Gegners müssen auch Funkmittel eingesetzt werden. Dort, wo wir den Angriff imitieren, muß reger Funkverkehr herrschen. Er wird vom Gegner aufgefangen, der den Eindruck erhält, er habe große Truppenkonzentrationen vor sich. Der Gegner bombardiert diese Räume, die in Wirklichkeit fast leer sind.«

So bereitete auch Marschall Shukow die Truppen seiner Front vor. Wie Sokolowski und andere große Heerführer war auch er der Meinung, daß die schwersten und entscheidenden Operationen des Zweiten Weltkrieges die Schlacht bei Moskau im Herbst und Winter 1941 sowie die Schlacht um Berlin von Ende 1944 bis zum Mai 1945 waren.

Nach eigenen Überlegungen und dem Ratschlag solcher Militärs wie Keitel, Jodl und anderer war auch Hitler bestrebt, den Krieg siegreich zu beenden, indem er die Clausewitzsche Regel anwandte, den Gegner zu schlagen, wenn dieser sich des Sieges sicher glaubt. Zu diesem Zwecke hatte man in Ostpreußen, Pommern und südlich von Berlin die Elite der deutschen Streitkräfte zusammengezogen.

Es mutet wie ein Zusammentreffen seltsamer Umstände an, daß die Schlußetappe des Krieges heute von Historikern, Politikern und Massenmedien weitgehend ignoriert wird. Dieses grandiose Finale des Massenheroismus in vielen Teilen der Welt gerät faktisch außerhalb des Gesichtsfeldes. Man kann ohne Übertreibung sagen, daß dieser größte Krieg in der Geschichte der Völker Opfer einer bewußten, ungeheuerlichen Geschichtsfälschung geworden ist. Wenn man auch nur ein Tausendstel der Anstrengungen, mit denen die wenigen Vorkriegsjahre und die Anfangsmonate des Krieges an der Ostfront geschildert wurden, dafür aufgewandt hätte, um von den unsterblichen Heldentaten der Millionen Menschen in den Jahren 1944 und 1945 zu berichten, dann wäre ein völlig anderes Bild der Geschichte in der Mitte des 20. Jahrhunderts sowie der Ereignisse davor und danach entstanden.

Offenbar sind hier starke und an der Entstellung der historischen Tatsachen interessierte Kräfte am Werk. Sie passen nicht zu so großen Worten wie Offenheit, Demokratie, Kampf gegen die Kriegsgefahr, gegen die Schrecken des Kolonialismus und Militarismus in allen ihren Formen und Erscheinungen. Aber zu sehr wurde die Menschheit in diesem Jahrhundert aufgewühlt, als daß diese Taten von Millionen ungehört verhallen könnten wie der Schrei des Rufers in der Wüste.

Die Wolken ziehen, aber die Sterne sind ewig. Die Opfer, die die Völker in jenen Monaten und Jahren auf dem Altar des Friedens, wahrer Demokratie und Menschlichkeit gebracht haben, kann niemand ungeschehen machen, weder durch die Wunder der Informatik noch durch gewöhnliche geistige Prostitution.

Man braucht nur in die Erinnerungen solcher Suworows und Kutusows unserer Zeit wie der Marschälle Shukow, Rokossowski, Wassilewski zu schauen, man braucht sich nur in die Geständnisse der Träger der braunen Pest hineinzudenken, die im 20. Jahrhundert über die Menschheit kam, und dieses ganze so sorgfältig aufgebaute Lügengebäude fällt zusammen wie ein Kartenhaus.

Man wird den Verlauf der geschichtlichen Ereignisse nicht verstehen, die zum Sieg der Kräfte des Fortschritts, des Friedens und der Zivilisation im Mai 1945 geführt haben, wenn man sich nicht der Taten der Helden von Stalingrad, Kursk und El Alamein erinnert, der konzentrischen Schläge gegen die gigantische Kriegsmaschinerie der verbrecherischen Hitlerkoalition während des ganzen Jahres 1944, die diese bis in ihre Grundfesten erschütterten und schließlich zu ihrem Zerfall führten.

Hier sollen nur einige Zeilen aus den umfangreichen »Erinnerungen und Gedanken« des großen Heerführers dieses Krieges, Georgi Konstantinowitsch Shukow, zitiert werden:

»Während des ganzen Krieges war ich unmittelbarer Teilnehmer vieler großer und wichtiger Offensiven, doch die bevorstehende Schlacht um Berlin war eine besondere, beispiellose Operation. Die Front mußte eine durchgehend gestaffelte Zone mächtiger Verteidigungslinien von der Oder bis zur stark befestigten Stadt durchbrechen. An den Zugängen von Berlin hatten wir eine große Gruppierung zu zerschlagen, damit wir die Hauptstadt des faschistischen Deutschlands nehmen konnten, um die sich der Gegner auf Leben und Tod schlagen würde.

Als ich über die bevorstehende Operation nachdachte, kehrte ich in Gedanken wiederholt zu der großen Schlacht vor Moskau zurück, als die starken Stoßgruppierungen des Gegners sich im Vorgelände unserer Hauptstadt konzentrierten und unsere sich verteidigenden Truppen hart bedrängten. Ich kam immer wieder auf die einzelnen Episoden dieser Schlacht zurück und analysierte die Fehlschläge der kämpfenden Seiten. Wir wollten die Erfahrungen dieser komplizierten Schlacht in allen Einzelheiten beherzigen, um bei der bevorstehenden Operation keine Fehler zuzulassen.« (Marschall der Sowjetunion G. K. Shukow: »Erinnerungen und Gedanken«, Militärverlag der DDR, Berlin 1973, Bd. II, S. 284-285.)

Während des ganzen Krieges hatten wir niemals so große und so stark befestigte Städte wie Berlin erobern müssen. Auf dem Wege nach Berlin standen uns auf deutscher Seite nicht weniger als eine Million Mann, 10 000 Geschütze und Minenwerfer, 1500 Panzer und Sturmgeschütze sowie 3300 Kampfflugzeuge gegenüber. In der Stadt selbst lag eine Garnison von 200 000 Mann. Die Einnahme von Berlin bedeutete die endgültige Lösung der militärpolitischen Hauptfragen für eine Nachkriegsregelung in Europa und in der Welt.

Kehren wir jedoch zu den Ereignissen Ende April und Anfang Mai 1945 zurück.

Am 25. April machte ich mich auf den Weg zum Stab des Befehlshabers der Ersten Ukrainischen Front, Marschall Iwan Konew. Unterwegs geriet ich in Kämpfe gegen eine große Gruppierung der Hitlertruppen, die sich in einem ausgedehnten Waldgebiet festgesetzt hatten. So konnte ich Konew nur auf Umwegen erreichen.

Man meldete ihm meine Ankunft, und nun wartete ich bereits über eine halbe Stunde unter den Generälen und Offizieren, die in raschem Wechsel bei ihm eintraten und wieder herauskamen. Schließlich schob ich den diensthabenden Generaladjutanten an der Tür entschlossen beiseite und trat bei Konew ein. Er schien gleichzeitig ein Dutzend Telefone zu bedienen und starrte mich entgeistert an, wie ich da als zerknitterter Zivilist vor ihm stand. Konew war über meine Ernennung informiert.

»Ah, Semjonow! Ihretwegen hat Genosse Stalin bei mir angerufen. Entschuldigen Sie, mein Adjutant sagte: ›Der Melder Semjonow wartet.‹ Nun, ein Melder kann warten«, lachte der Marschall. Dann erörterten wir kurz, wie vorzugehen war. Er fragte mich nach Berlin aus, nach den Stadtvierteln, wo die schwersten Kämpfe tobten, nach den Aufgaben, die ich erhalten hatte.

»Sie kennen Berlin? Zehlendorf?«

Ich erklärte, daß dies ein vornehmes Wohnviertel sei.

»Was trödelt ihr dort herum? Seht zu, daß ihr schneller ins Zentrum kommt!«, kommandierte der Marschall abgehackt durchs Telefon.

»Gehen wir zu Tisch«, schlug er dann vor. Nach dem Essen sang ein fröhlicher und zufriedener Konew mit angenehmer Tenorstimme das russische Volkslied »Steppe rings umher...«. Die Mitglieder des Gesangs- und Tanzensembles der Front, die ebenfalls eingeladen waren, fielen ein. Sofort war alle Spannung verflogen.

Auch später hatte ich mehrfach Gelegenheit, Iwan Konew bei der Entscheidung politischer Fragen zu beobachten. Mit seinem scharfen, durchdringenden Verstand erfaßte er rasch das Wesen der Situation und fand originelle Lösungen. Diese Eigenschaft begegnete mir auch bei anderen großen Heerführern.

Nach meinem diplomatischen Rang war ich Gesandter zweiter Klasse mit drei Sternen auf silbernen Schulterstücken ohne Streifen. Kolonnen sowjetischer Soldaten marschierten in den Straßen verbrannter Städte im Paradeschritt an mir vorbei und wandten ihre Köpfe nach dem Befehl des Offiziers nach mir um. »Der Generaloberst« – so lautete mein Spitzname in der Armee. Als Moskau, wo man die Fragen der Subordination sehr ernst nahm, nachfragte, antwortete ich: »Drei Sterne auf silbernem Grund«. Aus Moskau kam dazu kein Kommentar.

Die erschütternden Bilder jener Zeit gehen mir nicht aus dem Sinn: Feuersbrünste, zerstörte Häuser, die zerlumpten Menschen, die vielen Hungrigen an den Feldküchen, wo Suppe ausgegeben wurde.

Besonders schrecklich sind die Bilder von Dresden. Eine starke Frühjahrshitze und die Ausdünstungen einer Viertelmillion Leichen, die nach den anglo-amerikanischen Bombenangriffen unter den Trümmern der Stadt lagen, verschmolzen zu unerträglichem Gestank. In einem der wenigen unversehrt gebliebenen Häuser eine Sitzung des Kriegsrates der Front, an der die Vertreter des ZK der Kommunistischen Partei Deutschlands, Anton Ackermann und Gustav Sobottka, teilnahmen. Die Chefs der Rückwärtigen Dienste, die Kommandeure von Pionier- und Sanitätseinheiten, die Kommandanten von Städten und Kreisen berichteten über die Lage und die Maßnahmen zur Normalisierung des Lebens, die Räumung der Trümmer, die Organisierung des Handels. Die Berichte waren kurz und knapp. Die sowjetischen Kommandeure hatten bereits Erfahrung bei der Wiederherstellung des täglichen Lebens in den zerstörten sowjetischen Städten und Dörfern, die sie nun hier, auf deutschem Boden, anzuwenden gedachten.

Eine harte Auseinandersetzung hatte ich mit dem Leiter der Abwehrorganisation »Smersch« (russische Abkürzung für die Losung der Frontabwehr – »Tod den Spionen«), Meschik, zu führen. Er war Stellvertreter des Leiters der sowjetischen Abwehr, Viktor Semjonowitsch Abakumow, der wiederum dem Mitglied des Politbüros des ZK der KPdSU(B), Lawrenti Berija, direkt unterstand. Als wir die personelle Zusammensetzung der aufzubauenden neuen deutschen Organe der Selbstverwaltung erörterten, schlug Meschik Kandidaten nach seinen Kriterien vor, ohne in Betracht zu ziehen, daß die Mehrheit der Bevölkerung protestantischen Glaubens war. Die Gruppe von Deutschlandkennern, die ich leitete, beachtete derartige Besonderheiten und schlug deshalb andere Kandidaten vor. Meschik wischte unsere Überlegungen mit groben Worten kurzerhand vom Tisch.

Ich forderte, er möge sich nicht in diese Dinge einmischen, und drohte, Stalin davon zu berichten. Die Episode zeigte Wirkung: Die Leute von »Smersch« griffen nun nicht mehr in unsere Arbeit zur Realisierung des Befehls des Oberkommandierenden ein. Meschik vergaß mir diesen Zwischenfall allerdings nicht und sann auf Rache.

In der Folgezeit sorgten Shukow, Sokolowski, Tschuikow und ich dafür, daß sich das NKWD aus der Tätigkeit der Sowjetischen Militäradministration in Deutschland (SMAD) heraushielt, die konkrete Kenntnis der Lage erforderte. Auch territorial wurde die Vertretung des NKWD in beträchtlicher Entfernung von Karlshorst untergebracht, wo sich damals die SMAD befand. Wie die späteren Ereignisse zeigten, hatte Berija seine eigene Linie in der Deutschlandfrage, aber aus Furcht vor Stalin behielt er sie bis zu dessen Tod für sich. Berija war ein mit allen Wassern gewaschener Intrigant. Er rächte sich an Shukow und Molotow, indem er bei Stalin erwirkte, daß sie später zeitweilig von jeder konkreten Tätigkeit ferngehalten wurden.

Nach derartigen Zerstörungen, wie ich sie in Dresden erlebt hatte, war die Normalisierung des täglichen Lebens eine ungeheuer schwierige Aufgabe. Im Laufe der Zusammenarbeit der Bevölkerung mit den sowjetischen Soldaten beim Räumen der Trümmer, unter denen Sanitätstrupps immer wieder halbverweste Leichen hervorholten, kehrte der Lebensmut allmählich zurück. Die Sanitätsdienste der Armee verhinderten auch, daß sich Seuchen ausbreiteten. Private Kleinhändler wurden ermutigt, Läden zu öffnen und dort das Nötigste an die Bevölkerung zu verkaufen. Wenn Soldaten gegen die Bevölkerung Gewalt anwandten, wurden sie hart bestraft. Man berichtete mir, daß ein sowjetischer Soldat, der eine Frau vergewaltigt hatte, sofort zum Tode verurteilt wurde. Sie bat den Vorsitzenden des Standgerichts auf Knien, den Täter nicht mit dem Tode zu bestrafen. Er wude jedoch vor den Augen der Einwohner der Ortschaft an Ort und Stelle erschossen.

Viele Tage und Nächte verbrachte ich in den Räumen sowjetischer Militärkommandanturen. Sie waren stets von Menschen überfüllt. Die sowjetischen Kommandanten, in der Regel aktive Truppenoffiziere, waren total überfordert. Meist ging es um die Versorgung der Bevölkerung; gefragt waren aber auch Ratschläge in Familienangelegenheiten, oder Nonnen baten um Lampenöl.

In der Nacht zum 2. Mai 1945 weckte uns ferner Kanonendonner. Das Schießen kam jedoch näher, so daß ich Befehl gab, die geheimen Chiffrierunterlagen unserer Verbindungsgruppe für die Vernichtung vorzubereiten. General Petrows Telefon war lange besetzt, und schon waren die ersten Schüsse auf unserem Hof zu hören.

»Die Deutschen haben in Berlin kapituliert. Was Sie hören, ist nichts als die Freude über den Sieg. Ich kann die Leute einfach nicht beruhigen«, antwortete uns schließlich Petrow.

Ich ging hinaus und sah nun zahlreiche Offiziere und Soldaten, die aus Gewehren und Pistolen in die Luft feuerten, was das Zeug hielt.

Die gigantische Schlacht um Berlin endete am 2. Mai 1945, als Armeegeneral Tschuikow die Erklärung des Garnisonskommandeurs Weidling über die Kapitulation der deutschen Truppen entgegennahm.

Am späten Abend des 8. Mai 1945 setzten der Vertreter des Oberkommandos der Wehrmacht, Generalfeldmarschall Wilhelm Keitel, der Oberbefehlshaber der deutschen Kriegsmarine, Generaladmiral Hans-Georg von Friedeburg und der Generaloberst der Luftwaffe Hans-Jürgen Stumpff in Berlin-Karlshorst ihre Unterschriften unter das Protokoll über die bedingungslose Kapitulation Hitlerdeutschlands.

Damit ging in Europa der größte Weltkrieg der Geschichte zu Ende, der der Menschheit und der Zivilisation schwerste Opfer abverlangt hatte. Allein in der Sowjetunion kostete er über 20 Millionen Menschen das Leben. Das deutsche Volk, das es Hitler gestattet hatte, dieses ungeheuerliche Abenteuer vom Zaune zu brechen, bezahlte das Ende des Krieges ebenfalls mit einem enormen Blutzoll. Deutschland war ein einziger Trümmerhaufen.

Dieser Krieg hatte jedoch gigantische Menschenmassen auf allen Kontinenten in Bewegung gebracht. Deshalb konnte sein Ende auch nicht bedeuten, daß der aufgewühlte Ozean der Leidenschaften, des Schmerzes, der Tränen, des Blutes, aber auch der Hoffnungen und der Bereitschaft, die Welt neu zu gestalten, in seine alten Ufer zurückkehren und mit oberflächlichen diplomatischen Gesten beruhigt werden konnte, wie dies in vergangenen Jahrhunderten häufig genug geschehen war.

Im Gegenteil, die tosenden Wellen zerstörten die Bastionen der alten Welt, die die Völker in diese Katastrophe gestürzt hatte.

Man kann wohl kaum einem Volk, einer Partei, ihren Führern oder deren »Umgebung« das Verdienst oder die Schuld an diesen Stürmen und dieser reinigenden Flut in ausgedehnten Teilen unseres Erdballs zuschreiben. Schließlich hatte bereits der Erste Weltkrieg derartige Erscheinungen ausgelöst. Sie waren in ihren Ausmaßen jedoch nicht vergleichbar, und die Wiederholung der Tragödie zu Lebzeiten einer Generation mußte tiefere Erschütterungen auslösen. Dazu kamen viele neue Faktoren in Wissenschaft und Technik, in der Militärstrategie, rasche Veränderungen in der Stellung der Staaten und im gesamten internationalen Kräfteverhältnis.

Gegen Ende der Potsdamer Konferenz ließ US-Präsident Harry S. Truman gegenüber Stalin die düstere Andeutung fallen, die USA verfügten über eine Waffe von bisher nicht gekannter Zerstörungskraft. Sie wollen uns in die Knie zwingen, sagte Stalin daraufhin den Botschaftern Gromyko und Gussew. Aber keine Sorge, meinte er, habe man den Bürgerkrieg überstanden, werde man auch diese Spannung überstehen.

Wieder in Moskau, hatte Stalin jedoch fast täglich Igor Kurtschatow und andere Wissenschaftler im Kreml zu Gast. Das Atommonopol, mit dem die USA rechneten, fand nicht statt. Nach wissenschaftlichen Arbeiten Anfang der fünfziger Jahre flogen einige Jahre später bereits die ersten sowjetischen Sputniks und Kosmonauten ins All, standen Interkontinental- und andere Raketen mit Atomsprengköpfen bereit.

Der Verfasser dieser Zeilen hatte viele Jahre später am grünen Tisch der Diplomatie Verhandlungen über diese Fragen zu führen. Bis es jedoch dazu kam, brodelten die Leidenschaften und brachten die Welt an den Rand eines Krieges, der jedoch zum Glück nicht Wirklichkeit wurde. Die friedliche Koexistenz und die Zusammenarbeit der Staaten waren stärker als Vorurteile und Emotionen einzelner Politiker und Militärs der Vergangenheit. Es darf keine Kriege mehr geben, die unseren Planeten in einen Feuerball verwandeln können.

Und die Kanonen sind verstummt.

Ich habe lange nach einer grafischen Darstellung des Bildes gesucht, das sich uns nach den Kampfhandlungen bot. Im Grundriß des Doms zu Trier habe ich es schließlich gefunden.

Das Mittelschiff des Domes zeigt einfach und lakonisch das Bild großer Empfänge und Beratungen der Kommandeure der sowjetischen Truppen in Berlin und Deutschland. Der Chor kann mit dem Versammlungsraum der höchsten Truppenkommandeure und der Leitung der SMAD verglichen werden. Auf dem Siegesaltar die ruhmbedeckten Marschälle und höchsten Heerführer. Etwas weiter unten die Fortsetzung ihrer Reihen. Im riesigen Mittelschiff die höheren und mittleren Kommandeure der Truppen und der entstehenden SMAD. Der Eingang dient gleichzeitig auch als Ausgang. Der ganze Raum atmet festliche Stimmung...

Außerhalb des Domes nicht Trier, sondern eher Berlin am Tage nach der Kapitulation. In den Katakomben des Domes fanden geheime Zusammenkünfte der Urchristen statt. Niemand möge denken, ich hätte den Dom zu Trier als Bild gewählt, weil Karl Marx in dieser Stadt geboren wurde. Diese Annahme geht völlig fehl. Die Weltsicht derer, die sich in diesen unterirdischen Gewölben insgeheim versammelten, widerspiegelte allerdings das Streben vieler Generationen nach einer Gleichheit, die durch die Spaltung der Gesellschaft in Klassen verlorengegangen war.

Solche Gleichheit rüttelte an den Grundfesten des römischen Rechts, der Sklavenhaltergesellschaft. Die Urchristen wurden verfolgt, gequält und hingerichtet wie Verbrecher. Volle Gleichheit bei der Verteilung der materiellen Güter dieser Erde war in gewissem Maße auch Bestandteil der Weltanschauung der Kommunisten seit den Zeiten von Karl Marx. Die Theorie des »wissenschaftlichen Kommunismus« dagegen ist eine Frucht der entzündeten Phantasie des verblichenen Michail Suslow, der mit dem Verdienst der »Weiterentwicklung« des Marxismus in die Geschichte eingehen wollte. Die Begründer des Marxismus sprachen immer von der Theorie (zuweilen auch von der Praxis) des wissenschaftlichen Sozialismus und wichen einer Definition des Kommunismus oder des Weges dorthin stets konsequent aus. Dieser ist wie ein Leitstern am Himmel – man glaubt ihn mit Händen greifen zu können, aber es gelingt nicht und ist völlig nutzlos.

Das Mißlingen der »Perestroika« in meiner Heimat beweist, daß auch die Losung »Jeder nach seinen Fähigkeiten, jedem nach seinen Bedürfnissen« ein Irrtum ist. Das »Götzenbild des Kommunismus«, wie es Jelzin bildlich nannte, ist nun gestürzt, und niemand wird es je wieder aufrichten können. Übrigens – ein treffender Ausdruck!

»Jeder nach seinen Fähigkeiten, jedem nach seiner Leistung« – in diesem Verständnis, das Lenin stets vertrat, kann der Sozialismus in einer enormen Vielfalt der Formen bei unterschiedlichem Entwicklungsstand der Wirtschaft Realität werden. Einige gelehrte Professoren und Historiker, die alle Bücher und gerade erst geöffneten Archive durchstudiert haben, sind in ihren Überlegungen steckengeblieben, was sie zu dem Schluß führte, daß der Sozialismus nicht definiert werden könne. Der Schockzustand dieser Leute zeigt, wie hilflos eine Wissenschaft ist, die sich vom historischen Prozeß löst.

»Das Götzenbild des Kommunismus« konnte nicht gestürzt werden, weil es nur in der Phantasie dieser gelehrten Herren und Damen existiert. In der Wirklichkeit war es nie vorhanden, und es wird es wohl auch nicht sein, solange die Menschheit besteht.

Kehren wir jedoch zur Kette der Ereignisse nach der Kapitulation Deutschlands im Mai 1945 zurück.

Wladimir Semjonow 1927 mit 16 Jahren
im heimatlichen Kirsanow

Das Komsomolkomitee von Kaschira im Jahre 1928: Vierter von links Wladimir Semjonow, in der Mitte der Sekretär Pawel Smirnow, rechts daneben Fjodor Sokolow und Anatoli Koslow

Ankunft Außenminister Molotows am 12.11.1940 auf dem Anhalter Bahnhof in Berlin. Links neben ihm Reichsaußenminister von Ribbentrop und der Chef des OKW, Generalfeldmarschall Keitel

Michail Kalinin, Vorsitzender des Präsidiums des Obersten Sowjets der UdSSR (Staatsoberhaupt), überreicht Wladimir Semjonow 1944 den Leninorden

Auf der Potsdamer Konferenz im August 1945: Wladimir Semjonow als Berater der sowjetischen Delegation sitzend hinter Jossif Stalin

Sitzung des Alliierten Kontrollrates Ende 1945 in Berlin: in der Bildmitte Marschall Wassili Sokolowski, links sein Stellvertreter Generalleutnant M. I. Dratwin, rechts Wladimir Semjonow

Eröffnung der 1. Parteikonferenz der SED am 25.1.1949 in Berlin

Wladimir Semjonow mit seiner ersten Ehefrau auf einem Empfang Marschall Sokolowskis im Jahre 1946

In fröhlicher Runde Ende der 40er Jahre in Berlin. Rechts neben Wladimir Semjonow Walter Ulbricht, links der damalige Vorsitzende des Gewerkschaftsbundes FDGB, Herbert Warnke

Neujahrsempfang bei DDR-Präsident Wilhelm Pieck am 1.1.1952. Marschall Wassili Tschuikow überbringt Neujahrswünsche der Gruppe der sowjetischen Streitkräfte in Deutschland

Mit Wilhelm Pieck bei der Eröffnung der Leipziger Frühjahrsmesse 1952. Links hinter Wladimir Semjonow DDR-Volkskammerpräsident Dr. Johannes Dieckmann

Überreichung der Beglaubigungsschreiben als Hochkommissar der UdSSR in Deutschland und als Botschafter in der DDR an Wilhelm Pieck. Rechts hinter diesem DDR-Ministerpräsident Otto Grotewohl

Empfang während des Besuches Bundeskanzler Adenauers vom 8.–13.9.1955 in Moskau. V.l.n.r.: Georgi Malenkow, Nikolai Bulganin, Konrad Adenauer, Nikita Chruschtschow, Wladimir Semjonow (halb verdeckt)

Nikita Chruschtschow empfängt am 28.11.1959 im Moskauer Kreml eine Delegation der Jemenitischen Arabischen Republik. Rechts neben ihm der Stellvertretende Außenminister Wladimir Semjonow

Wladimir Semjonow auf einen Empfang für eine Parlamentsdelegation der Vereinigten Arabischen Republik unter Leitung von Anwar el Sadat im Mai 1961

Die sowjetische Regierungsdelegation zum 20. Jahrestag der DDR im Oktober 1969 in Berlin. Links der erste Kosmonaut Juri Gagarin, Semjonow im Gespräch mit Marschall Tschuikow und Ministerpräsident Kossygin

SALT-I-Eröffnungssitzung am 16.11.1969 in Helsinki: oben in der Mitte Wladimir Semjonow, links Nikolai Ogarkow, rechts Alexander Schtschukin. Unten rechts Gerald Smith, rechts neben ihm Paul Nitze

SALT-I-Eröffnungsempfang: V.l.n.r.: der sowjetische Botschafter in Finnland, Anatoli Kowaljow, Wladimir Semjonow, der finnische Präsident Urho Kekkonen, der US-Botschafter und Gerald Smith

Vertragsunterzeichnung zum Abschluß von SALT I am 26.5.1972 in Moskau durch Präsident Richard Nixon und Generalsekretär Leonid Breshnew. In der ersten Reihe v. r. n. l.: Politbüro-Mitglied Andrej Kirilenko, Wladimir Semjonow, Chefideologe Michail Suslow, Staatsoberhaupt Nikolai Podgorny, Ministerpräsident Alexej Kossygin, der Chef der Ukraine, Pjotr Schelest, der Ministerpräsident der Russischen Republik, Michail Solomenzew sowie die Führung der amerikanischen Verhandlungsdelegation – Gerald Smith, General Ellison und Paul Nitze

Ankunft Wladimir Semjonows als Botschafter auf dem Bonner Bahnhof am 13.11.1978. Hinter ihm seine Frau Lydia, dahinter sein späterer Amtsnachfolger Juli Kwizinski

Wien 1971: Bundeskanzler Bruno Kreisky begrüßt Wladimir Semjonow und dessen Gattin Lydia Iwanowna Semjonowa

Botschafter Semjonow mit Altbundeskanzler Willy Brandt

Helmut Schmidt im Gespräch mit Außenminister Andrej Gromyko während seines Besuches in Moskau vom 30.6. bis 1.7.1980. Links im Vordergrund Wladimir Semjonow, rechts Bundesaußenminister Genscher

Bundeskanzler Helmut Kohl begrüßt Botschafter Semjonow auf einem Empfang für das Diplomatische Korps in der Godesberger Redoute am 19.11.1982

In lebhaftem Gespräch mit dem bayrischen Ministerpräsidenten Franz Josef Strauß

In angeregter Unterhaltung mit Philipp Jenninger, Otto Graf Lambsdorff und Walter Scheel

Auf einem Empfang mit der Ministerin für Gesamtdeutsche Fragen, Dorothee Wilms, und dem Vorsitzenden des Ostausschusses der deutschen Wirtschaft, Otto Wolff von Amerongen

Wladimir Semjonow begrüßt Joseph Beuys auf einer Ausstellung seiner privaten Bildersammlung. Zwischen beiden der Kunstmäzen Peter Ludwig

TEIL III

Mitgestalter der Deutschlandpolitik
nach dem Kriege
1945-1954

Siebentes Kapitel
Die ersten Besatzungsjahre

Das Protokoll über die bedingungslose Kapitulation Deutschlands war unterschrieben. Der Krieg war vorüber. Unsere Truppen standen in Berlin. Nach diesem Sieg mußte nun ein weiterer errungen werden, der nicht weniger wichtig war. Wir hatten die Voraussetzungen dafür zu schaffen, daß von deutschem Boden nie wieder ein Aggressionskrieg ausging.

Der lange und schwere Kampf um diesen zweiten Sieg wurde auf diplomatischen Konferenzen, in den rauchgeschwängerten Dienstzimmerchen sowjetischer Kommandanten und in den Dienststellen der sowjetischen Militäradministration geführt. Menschen, die diese unvergeßliche Zeit nicht erlebt haben, können sich die Situation nur schwer vorstellen. Vieles schien uns damals nahezu unlösbar zu sein.

Im Juli 1945, während einer Pause zwischen zwei Sitzungen der Potsdamer Konferenz, wo ich Berater der sowjetischen Delegation war, trat der amerikanische Botschafter Averell Harriman an Stalin heran.

»Sicher ist es für Sie eine Freude, Mr. Stalin, sowjetische Truppen in Berlin zu sehen...«

»Worüber soll ich mich da freuen? Russische Ulanen waren schon in Paris«, erwiderte Stalin.

Er hatte recht, man soll den Tag nicht vor dem Abend loben. Die Ulanen in Paris nutzten Rußland gar nichts, denn der rotwangige Zar Alexander I., der meinte, er sei ein Politiker von europäischem oder gar Weltrang, verirrte sich in diplomatischen Kombinationen und auf Kongressen, was für Rußland schlimme Folgen hatte.

Am 9. Mai 1945 traf Anastas Mikojan, Mitglied des Staatlichen Verteidigungskomitees, in Berlin ein. Er hatte den Auftrag, beim

Aufbau deutscher Selbstverwaltungsorgane zu helfen und die Versorgung der Bevölkerung mit Lebensmitteln zu organisieren. Außerdem sollte er sich an Ort und Stelle ein Bild von der Lage und den dringendsten Lebensfragen in der Sowjetischen Besatzungszone machen.

Am nächsten Tag wurde ich zu einer Beratung bei Marschall Shukow über die Normalisierung des Lebens der Bevölkerung Berlins und der sowjetischen Zone nach Berlin beordert.

Am 10. Mai brach ich in aller Frühe vom Stabsquartier Marschall Konews auf. An der Autobahn Dresden-Berlin waren die Kämpfe beendet. An ihrem Rand lagen Soldaten und Offiziere der Armeegruppierung, die sich in den Wäldern südlich von Berlin verborgen gehalten hatte, malerisch hingebreitet und ließen sich von der Sonne bescheinen. Ab und zu sah man Kolonnen deutscher Kriegsgefangener vorbeimarschieren, nur von wenigen sowjetischen Wachsoldaten begleitet. Die Deutschen hatten zwar in den Kämpfen erbitterte Gegenwehr geleistet, auch wenn ihre Lage bereits aussichtslos war, ordneten sich jedoch nach ihrer Gefangennahme unserem Befehl diszipliniert unter. Einen Partisanenkrieg gab es nach der Kapitulation Deutschlands in der sowjetischen Besatzungszone faktisch nicht.

Berlin machte einen niederschmetternden Eindruck. Die Hauptstraßen lagen voller Trümmer, so daß für Kraftfahrzeuge der Armee kein Durchkommen war. Unsere hervorragenden Fahrer manövrierten geschickt zwischen Gehsteig und Fahrbahn hin und her, ja, sie fuhren, wenn notwendig, sogar über die Höfe. Ich erkannte selbst die Wilhelmstraße nicht wieder, wo sich das Auswärtige Amt befunden hatte. Vor dem Krieg war ich dort öfter mit Staatssekretär Ernst von Weizsäcker zusammengetroffen.

Überall riesige Schutthalden; Anwohner bargen aus den noch rauchenden Ruinen ihre Möbel. In der zerstörten Reichskanzlei sah ich einen Haufen Orden liegen, von dem ich ein Eisernes Kreuz mitnahm.

Berlin wirkte tot und menschenleer. Und doch kamen etwa zwei Millionen Bewohner aus den zerstörten Häusern und stehengebliebenen Inseln der riesigen Stadt wieder hervor. Nun begann der Kampf um das Leben der Bevölkerung Berlins und der ganzen Zone. Ich will hier keine Einzelheiten schildern, darüber sind viele

Bücher geschrieben worden. Überall waren Aufschriften zu sehen: »Registriert. Unterschrift«. War eine Stadt eingenommen, wurde sie sofort in Quadrate eingeteilt. Wenn die russischen Soldaten einen Kampf beendeten, wußten sie bereits, wo ihre Vorgesetzten saßen – die Kommandanten von Straßen, Stadtvierteln oder Stadtbezirken. Sie brachten die Versorgung für die Bewohner in Gang, berichteten über Erkrankungen, über den Zustand des Verkehrswesens, der Geschäfte und viele andere lebenswichtige Dinge.

Der stärkste Eindruck jener fernen Jahre war die hohe Achtung vor der Leistung, die die Sowjetarmee und das ganze Sowjetvolk nach Kriegsende in den von ihnen besetzten Gebieten im Osten Deutschlands vollbrachten. Die Sowjetarmee, die durch Meere von Blut und Tränen dieses schrecklichen Krieges geschritten war, machte sich ohne Atempause an das komplizierte und psychologisch schwierige Unterfangen, menschliche Kontakte zur deutschen Bevölkerung herzustellen. Aus der amerikanischen Zone erfuhren wir, daß die Kommandanten von Städten und Ortschaften dort auf einem Podest thronten, von dem sie mit deutschen Besuchern sprachen. Die sowjetischen Kommandanten waren in der Regel in ihren überfüllten Diensträumen kaum aufzufinden. Sie hatten Tausende Alltagsprobleme auf einmal zu lösen – die Ernährung, die Verhütung von Seuchen, den Wiederaufbau des Handelsnetzes, die Eröffnung der Schulen, Theater und vieles mehr. Damit waren nahezu alle Mitarbeiter sowjetischer Organe befaßt, die sich damals in der Ostzone befanden, und sie taten es ohne viele große Worte.

Die Sowjetarmee hatte während des Krieges grundlegende Erfahrungen beim Wiederaufbau eines normalen Lebens in den vom Feind zerstörten und in Mondlandschaften verwandelten riesigen Gebieten der Sowjetunion gesammelt. Jetzt mußten diese Erfahrungen in einem fremden Lande angewandt werden, auf deutschem Boden, wo deutsche Werktätige, Menschen verschiedener Ansichten, Weltanschauungen und Schicksale begannen, ein neues Leben aufzubauen.

Es hat in der Geschichte Fälle gegeben, da einzelne Heerführer ungewöhnliche diplomatische Fähigkeiten bewiesen, so zum Beispiel Pjotr Rumjanzew, Alexander Suworow oder Michail Kutusow. Daß aber faktisch eine ganze Armee vom Soldaten bis zum

General plötzlich eine diplomatische Mission zu vollbringen hatte, das hatte die Weltgeschichte noch nicht gesehen. Die Rote Armee vollbrachte eine Heldentat, die im Treptower Park in Stein gehauen ist. Ein russischer Soldat hält ein deutsches Kind auf dem Arm; mit seinem Schwert hat er das Hakenkreuz zerschlagen. Darüber ist viel gesagt und geschrieben worden, aber es gibt Denkmäler der Geschichte, die auch in Jahrtausenden nicht vergessen sein werden.

Als ich Dritter Stellvertreter des Politischen Beraters bei Marschall Shukow war (eine Funktion, die ich erhielt, als Iwan Konews Verbände nach Prag in Marsch gesetzt wurden), legte man mir die für das Memorial vorgesehenen Inschriften vor. Ich kam nicht dazu, sie lange zu redigieren, und die Meister des Marsfeldes standen uns auch nicht zur Verfügung, wie es 1917 in Petrograd gewesen war. Deshalb schlug ich vor, die Bildtafeln mit Zitaten aus Reden Stalins im Großen Vaterländischen Krieg zu versehen. Sie sind bis heute erhalten geblieben und werden seitdem von den Besuchern dieser bekannten Gedenkstätte aus aller Herren Länder verstanden. Darüber kann es keinen Streit geben. Aus ihnen spricht Ihre Hoheit, die Geschichte.

Kehren wir jedoch zu der Beratung bei Marschall Shukow zurück.

Anastas Mikojan teilte uns mit, er sei bevollmächtigt, außerordentliche Maßnahmen zur Wiederherstellung des normalen Lebens der Bevölkerung Berlins zu ergreifen. Man informierte kurz über die wesentlichen Punkte der aktuellen Lage und die vielen unaufschiebbaren Probleme. Als erster berichtete der Chef der Rückwärtigen Dienste, General Nikolai Alexandrowitsch Antipenko. Dann hörten wir Berichte über die Wiederherstellung der Wasserversorgung, die Seuchenbekämpfung, den Verkehr und die Entwässerung der Bezirke, die Hitler hatte überfluten lassen, über den Neubeginn des kulturellen Lebens und andere Probleme.

Die Soldaten und Offiziere der Fünften Stoßarmee, die Berlin eingenommen hatten, mußten nun auf ihre neuen Aufgaben eingestellt werden. Die zweite Schlacht um Berlin begann. Eine Armee, die gerade härteste Kämpfe hinter sich gebracht hatte, mußte nun die Waffen des Krieges gegen die Werkzeuge des Friedens eintauschen – ein unerhörter Vorgang in der Geschichte, an dem sowjetische Militärs, Zivilisten und die deutschen »Aktivisten der ersten Stunde« beteiligt waren.

Die Aktivisten der ersten Stunde! Im April 1945, als ich noch im Stab Iwan Konews arbeitete, traf ich auf den Bürgermeister einer kleinen Stadt, der sein Büro in der Gefängniszelle eingerichtet hatte, wo er während der vielen Jahre des Hitlerregimes saß. Und die Menschen suchten ihn dort auf.

Der Kommandeur der Fünften Stoßarmee, Generaloberst Nikolai Bersarin, übernahm es, diese nach ihren Dimensionen beispiellose Arbeit zu organisieren und auszuführen. Seinen Namen erhielt später eine Straße in Berlin. Bersarin war ein hochgebildeter, energischer und kühner General, der fünf Sprachen beherrschte. Seine Hauptaufgabe war zweifacher Natur – er hatte den Widerstand der verbliebenen Hitleranhänger zu unterdrücken und zugleich das normale Alltagsleben der Bevölkerung zu organisieren.

Anastas Mikojan informierte über die Direktiven des Staatlichen Verteidigungskomitees, das aus den Beständen der Front und den Reserven der Zentrale Lebensmittel, Medikamente und Transportmittel zur Verfügung stellte. Zugleich hatte es Richtlinien für den Aufbau deutscher Selbstverwaltungsorgane in Berlin und der gesamten Ostzone erlassen. Diese waren ein allgemeiner Leitfaden, der nun in praktische Schritte umgesetzt werden mußte. Anastas Mikojan hatte außerdem den Auftrag, in Moskau eine Information über die Dimensionen der notwendigen Hilfe für die deutsche Zivilbevölkerung vorzulegen.

An dem Tage, an dem das Protokoll über die bedingungslose Kapitulation des Deutschen Reiches unterzeichnet wurde, faßte die Sowjetregierung einen Beschluß über Lebensmittellieferungen an die Bevölkerung Ostdeutschlands. Im Stab Marschall Schukows befaßte man sich nun mit der Verteilung und dem Transport dieser Lebensmittel aus den Lagern der Armee. Bohnenkaffee und Tee wurden sogar per Flugzeug aus Moskau herbeigeschafft.

Als wir über die Zusammensetzung des Magistrats von Berlin sprachen, geriet ich mit Mikojan in Streit. Er hatte aus Moskau die allgemeine Orientierung mitgebracht, daß in der sowjetischen Besatzungszone das Regime der Weimarer Republik wiedereingeführt und bekannte Politiker aus jener Zeit eingesetzt werden sollten. Das war aber nicht immer möglich. Wir brauchten eine Personalreserve für die obersten Organe der Besatzungszone, nicht nur für die Städte und Gemeinden. Wir mußten die religiöse Zusammensetzung der Bevölkerung berücksichtigen und den antifaschistischen Kräften eine Chance geben, die aus dem Untergrund, aus den Gefängnissen oder aus der Emigration zurückkehrten. Das war der produktivste Weg. Mikojan bestand jedoch heftig auf seinen Kandidaten, ich dagegen nannte andere.

»Wie ich sehe, sind Sie hergekommen, um mich daran zu hindern, meinen Auftrag zu erfüllen«, warf mir Mikojan hitzig an den Kopf.

»Und ich sehe, daß Sie hier Aufgaben lösen wollen, ohne die konkrete Lage zu kennen«, widersprach ich.

Wilhelm Pieck und Walter Ulbricht unterstützten mich taktvoll. Marschall Shukow, der zunächst schweigend im Raum hin- und hergegangen war, schlug schließlich vor, das Problem der personellen Zusammensetzung des Berliner Magistrats von deutschen Vertretern verschiedener Richtungen selbständig entscheiden zu lassen. Als Oberbürgermeister von Groß-Berlin bestätigte der sowjetische Militärkommandant Nikolai Bersarin den parteilosen Demokraten Arthur Werner.

Streit gab es auch bei anderen Fragen, wie es unvermeidlich ist, wenn über große Staatsangelegenheiten entschieden wird.

Mikojan war kein gewöhnlicher Mann. Er liebte Jasager nicht und hatte Spaß an den Debatten mit mir. Deshalb nahm er mich auch auf Fahrten in die Zone mit. Er stellte mir viele Fragen über Deutschland und beriet sich mit mir, wenn er Entscheidungen zu fällen hatte. Überlastung und schlaflose Nächte machten ihn nur noch energiegeladener. Er war ein treusorgender Familienvater und schwärmte für gutes Essen. Während einer Nachtfahrt durch den Wald hielt ein General unseren Wagen an: »Das Hauptquartier Marschall Konews ist hier in der Nähe. Einzelheiten erfahren Sie an Ort und Stelle.« Die Einzelheiten waren nirgendwo zu übersehen: brennende und rauchende Ruinen, materielle und geistige Trümmer, Apathie und Furcht der Bevölkerung, die den Zusammenbruch des »Tausendjährigen Reiches« noch nicht verwunden hatte und Vergeltung für die ungeheuren Missetaten und Verbrechen gegen Frieden und Menschlichkeit befürchtete. Nur hier und da keimte in den Ruinen neues Leben auf. Anastas Iwanowitsch, der viel Sinn für Humor hatte, machte sich über die ständig gebrauchte Phrase »Einzelheiten an Ort und Stelle« lustig, wo er nur konnte.

In Deutschland hatten wir uns jeden Tag mit den brennenden Fragen eines zerstörten Landes herumzuschlagen. In Moskau dachte man ebenfalls nach, aber wohl mehr über das Problem, wie sich das Verhältnis der UdSSR zu Deutschland nach der Kapitulation gestalten sollte. Dort brauchte man eine andere Sicht – sie mußte global, historisch, philosophisch und tiefschürfend sein.

Nachdem wir den aggressiven deutschen Imperialismus im Kriege besiegt hatten, mußten wir nun eine weitere Aufgabe lösen: Wir hatten ihn innerhalb Deutschlands zu besiegen, was bedeutete, die gesamte politische, staatliche, wirtschaftliche und kulturelle Ordnung zu verändern, eine solche Umwälzung herbeizuführen, daß Deutschland auch nach einem halben Jahrhundert oder länger nicht als militaristische Macht wiedererstehen konnte. Stalin sah darin die zentrale Aufgabe unserer gesamten Politik in Nachkriegsdeutschland.

Stalin, der zugleich Oberkommandierender, Vorsitzender des Rates der Volkskommissare der UdSSR und Generalsekretär des ZK der KPdSU(B) war, verlor trotz seiner riesigen Belastung die Nachkriegsordnung Deutschlands und der Welt niemals aus dem Blick. Bei ihm liefen die Fäden dieses riesigen Vorhabens zusammen, denn die Geschichte des zaristischen Rußlands lehrte uns, daß man einen Krieg gewinnen und den Sieg auf internationalen Konferenzen wieder verspielen konnte.

Im Mai/Juni 1945 und auch später orientierte Stalin auf eine kurze Zeit der Besetzung Deutschlands und seine Wiederherstellung in neuen Grenzen auf friedliebender und demokratischer Grundlage. Dabei schwebten ihm für eine Übergangszeit die Ordnung und auch gewisse Personen der Weimarer Republik vor. Zugleich mußten jedoch die Wurzeln ausgerottet werden, die in der Weimarer Republik und später Militarismus und Nazismus genährt hatten.

Ende Mai 1945 nahm ich an einer Sitzung des Politbüros des ZK der KPdSU(B) teil, wo Stalin sprach.

»Ich denke«, sagte Stalin mit der kehligen Stimme eines Bergbewohners, wobei er in seiner halbmilitärischen Jacke und den niedrigen geflickten Stiefeln nachdenklich an dem langen Sitzungstisch auf und ab ging, »dies ist ein außerordentlich wichtiger Augenblick für unser Land und alle anderen Länder Europas. Deutschland hat zwar bedingungslos kapituliert, aber es ist als einer unserer großen Nachbarstaaten nicht von der Karte verschwunden. Es wäre einfach unrealistisch, daran zu denken, Deutschland aufzusplittern oder seine Industrie zu vernichten und es zu einem Agrarstaat zu degradieren. Wer heute glaubt, durch die Agrarisierung oder Aufteilung Deutschlands könne er den Weltmarkt selbst in die Tasche stecken, der irrt. Deutschland hat sich seinen Platz in der Weltwirtschaft längst erobert. Weder Käufer noch Verkäufer sind daran interessiert, daß die Waren auf dem Weltmarkt teurer werden oder sich ihre Qualität verschlechtert. Die Aufgabe besteht nicht darin, Deutschland zu zerstören, sondern darin, ihm die Möglichkeit zu nehmen, erneut als aggressive Kraft in Europa aufzusteigen. Das bedeutet, die Wurzeln von Militarismus und Nazismus in Deutschland müssen ausgerottet werden, es selbst aber muß als einheitlicher, friedliebender und demokratischer Staat erhalten bleiben. Nicht allein das sowjetische Volk, sondern alle Völker der Welt werden davon nur gewinnen.«

Stalin sprach langsam, stockte manchmal, als ob er mühsam nach Worten suchte. Seine Rede war wie eine gespannte Feder, inhaltsreich und plastisch; bestimmte Wörter und Gedanken kehrten immer wieder. Das war der schwierige, aber den Menschen verständliche Rhythmus der Heiligen Schrift. Stalin hatte bekanntlich in seiner Kindheit und Jugend mit großem Fleiß das Priesterseminar von Tiflis absolviert.

Er kannte besser als jeder andere die Verluste, die das Sowjetvolk und der Sowjetstaat in diesem Krieg erlitten hatten. Seit der Sitzung des Staatlichen Verteidigungskomitees vom 10. April war kaum ein Monat vergangen, aber nun hatte sich alles verändert und war nicht wiederzuerkennen. Die Mitglieder des Politbüros, die für einzelne Bereiche verantwortlich waren, hörten der Rede aufmerksam zu. Im Saal herrschte Grabesstille. Ich machte mir Notizen und fertigte diese Niederschrift sofort nach der Sitzung an.

Woher kommen diese kühnen und weitausgreifenden Gedanken?, ging es mir durch den Sinn. Ich habe später viel Papier gewälzt, um die Ursprünge der Auffassungen Stalins zu erkennen. Woher kamen bei diesem Sohn eines leibeigenen Schuhmachers aus dem georgischen Nest Gori, einem Mann, der ständig in Not lebte, aber für seine Ideen brannte, in dieser armseligen Zeit, bei dem im Vergleich zu heute noch sehr niedrigen Niveau der Technik und des Entwicklungstempos der historischen Prozesse diese gewaltigen Dimensionen und diese neuen Ideen?

Man kann natürlich darauf verweisen, wie widersprüchlich, kompliziert und hochfahrend dieser Mann war. Aber warum wird um seine Person, um seinen Namen und seine Sache bis heute so leidenschaftlich gestritten? Das geschieht nicht zum ersten Mal in der Geschichte. Auch über Peter I. gab es an den Zarenhöfen die verschiedensten Urteile. Bis zum Tode Alexanders III. am Ende des vergangenen Jahrhunderts gab es dort stets Anhänger Peters und Parteigänger seiner herrschsüchtigen Schwester Sophia.

Wie Zeitgenossen berichten, las Stalin seit frühester Kindheit sehr viel. Selbst wenn er sich mit den Straßenjungen prügelte, immer steckte ein Buch in seinem Gürtel. Er konnte am Tage bis zu 400 Seiten lesen, obwohl er ständig mit wichtigen Angelegenheiten überhäuft war. Er interessierte sich für Weltgeschichte, soweit sie zu seiner Zeit bekannt war. Ich denke, das prägte sein Denken, das sich dann in der harten Vorkriegs-, Kriegs- und Nachkriegszeit so deutlich zeigte.

Aber das ist nicht die Hauptsache. Dieser grausame Krieg hatte das Problem des Verhältnisses zwischen der Sowjetunion und Deutschland auf die Spitze getrieben. Wir hatten alle neun Kreise der Hölle dieses Krieges durchschritten, wir hatten das tragische Höllenfeuer der Vorkriegsjahrzehnte hinter uns gebracht und mußten nun nüchtern und mit Weitblick über unseren Weg in die Zukunft entscheiden. Das war für die Führung der Sowjetunion eine schwere Prüfung. Sie wandte sich erneut den Ideen Lenins, des Begründers des Sowjetstaates, zu.

Lenin empfand generell hohe Achtung für Deutschland. Er war ein großer Kenner der deutschen Geschichte und der Besonderheiten der deutschen Nation, die aus dieser Geschichte erwachsen sind. Er wußte um die gewaltige, ja schicksalhafte Bedeutung der Zusammenarbeit zwischen unseren beiden großen Nachbarstaaten und Völkern.

Rußland stieß nicht zum ersten Mal auf das Problem, wie das Verhältnis zu Deutschland verantwortungsvoll geregelt werden sollte. Im März 1918 war der junge Sowjetstaat gezwungen, auf den demütigenden Brester Raubfrieden einzugehen, den ihm der aggressive deutsche Imperialismus aufzwang.

Das Schicksal fügte es so, daß Rußland Mitglied der Koalition war, die im Ersten Weltkrieg gegen Deutschland kämpfte. Aber bereits als die Alliierten den Friedensvertrag von Versailles ausarbeiteten, stellte sich die UdSSR faktisch an die Seite Deutschlands. Der Vertrag von Rapallo, den die Regierung Wirth-Rathenau für Deutschland und die Regierung Lenin für Sowjetrußland unterzeichneten, brachte die objektiven Interessen beider Staaten zum Ausdruck.

Stalin war der Schüler und Nachfolger Wladimir Iljitsch Lenins. Was Deutschland betraf, so stand er konsequent auf dessen prinzipieller Position. Zugleich berücksichtigte er die Lehren des Zweiten Weltkrieges, der ganz praktisch das Ziel verfolgt hatte, die Sowjetunion und ihre Völker zu vernichten, unser Land zu germanisieren und zu kolonisieren.

Um die Politik des Sowjetstaates gegenüber Deutschland besser zu verstehen, verlassen wir den Sitzungssaal des Politbüros, wo soeben die Rede Stalins verklang, und wenden uns den Dokumenten des Jahres 1918 zu.

Es war die Nacht zum 11. März. Im Zug aus dem belagerten Petrograd nach Moskau schrieb Lenin den Artikel »Die Hauptaufgabe unserer Tage« – nur vier Seiten, aber sie enthalten ein ganzes Programm, das Bekenntnis des nachrevolutionären Lenin. Wir wollen nur einige Stellen zitieren, die sich auf Deutschland beziehen. Möge der Leser jedes Wort und jeden Gedanken dieses Artikels überdenken.

Auf den heißen Spuren des gerade abgeschlossenen demütigenden Raubfriedens von Brest-Litowsk schrieb Lenin: »Wir haben einen ›Tilsiter‹ Frieden unterzeichnet. Als Napoleon I. im Jahre 1807 Preußen den Tilsiter Frieden aufzwang, da hatte der Eroberer alle Armeen der Deutschen geschlagen, die Hauptstadt und alle großen Städte besetzt, seine eigene Polizei eingeführt, die Besiegten gezwungen, ihm Hilfskorps' zur Führung neuer Raubkriege zur Verfügung zu stellen, hatte Deutschland zerstückelt und mit dem einen deutschen Staat Bündnisse gegen andere deutsche Staaten geschlossen. Und nichtsdestoweniger sogar nach einem *solchen* Frieden, hat sich das deutsche Volk behauptet, hat es verstanden, seine Kräfte zu sammeln, hat es verstanden, sich zu erheben und sich das Recht auf Freiheit und Selbständigkeit zu erkämpfen. ...Der Tilsiter Frieden war die größte Erniedrigung Deutschlands und gleichzeitig eine Wendung zu einem gewaltigen nationalen Aufschwung.«

Weiter heißt es in diesem Artikel: ›»Haß gegen die Deutschen, schlage den Deutschen!‹ – das war und ist die Losung des gewöhnlichen, d. h. bürgerlichen Patriotismus. Wir aber sagen: ›Haß gegen die imperialistischen Räuber!‹ ... und gleichzeitig: ›Lerne beim Deutschen!‹...

Jawohl, lerne beim Deutschen! Die Geschichte geht im Zickzack und macht Umwege. Es ist so gekommen, daß jetzt gerade der Deutsche nicht nur den bestialischen Imperialismus, sondern auch das Prinzip der Disziplin, der Organisation, des harmonischen Zusammenwirkens auf dem Boden der modernsten maschinellen Industrie, der strengsten Rechnungsführung und Kontrolle verkörpert. Und das ist gerade das, woran es uns mangelt.« (W. I. Lenin, Werke, Bd. 27, Berlin [Ost] 1960, S. 149 f.)

Das wurde im März 1918 geschrieben. Etwas mehr als vier Jahre später, als der Bürgerkrieg und die Intervention der ausländischen Mächte abgeklungen waren, schrieb Lenin am 18. Oktober 1922 einen Brief an Stalin für die Mitglieder des Politbüros. Dort ging es um einen Vertrag Sowjetrußlands mit einem Konsortium deutscher Firmen unter Führung des Konzerns von Otto Wolff sen.:

»Es geht darum, daß Wolff im Interesse unserer wiedererstehenden Industrie die Lieferung von Werkzeugmaschinen und notwendigen Ausrüstungen, z. B. für unseren Elektrotrust, möglichst stark ausbaut. Wolff könnte darauf eingehen, denn ein solcher Auftrag wäre einträglich für ihn, und die deutsche Metallindustrie hat Aufträge überhaupt bitter nötig. Für uns sind Werkzeugmaschinen und Ausrüstungen, z.B. für den Elektrotrust, deshalb absolut notwendig, weil diese Industrie sich bei uns gegenwärtig belebt und es äußerst wichtig wäre, sie in unserem Lande zu entwickeln, was wir mit deutschen Produktionsmitteln endgültig erreichen könnten.« (W. I. Lenin, Polnoe sobranie sotschinenij, t. 45, s. 225 f.)

Dem Leser wird deutlich, daß in der Rede Stalins vom Mai 1945 die richtig verstandenen staatlichen Interessen der Sowjetunion sehr plastisch dargestellt waren.

Was bedeutete aber nun Lenins Appell, von den Deutschen zu lernen, in theoretischer, politischer und praktischer Hinsicht? Lenin kam auf dieses Problem bis zu seinem Tode noch mehrfach zurück. Hier ein weiterer Gedanke, der bis heute seine ursprüngliche Frische bewahrt hat.

»Die Geschichte geht auf Umwegen und im Zickzack voran. Rußland und Deutschland sind zwei Küken in der Eierschale. Das eine von ihnen, das viel schwächer, aber beweglicher ist, hat die dünne Schale des Romanow-Regimes, des Prahlhanses Kerenski und des Generals Kornilow durchstoßen, den seine eigenen Soldaten umbrachten, als er Petrograd einzunehmen versuchte.

Das andere Küken sitzt in einer stählernen Schale; es ist schwach, wenig beweglich und kann die Schale nicht in kurzer Zeit durchstoßen. So hat es sich ergeben, daß unsere beiden Staaten in der lebendigen, realen Wirklichkeit zwei Formen der menschlichen Zivilisation der Gegenwart verkörpern: Der Kapitalismus in Deutschland besitzt die höchstentwickelte Technik, die höchste Arbeitsproduktivität, Organisiertheit, Präzision und große Tüchtigkeit, von der wir lernen müssen. Das ist eine Aufgabe langanhaltender und schwieriger Natur; sie muß man überlegt in Angriff nehmen, vor allem aber muß man verstehen, daß es notwendig ist, von den Deutschen zu lernen.« (Im russischen Original ohne Quellenangabe – der Übers.)

Wie uns die Geschichte des gesamten 20. Jahrhunderts lehrt, wuchs in der zweiten Schale nicht nur ein Wesen, sondern es wuchsen drei heran, die im harten Kampf miteinander lagen. Das waren erstens die Massenbewegung der Arbeiter, die fortgeschrittenste nach Rußland. Immerhin erhielt der Kandidat der Kommunistischen Partei, Ernst Thälmann, bei den Präsidentenwahlen im Jahre 1932 4,9 Millionen Stimmen. Wie verhängnisvoll wirkte sich damals aus, daß die Arbeiterparteien miteinander uneins waren!

Das zweite Wesen, das Deutschlands Ruf in der Welt so stark begründete, ist das, was man das Deutschland der Dichter und

Denker nennt – eine enorme Kraft, die weltweit bekannte Vertreter der Wissenschaft und Technik hervorgebracht hat. Aber diese Kraft, die so große innere Tiefe aufwies, war in sich uneinheitlich und zersplittert.

Als drittes entwickelte sich und triumphierte schließlich das aggressive, räuberische, militaristische Deutschland. Die Kräfte eines räuberischen Militarismus zeigten sich bereits in dem »Kreuzzug nach Osten« der teutonischen Ritter, die Alexander Newski auf dem Eise des Peipussees schlug.

Damals waren diese Kräfte noch schwach und auf viele deutsche Kleinstaaten und Provinzen verteilt. Es gab historische Gründe dafür, weshalb sie sich stärkten und sich schließlich das Ziel setzten, die Herrschaft Deutschlands nicht nur über Westeuropa, sondern auch über Asien, Afrika und Lateinamerika zu errichten, vor allem aber Rußland zu kolonisieren und zu germanisieren. Diese Tendenz der Geschichte, vor der Lenin warnte, rückte nach seinem Tode zu Lebzeiten Stalins in den Vordergrund.

Mit anderen Worten, der Sowjetstaat gestaltete seine Politik und sein konkretes Vorgehen auf einer durch die Erfahrung bestätigten wissenschaftlichen Grundlage. In den Gedanken Lenins, die wir zitiert haben, sind auch die Ausgangspunkte für die Politik der UdSSR nach der bedingungslosen Kapitulation Deutschlands 1945 enthalten. In diesem Artikel und in vielen anderen Arbeiten Lenins findet der Forscher wesentlich mehr als in Hunderten von Archiven.

Die antifaschistisch-demokratische Ordnung strebte ein einheitliches Deutschland an, und dies nicht aus propagandistischen Gründen oder wegen billiger diplomatischer Kombinationen, sondern weil dem eine durchdachte strategische Linie zugrunde lag.

Heute wirbelt die Öffnung der Archive viel Staub auf. Heerscharen von Doktoranden suchen nach Dokumenten, in denen die innen- und außenpolitische Doktrin der Sowjetunion zu finden ist, wie sie Stalin vorschwebte. Sie beklagen sich, daß diese Aufgabe so schwer zu lösen sei. Die Fälschung von Archivmaterialien, die Entstellung der Geschichte, die Mißachtung grundlegender alltäglicher Tatsachen und das Aufbauschen einzelner Kleinigkeiten, die für den einen oder anderen Politiker von Nutzen sein mögen, ist so alt wie das Menschengeschlecht. Wie treffend sprach doch Goethe

in seinem »Faust« über solche kleinen Geister der Wissenschaft vom Typ eines Wagner, der
> »mit gier'ger Hand nach Schätzen gräbt
> und froh ist, wenn er Regenwürmer findet!«

Was diese »Wagners« aus dem Staub der Archive klauben, kann wohl kaum überzeugende Antworten auf die Fragen der Gegenwart geben.

Heute ist es offenbar nicht mehr Mode, dicke Bücher zu lesen, sich mit Theorie zu befassen, denn dafür muß man ja seinen Denkapparat in Bewegung setzen. In den Jahren der Perestroika in der Sowjetunion haben die Menschen aber am eigenen Leibe erfahren, was es heißt, in der Politik zu sprechen und zu handeln, ohne vorher tief nachzudenken. Aber kehren wir wieder nach Deutschland zurück.

In den ersten Jahren meiner Tätigkeit in Berlin war ich am Aufbau der Sowjetischen Militäradministration in Deutschland (SMAD) beteiligt. Etwas Derartiges hatte es in der Geschichte noch nicht gegeben. Wie ich bereits berichtete, sah ich in Moskau alle Dokumente über die Okkupationspolitik Napoleons I. durch. Aber die Ausbeute war sehr mager, und die Aufgabe war letztlich nicht vergleichbar.

Nach der Beratung vom 10. Mai 1945 suchte ich den Ersten Stellvertreter Georgi Shukows, Armeegeneral Wassili Sokolowski auf. Er setzte mich sehr in Erstaunen: Auf der Beratung hatte er kein Wort fallen lassen, nun aber verteilte er nach seinen genauen Notizen Aufträge, nannte Tag und Stunde für die Erledigung von Aufgaben, die auf der Beratung mit kaum einem Wort erwähnt worden waren, telefonierte mit den Provinzen. Das alles tat er ruhig und ausgeglichen, ohne sich zu erregen oder auch nur die Stimme zu heben. Er ließ keine Sekunde ungenutzt verstreichen, und es war klar, daß er auf eine genaue und akkurate Ausführung aller seiner Anordnungen achten werde.

So mußte er in den Stäben der Fronten und Armeen gehandelt haben, als um ihn herum Kämpfe tobten und Granaten einschlugen.

Dem Stabschef der Front, Generaloberst Wladimir Kurassow, und mir erteilte Sokolowski den Auftrag, einen Entwurf für den Aufbau der sowjetischen Militäradministration in Deutschland auszuarbeiten, Personallisten für die Besetzung der wichtigsten Funktionen aufzustellen und eine Dienstordnung für die SMAD zu formulieren. Kurassow war Sokolowskis würdig – ein klassischer Stabsoffizier mit viel Interesse für Militärtheorie. In kollektiver Arbeit unter seiner Leitung wurde die Struktur der SMAD von oben bis unten entworfen, die sich später voll bewährte. Kurassow nahm alle Vorschläge seiner Mitarbeiter wohlwollend auf und hörte jeden geduldig an. Es war zu erkennen, daß er bisher schon viel kompliziertere Probleme zu lösen gehabt hatte. Die sympathische Gestalt Kurassows, der nur in der Anfangszeit der SMAD hier tätig war, ist mir tief im Gedächtnis geblieben.

Wenn Kurassow unsere Entwürfe erhielt, waren sie zwei Stunden später bei Sokolowski. Dieser gab sie rasch an Schukow weiter, von wo sie nach Moskau abgingen. Nachts kamen bereits die Beschlüsse aus der Zentrale, von denen die wichtigsten am nächsten Morgen bereits veröffentlicht wurden.

Von enormer historischer Bedeutung war die Tatsache, daß an der Spitze der sowjetischen Militäradministration in Deutschland solche bewährten Militärs wie Georgi Shukow und Wassili Sokolowski standen. Sie sind durchaus mit Kutusow, Suworow, Rumjanzew und anderen hervorragenden Feldherren der russischen Geschichte vergleichbar.

Marschall Georgi Shukow war der erste Chef der SMAD. Über ihn ist viel geschrieben worden, und auch er selbst hat seine umfangreichen »Erinnerungen und Gedanken« hinterlassen. Ich will nur einige Einzelheiten hinzufügen, die mir im Gedächtnis geblieben sind. Shukow war entschlossen und willensstark, aber es fällt mir schwer zu sagen, was bei diesem außergewöhnlichen Mann überwog – Geist oder Charakter. Sie befanden sich wohl am ehesten in einer stabilen Balance.

Als die Kanonen verstummten und die Besatzungszeit begann, mußte eine umfangreiche und schwierige Arbeit in Angriff genommen werden: der Aufbau der SMAD, die Lösung vieler konkreter Fragen der Umgestaltung des Lebens in der Ostzone, die Demontage und Vernichtung der Rüstungsindustrie, die Ablösung von Nazis aus führenden Positionen, der Aufbau deutscher Selbstverwaltungsorgane. Handel, Verkehr und Fernmeldewesen mußten wieder in Gang gesetzt, die Kultureinrichtungen und

Schulen wiedereröffnet werden. Alle diese konkreten Fragen der Normalisierung des Lebens der deutschen Bevölkerung liefen bei Shukow und seinem Ersten Stellvertreter zusammen. In seinem Arbeitszimmer erlosch meist erst gegen Morgen das Licht. Zu seinen Sprechzeiten war es von Militärs und Zivilisten überfüllt. Shukow war hart und fordernd, arbeitete aber leicht mit Menschen zusammen, die die Dinge mit Abstand, Umsicht und Mut angingen, die sich nicht hinter Stapeln von Direktiven und Weisungen verschanzten. Er verstand es, die Hauptfragen selbst in Angriff zu nehmen und Einzelheiten an seine Mitarbeiter zu delegieren. Davon bekam ich eine Menge ab, obwohl ich damals nur der Dritte Stellvertreter des Politischen Beraters war und konkret die Politabteilung im kleinen Apparat des Politischen Beraters zu leiten hatte.

Shukow verteilte auch viele Aufträge, ohne sich um die konkrete Funktion des einzelnen zu kümmern. Im Durcheinander jener Tage war es einfach notwendig, daß man jeden Auftrag exakt und gründlich erfüllte.

Große staatsmännische Fähigkeiten bewies Georgi Shukow in den Kontakten mit den Kommandierenden der alliierten Truppen. Ich erinnere mich noch gut an die erste Sitzung des Kontrollrates. Der Oberkommandierende der amerikanischen Truppen in Deutschland, Dwight Eisenhower, war damals auf Roosevelts Linie der Zusammenarbeit mit der Sowjetunion eingeschworen. Georgi Shukow, Dwight Eisenhower und der britische Oberkommandierende Bernard Montgomery fanden bei den Hauptproblemen des Kontrollrates rasch eine gemeinsame Sprache. Shukow lud Eisenhower als seinen persönlichen Gast nach Moskau ein, wo er bei Stalin einen guten Eindruck machte.

Mit Menschen seines Schlages war Shukow einfach, ausgeglichen und nachdenklich. Obwohl er hohe Anforderungen stellte, hart sein konnte und stets in großen Zusammenhängen dachte, war er andererseits gerecht und konnte sich denen gut verständlich machen, die mit ihm eng zusammenarbeiteten.

Im April 1946 verließ Georgi Shukow Deutschland und wurde zum Oberkommandierenden der Landstreitkräfte der UdSSR ernannt.

Zu dieser Zeit spielte Berija Stalin »kompromittierendes Material« über Shukow zu. Dieser fiel in Ungnade und wurde zunächst nach Odessa, später nach Swerdlowsk als Chef des jeweiligen Militärbezirks versetzt. Stalin hatte Shukow die zuweilen sehr harten Konflikte während des Krieges nicht vergessen. Auch daß er im Volke sehr beliebt war und nach Stalins Meinung Züge von »Bonapartismus« aufwies, waren Gründe für diese Entscheidung Stalins. Vorschläge Berijas, Shukow zu verhaften, lehnte Stalin jedoch immer ab, während einige dem Marschall nahestehende Generäle, z. B. Telegin, Jahre hinter Kerkermauern zubrachten.

Nach Shukows Abberufung aus Deutschland wurde Armeegeneral Wassili Danilowitsch Sokolowski, der ebenfalls hohes Ansehen genoß, Oberkommandierender der sowjetischen Besatzungstruppen in Deutschland und Chef der SMAD. Shukow und Sokolowski waren lange unzertrennlich gewesen. Bei den größten Operationen des Krieges fungierte Shukow als Kommandierender, Sokolowski als Stabschef. In Wassili Danilowitschs Arbeitszimmer ging es friedlich zu, es gab keine Standpauken und keine Hektik. Sokolowski blieb selbst in den stürmischsten Debatten mit Shukow stets ruhig, gab seine Meinung in kurzen Erwiderungen kund und reagierte auf scharfe und hitzige Bemerkungen des Marschalls überhaupt nicht.

Sokolowskis Äußeres erinnerte an einen römischen Patrizier – Adlerblick und Adlernase. Wenn er sprach, kniff er seine grauen Augen zusammen, wählte seine Worte langsam und mit Nachdruck. Für mich »Zivilistenwürstchen«, das nicht einen Tag an der Front verbracht hatte, waren Besprechungen bei Sokolowski wahre Offenbarungen. So mußten Stabsbesprechungen in großen und schweren Schlachten abgelaufen sein. Zwar explodierten hier keine Schrapnells über den Köpfen, fielen keine Mitarbeiter an seiner Seite im Kugelhagel, aber die Aufgabe, die der Armeegeneral hier übernommen hatte, stellte sicher eine der kompliziertesten und vielschichtigsten dar, die ihm je begegnet war.

Sokolowskis Schreibtisch und ein weiterer kleiner Tisch waren von der Telefontechnik jener Zeit voll in Anspruch genommen. Wenn das Hochfrequenztelefon klingelte, das die direkte Verbindung zum Oberkommandierenden in Moskau herstellte, sagte Sokolowski: »Wünsche Gesundheit! Es meldet Sokolowski.« Nicht selten sagte er am Ende des ganzen Gesprächs lediglich »Zu Befehl!« und legte auf. Wenn Stalin eine Weisung durchgab, was ziemlich häufig vorkam, dann ließ man alle anderen Dinge fallen und organisierte blitzartige Ausführung. Stalin liebte es, wenn man seine Weisungen unverzüglich realisierte.

In den ersten beiden Jahren verwaltete die SMAD die Ostzone Deutschlands, ein ausgebranntes und ruiniertes Land, dessen staatliche Verwaltung zerfallen war und dessen Bevölkerung Verzweiflung und Apathie ergriffen hatte. In der ersten Zeit hatte der Apparat der SMAD einschließlich der Militärkommandanturen etwa 60 000 Mitarbeiter. Ein solches Kollektiv zusammenhalten konnte nur ein sehr erfahrener, energischer und selbstloser Mann, der alle Wechselfälle des Lebens kannte. Sokolowski hatte viel Verständnis für diese besondere Situation und organisierte seine Arbeit mit weiser Einsicht in deren Vielgestaltigkeit.

Interessant war sein Arbeitstag aufgebaut. Morgens berichtete ihm sein Mitarbeiter über einen riesigen Stapel Papiere, die er als Erster Stellvertreter des Chefs der SMAD zu unterschreiben hatte. Laufende Angelegenheiten von geringer Bedeutung und Entwürfe, die bereits andere Verantwortliche abgezeichnet hatten, ließ er mit seinem Namen signieren, ohne sie zu lesen. Einige Papiere behielt er, um Einzelheiten zu präzisieren. Zu anderen rief er die Abteilungsleiter zu sich, die Veränderungen vorzunehmen hatten. Sehr wenige gewichtige Entwürfe (jeweils zwei bis fünf) hielt er zurück und arbeitete sie durch, wenn bei ihm Ruhe eingezogen war. Zur Diskussion darüber lud er nur diejenigen Mitarbeiter ein, die unmittelbar damit zu tun hatten, um die anderen nicht von der Arbeit abzuhalten.

Wenn es um kompliziertere Probleme ging, setzte er Diskussionen im größeren Kreise an. Dabei sprach Sokolowski selbst nur selten. Er hörte sich die Gedanken aller Teilnehmer an, auch solcher, die die Dinge völlig anders sahen. Am Abschluß einer solchen Diskussion stand unweigerlich der Satz: »Ich bitte darum, bei der Überarbeitung die Ergebnisse des Meinungsaustausches zu berücksichtigen.« Welche Meinungen nun in welchem Maße zu berücksichtigen waren, darüber sollte sich eine Kommission den Kopf zerbrechen, die auf der Stelle ernannt wurde. Danach gab es eine zweite und manchmal noch weitere Diskussionen, wo die Entwürfe der Kommission erörtert wurden. In der Zwischenzeit befaßte sich Sokolowski selbst intensiv mit der Problematik, wobei er Berater, nicht selten auch mich, hinzuzog. Und erst dann bildete er sich eine Meinung, die er in einem Schlußwort zusammenfaßte.

Ich erinnere mich, wie einmal sein Stellvertreter, General Michail I. Dratwin, ihm irgendwelche unbedeutenden Probleme zur Entscheidung vorlegte. Sokolowski erregte sich: »Wissen Sie nicht, daß es Ihre Pflicht ist, solche Probleme zu lösen? Das Zentralkomitee hat Sie wie mich auf diesen Posten gestellt. Warum wollen Sie Ihre Verantwortung auf mich abwälzen?« Dratwin klappte verwirrt seine Mappe zu und verließ Sokolowskis Arbeitszimmer. Mir selbst ging es übrigens einmal genauso.

Im persönlichen Leben war Sokolowski bescheiden und einfach. Er mochte keine Trinkgelage und lud mich sonntags zuweilen mit meiner Frau auf seine Datscha ein, damit wir uns von der Hektik der vergangenen Tage etwas erholen konnten. Über Arbeit wurde dabei nicht gesprochen. Wassili Danilowitsch machte gern lange Spaziergänge durch den Wald und erzählte dabei aus seiner Jugendzeit. Sein Vater war Lehrer auf dem Dorfe, und auch er selbst hatte als ganz junger Mensch als Lehrer gearbeitet. Er erinnerte sich gern daran, wie die Lehrer seiner Gegend sich abwechselnd im Hause eines Kollegen trafen und über die Probleme in ihren Schulen sprachen. Man trank Tee aus dem Samowar und aß Kringel dazu; kein Tropfen Alkohol kam dabei auf den Tisch. An dieser Regel hielt Wassili Danilowitsch sein ganzes Leben lang fest.

Im Ersten Weltkrieg war er zunächst Unteroffizier und später Offizier. Nach der Oktoberrevolution hatte er verschiedene Posten in der Roten Armee. Im Bürgerkrieg kämpfte er vom ersten bis zum letzten Tag und ging dann den schweren Weg des Aufbaus der Roten Armee bis zum Ausbruch des Vaterländischen Krieges. In der Schlacht bei Moskau war Wassili Sokolowski Stabschef der Westfront unter Georgi Shukow. Ruhig und ohne Hektik berichtete er dem Generalstab und dem Oberkommandierenden über die äußerst kritische Lage, die verlustreichen Kämpfe, dann aber auch über die Gegenoffensive der sowjetischen Truppen bei Moskau, die die Hitlerwehrmacht 300 bis 600 Kilometer von der Hauptstadt zurückdrängte.

Nach Sokolowskis Auffassung war dies die wichtigste Schlacht des Zweiten Weltkrieges, die die Niederlage Hitlerdeutschlands vorentschied. Diese Meinung war unter hohen Militärs der Sowjetunion weit verbreitet.

Im Sommer 1943 begann an der Westfront die Offensive in Richtung Dnepr. Schlüsselräume waren hier Smolensk und Roslawl. Armeegeneral Sergej Schtemenko schreibt in seinen Erinnerungen: »Schon am 7. August, d. h. lange vor Beendigung der Kursker Schlacht, begannen die Truppen der West- und Teilkräfte der Kalininer Front die Smolensker Angriffsoperation. Die Westfront, die älteste unserer Fronten, befehligte damals Wassili Danilowitsch Sokolowski. Er war ein sehr vorsichtiger Heerführer, der es vorzog, siebenmal zu messen, bevor er abschnitt. In der schweren Zeit der Schlacht bei Moskau war er ständiger Chef des Stabes der Front, deren Oberbefehl er später von Shukow übernahm. Im März 1943 führte Sokolowski erfolgreich die schwierige Operation zur Beseitigung des sogenannten Frontvorsprunges von Rshew-Wjasma durch. In der Kursker Schlacht wirkte der linke Flügel der Westfront an der Zerschlagung der gegnerischen Gruppierung bei Orjol mit und ging danach in Richtung Smolensk vor. Nach hartnäckigem Kampf gelang es der Westfront, im Zusammenwirken mit den Nachbarn Smolensk zu nehmen und etwa Ende September das Vorfeld von Gomel, Mogiljow, Orscha und Witebsk zu erreichen.« (Im Generalstab. Bd. 1, Berlin [Ost] 1969, S. 194)

Sokolowski war Stabschef fast aller großer Fronten der entscheidenden Richtungen, darunter auch während der ganzen Serie blutiger Schlachten um Berlin.

Nach seinem Charakter und seinen geistigen Gaben war Sokolowski ein hervorragender Stabschef. Die Stabsarbeit im Zweiten Weltkrieg war wegen der großen Zahl der Truppen und ihrer unterschiedlichen Ausrüstung sowie dem Niveau der Kriegskunst, das im Vergleich mit der Periode zu Anfang der dreißiger Jahre stark angestiegen war, außerordentlich kompliziert.

Sokolowski gab sich seinen Aufgaben ganz hin und arbeitete stets bis spät in die Nacht. Einmal sah ich aus meinem Fenster, daß Krankenwagen vor der Villa des Chefs vorfuhren. Der Puls des Marschalls hatte 250 Schläge in der Minute erreicht. Nachdem ihn die Ärzte eineinhalb Stunden lang behandelt hatten, wischte sich Sokolowski den Schweiß von der Stirn und kehrte an seinen Schreibtisch zurück, wo er wieder bis in die Nacht saß.

Alle diese Charakterzüge und Eigenschaften zeigen, daß der Marschall das Leben sehr genau beobachtete, vieles sah, bemerkte und erfaßte.

Aber kehren wir wieder zu den deutschen Dingen zurück.

In den ersten Monaten war als Politischer Berater bei Georgi Shukow der Erste Stellvertreter des Außenministers der UdSSR, Andrej Wyschinski, tätig. Gemeinsam arbeiteten sie Vorlagen für die Verhandlungen mit den Oberkommandierenden der amerikanischen, der britischen und französischen Besatzungstruppen aus, flogen nach Frankfurt/Main zu Eisenhower und legten die Leitlinien für die politische Arbeit fest. Nach einigen Monaten wurde Wyschinski nach Moskau zurückberufen. Seine Aufgaben übernahm nun Arkadi Sobolew.

Im Westen ist die Meinung verbreitet, Sobolew als Politischer Berater habe die Linie des Außenministeriums, ich dagegen als sein Stellvertreter die Linie des NKWD-MGB vertreten, sei im Grunde genommen die rechte Hand Berijas gewesen. Arkadi Sobolew war einer der großen Berufsdiplomaten der UdSSR, der sich vorwiegend mit den USA befaßt hatte. Auf Entwürfen für Befehle der SMAD hinterließ er vorwiegend Randbemerkungen, die die internationale Politik betrafen. Das fiel Shukow auf. Von mir dagegen kamen meist Anmerkungen oder Widerspruch zu Fragen der Politik innerhalb der Besatzungszone.

Sobolew wurde bald nach Wyschinski nach Moskau zurückberufen und ging anschließend zur UNO. Diese Organisation tat damals gerade ihre ersten Schritte, und der peinlich genaue Sobolew mit seinem weiten Horizont war dort genau an der richtigen Stelle. Später war Sobolew als stellvertretender Außenminister tätig. In seinem Büro, das neben meinem lag, tagte während der Kubakrise der Sonderstab des Außenministeriums. Während einer Nachtsitzung starb er unerwartet.

Von meinem Verhältnis zu Berija wird noch die Rede sein.

Die Episode mit Meschik in Konews Stab war nur das erste Problem in meinem Verhältnis zu den Organen der Staatssicherheit. Shukow, Sokolowski, Molotow und ich wiesen die Versuche von Mitarbeitern des NKWD-MGB entschieden zurück, sich in die politischen Angelegenheiten der Besatzungszone einzumischen. In der Regel kamen sie mit inkompetenten und oberflächlichen Urteilen, während die Lage eine flexible, allseitige und genaue Betrachtung aller Erscheinungen der Wirklichkeit erforderte. In der Partei nahm Berija nur eine zweitrangige Stellung ein. Ich kann mich nicht erinnern, daß er im Politbüro bei der Erörterung politischer, wirtschaftlicher oder kultureller Fragen Deutschlands gewichtige Gedanken geäußert hätte. Molotow, damals der zweite Mann in der Parteiführung und im Staat, hatte allen Grund, Berija sehr reserviert und feindselig zu begegnen.

Am 5. Juni 1945 wurde in Berlin die Deklaration über die Niederlage Deutschlands feierlich unterzeichnet. Sie war im Jahre 1944 von der Europäischen Beratenden Kommission (EAC) in London ausgearbeitet worden. Die vier alliierten Mächte übernahmen nun die Verwaltung ihrer jeweiligen Besatzungszonen. Die Deklaration unterzeichneten die Oberkommandierenden der alliierten Truppen – Shukow für die UdSSR, Eisenhower für die USA, Montgomery für Großbritannien und Lattre de Tassigny für Frankreich. Weiter nahmen die stellvertretenden Oberkommandierenden (für die Sowjetunion Wassili Sokolowski) und die Politischen Berater teil. Auch ich hatte Befehl, dort zu erscheinen, obwohl ich nur der Dritte Stellvertreter des Politischen Beraters war.

Deutschland bestand nun aus vier Besatzungszonen. Groß-Berlin, das in der sowjetischen Besatzungszone lag, wurde von den Truppen der vier Mächte besetzt, da hier zugleich auch der Alliierte Kontrollrat seinen Sitz hatte.

Anfang Juli 1945 rückten die Truppen der vier Mächte in ihre Besatzungszonen ein, deren Grenzen die Alliierten bereits im Oktober 1944 bestimmt hatten. Truppen der USA, Großbritanniens und Frankreichs wurden im Juli/August in den für sie bestimmten drei Sektoren Berlins stationiert. Der Kontrollrat nahm seine Tätigkeit auf.

Die ersten Monate nach der Kapitulation waren besonders schwierig. Die Apathie der Masse der Bevölkerung behinderte die Wiederherstellung des Lebens und die demokratischen Veränderungen. Deutsche Kommunisten und Antifaschisten waren führend an dieser komplizierten Arbeit beteiligt.

Vor unseren Augen erstand bald neues Leben aus den Ruinen. Wenn etwas Neues geboren wird, bedeutet dies Schmerzen und Blut, aber auch das Kind, das vor Gefahren bewahrt werden muß.

Wie Marschall Sokolowski einmal bei einer Beratung sagte, wo er Goethes »Erlkönig« aus dem Gedächtnis zitierte, war es an uns, das Kind gesund und lebendig nach Hause zu bringen.

Es erwies sich als äußerst schwierig, alle Bevölkerungsschichten zum aktiven Mittun zu bewegen. Damit waren wir Tag und Nacht beschäftigt. Die Organe der SMAD halfen den deutschen Antifaschisten und loyalen Persönlichkeiten dabei, sich in die für sie neuen Aufgaben der staatlichen und gesellschaftlichen Tätigkeit hineinzufinden. Bereits einen Monat nach der Kapitulation, am 10. Juni 1945, wurde mit dem Befehl Nr. 2 der am Vortage gebildeten SMAD die Tätigkeit antifaschistisch-demokratischer Parteien und Organisationen wieder zugelassen. Am 30. April hatte eine Gruppe Bevollmächtigter des ZK der KPD unter Leitung Walter Ulbrichts bereits in Berlin zu wirken begonnen.

Die Lage erforderte tiefgreifende antifaschistisch-demokratische Umwälzungen, die die Ausrottung des aggressiven deutschen Imperialismus und Faschismus mit einer grundlegenden Demokratisierung des Lebens verbinden sollten. Der Leser könnte fragen, weshalb ich hier diese alten Geschichten aufwärme. Ich tue das deshalb, weil es hier um Deutschland und den deutschen Imperialismus geht, der seit den Zeiten Bismarcks fünf Kriege, darunter zwei Weltkriege vom Zaune gebrochen hat. 1945 standen konsequente, neue und weitblickende Aktionen auf der Tagesordnung, die zum Ziele hatten, nie wieder Krieg von deutschem Boden zuzulassen. Es ging nicht einfach um eine Demokratisierung, sondern um eine antifaschistisch-demokratische Umwälzung, gleichsam eine Zickzackbewegung. Dieser gewundene Weg konnte nur gegangen werden, wenn man sich in die Lage eines Landes vertiefte, das erst 1871 seine staatliche Einheit errungen hatte. Die noch vorhandenen Spuren der Kleinstaaten und Fürstentümer machten es erforderlich, daß man auch die Besonderheiten der einzelnen Länder, Provinzen und Regionen berücksichtigte. Die große Politik in der Deutschlandfrage erforderte ein flexibles Vorgehen.

Wie wir wissen, hatte Hitler von der Zukunft Deutschlands und der Nachkriegsordnung seine eigene Vorstellung und dafür seine eigenen Pläne. Sie zerbrachen im Kriege und liegen in den Kellern der Reichskanzlei begraben.

Im März 1942 hatte ich aus Kuibyschew einen kurzen Bericht an Molotow in Moskau darüber geschickt, daß Großbritannien, nach Dokumenten des britischen Foreign Office zu urteilen, bereits in den ersten Kriegsmonaten begonnen hatte, Pläne für die Nachkriegsordnung auszuarbeiten. Wie ich später erfuhr, bildete Molotow im Mai 1942 eine kleine streng geheime Gruppe, die Fragen der Nachkriegsordnung in der Welt studierte.

1943 befaßten sich mit diesen Problemen bereits Abteilungen in verschiedenen Behörden und Einrichtungen, darunter auch in der 7. Verwaltung der Roten Armee, die für die Arbeit unter den Kriegsgefangenen und in den Truppen des Gegners zuständig war, in der Politverwaltung der Roten Armee sowie in der Internationalen Abteilung des ZK der KPdSU(B). In diese Arbeit wurden auch führende Vertreter der kommunistischen und Arbeiterparteien europäischer Länder wie Georgi Dimitroff, Maurice Thorez, Palmiro Togliatti, Dolores Ibarruri, Klement Gottwald, Gheorghe Gheorghiu-Dej und andere einbezogen.

Gemeinsam mit den führenden Vertretern der Kommunistischen Partei Deutschlands, Wilhelm Pieck und Walter Ulbricht, berieten sie Inhalt und Form eines Aufrufes der KPD an das deutsche Volk nach der Niederlage Hitlerdeutschlands. Das ist verständlich – schließlich war Deutschland das Schlüsselproblem der Nachkriegsentwicklung, das grundlegende Interessen der Völker Europas – und nicht nur Europas – berührte. Der Entwurf des Aufrufs ging auch über Stalins Tisch, und die Endfassung, die am 11. Juni 1945 veröffentlicht wurde, ist durchaus von seinen Gedanken geprägt.

Der Aufruf der KPD an das deutsche Volk enthielt ein Programm zur nationalen Wiedergeburt Deutschlands als friedliebender und demokratischer Staat. Die konkreten Aktionen, die dieses Dokument vorsah, wurden zum praktischen Aktionsplan der SMAD. Ich erinnere mich gut, daß wir unsere Arbeit ständig an diesem Dokument maßen.

Am 15. Juni 1945 konstituierte sich in Berlin sodann der Zentralausschuß der SPD als provisorisches Leitungsorgan der Sozialdemokratie. Dann nahmen der Kulturbund, die Christlich-Demokratische Union (CDU) und die Liberaldemokratische Partei (LDP) ihre Tätigkeit auf. Am 14. Juli wurde der Block der antifaschistisch-demokratischen Parteien gebildet. In der Ostzone formierte sich so das enorme Potential der demokratischen Kräfte des deutschen Volkes.

Anfang Juli sagte mir Georgi Shukow, er habe mich als Kandidaten für die Funktion des Politischen Beraters beim Chef der SMAD vorgeschlagen. Verwirrt dankte ich für das Vertrauen. Ich war wirklich etwas durcheinander, denn mir fiel ein, daß in Finnland in dieser Funktion das Mitglied des Politbüros Andrej Shdanow, in Ungarn das Mitglied des Politbüros Kliment Woroschilow und Botschafter Georgi Puschkin tätig waren. In Deutschland, wo sich damals das Zentrum der weltweiten Auseinandersetzung befand, sollte ich, ein im Grunde genommen unbekannter und auch noch ziemlich unerfahrener Mann (ich war damals 34 Jahre alt) diese Rolle übernehmen, noch dazu bei Marschall Shukow.

In der Anordnung für die Sowjetische Militäradministration über die Verwaltung der Sowjetischen Besatzungszone in Deutschland vom 6. Juni 1945, die der Rat der Volkskommissare der UdSSR bestätigt und Stalin unterschrieben hatte, hieß es: »Politischer Berater beim Chef der SMAD ist der Politische Berater beim Oberkommandierenden der sowjetischen Besatzungstruppen in Deutschland. Der Politische Berater hat die Pflicht, dem Chef der SMAD Vorschläge und Schlußfolgerungen zu allen Fragen politischen Charakters vorzulegen, darunter auch zu allen außenpolitischen Fragen. Zugleich hat er der Sowjetregierung in Abstimmung mit dem Chef der SMAD Informationen über die Lage in Deutschland und Vorschläge zu allen Fragen zu unterbreiten, für die die sowjetische Militäradministration in Deutschland zuständig ist. Der Politische Berater hat die Gesamtleitung der Arbeit der politischen Abteilung, der Abteilung für Volksbildung und der Rechtsabteilung.«

Die Aufgaben des Politischen Beraters beim Chef der SMAD waren ungeheuer breit gefächert. Das Hauptfeld seiner Tätigkeit bestand darin, die große Politik in die Sprache praktischer Alltagsmaßnahmen umzusetzen. Um das zu erreichen, brauchte er Kontakt zu allen Parteien und großen Organisationen des antifaschistisch-demokratischen Blocks, ohne diese an die große Glocke zu hängen. Das war ein ganzer Ozean von Problemen. Zweitens waren da die internationalen Aspekte der deutschen Frage. Molotow nahm mich zu fast allen internationalen Konferenzen mit, wo die Deutschlandfrage zur Sprache kam oder auch nur berührt werden konnte. Dazu kam der Kontrollrat der vier Mächte in Berlin mit seiner Verwaltungsfunktion für Deutschland. Das waren wiederum Hunderte von Ebenen praktischer Tätigkeit.

Der Apparat des Politischen Beraters beim Chef der SMAD, möglicherweise der jüngste nach seinem Durchschnittsalter von höchstens 30 Jahren, hatte viele Deutschlandkenner zur Verfügung und organisierte seine Tätigkeit auf ganz eigene Weise. Wir mischten uns nicht in die Tagesarbeit der Organe der SMAD ein, sondern konzentrierten uns auf die konzeptionellen Fragen oder auf besonders schwierige Probleme. Außerdem gab unser Apparat wichtige Impulse für die Tätigkeit unserer Vertreter im Kontrollrat, in dessen zahlreichen Direktoraten, Abteilungen und Arbeitsgruppen. Wir arbeiteten bis spät in die Nacht, manchmal bis vier oder fünf Uhr morgens. Jeder Mitarbeiter war für eine Abteilung oder Verwaltung der SMAD und für eine deutsche Organisation zuständig.

Nicht allen Militärs paßte diese Methode. Einige wollten als echte Soldaten auch Macht ausüben. Mir war unter dem Militärpersonal ein Oberleutnant, der Sohn eines Professors für Kirchengeschichte an der Saratower Universität, aufgefallen. Ich übertrug ihm die Arbeit mit der Kirche. Der schmächtige Junge meldete mir, er könne diese Aufgabe nicht erfüllen, weil sein General ihn nicht einmal angehört habe, als er ihn über seinen Auftrag informieren wollte. Er habe nur kommandiert: »Stillgestanden! Kehrt! Links um! Rechts um! Ausrichten! Wegtreten!«

Ich ließ den General zu mir kommen und verlangte von ihm eine Erklärung. Am Ende des Gesprächs brüllte ich: »Stillgestanden! Links um! Rechts um! Ausrichten! Kehrt! Wegtreten!« Der General kam ins Schwitzen, führte die Kommandos jedoch aus und stürzte schließlich hochrot aus meinem Arbeitszimmer. Auf Befehl des Oberkommandierenden wurde er von der politischen Arbeit entbunden und bald darauf demobilisiert.

An freien Tagen zogen alle Mitarbeiter des Apparates, gleich welchen Ranges, in den Wald, um Pilze oder Beeren zu sammeln. Meist waren wir jedoch in der Schule der im März 1946 gegründeten Freien Deutschen Jugend zu finden, wo wir Volleyball spielten, tanzten und uns vergnügten. Zuweilen setzten wir uns zu den Deutschen in eine kleine Kneipe und erfuhren auf diese Weise viel darüber, wie man im Volke dachte und wie seine Stimmung war. Das war für unsere Arbeit sehr nützlich. Allerdings ging es nicht ohne kuriose Zwischenfälle ab. Ich bewegte mich ohne Schutzpersonal, hielt selten öffentliche Reden und blieb mehr im Schatten. Manchmal wurde ich jedoch erkannt und machte interessante Bekanntschaften.

Allmählich fand ich meinen eigenen Arbeitsstil. Unter einer Glasplatte auf meinem Schreibtisch lagen drei Pläne. Der erste enthielt die großen Aufgaben für ein halbes bis ein Jahr, die sich aus Weisungen der Führung und aus der aktuellen Lage ergaben. Der zweite war ein Plan für einen Monat bis zu einem Vierteljahr, der dritte galt für eine Woche. In meiner Tasche trug ich stets ein Blatt mit den Aufgaben für den jeweiligen Tag bei mir.

Vor allem hatte ich den langfristigen Plan in konkrete Vorhaben umzusetzen. Auf diese Weise wurde Kontinuität der Politik erreicht. Die Umsetzung von Punkten des ersten Planes in die Praxis bedeutete festzulegen, welche Maßnahmen zu ergreifen, welche Konferenzen zur Untersuchung des Problems zu organisieren, welche Treffen durchzuführen, welche Reden zu halten, welche Bücher zu lesen waren und mit welchen Autoren zu sprechen war. Bei dem zweiten Plan kamen die aktuellen Aspekte je nach der Entwicklung der Lage hinzu. Der dritte Plan schließlich bestand aus operativer Arbeit, dem Empfang von Menschen, die mich zu sprechen wünschten, und vielen anderen Aktivitäten. Mein Tagesplan enthielt in der Regel 15 bis 20 Punkte. Was erfüllt war, wurde durchgestrichen, der Rest, meist mit Abänderungen, in den Plan für den nächsten Tag aufgenommen. Manche Aufgaben gerieten auf diese Weise auch in die langfristigen Pläne.

Später erlebte ich bei Botschaftern in mehreren Ländern häufig die Gewohnheit, die Mitarbeiter am Morgen zu einer Presseschau zu versammeln. Ich hielt das für Zeitverschwendung, denn die Presse mußte jeder nach seinen eigenen Gesichtspunkten lesen. Wir führten Beratungen über die laufende Arbeit und den Stand der Planerfüllung durch. Dabei erhielt zunächst jeder Mitarbeiter die Möglichkeit, über seine Vorhaben zu sprechen. Dann wurden Schlußfolgerungen gezogen.

In der Regel lud ich zu diesen Beratungen alle Mitarbeiter, dazu auch die politisch interessierten technischen Kräfte und besonders junge Leute ein. Auf diese Weise erprobte ich die Kader und trennte diejenigen, die ich fördern wollte, von denen, die nicht für diese Arbeit taugten.

Einmal sagte Shukow zu mir:
»Ich bin mit Ihrer Arbeit nicht zufrieden.«
»Womit konkret?«
»Ich erhalte aus Moskau keine Antworten auf meine Anfragen.«

Lachend antwortete ich, da sei er bei mir an der falschen Adresse. Er, Shukow, kenne Stalin gut, Stalin kenne mich aber überhaupt nicht.

»Das ist keine Antwort«, sagte der Marschall barsch.

»Dann gestatten Sie, daß ich Ihnen einen Rat gebe. Vielleicht sollten wir Moskau nicht mit unseren Anfragen behelligen, sondern alle unsere Probleme lieber an Ort und Stelle selbst klären. Wir üben die Besatzungsmacht in dieser Zone aus. Wir haben eine starke Militäradministration und ständige Kontakte zu den Führungen von KPD, SPD und anderen deutschen Parteien und Organisationen. Wir kennen die Lage in Deutschland und die Linie der Partei auf diesem Gebiet. Moskau hat jetzt ganz andere Sorgen. Lassen Sie uns doch alle Dinge hier entscheiden und die Zentrale nur über die allerwichtigsten Fragen kurz informieren.«

»Das ist ein vernünftiger Gedanke.«

Diesen übermittelte Shukow an Sokolowski als seine Direktive.

Auch Moskau war mit dieser Wendung der Dinge offenbar zufrieden. Es ist kaum zu beschreiben, wie sehr dies die weitere Tätigkeit der SMAD und ihrer Nachfolgeorganisationen erleichterte. Mit einem Mal waren die Schwierigkeiten verschwunden, von denen der Politische Berater bei der amerikanischen Militäradministration, Botschafter Robert Murphy, mit so viel Ärger berichtete. Denn eine Antwort aus Moskau auf eine Anfrage der SMAD hätte bedeutet, daß Abstimmungen mit verschiedenen Dienststellen hätten vorgenommen werden müssen, die die Lage in Deutschland nicht besser kennen konnten als die SMAD. Damit wurden auch die Türen für die Einmischung dieser und jener Behörden in unsere Tätigkeit über ihre Abteilungen oder Verwaltungen verschlossen. Außerdem vereinfachte dies das Verhältnis der Leitung der SMAD zur obersten Führung der Sowjetunion – dem Rat der Volkskommissare der UdSSR und dem Politbüro des ZK der KPdSU(B). Es wurde festgelegt, daß Chiffretelegramme an die Führung zu allen politischen Fragen nur dann gültig waren, wenn sie zwei Unterschriften trugen – die des Chefs der SMAD und seines Politischen Beraters. Beschlüsse, die sie miteinander abgestimmt hatten, waren verbindlich. Die Abteilungen und Verwaltungen der SMAD informierten die zuständigen Dienststellen in der Sowjetunion nach eigenem Ermessen. Aber sie bewegten sich in dem Rahmen, den die Führung der SMAD abgesteckt hatte.

Uns war durchaus bewußt, welch enorme Verantwortung und Last wir uns damit aufluden. Ich denke, darauf ist unter anderem auch zurückzuführen, daß es in Ostdeutschland und später in der DDR nicht jene politischen Prozesse gab wie z. B. in Ungarn, in der Tschechoslowakei und in Polen.

Meine diplomatischen Lehrjahre waren nun zu Ende. Das Schicksal trug mich immer weiter auf die Wellenkämme des aufgewühlten Weltmeeres der Leidenschaften hinauf. Tauche, und wenn du Wasser schluckst, dann pruste, aber schwimme!

Bereits die ersten Monate zeigten, daß es unmöglich war, alle politischen Fragen der Besatzungszone und des Kontrollrates in einer Hand zu behalten. Die Strukturen der SMAD wurden verfeinert. Stalin, dem bewußt war, daß die Funktion des Politischen Beraters vor allem darin bestand, die Fragen der großen Politik in Deutschland im Auge zu behalten und die Weisungen durchzusetzen, die vom Staatlichen Verteidigungskomitee über Sokolowski kamen, fand eine Lösung. Er übertrug die operative Arbeit in der SMAD dem Leiter der Politabteilung der Fünften Stoßarmee, General Fjodor Jefimowitsch Bokow, den er seit Beginn des Krieges kannte, als dieser Sekretär des Parteikomitees im Generalstab der Roten Armee gewesen war. Er hatte Stalin zuweilen Bericht erstattet und ihm dabei gefallen. Stets die Hände an der Hosennaht, ohne überflüssige Worte oder gar Forderungen – so haben ihn Stabsoffiziere in ihren Memoiren beschrieben.

Nach dem Tode General Bersarins am 28. Juni 1945 ernannte Stalin Bokow am 28. Juni zum Mitglied des Militärrates der SMAD. Das war eine Funktion, die in der Dienstordnung der

SMAD bislang nicht existierte. Stalin wollte die führenden Personen der SMAD maximal von operativen Aufgaben entlasten. Etwas Ähnliches gab es auch im Ministerrat der UdSSR, wo man eine Kommission für laufende Angelegenheiten gebildet hatte, die viele operative Fragen der Ministerien und Dienststellen behandelte und entschied. Dabei wurde Stalins Unterschrift eingeholt, der die Dinge nicht kannte und keine Zeile davon gelesen hatte. Das war damals übliche Praxis. Bei einem Neuanfang gibt es stets viele schwierige Probleme. Deshalb war es zweckmäßig, die operative Arbeit getrennt zu erledigen. Da die Deutschen selbst noch keine Machtbefugnisse besaßen, waren Bokows Aufgaben aber breiter gefächert.

Vor dem Kriege war Bokow Leiter der Militärpolitischen Akademie in Leningrad gewesen. Er kannte zwar Deutschland nicht, versuchte dies aber durch kollektive Arbeit, Fleiß und großen Einsatz zu kompensieren. Er stand also durchaus am richtigen Platz. Praktisch ergab sich dadurch eine gewisse Dezentralisierung der Tätigkeit der SMAD. Bokow leitete erfolgreich operative Besprechungen bei der SMAD, an der auch deutsche Vertreter teilnahmen. Er verfolgte dabei eine klare Linie. Selbst Probleme, die die Vereinigung von KPD und SPD betrafen, wurden stets nur bei Bokow beraten.

Ich nahm an seinen Besprechungen nicht teil, sondern konzentrierte mich auf meine Probleme im Zusammenhang mit der Bodenreform, dem Kontrollrat u. a. Bokow ärgerte sich, daß ich mich von ihm fernhielt, und meinte, ich nähme mich zu wichtig. Das entsprach aber nicht den Tatsachen. Ich meinte einfach, die dort versammelte Runde kenne sich in den Problemen besser aus, und wollte mich nicht in ihre Angelegenheiten einmischen. Ich hatte viel mit den Weisungen Stalins zur Gesamtpolitik zu tun, wo es um schwierige und auch völlig neue Probleme ging.

Ende 1945 wandte sich Bokow mit dem Vorschlag an Stalin, im Kreml eine Begegnung mit führenden deutschen Vertretern in breiterer Zusammensetzung durchzuführen. Als Zustimmung aus Moskau kam, begann Bokow mit der Vorbereitung, beging jedoch aus Unerfahrenheit viele Fehler.

Bei der Begegnung lächelte Stalin zunächst zufrieden. Später in der Pause fragte mich Malenkow, ob ich etwas zum Ablauf zu bemerken hätte. Ich wies auf einige Probleme hin, die ich sah. Nachdem mich Malenkow angehört hatte, steuerte er, offenbar auf Weisung Stalins, das Ende der Veranstaltung an. Stalin schaute nun düster drein und schloß die Begegnung selbst bald ab. Seitdem fanden solche Gespräche bei Stalin nicht mehr statt. Bokow arbeitete noch einige Zeit auf seinem Posten und wurde dann in die Sowjetunion zurückberufen. Sein wichtigstes Defizit bestand sicher darin, daß er Deutschland nicht kannte und auch nicht bereit war, sich in dessen Probleme zu vertiefen. Das konnte ich übrigens bei vielen Berufsoffizieren beobachten.

Bokow hatte für das Gespräch bei Stalin Nikolai Nikolajewitsch Wolkow aus seinem Sekretariat als Dolmetscher bestimmt. Dieser war früher Philosophiedozent am Pädagogischen Institut in Rostow am Don gewesen. Vor dem Kriege hatten wir dort zusammengearbeitet. Er hatte sich im Ural Deutsch selbst beigebracht. Seine Aussprache konnte nicht schlechter sein. Auf diese Weise hatte er sich noch einige weitere Sprachen angeeignet. Englisch las er z. B., wie es geschrieben stand, Erfahrungen im Dolmetschen und Notieren hatte er nicht. Deswegen mißlang auch die Übersetzung bei dem Gespräch mit Stalin. Leider wurden dort auch keine konkreten Vorschläge vorgelegt, so daß im Grunde nichts herauskam.

Das soll die Verdienste Bokows im ersten Nachkriegsjahr, als er viele operative Aufgaben übernahm, nicht schmälern So koordinierte er z. B. die Umwälzung in der Tätigkeit der Volksbildung, des Rechtswesens sowie – das nenne ich zum Schluß, um die Bedeutung hervorzuheben – die Organisierung der Gewerkschaften, die Vorbereitung für die Vereinigung von KPD und SPD. Als Politischer Berater befaßte ich mich nicht tiefgründig mit diesen Fragen, weil ich mich hier nicht kompetent fühlte und wenig Erfahrungen auf diesem Gebiet besaß.

Vielen interessanten Menschen begegnete ich in den Organen der 7. Verwaltung der Roten Armee, die während des Krieges in den gegnerischen Streitkräften gearbeitet hatten. Im Herbst 1945 kam Oberst Sergej Tjulpanow als Leiter der Verwaltung für Propaganda in die SMAD. In dieser Funktion arbeitete er selbstlos für die Demokratisierung des gesellschaftlichen Lebens und der Verwaltung in Ostdeutschland.

Auch eine große Gruppe fähiger Militärs kristallisierte sich heraus, die die politische Arbeit der SMAD sehr qualifiziert leiteten. Zu ihnen gehörte der Berliner Stadtkommandant Alexander Kotikow, der die Nachfolge des bei einem Verkehrsunfall umgekommenen Nikolai Bersarin antrat. Der General, der aus einer Arbeiterfamilie stammte, einfach und zugänglich geblieben war, konnte sich gut in die Probleme der Stadt Berlin und Deutschlands hineinversetzen. Einmal streikten die Arbeiter eines Betriebes. Kotikow ging in den Saal, wo die Streikenden berieten, zog seine Uniformjacke aus und sagte: »Ich bin Arbeiter wie ihr. Wir haben gemeinsame Interessen. Laßt uns gemeinsam herausfinden, was hier schiefgegangen ist.« Nach einigen Stunden Gespräch wurde der Streik zu gegenseitig annehmbaren Bedingungen eingestellt. Kotikow arbeitete auch gut mit vielen Intellektuellen zusammen.

Die Chefs der SMAD-Dienststellen in den einzelnen ostdeutschen Ländern, D. G. Dubrowski, P. S. Kolesnitschenko, W. M. Scharow und andere waren starke Persönlichkeiten. Viele leitende Mitarbeiter der SMAD in der Zentrale und in den verschiedenen Teilen der sowjetischen Besatzungszone hatten Erfahrungen in verschiedenen Bereichen des zivilen Lebens der Vorkriegszeit. In der SMAD waren auch bekannte Wirtschaftsfunktionäre wie der Leiter der Finanzverwaltung, Pawel Andrejewitsch Maletin, der stellvertretende SMAD-Chef für Wirtschaftsfragen, Konstantin Iwanowitsch Kowal, der vor dem Kriege Vorsitzender des Gebietskomitees Astrachan gewesen war, sowie die Chefredakteure der Zeitung der SMAD »Tägliche Rundschau«, Oberst Alexander Wladimirowitsch Kirsanow, Oberstleutnant Michail Petrowitsch Sokolow und andere tätig.

Meine Landsleute und ich, die wir nach dem Kriege in den Organen der sowjetischen Militäradministration in Deutschland arbeiteten, haben diese Jahre in der Regel als die besten unseres Lebens in Erinnerung behalten. Warum? Weil hier Weltgeschichte geschrieben wurde.

Als Politischer Berater hatte ich viele Kontakte mit führenden Vertretern der KPD, der SPD und nach ihrer Vereinigung der SED. Auf Beratungen bei Georgi Shukow lernte ich Wilhelm Pieck kennen, der Ernst Thälmann nach dessen Verhaftung als Vorsitzender des ZK der KPD abgelöst hatte, einer der bekanntesten Führer der internationalen Arbeiterbewegung. Wilhelm Pieck nahm nicht nur mich mit seiner aufmerksamen und sensiblen Art sofort für sich ein. Er war ein glühender Verfechter der Einheit aller antifaschistischen Kräfte des deutschen Volkes und verstand es, diese Einheit in den ungeheuer schweren Anfangsjahren nach dem Kriege zu schmieden. Der Händedruck Wilhelm Piecks mit dem Vorsitzenden der SPD, Otto Grotewohl, auf dem Vereinigungsparteitag von KPD und SPD im April 1946 war keine theatralische Geste. In Wilhelm Pieck fand Otto Grotewohl einen überzeugten Fürsprecher der Einheit. Gewöhnlich eher wortkarg, konnte Pieck wie ein Löwe dazwischenfahren, wenn jemand in der Führung der KPD das zunächst sehr zarte Geflecht der Einheit oder die ihm zugrundeliegenden Prinzipien verletzte.

Mit der operativen Tätigkeit und der Personalarbeit der Partei war Walter Ulbricht befaßt. Bei ihm liefen alle Fäden der praktischen Arbeit zusammen. Da Ulbricht klar war, daß die Ostzone auf absehbare Zeit das Betätigungsfeld der SED sein werde, zog er hier alle am Leben gebliebenen Funktionäre der KPD zusammen. Nur einzelne blieben in den Westzonen, wie z. B. Max Reimann. Bei der Durchsetzung dieser an sich richtigen Linie schoß Ulbricht über das Ziel hinaus und schädigte damit teilweise die Arbeit im Westen. Er sah die Kommunistische Partei in Westdeutschland lediglich als Teilorganisation an, die sich Berlin in allem unterzuordnen hatte. Da er in Berlin jedoch mit sehr vielen dringenden Dingen befaßt war, führte diese Orientierung dazu, daß viele Organisationen im Westen ausbluteten und in ihrer Tätigkeit faktisch lahmgelegt wurden.

Walter Ulbricht war ständig in Bewegung, er sprach viel auf Arbeiterversammlungen. Ihm fehlte es allerdings an ausreichender Bildung, genügendem Taktgefühl in der Arbeit mit den Intellektuellen; außerdem hatte er Vorurteile gegenüber bürgerlichen Politikern. Das sollte sich später nachteilig auswirken.

Größeren Einfluß innerhalb der Intelligenz hatte Wilhelm Pieck. Er ließ sich kein bedeutendes Theaterereignis, keine Premiere entgehen und trug viel zum Aufbau des Kulturbundes bei.

Otto Grotewohl, der von den Sozialdemokraten kam, spielte gemeinsam mit seinen Freunden eine äußerst wichtige Rolle bei der Vereinigung von SPD und KPD zur SED.

Um diese drei scharten sich andere, aus deren Kreis eine ganze neue Generation führender Kräfte heranwuchs.

Bereits in den ersten Jahren taten sich Fachleute hervor, die in der Lage waren, die verschiedenen Bereiche des gesellschaftlichen Lebens auf hohem Niveau zu leiten. Besonders wichtig war es, Wirtschaftsfunktionäre heranzubilden. Viele gute Leiter von Industriebetrieben, Verkehrseinrichtungen, von Instituten der Wissenschaft und Technik entwickelten sich in jenen Jahren. Langsamer ging das bei der Diplomatie – die innenpolitischen Probleme überschatteten zeitweilig alles andere.

Stalin war bewußt, daß die KPD in dieser Situation eine wichtige historische Aufgabe zu übernehmen hatte. Als man ihm die bedingungslose Kapitulation Deutschlands gemeldet hatte, erhob er sich, schlug mit der Faust auf den Tisch und rief aus: »Daß Thälmann nicht mehr lebt!« Stalin hatte Thälmann gegenüber seit Gründung der Komintern eine wohlwollende Haltung gehabt. In seinen Augen war dieser die Verkörperung der Größe und Würde der Partei der deutschen Kommunisten. Thälmann war sehr populär. Er fehlte nach 1945 an allen Ecken und Enden.

In der Thälmannschen Führung der KPD hatte es viele hervorragende Persönlichkeiten gegeben. Stark beeindruckt hat mich Franz Dahlem, der als Illegaler bis 1934 in Deutschland geblieben war. Ihn hatte später in Frankreich die Gestapo gefaßt und 1942 in das KZ Mauthausen überführt. Völlig ausgezehrt, mit einem Körpergewicht von nur 43 kg, berichtete er mir, nach Luft ringend, wie ihn 1942 Kaltenbrunner verhört hatte.

»Glauben Sie, wir werden Ihnen das Vergnügen bereiten, Sie hier in diesen Kellern sterben zu lassen? Nein, Sie werden sterben, wenn alle Ihre Ideale zerbrechen, wenn Sie selbst Ihre volle Niederlage eingestehen.«

Dahlem widersprach, es könnte doch auch geschehen, daß er überlebe und Kaltenbrunner als Naziverbrecher hingerichtet werde. »Ich habe überlebt, und Kaltenbrunner wartet nun in Nürnberg auf sein Urteil ...«

Der hochgebildete, kluge und erfahrene Dahlem wies alle Vorschläge, sich zunächst zu erholen und auszuheilen, entschieden zurück und wurde zu einem der wichtigsten Männer in der Führung des ZK der KPD.

Fast zehn Jahre lang arbeitete ich Hand in Hand mit den Führern der SED und des Blocks der antifaschistisch-demokratischen Parteien. Die SED, die im April 1946 aus der Vereinigung von KPD und SPD entstand, verfügte über zahlreiche erfahrene Menschen. Ohne sie wäre der Aufbau der antifaschistisch-demokratischen Ordnung in Deutschland von unten bis oben nicht möglich gewesen.

Als Politischer Berater beim Chef der SMAD hatte ich häufig Kontakt mit den führenden Vertretern der bürgerlichen Parteien und der Massenorganisationen. In den verschiedenen Bevölkerungsschichten der Ostzone, auch im Bürgertum, war ein tiefes Umdenken über die Zukunft Deutschlands zu beobachten. Wenn wir Fragen der großen Politik in Deutschland analysierten, hatten wir die Meinungen, Auffassungen und die innere Entwicklung aller Schichten und Organisationen der Bevölkerung zu berücksichtigen.

Unter vielen anderen möchte ich so aktive Begründer der antifaschistisch-demokratischen Ordnung wie den ehemaligen Reichstagsabgeordneten Otto Nuschke (CDU), Johannes Dieckmann (LDP), Gerald Götting (CDU) und Heinrich Homann (NDPD) nennen. Ich traf oft mit ihnen zusammen, auch im Familienkreise. Wir hatten in vieler Hinsicht unterschiedliche Auffassungen, kamen aber gut miteinander aus. Ich habe viel Nützliches von ihnen gelernt, möglicherweise haben auch sie durch den Kontakt mit mir manches anders gesehen. Niemals hatte ich Grund, an ihrer Aufrichtigkeit zu zweifeln, dafür konnte ich mich verbürgen.

Erst viel später, als ich Botschafter in der Bundesrepublik Deutschland war, spürte ich, daß es nicht nur möglich, sondern auch notwendig ist, eine loyale Zusammenarbeit mit bürgerlichen Kreisen und Persönlichkeiten zu entwickeln. Ich kann es mir nicht verzeihen, daß ich z. B. als Botschafter in Bonn niemals mit dem Schriftsteller Heinrich Böll zusammengetroffen bin. Als ich ihm das erste Mal signalisierte, daß ich gern Kontakt mit ihm hätte, reagierte er ausweichend. Später ließ er mir sagen, er sei bereit, mich in Köln zu empfangen, aber ich war mit vielen anderen Dingen beschäftigt. So ist mir die Möglichkeit entgangen, mich mit diesem großen »katholischen« Schriftsteller linker Prägung auszutauschen, dessen Verhältnis zur offiziellen Kirche mich irgendwie

an Lew Tolstoi erinnert. Das war ein unverzeihlicher Fehler als Politiker und als Mensch.
Unter anderem begegnete ich auch Feldmarschall Friedrich Paulus. Er erzählte mir, im Gefangenenlager in Susdal habe er das »Kapital« von Marx durchgearbeitet. Er war erstaunt darüber, daß man dem Oberkommando der Wehrmacht dieses Werk nicht empfohlen hatte. Paulus lehnte es ab, nach Westdeutschland zu gehen, und lehrte an der Schule der Volkspolizei in Dresden. Er beklagte sich darüber, daß man ihm keine wichtigere Arbeit übertrug, wo er seine umfangreichen militärischen Kenntnisse hätte anwenden können. Ich versuchte in dieser Hinsicht auf die entsprechenden deutschen Kreise Einfluß zu nehmen, hatte aber keinen Erfolg. Das war natürlich ein grober Fehler.

Auch manch andere unerwartete Dinge hatte ich zu regeln. So kamen z. B. einmal Mitarbeiter des sowjetischen Ministeriums für Staatssicherheit (MGB) mit dem Vorhaben zu mir als dem Politischen Berater, Herbert von Karajan festzunehmen. Dieser junge Dirigent, der über einen Elternteil armenischer Abstammung ist, war Ende der dreißiger Jahre zu einem großen Star am Musikhimmel aufgestiegen. Er genoß das Wohlwollen Hitlers, Goebbels' und Görings. Ich stimmte ihnen zu: Karajan sei tatsächlich ein Brillant in der Krone des Hitlerreiches gewesen. Wenn wir ihn in Ruhe ließen, und ihm die Möglichkeit gäben zu gehen, wohin er wolle, könne er auch als Brillant in der Krone des antifaschistisch-demokratischen Deutschlands und, wenn wir bescheiden genug seien, selbst der Sowjetunion erstrahlen.

Zu dieser Zeit hatte ich bereits so viel Einfluß in der Führung der SMAD gewonnen, daß mein Wort in derartigen Fragen galt. Meine Freunde in der Moskauer Musikwelt erhoben ebenfalls sofort ihre Stimme für Karajan.

Ich habe diese Episode nirgendwo erwähnt. Karajan wußte jedoch davon und, wie sich später herausstellte, hat er unser Verständnis nicht vergessen, das wir für ihn in diesem kritischen Augenblick bewiesen.

Später wurde er zu einem führenden Dirigenten der mittleren und danach der älteren Generation. Sein Name steht neben denen von Jewgeni Mrawinski, Swjatoslaw Richter und anderen großen Musikern der Gegenwart. Die geniale Interpretation der 5. Sinfonie

Beethovens unter seiner Leitung ist das Beste, was ich in der Musik kenne. Sie zeigt, welche jakobinische Leidenschaft er in seinem Kopf und seinem Herzen trug.

Hier eine weitere ähnliche Episode. Eine Gruppe unserer Generäle wollte unbedingt meine Genehmigung erhalten, die »Siegessäule« im Tiergarten und die sie umgebenden Statuen großer deutscher Militärs aus der Zeit des französisch-deutschen Krieges von 1870/1871 als Symbole des deutschen Militarismus niederzureißen. »Historische Denkmäler der Völker«, sagte ich ihnen, »haben ihr Eigenleben. Wenn man sie nicht anrührt, werden sie noch in Jahrhunderten stehen. Wenn wir Hand an ein Denkmal legen, wird in allen Aufsätzen der Geschichtsschreiber, in allen Schulbüchern stehen, daß dies die Russen getan haben. ... Hier geht es um das Schicksal eines Volkes, und hier ist Umsicht geboten. Erinnert euch, was geschah, als die Deutschen Denkmäler von Lew Tolstoi, Peter Tschaikowski und anderen zerstört haben.« Ich erließ den strengen Befehl, keinen einzigen Stein anzurühren, Wachen aufzustellen und das gesamte Ensemble in Ordnung zu bringen.

Eine Gruppe von Offizieren der SMAD, die historische Literatur über die slawische Besiedlung Preußens gewälzt hatten, schlug vor, die Autonomie der Lausitzer Sorben wiederherzustellen, die südöstlich von Berlin leben. Auch eine Delegation der Sorben selbst erschien bei mir. Ich erklärte ihnen, die SMAD habe solche Vollmachten nicht und wolle sich auch keine Feinde schaffen, wenn sie den längst assimilierten Lausitzer Sorben Autonomie gewähre. Damit war die Angelegenheit erledigt, obwohl einige Wissenschaftler, die auf dieses Problem gestoßen waren, mit mir nicht übereinstimmten.

In Moskau behielt Stalin die deutschen Dinge weiterhin persönlich in der Hand. Im Politbüro des ZK befaßte sich damit auftragsgemäß Wjatscheslaw Molotow. Er kam häufig nach Berlin – auf direktem Wege oder auf der Durchreise. Häufig rief er mich auch nach Moskau, wo wir in seiner Wohnung, im Kreml oder auf seiner Datscha in ungezwungener, familiärer Atmosphäre ausführlich über die Lage in Deutschland und über unsere Pläne sprachen. Molotow äußerte seine Gedanken und gab mir Hinweise, zu welchen Themen Dokumente ausgearbeitet werden sollten. Das war sehr hilfreich für meine Tätigkeit als Politischer Berater und natürlich für die gesamte SMAD.

Die hohe Politik und wichtige operative Aktionen wurden regelmäßig auf Sitzungen bei Stalin erörtert. Dort ging es um sehr viele Fragen, die man nach einem vorbereiteten Programm abhandelte. Das waren sehr produktive Gespräche. Ich schrieb mit und hinterließ meine Notizen bei Alexander Poskrjobyschew. Einen Teil nahm ich mit, um sie in meiner Arbeit zu verwenden. Von deutscher Seite waren meist Wilhelm Pieck, Otto Grotewohl und Walter Ulbricht zugegen. Die sowjetischen Teilnehmer waren in der Regel Stalin, Molotow sowie von der SMAD Wassili Sokolowski und ich. Shukow regelte viele Fragen mit Stalin direkt und wurde kaum zu Diskussionen nach Moskau gerufen.

Gewöhnlich berichteten Wilhelm Pieck oder Otto Grotewohl zunächst über die Lage und herangereifte Probleme. Walter Ulbricht machte während der Diskussion kurze, aber inhaltsreiche, sachliche Bemerkungen.

Es gab keine feste Tagesordnung. Die SMAD bereitete natürlich jedes dieser Treffen gründlich vor und legte ihren Standpunkt und ihre Überlegungen zu aktuellen Fragen in einem »politischen Brief« dar, der von Sokolowski und mir unterschrieben wurde. So brauchten wir bei diesen Treffen nicht ausführlich zu sprechen.

Stalin hörte die deutschen Vertreter aufmerksam und geduldig an. Ich kann mich nicht erinnern, daß er jemals jemanden unterbrochen hätte oder in der Diskussion laut geworden wäre. Er selbst sprach ausgeglichen, wohlwollend und sehr taktvoll, dabei mit großer politischer und theoretischer Tiefe.

Wilhelm Pieck stellte mehrmals die Frage, die deutschen Kriegsgefangenen zurückkehren zu lassen:

»In den Städten und Dörfern fehlt es an Männern. Die Frauen klagen schon darüber«, sagte er.

»Haben Sie noch ein wenig Geduld. Zuerst müssen die Gebiete der Verbrannten Erde wieder aufgebaut werden. Das ist auch in Ihrem Interesse. Das Smolensker Tor ist zerstört worden (Smolensk galt in Rußland stets als das Einfallstor nach Moskau – W. S.). In Belorußland leben die Menschen noch in Erdhütten. Wir brauchen eine starke Landesverteidigung für einen starken Frieden«, antwortete Stalin.

Für diese Treffen bereitete ich in der Regel ein kurzes Verzeichnis der Fragen vor, die entschieden werden mußten. Stalin setzte, ohne ein Wort zu verlieren, wo er einverstanden war, ein Plus, wo nicht, ein Minus. Fragen, die er gar nicht kennzeichnete, waren ihm unklar. Dort forderte er zusätzliche Berichterstattung oder weitere Ausarbeitungen.

Auf den Sitzungen des Politbüros, wo deutsche Angelegenheiten beraten wurden, gab es keine Einführungsvorträge. Anhand der vorher versandten Dokumente, die mit einer kurzen Begründung versehen waren, konnten die Anwesenden sofort ihre Meinung sagen. Stalin hörte alle an und ging dabei am Beratungstisch auf und ab. Es kam nicht selten vor, daß er bei Streitfragen selbst keine Meinung äußerte, sondern vorschlug, das Problem in einer Kommission zu behandeln und zu einem festgesetzten Termin Schlußfolgerungen vorzulegen. Ich blieb bei solchen Sitzungen natürlich stumm, weil ich meine Inkompetenz nicht zur Schau stellen wollte. Außerdem konnte ich zwischen den Ebenen durchaus unterscheiden: In Moskau hatte man alle Höhen und Tiefen der Weltpolitik im Auge, in Berlin dagegen lebten wir mit anderen Sorgen und unter anderen Bedingungen. Da waren zuallererst die Ruinen – die materiellen und die seelischen. Wie viele von ihnen immer noch rauchten, wie sehr sich die Menschen mit Not, Obdachlosigkeit, persönlichen und gesellschaftlichen Tragödien nach diesem schrecklichen Krieg herumzuschlagen hatten, das Leben setzte sich doch durch.

Nicht selten erörterten Shukow und ich wichtige Dinge, besonders solche, die sich aus Gesprächen mit Stalin ergaben oder uns über die Regierungsleitung erreichten, unter vier Augen. Wenn es um strategische Fragen Deutschlands ging, zogen wir auch deutsche Vertreter hinzu. Der kleine Apparat des Politischen Stellvertreters hatte dann gemeinsam mit den Deutschen – das war die Hauptsache – Programme und Konzeptionen zu entwerfen. Zwischenstufen wurden meist in sehr kleinem Kreise behandelt. Die Regeln der Konspiration waren noch voll in Kraft, und Stalin beobachtete die Entwicklung in Deutschland sehr genau.

Diese ersten Monate und Jahre der Nachkriegszeit in Ostdeutschland zeigten mir sehr deutlich, daß Diplomaten nicht nur ausführende und disziplinierte Menschen sein, sondern daß sie

Erfindungsgeist und Initiative zeigen müssen. Inmitten der Alltagsfragen müssen sie stets das Große im Auge haben, ihre eigenen Beobachtungen an der Gesamtsituation prüfen, Auswege aus der rasch wechselnden Lage finden, aber auch ihre Auffassungen vor ihren eigenen Vorgesetzten und der Zentrale verteidigen können. Dabei gilt es, stets zu berücksichtigen, daß die Zentrale über wesentlich mehr Information verfügt, aber auch ganz andere Probleme zu lösen hat. Wenn Diplomaten nur zu informieren brauchten, wäre es einfach, aber die Zentrale kann nicht Weisungen zu allen Problemen und für alle Wechselfälle des Lebens selbst ausarbeiten. Diplomaten müssen das wissen und selbst gemeinsam darüber nachdenken, wie man brennende Bedürfnisse befriedigen, nahe und ferne Probleme lösen kann.

Dieser gigantische Krieg und der Sieg machten neue Lösungen notwendig, für die es keine Vorbilder gab. Wir mußten die Lage so nehmen, wie sie war. Obwohl viele hohe Naziführer und Militaristen im Kriege umgekommen waren, saßen andere noch in den Gefangenenlagern, gab es sowohl im Osten als auch im Westen Deutschlands Träger und Anhänger des militaristischen und nazistischen Deutschlands, war das gesamte gesellschaftliche Leben im Grunde genommen noch unverändert. Die Aufgabe war gerade nicht nur eine demokratische (oder volksdemokratische) Revolution, sondern eine Revolution antifaschistisch-demokratischen Charakters. Bei den demokratischen Umwälzungen und im organischen Zusammenhang damit galt es zugleich, die Wurzeln von Imperialismus und Faschismus auszureißen. Das war eine Aufgabe von historischem Rang, die zahlreiche Schwierigkeiten mit sich brachte und bei der auch Fehler nicht ausblieben.

Alle Züge mußten auf »neue Geleise« gebracht werden. Wenn die Lokomotive entgleiste, hatten wir zunächst den Rückzug anzutreten und andere Wege zu suchen, um nicht den ganzen Zug aus der Bahn zu werfen.

Es war das Gebot der Stunde, daß wir uns über kleinliche, alltägliche und vorübergehende Interessen erhoben, nicht danach strebten, den eigensüchtigen Forderungen enger Gruppen zu Willen zu sein, und verstanden, daß es sich hier um eine Bedrohung des gesamten Menschengeschlechts handelte, deren Wurzeln in ferner Vergangenheit lagen und die man nur mit dem Beginn der großen Eiszeit vor mehr als 200 000 Jahren vergleichen konnte. Ungeachtet einzelner Meinungsverschiedenheiten gelang es den Führern der Großen Drei, die Entwicklung von dieser hohen weltgeschichtlichen Warte aus zu sehen.

Im Juli und Anfang August 1945 nahm ich zum ersten Mal als Berater der Delegation der UdSSR an einer internationalen, der Potsdamer Konferenz der Staatschefs der alliierten Mächte teil. Ich war überrascht, wie intensiv und tiefgründig man die Probleme der Nachkriegsregelung hier debattierte. Der Entwurf des Potsdamer Abkommens wurde zum Abschluß der Konferenz unter Berücksichtigung der Diskussionsergebnisse von der Delegation der USA vorgelegt und faktisch ohne Abänderungen angenommen. Aus den heute veröffentlichten stenografischen Protokollen der Potsdamer Konferenz und vielen anderen Dokumenten wird klar, welche welthistorische Bedeutung sie hatte. Sie legte das Fundament für die Nachkriegsordnung Deutschlands und nicht nur Deutschlands allein.

Das Hauptanliegen von Potsdam bestand darin, nicht zuzulassen, daß jemals wieder Krieg von deutschem Boden ausgehen kann. Diesem Ziel sollten vor allem die drei Grundsätze – Entmilitarisierung, Entnazifizierung und Demokratisierung dienen. Leider konnte über den sowjetischen Vorschlag, zentrale deutsche Verwaltungen für Außenhandel, Industrie, Finanzen, Verkehr und Fernmeldewesen aufzubauen, keine Einigung erzielt werden. Die Debatte darüber wurde verschoben.

Bereits auf der Teheraner Konferenz im Jahre 1943 hatte Stalin den amerikanischen Präsidenten Roosevelt davor gewarnt, die Ursachen des Krieges auf die leichte Schulter zu nehmen. Er hatte darauf verwiesen, daß auch ein dritter Weltkrieg möglich sei, wenn man nicht dafür sorgte, daß von deutschem Boden keine neue Aggression ausgehen könne. Die neuen Grenzen, die die Potsdamer Konferenz festlegte, verliefen entlang der Curzon-Linie, schlugen einen Teil Ostpreußens der UdSSR zu, erweiterten das Territorium Polens beträchtlich, stellten die Tschechoslowakei samt dem Sudetengebiet wieder her, ließen Österreich als souveränen und unabhängigen Staat wiedererstehen und verboten zugleich seinen Anschluß an Deutschland. Die Grenzen Rumäniens wurden zu dessen Gunsten korrigiert. Es erhielt Transsylvanien, womit die eifrige Beteiligung Ungarns am Krieg auf der Seite Deutschlands vergolten wurde. Geringfügige Korrekturen der deutschen Grenzen gab es auch gegenüber den westeuropäischen Staaten.

Die Potsdamer Beschlüsse zu den Territorialfragen, die einen gerechten Ausgleich der Lebensinteressen der Staaten der Antihitlerkoalition sowie aller anderen Staaten und Völker der Welt vornahmen, haben ihre Lebensfähigkeit bewiesen.

Eine der ersten Aufgaben der demokratischen Umgestaltung war die Bodenreform. Dieses Problem wurde bereits während der ersten Besuche Molotows in Berlin und meiner ersten Reisen nach Moskau besprochen. Dabei hielt ich beharrlich an dem Gedanken fest, daß der Angelpunkt der großen Politik in Deutschland nicht außenpolitische Fragen und Kombinationen waren, sondern die innere Umgestaltung. Ich versuchte Molotow z. B. davon zu überzeugen, daß die Frage der Reparationen wichtig, aber von zeitweiliger Bedeutung war. Dagegen gehörte die Bodenreform zu den Problemen der großen Politik, denn mit der Beseitigung des Großgrundbesitzes konnte zweifellos eine ganze Reihe langfristiger Probleme gelöst werden. Deshalb wurde diese Frage bereits im Juni 1945 in der Ostzone auf die Tagesordnung gesetzt.

Die verschiedenen Seiten dieses vielschichtigen Problems wurden abgewogen, wobei wir die historischen Besonderheiten Deutschlands berücksichtigten. Wie bereits berichtet, hatte ich mich mit dieser Frage vor dem Kriege intensiv befaßt, als ich als Erster Rat an der sowjetischen Botschaft in Berlin tätig war. Ich hatte damals die Agrarverhältnisse in Deutschland nach Provinzen, Ländern, einzelnen Gruppen von Bodeneigentümern, Pächtern, Landarbeitern, nach dem Besitz an landwirtschaftlichen Geräten, Zugvieh u. a. gründlich analysiert. Dabei war ich erstaunt über das unerwartet bunte Bild der geografischen und sozialökonomischen Unterschiede, das sich mir bot. Eine derartige Vielfalt war mir noch nirgendwo begegnet, obwohl ich mich bereits als Student mit den Agrarverhältnissen vieler Länder intensiv befaßt hatte. Die Reform konnte also auch nicht nach einer einzigen Schablone vorgeschrieben werden, denn in Mecklenburg gab es z. B. viele große Güter, in Thüringen dagegen nur wenige.

Bekanntlich standen in Deutschland die höchsten Militärs in der politischen Tradition, wie sie die Großgrundbesitzer verkörperten. Diesem Stande gehörten auch viele Generäle Hitlers an. Fürst Otto von Bismarck, der Gründer des Deutschen Reiches, der in der zweiten Hälfte des vergangenen Jahrhunderts drei Kriege gegen Dänemark, Österreich und Frankreich führte, war Großgrundbesitzer. Das Deutsche Reich erstand auf den Trümmern der Pariser Kommune von 1871 mit Blut und Eisen. Bismarck wußte um die Bedeutung der deutsch-russischen Beziehungen. Jedoch seine Nachfolger, die dieselbe Klasse vertraten, änderten diesen Kurs, und Deutschland führte zwei Weltkriege, in denen das Reich und Rußland auf verschiedenen Seiten der Schützengräben standen.

Nun schlug die Stunde, da ich meine Gedanken aus den fernen Vorkriegsjahren in praktische Schritte umsetzen mußte. Ich erhielt den Auftrag, Gesetzentwürfe für die verschiedenen Provinzen und Länder der Ostzone auszuarbeiten. Stalin steuerte die Bodenreform in Ostdeutschland mit großem Ideenreichtum und auf ganz eigene Weise. Er war ein Kenner der Agrarfrage, die für Rußland so große Bedeutung hatte. Erinnern wir uns an den IV. Parteitag der Sozialdemokratischen Partei Rußlands im Jahre 1906, der das Agrarprogramm der Partei erörterte. Lenin und die Bolschewiki legten damals ein Programm der Nationalisierung des Großgrundbesitzes vor. Die Menschewiki waren aber dafür, diesen in kommunales Eigentum zu überführen. Stalin erklärte in seiner Rede, weder die Nationalisierung noch die Munizipalisierung seien das, was sich die russischen Bauern wünschten. Wir sind ein Bauernland, und wenn wir ein enges Bündnis mit der Bauernschaft wollen, müssen wir ihre Forderungen entschieden unterstützen. Das Land der Großgrundbesitzer muß unter den Bauern aufgeteilt werden, das gewährleistet das Bündnis der Hauptkräfte der Revolution. Stalin fand damals für seine Ideen keine Unterstützung. Da er sich aber nicht mit Lenin konfrontieren wollte, kam er nicht mehr darauf zurück. Die Praxis trieb die Dinge einer Lösung zu. Am Vorabend der Oktoberrevolution wurden auf 360 000 Bauernversammlungen, wo die Sozialrevolutionäre starken Einfluß besaßen, Resolutionen über die Aufteilung des Bodens angenommen. Lenin erklärte, die Partei der Bolschewiki werde das Programm dieser Bauernversammlungen realisieren. Das war einer der drei Pfeiler der Oktoberrevolution.

In anderen Ländern Osteuropas betrug der zugelassene maximale Grundbesitz 50 Hektar. Davon ausgehend, bereiteten deutsche Antifaschisten, ihre Organisationen und die SMAD ihre Reformvorschläge vor. Politisch und praktisch stellte sich dieses Problem noch vor der Bildung der Sowjetischen Militäradministration. Im Aufruf der KPD vom 11. Juni 1945 an das deutsche Volk war die Aufgabe einer Bodenreform bereits als besonderer Punkt enthalten. Dort hieß es dazu:

»7. Liquidierung des Großgrundbesitzes, der großen Güter der Junker, Grafen und Fürsten und Übergabe ihres ganzen Grund und Bodens sowie des lebenden und toten Inventars an die Provinzial- bzw. Landesverwaltungen zur Zuteilung an die durch den Krieg ruinierten und besitzlos gewordenen Bauern. Es ist selbstverständlich, daß diese Maßnahmen in keiner Weise den Grundbesitz und die Wirtschaft der Großbauern berühren werden.«

Im Juni 1945 wurden die Kernthesen des Reformentwurfs, die die SMAD gemeinsam mit der Führung des antifaschistischdemokratischen Blocks, der KPD und der SPD ausgearbeitet hatte, in Moskau vorgelegt.

Stalin hörte sich die Überlegungen Wilhelm Piecks, Otto Grotewohls und Walter Ulbrichts an und fragte dann, welche Obergrenze für den Bodenbesitz der Reformentwurf vorsehe. Als man ihm antwortete, die Obergrenze liege bei Wirtschaften mit 50 Hektar, fragte Stalin, wieviele Familien in diesem Falle betroffen seien und wieviele Familien es wären, wenn man die Obergrenze auf 100 Hektar erhöhte.

Als ich die gewünschte Auskunft gegeben hatte, sagte Stalin, an die deutschen Vertreter gewandt:

»Was wäre, wenn man die Obergrenze auf 100 Hektar anhebt und den Besitzern der enteigneten Wirtschaften, wenn sie dies wünschen, z. B. fünf Hektar beläßt oder ihnen eine entsprechende Kompensation zahlt?«

»Diese fünf Hektar sollten aber nicht in der Mitte des jeweiligen Landstückes liegen«, bemerkte Wilhelm Pieck.

»Nun, das ist eure Sache«, antwortete Stalin.»Die Obergrenze sollte auf 100 Hektar angehoben werden. Dann betrifft die Reform weniger Menschen. Ihr habt auch so schon genügend Feinde, weshalb ihre Zahl noch vergrößern?! Der Boden aus dem Reformfonds sollte für einen symbolischen Preis als persönliches, vererbbares Eigentum an Kleinbauern, Pächter und Umsiedler verkauft werden. Ich denke z. B. an eine Getreideernte für einen Hektar bei einer Zahlungsfrist von etwa 20 Jahren. Dafür könnte man schöne Kaufverträge drucken, die sich die Bauern einrahmen und unter das Heiligenbild hängen können.«

Als Stalin hörte, in Deutschland sei es nicht Brauch, etwas unter ein Heiligenbild zu hängen, bemerkte er:

»Irgendwo an der Wand wird sich schon ein Platz finden. Die alten Grundbücher sind auf Bauernversammlungen zu verbrennen und sofort neue Grundbücher anzulegen. Eine zweite Bodenreform darf es nicht geben. Den Besitzern der Wirtschaften bis 100 Hektar sind gleiche Rechte zu gewähren, auch das Recht, in den Vorständen von Genossenschaften zu sitzen, falls solche bei euch gebildet werden, oder sogar Vorsitzende zu sein. Ich rate Euch überhaupt, so wenig Menschen wie möglich aus ihrer gewohnten Lebensbahn zu werfen. Schafft eine Ordnung, die die Menschen gewohnt sind, z. B. wie in der Weimarer Republik.«

Diese Gedanken Stalins kamen unerwartet. Sie widersprachen dem, wie die Kollektivierung Anfang der dreißiger Jahre in der Sowjetunion praktisch abgelaufen war. Allerdings hatte Stalin bereits 1940 dem damaligen Führer der mongolischen Volksrepublik, Tschoibalsan, geraten, keine »Entkulakisierung« durchzuführen.

»Bei uns war das damals eine notgedrungene Maßnahme. Ihr solltet das nicht wiederholen«, sagte er.

100 Hektar waren unter deutschen Bedingungen große Bauernwirtschaften. Stalin hatte bei Engels gelesen, daß die deutschen Bauern eine Tradition des erblichen privaten Bodenbesitzes hatten. Er wollte nicht, daß man sich in Deutschland mit den Großbauern konfrontierte. Zu Verbrennungen alter Grundbücher auf Bauernversammlungen war es in Deutschland bereits bei Landverteilungen 1525 und 1648 gekommen.

Es zeigte sich, daß Stalin – wie so oft ganz allein – viel über die Fragen der Bodenreform in Ostdeutschland nachgedacht hatte. Angesichts der nach der Kapitulation entstandenen Lage bewegte er sich hier vorsichtig und hatte stets die Perspektive eines einheitlichen, friedliebenden und demokratischen Deutschlands im Auge. Die deutschen Freunde sagten, sie wollten Stalins Ratschläge überdenken und im Block der antifaschistisch-demokratischen Parteien beraten. Als sie nach Berlin zurückgekehrt waren, begann eine fieberhafte Arbeit zur Vollendung des Gesetzentwurfes sowie der entsprechenden Bestimmungen und Anlagen. Sogleich stellte sich auch die Frage, in welchen Zeiträumen die Reform durchgeführt werden sollte. Während der Überarbeitung der Gesetzentwürfe begann bereits die organisatorische und politische Vorbereitung der Reform. Molotow kam nun häufig nach Berlin. Bei einem dieser Besuche fragte er mich bereits auf dem Flugplatz nach dem ungefähren Umfang des von der Reform erfaßten Bodenfonds. Außerdem wollte er wissen, ob auch ein Teil der staatlichen und kommunalen Wälder an die Bauern verteilt werden sollte. Die Frage nach den Wäldern konnte ich nicht beantworten.

»Hatte ich Ihnen das beim letzten Mal nicht gesagt? Was ist nur mit mir los?« Er klopfte sich mit dem Finger an die Stirn. »Ist das die Sklerose? Diesen Gedanken hat Stalin geäußert. Er meint, die Bauern könnten einen Teil der Wälder abholzen und umpflügen, dadurch erhielten sie mehr Lebensraum...«

Die Parteien der sowjetischen Zone unterstützten die Idee der Reform. Franz Dahlem sagte mir:

»Die Bauern werden Wald und Boden kaufen. Aber abholzen und umpflügen werden sie den Wald nicht, sondern eine ordentliche Forstwirtschaft betreiben.«

So kam es auch.

Im Juli begann der Abzug der Truppen der Westalliierten aus Sachsen, Sachsen-Anhalt, Thüringen und Mecklenburg. Truppen der drei Mächte rückten in ihre Sektoren in Westberlin ein. Ulbricht und ich reisten auf den Spuren der Truppen der Westmächte. In den Dörfern Sachsens und Thüringens sprach Ulbricht mit Bauern. Sie waren eingeschüchtert und antworteten nur sehr zurückhaltend auf seine Fragen. Obwohl die Besitzer nach dem Westen gegangen seien, gaben sie zu verstehen, hätten sie ihre Verwalter auf den Gütern zurückgelassen, die die Bauern terrorisierten. Sie glaubten nicht daran, daß Veränderungen möglich seien.

In Weimar sahen wir das Goethehaus in einem beklagenswerten Zustand. Soldaten hatten dort einen Pferdestall eingerichtet, die Exponate waren auf einen Haufen geworfen. In anderen Museen und Kulturstätten sah es nicht besser aus. Mitarbeiter der SMAD, die sich mit kulturellen Fragen befaßten, stellten Wachen auf, brachten diese Stätten der Weltkultur einigermaßen in Ordnung und sorgten dafür, daß die wissenschaftliche Arbeit wieder beginnen konnte.

In Berlin zurück, bestand Ulbricht darauf, die Reform sofort in Angriff zu nehmen, obwohl das Korn noch auf dem Halm stand. Darüber wurde heftig debattiert, der Vorschlag aber schließlich angenommen.

In Dörfern, Kreisen und Bezirken wurden nun Kommissionen zur Durchführung der Bodenreform in der sowjetischen Besatzungszone gebildet. Dort arbeiteten überzeugte Verfechter der Reform mit. Die Beschlüsse der Kommissionen über Einsprüche waren endgültig und nicht mehr zu verändern. Die Entscheidungen der Bauernversammlungen hatten Gesetzeskraft, wie es auch bei der Landaufteilung in Rußland gewesen war. Am 5. September veröffentlichte der Block der antifaschistisch-demokratischen Parteien einen Aufruf, in dem die Notwendigkeit der Bodenreform begründet wurde.

Parallel dazu fanden bereits Bauernversammlungen statt, die festlegten, welche Ländereien in den Bodenfonds eingehen und auf welche Weise sie verteilt werden sollten. Namenslisten wurden aufgestellt und überprüft. Die Sowjetregierung sandte unentgeltlich Saatgut und Inventar für die Neubauern. Bei all dem bewiesen die Deutschen ihre hervorragenden Qualitäten als Organisatoren, akkurate und verläßliche Menschen. Organisationen aus den Städten halfen bei der Durchführung dieser Arbeiten auf dem Lande.

Diese Umsicht zahlte sich bald aus. In einem Telegramm aus Erfurt wurde mir mitgeteilt, der Präsident der Landesverwaltung von Thüringen, Rudolf Paul, habe eine Menge Änderungen an dem Gesetzentwurf vorgenommen. Ich flog mit einer winzigen Maschine, die wir »Maistransporter« nannten, nach Thüringen, um mir selbst ein Bild zu machen.

Paul brachte sofort alle seine Einwände vor.

»Hier heißt es, daß die Beschlüsse der Bauernversammlungen Gesetzeskraft haben sollen. Bei uns in Deutschland sind Gesetze noch niemals auf den Dörfern angenommen worden.«

»Vielleicht ist deshalb bei Ihnen Hitler an die Macht gekommen?«
»Einspruch muß bis auf Länderebene möglich sein, denn hier werden die Gesetze beschlossen«, sagte Paul.
»Damit kann man die Reform auf den St. Nimmerleinstag verschieben. Das wäre ihr Ende«, erwiderte ich.
Dann verglichen wir die anderen Abänderungsvorschläge Pauls mit dem Text des Entwurfes. Dabei fand ich eine Menge »Irrtümer«.
»Es ist interessant, daß Sie sich stets zugunsten der Grundbesitzer geirrt haben. Übrigens ist die SMAD nicht bevollmächtigt, sich in Ihre inneren Angelegenheiten einzumischen. Daran werde ich mich halten.«
Als ich wieder in Berlin war, informierte ich die Verantwortlichen für die Bodenreform über die Vorstellungen des thüringischen Landesverwaltungspräsidenten.
Am Abend rief Paul bei mir an. Vor seiner Villa hätten sich Demonstranten versammelt, die ein Gesetz ohne Abänderungen forderten. Paul bat darum, die sowjetische Seite möge ihm Schutz gewähren. Ich antwortete, er habe seine eigene Polizei.
»Die weigert sich, meine Villa zu schützen.«
»Das ist Ihre innere Angelegenheit.«
Es kamen noch mehrere Anrufe. In der Nacht teilte Paul mit, man habe ihm die Fenster eingeschlagen, er habe die Fensterläden schließen müssen.
»Was soll ich tun?«
»Ich rate Ihnen, die Demonstranten zu empfangen und einen Kompromiß anzustreben. Aber das müssen Sie entscheiden. Das ist kein Problem der SMAD, sondern der deutschen Organe.«
Gegen Morgen teilte Paul mit, er habe sich mit den Demonstranten auf der Grundlage des Gesetzentwurfes geeinigt.
Paul hatte sich offenbar links und rechts Feinde gemacht. Er reiste später in die Westzonen ab und verschwand aus der Politik.
Aber nicht alle Gegner der Bodenreform erwiesen sich als so nachgiebig und leichtfüßig. Ein wichtiger Organisator des Widerstandes gegen die Reform war der Leiter der Provinzialverwaltung von Sachsen-Anhalt, Hugo Hickmann. Man griff zu ausgeklügelten Sabotagemaßnahmen: Güter wurden geschlossen oder zu

»Musterwirtschaften« erklärt. Die politische Kampagne spitzte sich zu.

Die SMAD mischte sich in die Auseinandersetzung um die Bodenreform nicht ein. Sie betrachtete diese als innere Angelegenheit der antifaschistisch-demokratischen Kräfte Deutschlands. Diese mußten selbst Muskeln entwickeln und ihr Immunsystem stärken, ihre Angriffs- und Verteidigungswaffen schärfen. Auch für die Bevölkerung war es wichtig zu wissen: »Wer ist wer?«. Die Sowjetregierung stellte mehrfach Saatgut, Zugmaschinen und landwirtschaftliche Geräte für die Neubauern zur Verfügung, hängte diese Hilfe jedoch nicht an die große Glocke. Sowjetische Soldaten und Offiziere halfen mit Arbeitseinsätzen beim Pflügen und Ernten. Im Herbst 1945 war der Boden in erstaunlich kurzer Zeit im wesentlichen aufgeteilt.

Diese Landverteilung war ein wichtiger Schritt der großen Politik. Von den Bauernversammlungen ging eine festliche Atmosphäre aus. Die Neubesitzer erhielten gutes Land und rechtsverbindliche Verträge. Die Verbrennung der alten Grundbücher und die Ausfertigung neuer erfolgte bei großer Öffentlichkeit. Für die Neubauern war es auch eine Hilfe, daß das landwirtschaftliche Inventar und die Zugkräfte der Großgrundbesitzer aufgeteilt, Gutshöfe und Wirtschaftsgebäude für die Nutzung durch die Neubauern umgebaut wurden.

Die großen historischen Ereignisse unserer Zeit sind von den Völkern selbst herbeigeführt worden. Es ist einfach unmöglich, daß eine kleine Avantgarde mit ihren Anhängern eine Bodenreform von oben durchsetzt. Jedes Dorf hat seine Besonderheiten, seine Sitten und Gebräuche. Nur wenn dies alles berücksichtigt wird, ist ein dauerhaftes Ergebnis möglich.

Nachdem die Bauern das Land als persönliches Eigentum erhalten hatten, erhob sich die Frage, was mit diesem Land geschehen sollte. Da die Zerstörungen groß waren, es an Saatgut, Zugkräften und genügend Wohnraum fehlte, wurde es zu einer zentralen Aufgabe, die Unterstützung der Bauern bei der Bearbeitung der neuen Flächen durch Gesellschaft, Staat und Kommunen zu organisieren.

Hier kam es zu einem scharfen Konflikt. KPD, SPD und die Liberalen sprachen sich für diese Hilfe aus, die Führung der CDU war entschieden dagegen, sie lehnte es ab, einen Aufruf an die Bevölkerung um Hilfe für die Neubauern zu unterzeichnen. Diese Auseinandersetzung verlief nicht einfach und geradlinig. Die CDU-Führung fand selbst in der Partei keine volle Unterstützung. Ende 1945 gingen die Führer der Ost-CDU, Andreas Hermes und Walther Schreiber, in den Westen.

Die Ergebnisse der Bodenreform sprachen für sich. Nach zusammenfassenden Angaben vom 1. Januar 1949 wurden 7200 Großwirtschaften von über 100 Hektar enteignet. Zusammen mit einem Teil des staatlichen und kommunalen Landbesitzes, darunter Wälder, wurden 3,225 Millionen Hektar dem Bodenreformfonds zugeführt (davon 2,504 Millionen Hektar aus ehemaligem Großgrundbesitz). Die Zahl der Landbewohner samt Familienangehörigen, die Boden und Waldflächen aus dem Bodenreformfonds erhielten, erreichte über 1,9 Millionen. In den Dörfern der Ostzone wurde der Mittelbauer zur zentralen Figur. Diese Schicht war eine der festen Stützen der antifaschistisch-demokratischen Umwälzung in Ostdeutschland.

Die Reform war einer der ersten großen Schritte gegen die Atmosphäre politischer Apathie und Verzweiflung, die in den frühen Nachkriegsjahren herrschte. Sie war Ausdruck für die tiefen inneren Veränderungen, die in Deutschland bereits seit dem großen Bauernkrieg des Jahres 1525 herangereift waren. Sie hatte viel nachhaltigere Wirkung als zahllose diplomatische Demarchen oder bürokratische Verfügungen jener Zeit.

Übrigens war die Bodenreform in Ostdeutschland wesentlich weniger radikal als diejenige, die Napoleon Bonaparte Anfang des 19. Jahrhunderts links des Rheins durchgeführt hatte.

Hier noch eine Begebenheit, an die ich mich in diesem Zusammenhang erinnere. Über meine Reden auf Beratungen im Zusammenhang mit der Bodenreform wurde regelmäßig nach Moskau berichtet. Einmal fragte mich der stellvertretende Außenminister Wyschinski über die Regierungsleitung, ob es richtig sei, daß von der Bodenreform, wie ich behauptete, die gesamte Bauernschaft Nutzen habe.

»Das ist doch Menschewismus«, ereiferte sich Wyschinski in den höchsten Tönen. »Wissen Sie denn nicht, was Lenin darüber 1918 geschrieben hat?«

»Vom Menschewismus verstehen Sie, Genosse Wyschinski, sicher mehr als ich. (Wyschinski, der in den großen Schauprozessen der dreißiger Jahre als Hauptankläger auftrat, war Menschewik und ging erst nach der Oktoberrevolution zu den Bolschewiki über – der Übers.) Aber in der Ostzone Deutschlands hat 1945 tatsächlich die ganze Bauernschaft gewonnen.«
»Das werde ich der Führung melden, schicken Sie dazu eine Stellungnahme.«

Ich erklärte ihm in einem Schreiben mit dem nächsten diplomatischen Kurier, daß die Obergrenze von 100 Hektar die Interessen der Großbauern nicht beeinträchtigt habe. Diese hätten sogar Vorteile von der Reform, weil sie sich nun auf dem Markt nicht mehr der Konkurrenz seitens der Junkerwirtschaften zu erwehren brauchten. Außerdem sei der Absatzmarkt für ihre Produkte stark gewachsen.

Damit war ich glimpflich davongekommen. Wyschinski rief nicht mehr an.

Parallel zu diesem Prozeß kam es auch zu tiefgreifenden Veränderungen in der Industrie der sowjetischen Besatzungszone. Nach den Beschlüssen der Potsdamer Konferenz wurden Maßnahmen getroffen, um die übermäßige Konzentration wirtschaftlicher Macht zu entflechten. Mit den SMAD-Befehlen Nr. 124 und 126 vom 30./31. Oktober 1945 erfolgte die Beschlagnahme zahlreicher Industriebetriebe. Eine Reihe von ihnen wurde von 1946 an in »Sowjetische Aktiengesellschaften« überführt.

Anfang 1946 begann in den antifaschistisch-demokratischen Parteien und Organisationen eine Diskussion über den weiteren Wirtschaftsaufbau und die Entwicklung der sowjetischen Zone sowie die Bestrafung der Nazi- und Kriegsverbrecher. Ich war zu dieser Zeit mit anderen Dingen befaßt, vor allem hatte ich den Bericht des Kontrollrates an den Rat der Außenminister im März 1946 vorzubereiten. Deshalb hörte ich nur nebenbei von dieser Diskussion. Eines Nachts erhielt ich die Meldung, in den Ländern der Ostzone werde ein Beschluß verteilt, nach dem man ehemalige Mitglieder der Nazipartei und alle diejenigen, die sich der Verfolgung von Juden oder Personen anderer Nationalitäten nicht widersetzt hatten, in breitem Maße materiell haftbar machen wollte. Die einzelnen Punkte dieses Beschlusses waren juristisch nachlässig formuliert. Danach hätte das Eigentum aller Mitglieder der faschistischen Partei und aller Personen eingezogen werden können, die den genannten Aktionen keinen Widerstand entgegengesetzt hatten.

Einen solchen Weg zu beschreiten, hätte bedeutet, den gesamten antifaschistisch-demokratischen Kurs in Frage zu stellen. Ohne eine Minute zu verlieren, sandte ich Telegramme an alle Leiter der SMAD-Verwaltungen in den Ländern und Provinzen der sowjetischen Besatzungszone. Sie sollten diesen Beschluß sofort aussetzen und ohne konkrete Weisung nichts unternehmen.

Am nächsten Morgen meldete ich Marschall Sokolowski, was vorgefallen war. Mit seiner Zustimmung sprach ich danach mit den führenden Vertretern der SED, die ich aufforderte, diesen Beschluß ebenfalls außer Kraft zu setzen. Ich gewann den Eindruck, daß einige von ihnen, wenn ich mich recht erinnere, war Walter Ulbricht darunter, versuchten, diesen Schritt zu begründen und zu rechtfertigen. Auch General Bokow vom Militärrat der SMAD war offenbar an der Vorbereitung des Entwurfes beteiligt gewesen.

Ich mußte nun rasch die Ausarbeitung eines neuen Vorschlages organisieren. Danach sollten nur Betriebe enteignet werden, die großen Monopolgruppen gehörten oder deren Besitzer unstrittig prominente Spitzen des Militarismus und Hitlerismus gewesen waren. Juristisch wurden hier sehr enge Grenzen gezogen. Das Problem der Mitglieder der Nazipartei und der Personen, die sich ihrer Tätigkeit nicht widersetzt hatten, wurde hier völlig ausgeklammert, denn es stand in keinem Zusammenhang zu den Beschlüssen der Potsdamer Konferenz über die Beseitigung der »übermäßigen Konzentration wirtschaftlicher Macht« und fiel unter den Komplex der Entnazifizierung. Die falsche Orientierung, alle Nazianhänger materiell verantwortlich zu machen, war damit abgewendet.

Am 30. Juni 1946 wurde auf Initiative des Blocks der antifaschistisch-demokratischen Parteien im Land Sachsen ein Volksentscheid über die Beschlagnahme der Betriebe von Kriegsverbrechern und Naziaktivisten sowie ihre Übergabe an das deutsche Volk durchgeführt. 77,6 Prozent der Teilnehmer sprachen sich dafür aus, diese Unternehmen in Volkseigentum zu überführen.

Ein analoger Volksentscheid fand auch im Land Hessen mit ähnlichen Ergebnissen statt. Die amerikanische Militäradministration legte jedoch ihr Veto ein und verbot die Durchführung weiterer Volksentscheide.

Dem Beispiel Sachsens folgten die anderen Länder und Provinzen der sowjetischen Besatzungszone. Klein- und Mittelbetriebe waren von der Reform allerdings nicht betroffen. Auf sie entfielen etwa 40 Prozent der Produktion. Die Besitzer der beschlagnahmten Unternehmen gingen in der Regel in die Westzonen. Banken und Versicherungsgesellschaften wurden in Staatseigentum überführt.

Die deutschen Selbstverwaltungsorgane, der Block der antifaschistisch-demokratischen Parteien, die Betriebsräte und Betriebsleitungen standen damit vor völlig neuen Aufgaben. Sie mußten nun die Leitung der Volkswirtschaft des Landes selbst in die Hand nehmen.

Sowjetische Wirtschaftsfunktionäre und Mitarbeiter der Wirtschaftsabteilungen der SMAD wurden verpflichtet, den deutschen Verantwortlichen bei der Lösung dieser neuen Aufgaben von großer Tragweite mit Rat und Tat zur Seite zu stehen. Hier schaltete sich Walter Ulbricht sehr aktiv ein, den man damals den Motor der Partei nannte. Er konzentrierte sich insbesondere auf den Aufbau demokratischer Organe, die Entwicklung in Wissenschaft und Technik sowie in der Landwirtschaft. Gemeinsam mit seinen Genossen lernte er diese Probleme nicht nur theoretisch, sondern auch praktisch zu beherrschen.

Auf der Jaltaer Konferenz von 1945 hatten die Führer der drei alliierten Mächte beschlossen, die Hauptkriegs- und Naziverbrecher vor ein internationales Tribunal zu stellen. Am 20. November 1945 nahm der Internationale Gerichtshof in Nürnberg seine Tätigkeit auf.

Eines Tages klingelte der Apparat der Regierungsleitung in meinem Arbeitszimmer.

»Hier ist Stalin. Ich übergebe an Molotow.«

»Sie erhalten den Auftrag«, sagte Molotow leicht stotternd, »unverzüglich nach Nürnberg zu fahren und zu überprüfen, wie unsere Staatsanwälte und der sowjetische Teil des Gerichtshofes arbeiten.«

»Haben Sie irgendwelche Hinweise?« fragte ich.
Molotow fragte offenbar nach und antwortete dann:
»Nein. Schaffen Sie sich selbst einen Überblick. Wir erwarten Ihren Bericht.«

Am nächsten Morgen traf der Generalstaatsanwalt der UdSSR, Gorschenin, in Berlin ein, und wir machten uns gemeinsam auf den Weg nach Nürnberg. Die schöne alte Stadt lag in Trümmern. Aus den Steinen eines Klosters ragte die Hand einer Skulptur hervor, die sich fragend gen Himmel reckte.

Als wir in den Gerichtssaal traten und uns auf Zuschauerplätze setzten (Wyschinski war, soweit ich mich erinnere, bereits anwesend), entstand auf der Anklagebank Bewegung. Göring, der dem Publikumsblock am nächsten saß, wandte sich um und sagte etwas zu seinen Nachbarn, Ribbentrop und anderen.

Ich arbeitete drei Wochen lang in Nürnberg. Ich nahm an den Verhören von Kaltenbrunner, Rosenberg und anderen teil. Dann rief ich die sowjetischen Mitarbeiter der Staatsanwaltschaft und des Gerichts in Nürnberg zusammen und sagte:

»Ich habe den Eindruck, daß Sie Ihre Sache richtig machen. Mir bleibt hier nichts zu tun. Wenn Sie nichts dagegen haben, telegrafiere ich nach Moskau und bitte um die Erlaubnis, zu meiner Arbeit in Berlin zurückzukehren. Ich wünsche Ihnen Erfolg.«

Roman Rudenko und andere begrüßten meinen Entschluß und dankten mir für die Anteilnahme an ihrer Arbeit. Am nächsten Morgen erhielt ich eine zustimmende Antwort aus der Zentrale und flog nach Berlin zurück. Später erfuhr ich, daß sich am selben Tag der Vertreter des NKWD in Nürnberg erschossen hatte...

Viele Jahre vergingen. Roman Rudenko wurde Generalstaatsanwalt der UdSSR, Lew Smirnow Vorsitzender des Obersten Gerichts der Sowjetunion. Ich bemerkte, daß beide mir stets mit größter Aufmerksamkeit begegneten. Schließlich fragte ich Roman Andrejewitsch einmal nach dem Grund. »Das wissen Sie nicht? Sie haben uns das Leben gerettet. Berija hatte uns mit einer ganzen Wagenladung Anklagen überschüttet, und es erhob sich die Frage, ob unsere Vertreter beim Nürnberger Gerichtshof ihre Sache richtig machten...«

Die antifaschistisch-demokratischen Umgestaltungen in der Ostzone auf der Grundlage der Potsdamer Beschlüsse veränderten die gesellschaftliche Ordnung bis in ihre Grundfesten. In Potsdam wurde Stalin jedoch auch klar, daß ein zweites Weimar nicht möglich war. Die Alliierten blieben bei ihrer Linie, die in einer bestimmten Etappe den Interessen unseres Staates im Grunde genommen nicht zuwiderlief. Aber die Sowjetunion und Deutschland blieben zwei große Nachbarstaaten, und auf unserer Seite rückten wirtschaftliche und politische Interessen immer stärker in den Vordergrund.

Wochen und Monate vergingen. Kräfte in Deutschland traten hervor, die eigene Interessen, Ziele und Neigungen verfolgten. Das war unvermeidlich. Wir mußten bei unseren demokratischen Reformen äußerst umsichtig vorgehen, um die Vereinigung Deutschlands auf der Grundlage der Potsdamer Beschlüsse nicht zu gefährden.

Stalin setzte diese Linie vorsichtig, aber konsequent um. Die SMAD hielt sich an die Weisung aus Moskau, ein einheitliches, demokratisches und friedliebendes Deutschland ohne Militarismus und Nazismus in den von Potsdam festgelegten Grenzen anzustreben. Dies bildete den Kern unserer großen Politik, die langfristig angelegt war.

Die deutsche Frage hatte für die Sowjetunion nach der Oktoberrevolution besondere Bedeutung. Lenin, Stalin und Molotow befaßten sich persönlich damit. Ich nahm an vielen Diskussionen und Gesprächen zu diesen Problemen teil. Dazu mußte ich in den ersten Besatzungsjahren häufig nach Moskau fliegen. Rund um die Uhr standen zwei Flugzeuge für mich bereit – ein großes vom Typ »Douglas« und ein kleines für Flüge innerhalb der Besatzungszone, das auf kleinen Flugplätzen, ja sogar auf Kartoffeläckern landen konnte. Bei diesen Begegnungen wurden viele Aspekte der Deutschlandfrage erörtert. Die Gedanken, die Stalin bei diesen Gelegenheiten zur sowjetischen Politik gegenüber Deutschland und seinen Bündnispartnern äußerte, lassen sich etwa wie folgt zusammenfassen:

Ich meine, überlegte Stalin, das Problem Deutschlands und seiner Satelliten ist eine Frage der großen Politik der Staaten der Antihitlerkoalition. Wir standen vor der Aufgabe, solche Satellitenstaaten wie Italien, Rumänien, Ungarn, Finnland oder Bulgarien von Deutschland als der Hauptkraft der Aggression abzukoppeln.

Dafür gibt es zwei Methoden. Die erste ist die Anwendung von Gewalt. Diese Methode haben wir mit Erfolg angewandt. Heute stehen die Truppen der Alliierten in Deutschland und auch in den Satellitenstaaten. Das reicht aber nicht aus, um die deutsche Bevölkerung von den aggressiven Kräften zu trennen sowie die ehemaligen Verbündeten und Deutschland selbst auseinanderzubringen. Wenn wir uns auch in Zukunft nur auf Gewaltanwendung beschränken, dann besteht die Gefahr, daß wir selbst die Voraussetzungen für eine künftige Aggression Deutschlands schaffen. Deshalb ist es zweckmäßig, neben der Gewaltanwendung die Lage derer zu erleichtern, die sich dem Lager der militaristisch-faschistischen Anführer der Aggression angeschlossen hatten. Das ist auf lange Sicht das einzige Mittel, um sie endgültig von den aggressiven Kräften in Deutschland zu trennen und zu uns herüberzuziehen.

So muß man die Sache sehen, wenn es um die große Politik geht. Gedanken an Kränkung und Vergeltung sind hier fehl am Platze...

Die Kräfte der Aggression sind tief in unser Land eingedrungen und haben gewaltige Zerstörungen angerichtet. Das ist offensichtlich und muß bei der Entscheidung über aktuelle Fragen berücksichtigt werden.

Ich glaube aber, es wäre nicht richtig, wenn wir uns in der großen Politik von der Erinnerung an die uns zugefügten Leiden oder von Gefühlen der Vergeltung leiten ließen. Rache- oder Haßgefühle sind in der Politik schlechte Ratgeber. In der Politik muß man sich vor allem vom Kräfteverhältnis leiten lassen.

Wir müssen die Frage so stellen, ob wir die Helfershelfer der Aggressoren auf unserer Seite haben wollen, um die Aggressoren selbst von den Kräften zu isolieren, die sich eines Tages in Deutschland gegen uns erheben könnten. Ich denke, daß wir das wollen, und davon müssen wir ausgehen. Wir müssen die ehemaligen Helfershelfer von den aggressiven Kräften in Deutschland losreißen...

Sie haben uns viele Schwierigkeiten bereitet. Sie haben gegenüber unseren Alliierten und ganz besonders gegenüber der Sowjetunion große Sünden auf sich geladen.

Wenn wir beginnen wollten, uns dafür zu rächen, daß sie uns großen Schaden zugefügt haben, dann wäre das eine Art von Politik. Für eine solche Politik bin ich nicht. Nachdem die Kräfte der Aggression in Deutschland und Deutschlands Satelliten unter die Kontrolle der drei Mächte gestellt sind – und unsere Kontrollorgane befinden sich dort, um durchzusetzen, daß sie die Bedingungen unserer Abkommen erfüllen –, ist es an der Zeit, zu einer anderen Politik überzugehen, einer Politik der Erleichterung ihrer Lage. Ihre Lage zu erleichtern, bedeutet, diese Kräfte und Länder von den Aggressoren in Deutschland zu trennen.

Diese Politik der UdSSR gegenüber dem künftigen Deutschland wurde auf der Sitzung des Rates der Außenminister der vier Mächte am 10. Juli 1946 in Paris dargelegt. Wjatscheslaw Molotow informierte mich über die Direktive der sowjetischen Delegation, die Stalin geschrieben hatte.

Darin hob er hervor, daß Rachegefühl gegenüber Deutschland ein schlechter Ratgeber wäre. Man müßte bedenken, daß Deutschland mit seinem Industriepotential einerseits seit langem ein wichtiges Glied der Weltwirtschaft und des Welthandels ist. Andererseits diente dieses Industriepotential bereits mehrmals als Grundlage für bewaffnete Aggressionen Deutschlands. Es wäre ein Fehler, auf die Vernichtung Deutschlands als Staat und seine Umwandlung in ein Agrarland Kurs zu nehmen. Das könnte die europäische Wirtschaft untergraben, der Weltwirtschaft Schaden zufügen und eine chronische politische Krise in Deutschland auslösen, deren Folgen Ruhe und Frieden bedrohten. Die Aufgabe bestehe nicht darin, Deutschland zu vernichten, sondern es zu einem einheitlichen, demokratischen, friedliebenden Land mit entwickelter Industrie, Landwirtschaft und Außenhandel werden zu lassen, das jedoch keine Möglichkeit mehr besitzt, sich zu einer aggressiven Kraft zu entwickeln. Pläne zur Teilung Deutschlands in einzelne autonome Staaten oder zur Abtrennung des Ruhrgebietes seien unrealistisch und gefährlich. Wenn sich das deutsche Volk selbst in einem gesamtdeutschen Referendum für eine Föderalisierung oder für die Abtrennung einzelner ehemaliger deutscher Gebiete von Deutschland ausspricht, dann werde es unsererseits dagegen keine Einwände geben. Man dürfe dem deutschen Volk aber nicht diese oder jene Entscheidung aufzwingen.

Die Direktive sah vor, eine einheitliche gesamtdeutsche demokratische Regierung zu bilden, die in der Lage war, die Überreste des Faschismus in Deutschland zu beseitigen und seine Verpflichtungen gegenüber den Alliierten zu erfüllen. Das war die Voraussetzung dafür, einen Friedensvertrag mit Deutschland vorzubereiten. Als mögliche Übergangsstufe wurde die Bildung gesamtdeutscher zentraler Verwaltungen für Wirtschaftsfragen vorgeschlagen.

Anfang 1947 koordinierte ich als Politischer Berater beim Chef der SMAD die Ausarbeitung des Berichtes des Kontrollrates an den Rat der Außenminister der vier Mächte. Das war eine intensive und vielfältige Arbeit von zwölf Direktoraten und ihnen angeschlossenen Arbeitsgruppen darüber, wie es um die Erfüllung des Potsdamer Abkommens stand. Schließlich erstellten wir zwei dicke Bände, die aus abgestimmten Teilen und Sondermeinungen der Delegationen zu einzelnen Aspekten bestanden. Bei allen unterschiedlichen Nuancen war deutlich, daß die Sache vorankam.

Im März und April 1947 fand in Moskau eine Konferenz des Rates der Außenminister der vier Mächte statt, die speziell der deutschen Frage gewidmet war. Die Delegation der Sowjetunion, deren Mitglied ich war, vertrat im wesentlichen die Position, die sie in Paris dargelegt hatte. Aber wir brachten auch neue Vorschläge ein, die diese Position wesentlich weiterentwickelten. Die sowjetische Delegation bestand darauf, die Potsdamer Beschlüsse zur Entmilitarisierung und zur Beseitigung des Militärpotentials Deutschlands strikt durchzusetzen. Unter Berücksichtigung von Gedanken der Westmächte schlugen wir vor, die Hitlersche Überzentralisierung der Staatsmacht zu beseitigen, statt dessen die Rechte und Vollmachten der Länder und Landtage wiederherzustellen, wie sie in der Weimarer Republik bestanden hatten. Der Kontrollrat erhielt den Auftrag, gemeinsam mit den deutschen demokratischen Parteien und Organisationen sowie Vertretern der Länder eine provisorische Verfassung für eine einheitliche Deutsche Demokratische Republik auszuarbeiten, auf ihrer Grundlage gesamtdeutsche Wahlen durchzuführen und eine provisorische gesamtdeutsche Regierung zu bilden. Die Sowjetunion schlug vor, Deutschland als friedliebende und demokratische Republik mit einem gesamtdeutschen Parlament aus zwei Kammern, einschließlich einer Länderkammer, aufzubauen. Es war vorgesehen, die Besetzung Deutschlands zu beenden und lediglich eine Kontrolle der Alliierten zu belassen, die die Remilitarisierung Deutschlands verhindern sollte.

Im Westen ist die Auffassung verbreitet, die bekannten Vorschläge der Sowjetunion aus den Jahren 1952 bis 1954 über die Wiederherstellung der Einheit Deutschlands auf friedliebender und demokratischer Grundlage, über die Durchführung gesamtdeutscher freier Wahlen, den Abzug der Besatzungstruppen und den Abschluß eines Friedensvertrages mit Deutschland (ausführlicher – siehe 8. Kapitel) seien damals unerwartet gekommen. Wenn man sich jedoch in die Dinge hineindenkt, dann zeigt sich, daß die Grundzüge dieser Vorschläge bereits auf der Moskauer Tagung des Rates der Außenminister der vier Mächte im Jahre 1947 umrissen wurden.

Leider fanden diese Vorschläge damals nicht genügend Beachtung, weil sich die Linie der Westmächte, von den Potsdamer Beschlüssen abzugehen, immer deutlicher abzeichnete. Nach der Rede Churchills in Fulton im Jahre 1946 verdüsterten bereits die dunklen Wolken des »kalten Krieges« den Horizont.

Hier sei jedoch hervorgehoben, daß die Linie der Sowjetunion, ein einheitliches, friedliebendes und demokratisches Deutschland zu schaffen, auch in den folgenden Jahren bestimmend blieb. Sie war gründlich durchdacht und zielte darauf ab, einen wechselseitigen Ausgleich der Interessen der Völker und Staaten, darunter auch des deutschen Volkes, zu finden.

Ich erinnere mich an ein Gespräch im Kreml im Jahre 1949. Kossygin, Shukow, Sokolowski und andere erörterten die Frage, ob Stalin die Absicht habe, die Ostzone abzuspalten und dort eine sozialistische Entwicklung einzuleiten. Alle waren der Meinung, daß dies nicht der Fall sei. Wie anders sollte man das rasche Tempo der Demontage der Betriebe der Rüstungsindustrie und anderer verbotener Zweige in der Ostzone verstehen? Auf der Moskauer Tagung des Rates der Außenminister hatte man berichtet, daß Anfang 1947 in der Ostzone von 733 derartigen Betrieben bereits 676 beseitigt waren. In der britischen Besatzungszone waren es dagegen bis zu diesem Zeitpunkt ganze sieben Prozent.

Stalin bereitete das langsame Tempo der Entmilitarisierung und der Beseitigung der Wurzeln von Imperialismus und Nazismus in Deutschland Sorgen. Zugleich hatte er Roosevelt bereits 1943 in Teheran deutlich gesagt, er stelle sich keine Maßnahmen gegen die Wiedervereinigung Deutschlands vor. Für die Sowjetunion war das nicht nur eine diplomatische Floskel. Deutschland blieb ein Nachbar der UdSSR, seine geografische Lage veränderte sich nicht. Man mußte Emotionen beiseite lassen und eine langfristige Politik betreiben, damit trotz der unvermeidlichen Schwierigkeiten, die insbesondere in der Anfangszeit auftreten mußten, die Freundschaft der beiden großen Völker, nach der wir strebten, nicht unmöglich gemacht wurde, sondern wiederhergestellt und gefestigt werden konnte.

Im März 1948 leitete Stalin die Diskussion auf einer Zusammenkunft führender Vertreter des ZK der KPdSU(B) und des ZK der SED mit etwas überraschenden Worten ein:

»Denken Sie nicht«, sagte er, als er den Gästen aus der Tiefe seines Arbeitszimmers entgegenkam, ohne sie zu begrüßen, »der alte Stalin hat den Verstand verloren oder ist auf das Niveau der Reaktion abgesunken. Ich möchte Ihnen einen Rat geben und Sie bitten, darüber nachzudenken, ob er Ihnen zusagt oder nicht. Sie haben nun demokratische Reformen durchgeführt und viel für die Entnazifizierung getan. Glauben Sie nicht, daß es an der Zeit wäre, die Trennlinie zwischen ehemaligen Nazis und Nichtnazis aufzuheben? Vielleicht sollte man ehemaligen Mitgliedern der Nazipartei, die keine Verbrechen gegen das deutsche Volk oder gegen andere Völker auf sich geladen haben, alle aktiven und passiven Bürgerrechte zurückgeben, damit sie am Aufbau Deutschlands teilhaben können? In der Nazipartei waren immerhin über zehn Millionen Menschen, sie alle haben Familien, Freunde und Bekannte. Das ist eine große Zahl. Sollte man sie auf Dauer von Ihren Bemühungen fernhalten? Im Westen werden jetzt Fälle ehemaliger Nazis aufgerollt, aber in der Praxis gerät dies häufig zur Farce. Eine solche Politik können wir nicht unterstützen. Glauben Sie nicht, daß man die Entnazifizierungskommissionen auflösen und diese Tätigkeit einstellen sollte? Die Fälle derjenigen, die große Verbrechen begangen haben, sollten ausschließlich nach Recht und Gesetz behandelt werden.

253

Geben wir doch den ehemaligen Nazis die Möglichkeit, wenn sie es wollen, eine eigene Partei zu gründen, natürlich eine demokratische. Wie könnte man sie nennen? Nationalsozialistische Arbeiterpartei? Nein, das geht sicher nicht. Was für eine sozialistische Partei wäre das denn? Oder was für eine Arbeiterpartei? Vielleicht Nationaldemokratische Partei Deutschlands. An ihre Spitze könnte ein bekannter Nazi treten.

Genosse Semjonow, haben Sie nicht noch irgendwo einen ehemaligen Gauleiter im Gefängnis sitzen?«

»Ich weiß nicht. Wahrscheinlich sind sie alle erschossen worden«, antwortete ich.

»Schade! Dann wird sich sicher ein bekannter Nazigeneral finden. Sollen sie ihre eigene Zeitung herausgeben, meinetwegen selbst unter dem Titel ›Völkischer Beobachter‹. Damit sie die Sprache sprechen, die sie verstehen. Auch ein Programm könnten sie in ihrer gewohnten Sprache abfassen. Sie werden sehen«, schloß Stalin, »eine solche Maßnahme fände ein breites Echo nicht nur im Osten, sondern auch in den anderen Zonen Deutschlands.«

Pieck, Ulbricht und Grotewohl schauten Stalin betroffen an. Sie meinten, das sei eine komplizierte Sache. Da dürfe man nichts überstürzen. Man müsse gründlich unter der Bevölkerung arbeiten, um »nicht vom Kurs abzukommen« und die aktiven antifaschistischen Kräfte nicht zu verunsichern. Die Frage einer Partei, ihres Programms und ihrer Zeitung müßte konkret durchdacht werden.

»Denken Sie nach«, antwortete Stalin. »Ich habe meine Meinung gesagt, Sie aber müssen selbst entscheiden, wann Sie Beschlüsse fassen, und wie weit diese gehen.«

Auf dem Rückflug nach Berlin debattierten wir alle miteinander die prinzipielle Seite und die praktischen Aspekte dieser komplizierten Frage. Wir dachten auch darüber nach, wem man die weitere Arbeit daran übertragen könnte. Das Thema erforderte umfassende Diskussionen und ein schrittweises Vorgehen. Wir kamen überein, alles zunächst streng geheimzuhalten, vor allem aber über das konkrete Vorgehen und die zu fassenden Beschlüsse mehrfach und gründlich zu diskutieren. Ich war selbst überrascht, wie weit diese Gedanken gingen, aber mir gefielen die Vorbehalte meiner Begleiter nicht. Ich setzte mich in eine Ecke und schaute zum Fenster hinaus. Wassili Sokolowski schwieg ebenfalls. Wir beschlossen, etwas Druck auf unsere deutschen Freunde auszuüben. Wir kamen überein, daß ich über die Zeitung der SMAD »Tägliche Rundschau« dieses Thema Schritt für Schritt einführen sollte. Am 13. Februar 1947 erschien dort der Artikel »Was bedeutet Entnazifizierung?« unter dem Pseudonym N. Orlow. Am 2. März folgte der nächste Artikel »Noch einmal über die Entnazifizierung – Antworten auf Leserbriefe«. Diese Artikel enthielten faktisch die Hauptgedanken Stalins und stellten das Problem in Frageform, ob man nicht darüber nachdenken müßte, die Akzente zu verlagern. Wir wollten herausfinden, wie unsere Leser darauf reagierten.

Die Redaktion erhielt viele Briefe von ehemaligen Nazis. Dabei überwog die Frage: »Ist so etwas tatsächlich möglich?! Das wäre ein großes Glück für viele, für mich und meine Familie...« Auch kritische Gedanken wurden in der Zeitung veröffentlicht und diskutiert.

Zugleich liefen die Vorbereitungen in der SED, in den antifaschistisch-demokratischen Parteien und Organisationen an. Ihr Block unterstützte Vorschläge, die das ZK der SED ausgearbeitet hatte. Das war ein völlig neuer Schritt in der Politik der Partei. Für viele ehemalige Nazis war er geradezu eine Offenbarung.

Zugleich mußte ich jedoch an den Beschlußentwurf über die materielle Verantwortlichkeit aller Mitglieder der Nazipartei denken, den man vor dem Volksentscheid in Sachsen in den Ländern und Provinzen verteilt hatte. Woher war dieser Vogel damals angeflattert? Aus unserem oder aus einem fremden Nest? Vielleicht von hier und von dort?

Ich habe Ursache zu glauben, daß die Abwendung der falschen Linie, alle Nazis materiell zur Verantwortung zu ziehen, einer der Gründe dafür war, daß der Einfluß Bokows stark zurückging, eines Generals, der Erfahrungen in Frontoperationen, aber nicht in politischen und Staatsangelegenheiten hatte, noch dazu in Deutschland, das er nur flüchtig kannte. Mit derartigen Problemen hatten wir auch nach Bokows Abberufung nach Moskau weiterhin zu kämpfen.

Sokolowski und ich kamen noch häufig auf die Frage der Entnazifizierung und die Ratschläge Stalins zurück. Wir hinderten die deutschen Organisationen allerdings nicht daran, den allmählichen Kurswechsel selbst zu vollziehen. Neun Monate später kamen wir auf die Sache zurück, wobei wir diese wichtigen politischen Probleme mit der Hauptaufgabe der Wiederherstellung der Wirtschaft der Ostzone durch die Bevölkerung selbst verbanden. Die deutschen Organisationen wogen ihre Möglichkeiten ab, bereiteten richtige Beschlüsse vor und bestimmten die Personen, die an ihrer Durchführung teilnehmen sollten.

Ein Jahr nach dem Gespräch mit Stalin gab die SMAD den Befehl Nr. 35 über die Auflösung der Entnazifizierungskommissionen in der sowjetischen Besatzungszone bekannt. Hinter einer Zeitung verborgen, nahm ich am Gründungsparteitag der Nationaldemokratischen Partei Deutschlands (NDPD) in einer Bierkneipe teil. Ein kleiner Teilnehmerkreis hörte zu, als der Entwurf eines Antrages an die SMAD verlesen wurde, die Partei offiziell zu registrieren. Außerdem nahm die Versammlung einen Aufruf an die Bevölkerung an, erörterte die Zusammensetzung der Leitungsorgane der Partei und einer Zeitungsredaktion sowie weitere dringliche Fragen.

Zum Vorsitzenden der Partei wurde der frühere Rechtsanwalt Lothar Bolz gewählt, zu seinem Stellvertreter der ehemalige Wehrmachtsgeneral Vincenz Müller, der ein Korps in der Schlacht bei Minsk (im Kessel von Bobruisk) kommandiert und im Juni 1944 angesichts der hoffnungslosen Einkesselung den Befehl zur Kapitulation gegeben hatte. Das Aktiv der Nationaldemokratischen Partei stellten ehemalige Kriegsgefangene dar, die im Nationalkomitee Freies Deutschland sowie im Bund deutscher Offiziere mitgewirkt und sich eine gute Erinnerung an Rußland bewahrt hatten.

Die NDPD arbeitete mit den anderen antifaschistischen Parteien zusammen und schaltete sich bald aktiv in die demokratische Entwicklung Ostdeutschlands ein. Die Einstellung der Entnazifizierung hatte auch im Westen ein starkes Echo. Viele ehemalige Mitglieder der Nazipartei fanden nun zu einem normalen zivilen Leben zurück.

Bald darauf brachte Wassili Sokolowski aus Moskau Aufträge mit, die in der Tätigkeit des Politischen Beraters und seines Apparates für längere Zeit den zentralen Platz einnehmen sollten. Die Auflösung der Entnazifizierungskommissionen war nur das erste

Glied einer ganzen Kette bedeutsamer Aktionen. Die verschiedenen Bevölkerungsschichten der sowjetischen Besatzungszone, Parteien und Organisationen wurden nun aktiviert, bekannte Intellektuelle, Historiker und andere Wissenschaftler herangezogen, um den Entwurf eines »Programms der Nationalen Front Deutschlands« auszuarbeiten. Ich erinnere mich, daß ich von Mitgliedern des Politbüros des ZK der KPdSU(B) für diesen Entwurf später scharf kritisiert wurde. »Das ist ein nationalistisches Gebräu!« schrie z. B. Lasar Kaganowitsch auf einer Sitzung des Politbüros wütend. Wenig schmeichelhafte Reaktionen kamen auch von Georgi Malenkow und anderen. Molotow schwieg sich aus und überließ es mir, die Schläge selbst abzuwehren.

Ich hörte mir diese Reden in Ruhe und mit allem Ernst an und machte mir einige Notizen. Als ich am Ende der Diskussion das Wort erhielt, dankte ich für die Aufmerksamkeit und erklärte, der Entwurf sei gemeinsam mit zahlreichen deutschen Politikern, darunter parteilose und auch ehemalige Nazis, ausgearbeitet worden. Ich würde einige Einzelbemerkungen überdenken. Insgesamt sei ich jedoch der Meinung, daß der Entwurf die Lage und die Besonderheiten der in Besatzungszonen getrennt lebenden deutschen Nation richtig erfasse.

Den Vorsitz führte Malenkow. Er saß nicht auf Stalins Platz, sondern rechts davon.

»Nun, Genossen, schicken wir den Entwurf in den Süden?«

»Richtig, richtig« tönte es durch den Saal, darunter auch von Kaganowitsch.

Aus dem Süden, wo Stalin zum Urlaub weilte, erhielten wir die Bestätigung des Projektes, allerdings mit drei wesentlichen Abänderungen, die er mit seiner klaren Handschrift eingetragen hatte. Dem Titel des Dokuments fügte er das Wort »demokratisch« hinzu. Dieser lautete in der Endfassung »Programm der Nationalen Front des demokratischen Deutschland«. Die anderen Korrekturen gingen in ähnliche Richtung.

Nach seiner Empfehlung übergaben wir den Entwurf den deutschen Organisationen zur weiteren Erörterung und Beschlußfassung. Dazu wurden bürgerliche und andere Politiker aus den Westzonen eingeladen. Der weitere Verlauf ist aus der historischen Literatur bekannt, ich persönlich hatte damit nichts mehr zu tun.

Stalin bewegte weiterhin vieles, was in Deutschland vorging. Ich erfuhr das über andere Kanäle, auch außerhalb der SMAD. Teile der Bevölkerung wanderten ab, in der Intelligenz der Ostzone kam es zu komplizierten Prozessen, man mußte sich von der damaligen Politik der Westmächte und auch Konrad Adenauers stärker abgrenzen. Alle diese Vorgänge, von denen noch ausführlicher die Rede sein wird, führten Stalin zu dem Schluß, daß es notwendig war, die Politik der Sowjetunion und ihrer deutschen Freunde in wesentlichen Punkten weiterzuentwickeln.

Anfang 1948 erteilte mir Wassili Sokolowski den Auftrag, den Entwurf eines Dokumentes über die deutsche Intelligenz und die Nationalkultur auszuarbeiten.

»Das ist eine komplizierte Frage«, sagte er. »Damit werden wir längere Zeit zu tun haben. Sie verstehen, welch große praktische und prinzipielle Bedeutung sie hat. Ziehen Sie möglichst viele deutsche Politiker hinzu, die die Entwicklung nicht nur vom Hörensagen kennen, sondern selbst erlebt haben. Nutzen Sie die Erfahrungen der Sowjetunion. Durchdenken Sie auch die theoretische Seite des Problems. Wir werden miteinander diskutieren, so wie die Fragen entstehen.«

Ich machte mich mit einem sehr kleinen Stab von Mitarbeitern meines Apparates an die Arbeit. Wir diskutierten das Problem mit Wilhelm Pieck, Otto Grotewohl, Walter Ulbricht, berieten uns mit Paul Wandel, Heinrich Rau, Bruno Leuschner und einer Reihe von Freunden aus der Intelligenz. Dann setzte eine ganze Serie von Beratungen und Gesprächen mit den verschiedenen Schichten der Gesellschaft ein, denn das Thema berührte die Interessen aller. Ich erinnere mich an heiße Debatten, die uns auf wichtige Gedanken brachten. Die Gesamtidee kam im Titel des Dokumentes »Über die Erhaltung und Entwicklung der deutschen Nationalkultur« treffend zum Ausdruck. Die Diskussion begann gewöhnlich mit kurzen einführenden Bemerkungen zum Thema, wonach jeder Teilnehmer seine Gedanken darlegen konnte, ohne daß ihm jemand ins Wort fiel. Wir schnitten diese Beiträge mit oder machten ausführliche Notizen, um alle Nuancen zu erfassen. Auf Schlußbemerkungen verzichteten wir in der Regel, weil der Gegenstand so neu und vielfältig war, daß zunächst gründlich nachgedacht werden mußte.

Die Schriftsteller sprachen von ihren Sorgen, die Wissenschaftler von ihren Problemen, Ärzte, Journalisten, Pädagogen, Historiker, Bauern aus entlegenen Dörfern legten ihre Gedanken dar. Dabei kamen ganz unerwartete und originelle Aspekte zum Vorschein. Bei einer Diskussion mit Aktivisten aus der Arbeiterschaft wurde folgendes Argument vorgebracht: »Unsere Wissenschaftler fordern, mehr Bücher und Zeitschriften aus dem Westen einzuführen. Was kann man darin schon finden? Nur antisozialistische Gedanken. Ich bin folgender Meinung: Sollen diese Wissenschaftler selbst Bücher schreiben. Wir werden ihnen dabei helfen, sie zu drucken, werden sie kaufen, und wem sie gefallen, der wird sie lesen. Wir brauchen die Freiheit des Wortes, aber keine Belehrungen von unseren Gegnern...«

Eine Begegnung mit führenden Ingenieuren von Magdeburger Großbetrieben war schon am Anfang überraschend: In den Saal zogen feierlich gekleidete, bis zum Hals zugeknöpfte schweigende Menschen ein. Wir stellten Fragen, gaben uns alle Mühe, machten sogar Witze, um sie aus der Reserve zu locken. Allmählich gingen sie etwas aus sich heraus. Es kamen sehr unangenehme, auch feindselige Bemerkungen, die trotzdem sehr nützlich waren. Schließlich setzt sich die Wahrheit nicht aus einer, sondern aus einer Vielfalt von Ideen zusammen. Pragmatisch wurde uns klar: Wenn keine Maßnahmen ergriffen wurden, um die Lage wirklich zu verbessern, dann wanderten viele Fachleute, die hier gebraucht wurden, nach dem Westen ab. Folglich war Geld notwendig. Wir mußten uns mit denen beraten, die über die Finanzen, über den Haushalt verfügten. Die Probleme nahmen immer mehr politischen Charakter an. Zugleich trat auch der historische Aspekt klarer hervor, denn wenn man von der deutschen Nationalkultur sprechen wollte, mußte man in die Geschichte, in die Entwicklung der vergangenen Jahrzehnte und Jahrhunderte eindringen.

Die Aufgabe lief letzten Endes darauf hinaus, führenden Wissenschaftlern und Fachleuten Bedingungen zu schaffen, die ihnen die westlichen Monopole nicht gewährten und nicht gewähren konnten. Die Bedürfnisse der zahlenmäßig starken Teile der Intelligenz (Ärzte, Lehrer u. a.) entsprechend zu berücksichtigen, hätte den Staatshaushalt jener Zeit stark überfordert. Es blieben große Löcher, und wir wußten nicht, womit wir sie stopfen sollten.

In der ersten Zeit mußte den führenden Zweigen und den prominentesten Vertretern aller Bereiche von Wissenschaft und Kultur Priorität zugemessen werden. In der UdSSR hatte man in den dreißiger und vierziger Jahren für führende Wissenschaftler, Konstrukteure und Technologen Sonderbedingungen geschaffen. Mehrere Dutzend dieser Leute erhielten offene Konten bei der Bank. Sie konnten dort jede beliebige Summe abheben. Allerdings nutzten die meisten dies nur in sehr bescheidenem Umfang oder gar nicht. Alle Mitglieder der Akademie der Wissenschaften der UdSSR erhielten unentgeltlich eine Datscha auf dem Lande, dazu einen monatlichen Sonderzuschlag zu ihren ohnehin wesentlich höheren Gehältern. In diese Liste, die die höchste Führung unseres Landes zu bestätigen hatte, wurde kein Funktionär aus den Apparaten von Partei und Staat aufgenommen.

Ähnliche Regelungen führten wir nun auch in der Ostzone ein. Damit waren natürlich bei weitem nicht alle erfaßten Probleme zu lösen. Es blieben viele übrig, für die andere Beschlüsse erforderlich waren. Die Endfassung des Dokumentenentwurfs wurde in einer zweiten Serie von Beratungen sehr eingehend besprochen und auch in der Presse diskutiert.

1948 waren alle wichtigen antifaschistisch-demokratischen Umgestaltungen in der sowjetischen Besatzungszone vollzogen. Am 30. Juni 1948 beschloß der Parteivorstand der SED einen Zweijahrplan zur Wiederherstellung und Entwicklung der Volkswirtschaft Ostdeutschlands in den Jahren von 1949 bis 1950. Es war notwendig geworden, die erreichten ökonomischen Positionen zu festigen, die Entwicklung der Wirtschaft und vor allem die Erhöhung der Arbeitsproduktivität als zentrale Aufgabe zu stellen, um die materielle Lage der Bevölkerung in der Ostzone verbessern zu können. Dazu drängten auch die internationalen politischen Komplikationen, die sich daraus ergaben, daß die alliierten Mächte sich immer weiter vom Geist des Potsdamer Abkommens entfernten.

Der Kurs der SMAD war seit 1945 darauf orientiert, die Verwaltung der Ostzone Schritt für Schritt an gewählte deutsche Organe zu übergeben. In den vergangenen drei Jahren hatten die führenden Vertreter Ostdeutschlands bestimmte Erfahrungen auf wirtschaftlichem Gebiet gesammelt. Inzwischen waren begabte Führer der Wirtschaft hervorgetreten. Uns ging es darum, die demokratischen Reformen weiter zu festigen und möglichst breite Schichten der Bevölkerung in die Errichtung der antifaschistisch-demokratischen Ordnung einzubeziehen. Die Auflösung der Entnazifizierungskommissionen eröffnete die Möglichkeit, daß auch ehemalige Mitglieder der Nazipartei hier aktiv mitwirkten.

Bei diesem Aufschwung der demokratischen Entwicklung kam es jedoch auch zu gefährlichen Euphorien. Einige Hitzköpfe in der SED überschätzten die Bedeutung der bisherigen Reformen und gaben die falsche Orientierung aus, in der Ostzone seien die Dinge bereits so weit gediehen, daß man zum Aufbau des Sozialismus übergehen könne. Ende Juni 1948 erschien in der Zeitung »Neues Deutschland«, dem Organ des ZK der SED, der Artikel »An der Wende«. Der Verfasser überschätzte offenbar Bedeutung und Tiefe der sozialökonomischen Veränderungen in der sowjetischen Besatzungszone und behauptete, diese könnten als Verhältnisse in einer »sozialistischen Gesellschaft des Fortschritts« charakterisiert werden.

Nicht nur unter den deutschen Funktionären, sondern auch unter den Mitarbeitern sowjetischer Einrichtungen verstärkte sich in den Jahren von 1947 bis 1948 der Differenzierungsprozeß. Manche der sowjetischen Intellektuellen, die die Wiederherstellung der deutschen Kultur unterstützten, waren auf die praktische Zusammenarbeit orientiert und dachten nicht weit voraus. Vielen war klar, daß die Einheit Deutschlands auf demokratischer und friedliebender Grundlage letztendlich die Perspektive war, die man nicht aus den Augen verlieren durfte. Hier war jedes kurzfristige Denken fehl am Platz. Die Entwicklung in Deutschland mußte den inneren Kräften und ihrer Auseinandersetzung überlassen werden, zugleich hatten wir stets die große Perspektive im Blick zu behalten. Hier ging es nicht um Probleme, die in wenigen Tagen oder in einem Jahrzehnt zu lösen waren. Auch die Felder des Kampfes verschoben sich. Nach den bedeutsamen Reformen war in Ostdeutschland eine antifaschistisch-demokratische Ordnung entstanden. Dies war jedoch mehr oder weniger eine Abstraktion. In der Gesellschaft gab es auch ganz andere Dinge. Das durften wir nicht übersehen. Nicht jedem gelang dies in ausreichendem Maße.

Das Schicksal des Leiters der Verwaltung für Propaganda der SMAD, Sergej Tjulpanow, ist in dieser Hinsicht aufschlußreich. Er war ein Mann von ungeheurer Energie, kannte und liebte die Kreise, mit denen er Umgang pflegte. Er verstand es, Schwierigkeiten kühn anzupacken und zu überwinden. Tjulpanow war ein sehr begabter Mann. Ganz zu Recht hatte man ihn aus der 7. Verwaltung geholt und an diesen wichtigen Platz in Deutschland gestellt. Es fehlte ihm jedoch an Zeit (möglicherweise auch an Wissen, Charakter und Neigung), sich über die aktuellen Tagesprobleme zu erheben – sie verschlangen ihn mit Haut und Haaren.

Zuweilen entstanden Reibungen zwischen uns. Er versuchte mich ständig in operative Dinge hineinzuziehen. Ich hinderte ihn nicht daran, ließ jedoch vieles an mir abprallen. Mich interessierte, wie es insgesamt voranging. Meine Sache war das gesamte Gebäude, nicht die Einrichtung, nicht die Einzelheiten der Innenausstattung.

Wir redeten aneinander vorbei. Wenn wir uns bis zu Verallgemeinerungen vorgearbeitet hatten, sah Tjulpanow die Dinge anders als ich und stöhnte, ich wolle ihm Belehrungen erteilen.

»Meinen Sie etwa, ich sei Ihnen auch in meiner Freizeit verantwortlich«?

»Sie sind mir jede Minute verantwortlich.«

Tjulpanow explodierte, lief davon und befaßte sich wieder mit seinen Angelegenheiten. Allmählich zeichneten sich die Schwellen ab, bei denen wir frontal aneinander gerieten. Mir kam zu Ohren, daß Tjulpanow auf Aktivtagungen der SED erklärte, in der sowjetischen Besatzungszone sei nun der Übergang von der antifaschistisch-demokratischen Ordnung zum Aufbau des Sozialismus und zur Errichtung der Diktatur des Proletariats gekommen. Ich forderte ihn auf, dazu Stellung zu nehmen. Er gab zu, daß er derartige Dinge gesagt hatte. Dabei habe es sich aber lediglich um einen inoffiziellen Meinungsaustausch gehandelt, in dem er feststellen wollte, wie weit die Dinge in der Zone gediehen seien. Ich sagte Tjulpanow gehörig meine Meinung und hob vor allem hervor, derartige Erklärungen dürften auf keinen Fall ohne vorherige Sanktionierung durch das ZK der KPdSU(B) abgegeben werden.

Es entsprach absolut nicht der realen Lage, die weitere Arbeit an der Vollendung der demokratischen Umgestaltungen in Ostdeutschland einzustellen und zu einem völlig neuen Kreis von Aufgaben überzugehen. Wiederum war es notwendig, in der »Täglichen Rundschau« eine ganze Artikelserie zu schreiben, in der wir derartige Auffassungen ausführlich kritisierten.

Richtig ist allerdings, daß die antifaschistisch-demokratischen Umwälzungen in der sowjetischen Besatzungszone die demokratischen Kräfte objektiv stärkten. Vor allem galt das für die Möglichkeiten, die sich nun für Menschen aus der Arbeiterklasse und der werktätigen Bauernschaft eröffneten. Man durfte jedoch das Erbe der Vergangenheit auf keinen Fall unterschätzen. Die Kräfte des Militarismus und des Nazismus waren geschwächt, aber bei weitem nicht verschwunden, was in einem solch kurzen Zeitraum auch gar nicht möglich war. Andererseits hatten die in der sowjetischen Zone enteigneten Großgrundbesitzer und Monopolisten zwar eine Niederlage erlitten, aber durchaus nicht die Absicht, sich bereits geschlagen zu geben.

Versuche, Stufen der historischen Entwicklung zu überspringen, geben den arbeitenden Menschen eine falsche Orientierung, schaden den Prozessen der demokratischen Veränderung und der Überwindung des schweren Erbes der Vergangenheit.

Die Gefahr, daß man Stufen der historischen Entwicklung übersprang und die Kräfte unterschätzte, die offen und verdeckt gegen die Bodenreform und die Nationalisierung des Eigentums der großen Monopole, der Kriegs- und Naziverbrecher kämpften, legte Walter Ulbricht in einer Rede auf einer Tagung des Parteivorstandes der SED im Juli 1948 dar. Danach wurden solche Ideen auch in der demokratischen Presse der Sowjetzone ausführlich kritisiert. Man hob dabei hervor, daß derartige »linksextreme Auffassungen« dem Kampf für den Aufbau eines einheitlichen, friedliebenden und demokratischen Deutschlands zuwiderliefen. Dieser Versuch, die Linie der Errichtung einer antifaschistisch-demokratischen Ordnung in der sowjetischen Besatzungszone zu verlassen, mußte besorgt stimmen, denn es war klar, daß dies gewollt oder ungewollt der Kampagne in die Hände spielte, die im Westen mit dem Ziel der Spaltung Deutschlands und Berlins angelaufen war. Ich kann es nicht zweifelsfrei behaupten, glaube aber, daß Oberst Tjulpanow bald darauf auch wegen dieser Vorfälle aus Deutschland abberufen wurde.

Inzwischen hatte sich im Westen eine Politik entwickelt, die sich gegen die Entmilitarisierung Deutschlands richtete. Man unternahm separate Aktionen, die zur Beseitigung der Einheit Deutschlands führen konnten.

Ich will hier nur an die wichtigsten Ereignisse erinnern.

Im Dezember 1947 fand in Berlin der 1. deutsche Volkskongreß für Einheit und gerechten Frieden statt, an dem 2215 Delegierte aus ganz Deutschland teilnahmen. Die Außenminister der Westmächte, die zur Londoner Beratung des Rates der Außenminister zusammengekommen waren, weigerten sich, eine Delegation des Volkskongresses zu empfangen. Der Oberkommandierende der amerikanischen Truppen in Deutschland, General Clay, und der Oberkommandierende der britischen Truppen, General Robertson, traten Anfang 1948 in Frankfurt am Main mit dem Plan hervor, die Bizone möglichst rasch zu einem deutschen Separatstaat auszubauen, was die faktische Spaltung Deutschlands bedeutete.

Von Februar bis Juni 1948 fand in London eine Dreierkonferenz der Außenminister zur deutschen Frage statt. Das war eine klare Verletzung des Potsdamer Abkommens und des Status des Kontrollrates der vier Mächte in Deutschland. Das Ziel dieses Treffens bestand eindeutig darin, die Westzonen mit ihrem immer noch bestehenden Militärpotential in ein militärisches Bündnis gegen die Sowjetunion einzubinden. Das führte am Ende zur Spaltung Europas in einander gegenüberstehende Militärblöcke.

Die Vertreter der Westmächte weigerten sich, den Kontrollrat über die Deutschland betreffenden Ergebnisse der Londoner Beratung zu informieren. Das legte die Tätigkeit des Kontrollrates lahm.

Der 2. deutsche Volkskongreß, der im März 1948 tagte, wandte sich an die Oberkommandierenden der vier Mächte mit dem Vorschlag, einen Volksentscheid über ein Gesetz zur Einheit Deutschlands durchzuführen. Im Entwurf dieses Gesetzes hieß es:

»Deutschland ist eine unteilbare demokratische Republik, in der die Länder die Rechte genießen, die die Verfassung vom 11. August 1919 vorsieht.«

Als Reaktion darauf verboten die Oberkommandierenden in den westlichen Besatzungszonen die Tätigkeit des Volkskongresses auf ihrem Gebiet.

Im Juni 1948 spitzte sich das Problem einer gesamtdeutschen Währungsreform zu, nachdem in den Westzonen eine separate Währungsreform durchgeführt worden war. Das zwang uns dazu, Gegenmaßnahmen zu ergreifen. Die SMAD bestätigte einen Beschluß der Deutschen Wirtschaftskommission, auch in der sowjetischen Zone eine Währungsreform durchzuführen. Nun kam es zu einer zugespitzten Krise des Geldumlaufs innerhalb Berlins. Im Ergebnis von Verhandlungen der vier Mächte in Moskau wurde am 5. Mai 1949 als Kompromiß vereinbart, die seit dem Juni 1948 bestehenden Einschränkungen auf den Verbindungswegen zwischen Westberlin und den Westzonen im Mai 1949 aufzuheben. Der Kampf um die Währungsfrage ging weiter, aber die Krise war zunächst entschärft.

Im Mai 1949 wurde die Verfassung der Bundesrepublik Deutschland angenommen. Ungeachtet der Proteste der demokratischen Öffentlichkeit und auch der Regierung der UdSSR bildete man im September 1949 in Bonn die Regierung der Bundesrepublik Deutschland. Damit war der Prozeß der Spaltung Deutschlands vollendet, den man bereits seit einigen Jahren betrieben hatte. Im Mai desselben Jahres war bereits ein »Besatzungsstatut« von den westlichen Militärgouverneuren für die Westzonen verkündet worden. Damit hatte man eine völlig neue Lage geschaffen.

Im Oktober 1949 wurde die Deutsche Demokratische Republik gegründet. Der Kampf um ein einheitliches, unabhängiges, demokratisches und friedliebendes Deutschland ging jedoch auch nach der Gründung der beiden selbständigen deutschen Staaten einige Jahre lang weiter.

Achtes Kapitel
Alarmstufe eins. Heilsame Lehren

Mit Gründung der DDR übergab die Regierung der UdSSR am 10. Oktober 1949 deren Regierung alle Verwaltungsfunktionen, die die sowjetische Militäradministration bisher ausgeübt hatte. Dieser historische Akt fand in demselben Gebäude in Berlin-Karlshorst statt, wo Vertreter der Wehrmacht am 8. Mai das Protokoll über die bedingungslose Kapitulation Deutschlands unterzeichnet hatten.

Am 15. Oktober 1949 wurde die DDR von der Regierung der Sowjetunion anerkannt.

Im Juli 1950 fand der III. Parteitag der SED statt, in dessen Mittelpunkt das Referat des Parteivorsitzenden Wilhelm Pieck stand. Der Parteitag faßte einen Beschluß über den Fünfjahrplan der Entwicklung der Volkswirtschaft der DDR. Die Verdopplung der Produktion gegenüber dem Vorkriegsniveau von 1936 bis zum Ende des Jahres 1955, die Erhöhung der Löhne für Arbeiter und Angestellte, weitere Preissenkungen, Milliardeninvestitionen in Industrie und Landwirtschaft, umfangreiche Arbeiten zum Wiederaufbau der zerstörten Städte und Dörfer, eine rasche Entwicklung von Kultur und Volksbildung – diese Zielsetzungen im Referat Wilhelm Piecks orientierten darauf, die DDR auf dem Wege des Friedens und der friedlichen Zusammenarbeit mit anderen Völkern zu entwickeln. Das brachte auch Stalin in seinem Glückwunschtelegramm anläßlich der Gründung der DDR zum Ausdruck. Dort hieß es: »Die Bildung der friedliebenden Deutschen Demokratischen Republik ist ein Wendepunkt in der Geschichte Europas. Es unterliegt keinem Zweifel, daß die Existenz eines friedliebenden demokratischen Deutschlands neben dem Bestreben der friedliebenden Sowjetunion die Möglichkeit neuer Kriege in Europa ausschließt, dem Blutvergießen in Europa ein Ende bereitet und die Knechtung europäischer Länder durch die Weltimperialisten unmöglich macht.« (Dokumente zur Deutschlandpolitik der Sowjetunion, Bd. 1, Berlin 1957, S. 239)

Die strategische Orientierung bestand weiterhin darin, die Vereinigung des deutschen Volkes in einem einheitlichen, friedliebenden und demokratischen Deutschland so rasch wie möglich herbeizuführen, den Kampf der deutschen Patrioten für Frieden und die demokratische Einheit des Landes zu verstärken.

Wie Kurt Vieweg auf einer Tagung des Nationalrates der Nationalen Front des demokratischen Deutschlands erklärte, war »der Fünfjahrplan nicht nur ein Plan für einen hohen Lebensstandard, sondern auch ein Plan zur Überwindung der Spaltung Deutschlands, ein Plan zur Wiederherstellung des einheitlichen deutschen Vaterlandes«.

Die nationale Frage in Deutschland war ein Thema, das während meiner vielen Aufenthalte in Moskau wieder und wieder erörtert wurde. Die Einheit Deutschlands nicht aus der Hand zu geben – diese Linie zog sich durch alle diplomatischen Konferenzen und wichtigen Dokumente der Sowjetunion zu außenpolitischen Fragen, in denen von Deutschland die Rede war.

Diesem Problem waren auch seriöse politische, historische und theoretische Untersuchungen gewidmet, die die SMAD, die SED und der Block der antifaschistisch-demokratischen Parteien und Organisationen unternahmen. Der 1. bis 3. Deutsche Volkskongreß für Einheit und gerechten Frieden, der von Wilhelm Pieck und Otto Grotewohl geleitet wurde, war ein Ausdruck dieser Politik.

Stalin achtete sehr darauf, daß die aktive Position der Sowjetunion in dieser Frage der Welt bekannt wurde. Der Zusammenhang zwischen den Beschlüssen des III. Parteitages der SED und dem von der UdSSR im März 1952 vorgeschlagenen Entwurf eines Friedensvertrages mit Deutschland ist unschwer zu erkennen. Die Sowjetunion schlug in ihrer Note an die Westmächte vor: Wiederherstellung der Einheit Deutschlands auf friedliebender und demokratischer Grundlage, Abzug aller Besatzungstruppen von deutschem Boden ein Jahr nach Inkrafttreten des Friedensvertrages, Aufhebung aller Beschränkungen für die deutsche Friedenswirtschaft, das Recht auf nationale Streitkräfte zur Selbstverteidigung, Durchführung freier gesamtdeutscher Wahlen unter internationaler Kontrolle.

Dieser Entwurf wurde sowohl von den alliierten Mächten als auch in beiden Teilen Deutschlands mit lebhaftem Interesse aufgenommen.

Die Bedingung, auf die sich der Westen einlassen mußte, war eindeutig: Das wiedervereinigte Deutschland sollte außerhalb aller Blöcke bleiben, also keinem Bündnis angehören.

Der Entwurf für die Grundlagen eines Friedensvertrages mit Deutschland brachte die Interessen von Staat und Völkern der Sowjetunion zum Ausdruck, die sich aus Jahrhunderten russischer Geschichte ergaben. In der Position der sowjetischen Delegation auf der Beratung der Außenminister im März und April 1947 waren die Hauptelemente dieser Vorschläge erläutert worden. Sie stellten eine Weiterentwicklung der auf den Konferenzen von Teheran, Jalta und Potsdam vertretenen Positionen sowie der gesamten Tätigkeit der SMAD zur Entnazifizierung und Entmilitarisierung in der Ostzone Deutschlands dar.

Diese Vorschläge der Sowjetunion zur Wiedervereinigung Deutschlands sind bis heute nicht aus dem Bewußtsein der Öffentlichkeit verschwunden.

Die eine Seite betrachtete die sowjetische Note vom 10. März 1952 als Ausdruck dessen, daß die UdSSR an einer Zusammenarbeit und an neuen Beziehungen zu Deutschland interessiert war, das zwar kapituliert hatte, aber objektiv als großer und potentiell komplizierter Staat auf der Karte Europas weiterbestand. Andere dagegen sahen sie als ein Betrugsmanöver oder ein Druckmittel gegen die USA, mit denen die UdSSR nach Kriegsende eine Entspannung des Verhältnisses und ein gewisses Gleichgewicht suchte, was angeblich auf Kosten deutscher Interessen erreicht werden sollte.

Heute existiert im wiedervereinigten Deutschland kein verbreiteter Revanchismus mehr. Die Oder-Neiße-Grenze, die Lösung der Sudetenfrage und anderer Probleme werden als vollendete Tatsachen verstanden. Vieles andere ist ebenfalls ins Lot gekommen. Die Note der UdSSR vom 10. März 1952 bleibt aber wie ein Nagel im Schuh.

Bekanntlich entstellte Adenauer vor dem Bundestag bewußt den Inhalt der sowjetischen Vorschläge. Adenauers Position war in dem hartnäckigen Glauben begründet, nur eine Remilitarisierung

Westdeutschlands und sein Beitritt zur NATO werde seinem Lande eine gleichberechtigte Stellung im Nachkriegseuropa verschaffen und schließlich wieder die Führungsrolle bringen. Daß er die Vorschläge der UdSSR vom 10. März 1952 ablehnte und auch die nachfolgenden Kompromißangebote, die z.b. die Möglichkeit einer internationalen Kontrolle der gesamtdeutschen Wahlen betrafen, ebenfalls zurückwies, zeigt deutlich, daß seine Aussage, die Wiedervereinigung Deutschlands genieße in seiner Politik höchste Priorität, lediglich eine Propagandafloskel war, die seine wahre Position verhüllen sollte.

Zu Adenauers Zeiten spielten erzreaktionäre, im Grunde genommen revanchistische Politiker in der CDU eine beträchtliche Rolle. Adenauer ließ sie zwar nicht an die Hebel der Macht heran, aber dies waren Kräfte des aggressiven Deutschlands, die man in der Ostzone im Verlauf der demokratischen Reformen ausgeschaltet hatte. In Bonn spielten sie immer noch die zweite Geige. Adenauer setzte alles auf die amerikanische Karte – eine Umorientierung, die große Anstrengungen erforderte. Um aber das Steuer herumzureißen, mußte er sich auch gegen starke Kräfte in Deutschland wenden, die aus dem verlorenen Krieg Lehren ziehen wollten.

Ich konnte mich in Deutschland mehrfach davon überzeugen, daß Adenauer nicht nur ein politischer Gegner Rußlands war, sondern geradezu einen irrationalen Haß auf die Russen empfand. Jeden Vorschlag, der das Verhältnis zu Rußland betraf, sah er vor allem unter dem Blickwinkel, ob dieser für die Russen annehmbar sei. Wenn nicht, stimmte er begeistert dafür, wenn doch, versuchte er, ihn auf Eis zu legen oder seines Sinnes zu entleeren.

Lange war mir dieses Verhalten Adenauers unverständlich. Heute sind Archive zugänglich, die Licht in seine Position und sein Verhalten gegenüber Rußland bringen.

John Foster Dulles veränderte in seinen letzten Lebensjahren, als er bereits schwer krank war, seine Haltung zur Sowjetunion und setzte sich für eine Verbesserung des Verhältnisses zu unserem Lande ein. In seinen Briefen an Dulles wandte Adenauer seine ganze Überredungskunst auf, um diesen zu überzeugen, daß seine Meinung, Rußland sei in der deutschen Frage kompromißbereit, verfrüht und falsch sei. Wahrscheinlich erschienen ihm noch im Traum die Russen, wie sie Köln eroberten und das ganze Rheinland von Köln bis Straßburg in Brand steckten. Adenauer war der Meinung, Rußland wolle Europa erobern und sei überhaupt stets ein sehr aggressiver Staat gewesen. Auf diesen irrationalen Vorstellungen beruhte auch seine Außenpolitik.

Bei einer Begegnung mit Adenauer sagte de Gaulle, der Kommunismus in Rußland werde vergehen, er sitze nicht tief. Rußland aber bleibe, es sei ein großer Staat, mit dem man zusammenarbeiten müsse.

Adenauer wies das kategorisch zurück. Die Russen seien eine gefährliche, aggressive Nation...

Heute ist die Wiedervereinigung der beiden deutschen Staaten Realität. Das ist gut, denn es entspricht den langfristigen Interessen unserer Länder und Völker. Man muß zusammenarbeiten und sich dabei an dem so lange Jahrhunderte bestehenden guten Verhältnis orientieren. Unsere Beziehungen haben eine große Zukunft.

Kehren wir aber ins Deutschland der fünfziger Jahre zurück. Die Sowjetunion erwies den antifaschistisch-demokratischen Kräften des deutschen Volkes weiterhin große Hilfe. In dem Maße, wie die deutschen Organe die Verwaltung – insbesondere in Wirtschaft, Wissenschaft und Technik – beherrschen lernten, wie befähigte Leiter der Wirtschaft hervortraten, übergab ihnen die sowjetische Seite diese Funktionen Schritt für Schritt.

Auch die höchsten Vertreter der SED gewannen allmählich Geschmack an dieser Arbeit. Einige von ihnen sollen hier genannt werden.

Der erste Platz gebührt Wilhelm Pieck, einem großen Staatsmann und Politiker, dem Patriarchen der deutschen kommunistischen Bewegung. Ich habe ihn bei offiziellen und ganz privaten Gelegenheiten oft getroffen. Selbst in der Zeit der schwersten Schlachten bei Stalingrad bewahrte er sich die Überzeugung, daß die Kräfte des Nazismus und des deutschen Imperialismus überwunden werden würden.

Als Vorsitzender der SED und später als Präsident der DDR verkörperte er mit Wort und Tat das Streben nach Einheit der antifaschistisch-demokratischen Kräfte. Ruhig, aber konsequent achtete er darauf, daß die Einheit der Partei gewahrt wurde. Vor allem lag ihm daran zu verhindern, daß eine gewisse Härte im Charakter und Verhalten Walter Ulbrichts, seine übermäßige Geradlinigkeit und sein Mißtrauen gegenüber der künstlerischen Intelligenz, darunter solchen Größen der Kultur wie Ernst Busch, Bertolt Brecht, Hanns Eisler und anderen, zu Abweichungen von der Linie der Partei führten.

Wenn es nötig war, konnte Pieck auch mit der Faust auf den Tisch schlagen. Pieck war ein beliebter Ansprechpartner der Intelligenz und hielt selbst Kontakt zu diesen Kreisen. In Berlin besuchte er jede Theaterpremiere. In Moskau ließ er sich keine Zirkusvorstellung entgehen. Er war gegenüber allen Arten von Kultur und Kunst sehr offen und gab keiner besonderen Richtung den Vorzug. In seinem Hause fand ich nichts Auffallendes – eine einfache, bescheidene, sehr saubere Wohnung, ein Haus, wie es im grünen Pankow viele gab.

Bei delikaten internen Fragen suchte er meinen Rat. So bat er mich einmal, Stalins Meinung zu folgender Frage einzuholen:

»Otto Grotewohl hat die Absicht, sich von seiner Frau Martha scheiden zu lassen und seine Sekretärin Johanna zu heiraten, die früher mit einem Nazifunktionär des Betriebes verheiratet war, wo sie arbeitete. Im Politbüro herrscht die Meinung vor, Grotewohl diese Scheidung zu verbieten, die in der Partei als schlechtes Beispiel wirken könnte. Man verlangt von ihm, sein Verhältnis zu Johanna wegen der Nazivergangenheit ihres ersten Ehemannes abzubrechen.«

Ich riet Pieck, sich nicht in die persönlichen Angelegenheiten Grotewohls einzumischen.

»Wenn wir wollen, daß er viel und gründlich arbeitet, müssen wir ihm in seinem Privatleben freie Hand lassen. Martha sollte gut versorgt werden, ein Haus in Pankow erhalten und die bisherigen Sonderrechte weiter genießen. Ihre beiden Kinder sind erwachsen und brauchen keine Hilfe mehr. Grotewohl ist eine Künstlernatur, er hat eine Malerschule absolviert und ist sehr sensibel. Man sollte ihm in dieser Frage keine Vorschriften machen. Er ist einer der großen Sozialdemokraten, die die SED mitaufgebaut haben. Soviel ich weiß, empfindet Johanna tiefe Liebe zu Grotewohl. Mein Rat: In derartigen Familienangelegenheiten sollte jede Einmischung von außen unterbleiben...«

Pieck dachte nach und meinte dann, er wolle trotz allem Stalins Meinung wissen. Am nächsten Morgen hatte ich bereits die Antwort aus Moskau: »Einverstanden mit Ihrem Standpunkt.« Ich fuhr zu Pieck ins ZK der SED und teilte ihm die Antwort mit. Die Wogen glätteten sich wieder.

Pieck lud mich auch ein, wenn andere Führungsmitglieder der SED bei ihm zu Gast waren. Die Tischordnung war deutsch: Der Hausherr saß links von seiner Tochter, die ihm auch den Haushalt führte. Es ging streng, ordentlich, aber sehr einfach zu, etwa wie in einer deutschen Facharbeiterfamilie. Pieck war bis 1906, als er in die SPD eintrat, Tischler gewesen, hatte sich später im Spartakusbund engagiert, aus dem die Kommunistische Partei Deutschlands entstand. Er kannte Karl Liebknecht noch persönlich. Eine solche Einladung in seine Familie war eine große Ehre für mich. Ich selbst allerdings gab keine Empfänge. Diese kosteten sehr viel Zeit, die ich damals am allerwenigsten hatte.

Walter Ulbricht war ein ganz anderer Mensch. Während der Kämpfe bei Stalingrad war auch er in den antifaschistischen Gruppen stark engagiert. Er leitete die Tätigkeit der Frontsender und arbeitete mit Kriegsgefangenen. Unsere Militärs nannten ihn den »Motor der Partei«.

In dieser Rolle kam er auch Ende April 1945 nach Berlin und übernahm sofort die Leitung der Initiativgruppen von Kommunisten und Antifaschisten. Er war stets in Bewegung und kümmerte sich vor allem um konkrete Dinge, die das Leben der einfachen Menschen betrafen. Bei ihm liefen hinter den Kulissen alle Fäden der Wiederherstellung des Alltagslebens in Berlin und in der sowjetischen Besatzungszone zusammen. Nach der Bodenreform brachte er auf eigene Initiative die Versorgung der Neubauern mit Kalk und Kunstdünger in Gang, baute Produktionsräte auf. Alle, die sich um die Arbeit der Betriebe, des Handels, des Verkehrs, des Gesundheitswesens und andere praktische Fragen kümmerten, fühlten sich zu Ulbricht hingezogen. Den intensivsten Kontakt hatte ich zu ihm sicher während der ersten Nachkriegsjahre.

Walter Ulbricht und Wilhelm Pieck ergänzten einander gut. Ihre unterschiedlichen Charaktere und Haltungen behinderten die antifaschistische Entwicklung nicht. Am 4. Mai 1945 hatte Wilhelm Pieck ein ausführliches Gespräch mit Stalin. Dort wurden die Hauptorientierungen für die Politik der KPD abgesprochen, wobei die persönliche Nähe Piecks zu Thälmann eine wichtige Rolle spielte. Sobald Wilhelm Pieck am 1. Juli 1945 in Berlin eintraf, übernahm er die Führung der Kommunistischen Partei und wurde zur treibenden Kraft der Vereinigung mit den Sozialdemokraten.

Wilhelm Pieck nahm auch maßgeblichen Anteil am Aufbau der Gesellschaft für Deutsch-Sowjetische Freundschaft wie voher der Gesellschaft zum Studium der Kultur der Sowjetunion. Deren Ideen propagierte er in unzähligen Reden in Städten und Betrieben der Ostzone.

Zur Zeit der SMAD pflegte ich mit Walter Ulbricht eine gute Zusammenarbeit. Allmählich trübte sich unser Verhältnis jedoch etwas ein, was sicher nicht ohne den Einfluß operativer Mitarbeiter der SMAD, insbesondere Tjulpanows, geschah.

Möglicherweise kannte Ulbricht den inneren Aufbau unseres Organs nicht bis in alle Einzelheiten. Dort waren nur der Oberste Chef der SMAD und ich in die große Politik unseres Landes eingeweiht. Da er es meist mit Tjulpanow und anfangs auch mit Bokow zu tun hatte, übernahm Ulbricht nicht immer die besten taktischen Methoden – es fehlte ihm an Elastizität und Geduld. Über die Weisung, die Tätigkeit der SMAD allmählich abzubauen, informierte ihn Stalin möglicherweise auf direktem Wege. Er wußte, wenn wir die Macht den Deutschen übergaben, dann hatten wir sie ihnen auch voll und ganz zu übergeben. Sie sollten ihre eigenen Erfahrungen in der Kunst der Staatsführung sammeln.

Diesen Kurs, die Tätigkeit der Sowjetischen Militäradministration in Deutschland abzubauen und an ihrer Stelle eine sowjetische Kontrollkommission (SKK) zu bilden, faßte Ulbricht zu direkt auf. Er gab allen Parteigremien von oben bis unten die Weisung, alle Gespräche mit sowjetischen Vertretern zu notieren und an das ZK zu berichten, wonach gefragt wurde, wofür man sich interessierte und was man geantwortet habe. Unter diesen Umständen erhielt die am 11. November 1949 gebildete SKK nun kaum noch Informationen aus den Ländern und Provinzen. Das konnte ihren ganzen Apparat lahmlegen. Kompromißlösungen waren hier nicht möglich.

Unverständlich war für mich auch die Haltung Walter Ulbrichts zu den Beschlüssen des III. Parteitages der SED und dem Referat Wilhelm Piecks. Mit dem Hinweis darauf, Wilhelm Pieck habe diesen Bericht in engem Kontakt mit sowjetischen Vertretern erarbeitet, wurde er nur in einer begrenzten Zahl verteilt und von den Funktionären des Apparates der SED faktisch desavouiert. Mir sagte diese Episode, daß Walter Ulbricht die herausragende Stellung Wilhelm Piecks in der Führung der DDR nicht unterstreichen wollte. Wenn ich jedoch heute die Ereignisse jener Zeit Revue passieren lasse, dann wird mir klar, daß hier nicht nur und gar nicht in erster Linie subjektive Gründe entscheidend waren.

Anfang 1952 (möglicherweise war es auch bereits im Herbst 1951) hatte ich eine recht scharfe Auseinandersetzung mit Ulbricht, bei der Wassili Tschuikow zugegen war. Ich sagte, daß ich seine Weisung hinsichtlich der SKK für falsch hielte. Sie säe Zweifel bei sowjetischen und deutschen Genossen, daß es in den gegenseitigen Beziehungen aufrichtig zugehe. Walter Ulbricht sträubte sich und verteidigte seine Linie.

»Das ist Nationalismus«, erklärte ich zur Antwort.

»Das sind grobe Worte«, parierte Ulbricht wütend.

»Ich sage, was ich denke«, erwiderte ich ihm. »Möchten Sie, daß ich Ihnen sage, was ich nicht denke?«

Tschuikow sah uns durch seine Brille zu, mischte sich aber nicht ein. Bei mir hatten sich inzwischen eine Menge kritischer Punkte zu Ulbrichts Linie angesammelt, die ich in einem streng persönlichen Brief an Stalin darlegte. Bei der letzten Begegnung mit ihm im Oktober 1952 erhielt ich dazu schwerwiegende Weisungen, von denen noch die Rede sein wird.

Ulbricht wollte in der DDR »nach dem Vorbild der KPdSU(B) und der Sowjetunion« vorgehen. Die DDR war aber wirtschaftlich und kulturell höher entwickelt als die Sowjetunion. Unsere Erfahrungen einfach zu kopieren, war nicht angebracht, was die Ereignisse des 17. Juni 1953 später auch bewiesen.

Über Otto Grotewohl zu schreiben, fällt mir wesentlich schwerer, da ich mit dem ganzen Verlauf der Vereinigung von KPD und SPD nicht befaßt war. Dies fiel in die Verantwortung Oberst Sergej Tjulpanows und des Militärrates der SMAD, den damals General Bokow leitete.

Otto Grotewohl, ein sehr begabter, aufrichtiger und überzeugter Mann, war zweifellos die Nummer Zwei in der Führung der SED. Mit seinen menschlichen Qualitäten trug er dazu bei, die Begabungen solch wichtiger und aktiver Politiker aus der Führung der SPD der Weimarer Zeit wie Otto Buchwitz, Friedrich Ebert und vieler anderer zusammenzuführen und voll zur Geltung zu bringen. Während der Bodenreform ergab sich ein sehr enges Verhältnis zu Otto Grotewohl. Als ehemaliger Minister der sozialdemokratischen Regierung in Braunschweig zur Weimarer Zeit sprach Otto Grotewohl ein hervorragendes Hochdeutsch. Er hatte die seltene Gabe, als Politiker und Staatsmann in großen Zusammenhängen zu denken.

Im Vertrauen berichtete er mir einmal, er habe aus Westdeutschland das Angebot erhalten, in die Führung der West-SPD überzutreten, wofür man ihm hohe Summen und alle möglichen Vorteile versprochen habe.

»Sie begreifen nicht«, sagte mir Grotewohl, »daß nicht alles auf der Welt käuflich und verkäuflich ist. ... Das Programm der antifaschistisch-demokratischen Ordnung entspricht meiner Grundüberzeugung. Und dies ist für mich vor allem die Vereinigung der Kräfte der Arbeiterklasse.«

Heute werden in der westlichen Literatur Kübel von Schmutz auch über die Vereinigung der beiden Arbeiterparteien ausgegossen. Trotzdem behält dieses Thema seine Bedeutung. An diesem historischen Vorgang waren überzeugte und leidenschaftliche Politiker beteiligt. Die Auseinandersetzung innerhalb der SPD war damals außerordentlich kompliziert. Unter den Sozialdemokraten des Westens trat mit der Zeit die eindrucksvolle Figur Willy Brandts mehr und mehr hervor.

Ich habe den Eindruck gewonnen, daß Willy Brandt und andere fortschrittliche Politiker der SPD in Westdeutschland (darunter ihr Stratege Herbert Wehner) in ihren Ideen Otto Grotewohl im Grunde nahestanden. Ihre spätere Tätigkeit spricht für sich selbst. Wenn die SPD in der Bundesrepublik Deutschland nicht an die Regierung gekommen wäre, ist schwer zu sagen, wie diese Partei heute aussähe. Selbstkritisch muß ich anmerken, daß wir bei der Förderung von »Führern« viele Fehler gemacht haben. Diese rächen sich heute.

Im Oktober 1952, in einer seltsam verunsicherten Atmosphäre, die ich mir bis heute noch nicht gänzlich erklären kann, hatte ich meine letzte Begegnung mit Stalin auf seiner »nahen« Datscha in Kunzewo, das noch im Moskauer Stadtgebiet liegt. Das Gespräch dauerte vier Stunden. Es war mir zu Ehren angesetzt worden. Die Mitglieder des Politbüros nahmen ebenfalls teil.

Stalin erwartete mich bereits an der Tür, drückte mir fest die Hand und ließ mich an dem Eßtisch in der Veranda zu seiner Rechten Platz nehmen.

»Ich weiß, daß Sie nichts trinken – hier ein symbolisches Gläschen Kognak.«

Er selbst nahm sich ein Glas weißen georgischen Chwantschkara, trank aber fast nichts.

Das Gespräch leitete er mit der Bemerkung ein, er wisse, daß ich Sohn eines Arbeiters, aber selbst nicht Arbeiter sei.

»Wir haben im Politbüro keinen einzigen Arbeiter, wenn wir Chruschtschow nicht zählen, der behauptet, er habe einmal in einem Bergwerk gearbeitet, aber keiner weiß, wo und wann. Das ist normal und richtig. Um einen Staat zu leiten, braucht man Bildung, die Arbeiter nicht haben. Arbeiter sind gut, um das Alte zu zerstören. Etwas Neues aufbauen können nur Menschen, die über eine hohe Bildung und Qualifikation verfügen.«

Stalin machte noch einige weitere spöttische Bemerkungen über Chruschtschow, dem das unangenehm war, weshalb er sich mit dem Hinweis auf dringende Angelegenheiten in Kiew bald verabschiedete. Mir war zu Ohren gekommen, daß Stalin den Plan Chruschtschows über den Aufbau von »Agrarstädten« scharf kritisiert hatte. In diesem Zusammenhang war Chruschtschows Anhänger Leonid Iljitschow, der einen Artikel über diese Agrarstädte geschrieben hatte, als Chefredakteur der »Prawda« abgelöst worden.

Stalin fragte, wie sich die theoretische Arbeit in der SED entwickle, und wer sich in der Partei mit Ideologie befasse. Ich antwortete, bisher seien noch keine grundsätzlichen Arbeiten zu diesen Fragen entstanden. In der Zeitschrift »Einheit« veröffentliche man Artikel zur aktuellen Politik oder Kommentare. In der Führung sei gegenwärtig faktisch niemand, der sich mit Theorie befasse. Es gebe durchaus einige Theoretiker, diese seien jedoch fern vom praktischen Leben und könnten deshalb nichts Wesentliches zur Weiterentwicklung der Theorie beitragen.

»Leider«, sagte Stalin, »ist der deutschen Arbeiterbewegung das frühere Interesse an der Theorie abhanden gekommen. Wen könnte man als den Letzten der Mohikaner nennen? Vielleicht Paul Singer?

Das ist sehr schade. Im Grunde genommen hat die deutsche Partei seit Friedrich Engels ihre führende Stellung in der internationalen Arbeiterbewegung und im Befreiungskampf verloren. Auch bei uns ist es damit nicht zum Besten bestellt. Wir erläutern aktuelle Beschlüsse, die dann zur Weiterentwicklung der Theorie erklärt werden. Das sind aber ganz verschiedene Dinge.

Man kann keine neue Gesellschaft aufbauen«, fuhr Stalin fort, »ohne auch die Theorie voranzubringen. Das ist ein großes Minus, denn ohne Weiterentwicklung der Theorie macht man viele Fehler. Wir leben immer noch von Lenins Erbe, aber das Leben steht nicht auf der Stelle. Es erfordert viele neue Verallgemeinerungen und neue Wege in der Theorie. Sonst werden uns große Fehler und Irrtümer unterlaufen.

Unsere neue sowjetische Intelligenz ist erst im Werden begriffen. Viele Intellektuelle aus der Arbeiterklasse, die Bildung erworben haben, stürzen sich mit Begeisterung in den Aufbau der neuen Gesellschaft und die Realisierung des neuen Programms. Auch Kinder der Bauernschaft ackern auf diesem neuen Feld. Aber bei aller Bildung sind viele von ihnen noch nicht in der Lage, sich auf das Niveau des theoretischen Denkens zu erheben, das ihre Epoche hervorgebracht hat. Sie können den Sozialismus nicht sofort als Theorie erkennen, der sich auf den Ideenreichtum der Vergangenheit stützt und zugleich seine tiefen Wurzeln in den wirtschaftlichen Grundlagen der neuen Gesellschaft hat. Genauer gesagt, sie sind noch nicht in der Lage zu hohen Verallgemeinerungen und zum Erkennen der Gesetzmäßigkeiten. ...

Um die Theorie voranzubringen, sind eine sehr hohe Bildung, umfassende Kenntnisse und ein analytischer Geist notwendig. Es ist unser Unglück, daß die Arbeiter und Bauern bisher von seriöser Theorie noch weit entfernt sind. Das ist verständlich, denn man hat ihnen jahrhundertelang den Zugang zu einem hohen Kulturniveau verwehrt. Die Intellektuellen aber, die aus bürgerlichen oder kleinbürgerlichen Kreisen stammen, ringen noch mit den Überbleibseln alter Auffassungen und sind deshalb nicht in der Lage, Neues zur Theorie beizusteuern. Keiner aus der alten oder der neuen Intelligenz ist bisher Lenin bei der weiteren Ausarbeitung der Theorie vom Aufbau des Sozialismus wirklich zu Hilfe gekommen. Wir können nur hoffen, daß künftige Generationen diese Lücke schließen und große Theoretiker hervorbringen, die eng mit dem Leben der Gesellschaft verbunden sind, die die große Rolle der Arbeiterklasse und des Klassenkampfes verstehen. Wir können nur hoffen, bisher haben wir sie noch nicht. ...«

Im weiteren entwickelte Stalin Gedanken, die er bereits früher in der Parteiführung über die Bedeutung der Entwicklung der Theorie sowie der neuen Rolle der aus dem werktätigen Volke stammenden Intelligenz ausgeführt hatte.

»Wir brauchen eine ganze Plejade von marxistischen Theoretikern, die unsere Theorie umfassend auszuarbeiten in der Lage sind. Sie muß uns den richtigen Weg nach vorn weisen, da man von allen Seiten beharrlich und systematisch, offen und verdeckt Hindernisse gegen unsere Bewegung aufrichtet. ... Wir haben getan, was wir konnten. ... Wir leben unter ständiger Spannung und schlagen uns mit endlosen Schwierigkeiten herum. ... Das ist eine ewige Schinderei, aber kein Leben! Wir schinden uns, um eine neue Welt aufzubauen. Aber wie zahlreich sind die Fehler, wie groß die unnötigen Verluste! Die Geschichte wird uns dafür noch die Quittung präsentieren. ... Aber wir haben keinen anderen Weg. Lenin hat uns gelehrt, wie man eine Rückkehr zum Kapitalismus verhindern kann. Diese Lehre haben wir anhand der Praxis überprüft. Wie aber soll man ohne Fehler einen Weg beschreiten, den noch niemand gegangen ist? Wie soll man den besten und kürzesten Weg zum Kommunismus finden? Auf diese Fragen muß zunächst die Theorie antworten, bevor man sie in die Praxis tragen kann. Aber die Intelligenz zeigt keine Eile, sie in Angriff zu nehmen. Viele behindern und beschimpfen uns, nur Hilfe erhalten wir kaum. ... Aber Lenin hatte es noch schwerer!

Gut, daß wir Lenins Erbe haben. Wenn es besonders hart kommt, suchen wir Antwort bei ihm ... Wenn wir für ein Problem keine anwendbaren theoretischen Formeln finden, nutzen wir die Leninschen Prinzipien zur Einschätzung einer Situation, seine

Arbeitsmethode, seine Denkweise und schließlich überzeugende Beispiele aus der Vergangenheit.«

Stalin kam nun auf meinen persönlichen Brief an ihn über die nationalistischen und anderen Überspitzungen Ulbrichts, seine Mängel und Schwächen, zu sprechen. Ohne den Brief zu erwähnen, den er möglicherweise nicht an die Mitglieder des Politbüros verteilt, aber offenbar Molotow gezeigt hatte, sagte Stalin, Ulbricht sei niemals stark in der Theorie gewesen, deshalb sei es meine Pflicht, ihm zu helfen.

»Ulbricht ist ein treuer und konsequenter Kommunist. Er ist ein wirklicher Freund der Sowjetunion. Daran gibt es keinen Zweifel, und wir haben auch keinen Grund, ihm zu mißtrauen. Sie haben darauf aufmerksam gemacht, daß er eine schwere Faust hat. Wenn er sie auf den Tisch legt, ist sie größer als sein Kopf. Bemühen Sie sich, ihm in allem zu helfen, insbesondere aber in konzeptioneller und theoretischer Hinsicht. Ihm zu helfen – das ist Ihre Aufgabe.«

Stalin interessierte sich noch kurz für einige innere und äußere Aspekte der Entwicklung Deutschlands, das Echo in der Bevölkerung auf die Note der Sowjetunion vom 10. März 1952 über die Wiedervereinigung. Dann fragte er unerwartet, wie unsere Sicherheitsorgane in Ostdeutschland arbeiteten.

Ich antwortete, davon wisse ich nichts, denn sie berichteten uns nicht über ihre Tätigkeit und hätten ihre eigene Verbindung nach Moskau.

»Ist das etwa normal?«

»Natürlich ist es nicht normal. Uns ist die Besatzungsmacht in der Ostzone anvertraut, aber dieser Teil der Macht schottet sich vor uns ab.«

»Warum dulden Sie das? Warum haben Sie bisher nicht protestiert und nicht gefordert, das zu korrigieren?«

»So ist es bereits bei Kriegsende gewesen. Sie sind auch außerhalb von Karlshorst untergebracht. In die große Politik mischen sie sich nicht ein, das haben wir nicht zugelassen und werden es auch weiterhin nicht tun. Aber was sie auf ihrem Gebiet treiben, wissen wir nicht.«

»Soll das Ordnung sein?« wiederholte Stalin zornig.« Das ist eine Schweinerei.«

Nun übte er generelle Kritik an den Sicherheitsorganen.

»Diese Organe haben ihre revolutionäre Wachsamkeit eingebüßt, sie sind nicht mehr das, was sie eigentlich sein sollen.« Dabei schaute Stalin Berija an, der mit seiner dicken altmodischen Brille dasaß und keinerlei Reaktion zeigte. Der größte Teil des weiteren Gesprächs war den Problemen der Sicherheitsorgane gewidmet.

Während des Essens stand Stalin auf und verließ die Veranda. Berija oder ein anderer meinte, wir sollten »die Gegend anschauen« gehen. Man gab mir zu verstehen, auch ich sollte nicht auf der Veranda bleiben.

Wir zogen also alle in das dichte Gehölz, um uns »die Gegend anzuschauen«, wo gar keine Gegend zu sehen war. Verwandte Stalins berichteten, er liebe unberührte Natur. Möglicherweise hatte er das aus der Verbannung in Sibirien.

Als wir auf die Veranda zurückkamen, hatte man verschiedene Gerichte auf die Fensterbänke gestellt. Jeder nahm, was ihm gefiel. Ein richtiges Gespräch kam aber nicht mehr zustande.

Stalin erschien erst eine Stunde später. Seine kleine Gestalt, sein erregter Zustand und die zitternden Hände sind mir im Gedächtnis geblieben. Zugleich sah ich, wie alt und eingetrocknet er bereits war, den noch grandiose Pläne und Ideen für eine ferne Zukunft umtrieben.

»Ich habe darüber nachgedacht«, sagte er, »was man tun kann, um die Lage zu korrigieren. Ich wollte Ihnen eigentlich die Verantwortung auch für die Sicherheitsorgane übertragen, aber Sie haben viele aktuelle Dinge zu erledigen, von denen ich Sie nicht ablenken will. Es ist aber Ihre Pflicht, von den Sicherheitsorganen Rechenschaft über ihre Arbeit zu fordern und sie zu kontrollieren.«

Das Essen zog sich bis weit nach Mitternacht hin.

Für 14.00 Uhr des nächsten Tages war bereits eine Sitzung des Politbüros anberaumt. In der Mitte der Stuhlreihe am Sitzungstisch hatte Marschall Wassili Tschuikow Platz genommen, den man aus dem Urlaub auf der Krim herbeigerufen hatte. Ich suchte mir wie üblich irgendwo seitlich einen Platz. Ich hatte Tschuikow bislang nicht gesehen und konnte ihm deshalb nicht von dem Gespräch auf der Datscha berichten.

Stalin stellte Tschuikow ebenfalls die Frage nach der Tätigkeit der Organe der Staatssicherheit in Ostdeutschland.

»Darüber kann ich nichts berichten«, sagte der Marschall.
»Wieso?«

Tschuikow wiederholte fast Wort für Wort das, was ich Stalin bereits auf der Datscha gesagt hatte. Wir hatten über dieses Problem oft in Berlin miteinander gesprochen und waren einer Meinung. Berija schwieg, Chruschtschow war nicht anwesend.

Stalin trat in die Mitte des Raumes, schaute mich unverwandt an und fragte:

»Genosse Semjonow?«

»Ich habe gestern alles berichtet, was ich weiß und was ich denke«, antwortete ich.

»Gestern, gestern, seitdem ist eine ganze Nacht vergangen.«

Stalin schaute mir zornig in die Augen. Ich wandte den Blick nicht ab und dachte nur, wie vom Donner gerührt: »Es ist doch die Wahrheit. Er hat die ganze Zeit weiter nachgedacht, und ich war in meiner Naivität glücklich darüber, daß ich alles ausgsprochen hatte.«

Stalins Blick wurde etwas milder, er sah offenbar meine Verwirrung und ging zur Seite.

Am Abend rief Innenminister Abakumow, der Berija unterstand, Tschuikow zu sich.

»Was für ein Mann ist Semjonow?« begann Abakumow das Verhör.

»Das müssen Sie besser wissen. Ich arbeite mit ihm erst seit kurzer Zeit zusammen. Sie aber beobachten ihn schon viele Jahre«, antwortete Tschuikow.

»Warum haben Sie die Sicherheitsorgane nicht verteidigt?« fuhr Abakumow fort.

»Du bist wohl verrückt geworden!« Dem Marschall platzte der Kragen. »Vor wem sollte ich sie verteidigen – vor Stalin, vor der Partei?«

Sie trennten sich und waren beide aufeinander wütend. Das wurde nicht vergessen.

Am 5. März 1953 starb Jossif Wissarionowitsch Stalin.

Heute versucht man auf die Trauerfeierlichkeiten für Stalin einen Schatten zu werfen, weil es in der Nähe des Hauses der Gewerkschaften, wo Stalin aufgebahrt lag, ein Gedränge gab. Ich nahm an den Gedenkfeierlichkeiten in Berlin teil. Menschen, die an der Front und in der Illegalität grau geworden waren, verbargen ihre Tränen nicht. Auch ich ließ ihnen freien Lauf, wie übrigens auch Wilhelm Pieck, Walter Ulbricht, Otto Grotewohl, Franz Dahlem und andere.

Stalins Ende ist vielfach beschrieben worden. Über die Umstände und Ursachen seines Todes sind verschiedene Gerüchte im Umlauf. Ich halte es für meine Plicht, folgendes zu berichten:

Neben anderen Koryphäen der sowjetischen Medizin wachte der berühmte Kardiologe A. F. Mjasnikow ständig am Bett des sterbenden Stalin. Ich war mit ihm seit 1947 befreundet, als er mir empfahl, zur Ablenkung von Herzschmerzen, die eine Pseudo-Angina pectoris auslöste, Bilder zu sammeln. Mjasnikow hat ausführliche Erinnerungen hinterlassen, in denen er die Tage und Stunden vor Stalins Tod detailliert beschreibt. Ich gebe seine Darstellung hier nach seinem maschinengeschriebenen Manuskript wieder.

Als Stalin einen schweren Herzanfall hatte, wurde Mjasnikow unverzüglich zur Datscha in Kunzewo gerufen.

Nach seinem Bericht erlitt Stalin am 2. März zwischen zwei und drei Uhr einen schweren Herzinfarkt. Seine rechte Körperseite war völlig gelähmt, er konnte nicht mehr sprechen. Das starke Herz rang vier Tage lang mit dem Tode. Am 5. März setzte jedoch eine Krise des Atmungssystems ein. An seinem Sterbelager waren seine Tochter Swetlana und sein Sohn Wassili, Mitglieder des Politbüros und Ärzte. Mjasnikows Erinnerungen schließen den Gedanken, Stalin sei angeblich vergiftet worden oder durch andere äußere Einwirkung zu Tode gekommen, kategorisch aus.

Dies war ein tiefer Einschnitt nicht nur in der sowjetischen, sondern auch in der Weltgeschichte. Darüber schrieben Freund und Feind, aber auch weise Beobachter. Der Nachhall dieses ohrenbetäubenden Stimmengewirrs ist auch heute, vierzig Jahre später, noch nicht verstummt. Als Zeitzeuge habe ich es mit meinen lebendigen Erinnerungen leichter. Meine Stellung und meine Funktion ermöglichten es mir, die Blitze und Donner über den tektonischen Faltungsprozessen wahrzunehmen, die sich in der Welt in der zweiten Hälfte des 20. Jahrhunderts vollzogen. Bergsteiger wissen, was geschieht, wenn man hoch oben im Gebirge von Sturm und Gewitter überrascht wird – die Blitze zucken dann nicht nur von oben nach unten, sondern von allen Seiten und selbst von unten nach oben.

Was fasziniert die Menschen so an Stalin? Warum kommen Freund und Feind immer wieder auf diese vielschichtige und äußerst widersprüchliche Persönlichkeit zurück, obwohl seit langem bekannt ist, daß er in einer für unsere modernen Begriffe sehr kargen Zeit lebte?

Die Antwort kann nur kompliziert, bruchstückhaft, auf keinen Fall aber einfach sein. Zum Teil wird sie in diesem Buch gegeben.

Hier soll von den letzten Lebensjahren und -monaten Stalins die Rede sein, die in vielem rätselhaft erscheinen. Er weigerte sich, auf dem XIX. Parteitag der KPdSU(B) den Rechenschaftsbericht zu halten und selbst den langen, mit vielen Fälschungen behafteten Text Malenkows zu verlesen, den eine ganze Gruppe ausgearbeitet hatte. Mein früherer Kommilitone Wassili Stepanow hatte den Auftrag, den Teil des Berichtes zu Fragen der Ästhetik zu schreiben. Als sich herausstellte, daß er diesen aus der Großen Sowjetenzyklopädie abgeschrieben hatte, erhielt er eine Parteistrafe (die eigentlich Malenkow gebührt hätte).

Mitarbeiter Stalins berichteten mir, er habe drei Monate lang über einer kurzen Grußansprache an die ausländischen Delegationen auf dem XIX. Parteitag gesessen. Das wußte und erwartete niemand. Stalin schrieb heimlich daran, steckte die Blätter in seine Stiefel, las sie früh am Morgen, wenn er allein war und vernichtete die Entwürfe nach der Methode der Verbannten, verbrannte die Blätter einzeln, vermischte die Asche mit der Hand und warf sie erst dann in den Abfalleimer.

Ende der vierziger Jahre wurde Stalin schwer krank. Die Ärzte verordneten ihm Ruhe und Abschalten von der Arbeit. Sie forderten, er möge sich nicht mehr mit den komplizierten Fragen des Wirtschaftsaufbaus oder der Landesverteidigung herumschlagen und seine Belastung reduzieren. Sie fragten ihn, ob es Dinge gebe, mit denen er sich ablenken könnte. Nach einigem Schwanken sagte er, er interessiere sich für Sprachen und könnte sich mit den Fragen der Sprachwissenschaft beschäftigen. So entstand seine Arbeit »Marxismus und Fragen der Sprachwissenschaft«. Anfang der fünfziger Jahre studierte der siebzigjährige Stalin verschiedene Richtungen der Linguistik und kam zu dem Schluß, die offizielle sowjetische Linie in dieser Wissenschaft sei falsch. Jahrzehntelang hatte hier Professor Nikolai Marr den Ton angegeben. Nach dessen Konzeption waren alle Sprachen ein Produkt des Klassenkampfes. Stalin erläuterte in einigen Briefen, die später zu einem Essay zusammengefaßt und in der »Prawda« veröffentlicht wurden, daß die Sprache das Ergebnis der gesamten Geschichte aller menschlichen Gemeinschaften sei. Die Sprache könne nicht als »Werkzeug der herrschenden Klasse« betrachtet werden, wie Marr lehrte, sondern sei das gemeinsame Erbe aller Menschen. Stalin wies auf die Tatsache hin, daß keine große Revolution der Vergangenheit auch nur eine einzige Sprache verändert habe. Stalins »Briefe zur Sprachwissenschaft« hatten zur Folge, daß bedeutende sowjetische Wissenschaftler nun Mut faßten, sich gegen Formeln von Engels und Lenin auszusprechen, die vom Leben überholt waren. Dazu gehörte z. B. der Grundsatz, Energie sei nichts anderes als Materie in Bewegung. Die Professoren Joffe, Roginski, Tegoletzki, Fok und andere stürzten sich in die Debatte, um die Unhaltbarkeit dieser Thesen nachzuweisen. Bereits 1950 begann in der Sowjetunion die Auseinandersetzung darum, die angeblich antimarxistische Lehre Albert Einsteins zu rehabilitieren.

Nach der »Befreiung der Linguistik« im Jahre 1952 begann Stalin die realen Probleme der Wirtschaft der Sowjetunion zu studieren. Er schrieb die Arbeit »Ökonomische Probleme des Sozialismus in der UdSSR«. Darin sagte er sich von vielen Thesen los, die er nahezu ein halbes Jahrhundert lang selbst vertreten hatte. Diese Arbeit war kein seriöser Beitrag zur Wirtschaftswissenschaft. Aber sie zeigte deutlich, daß Stalin auch mit 73 Jahren noch in der Lage war, seine Auffassungen zu verändern und sich von einigen Dogmen loszusagen, die ihn so lange in ihren Bann geschlagen hatten. Zugleich war ihm klar, daß er zu seriöser theoretischer Arbeit nicht in der Lage war.

Mir wurde auch berichtet, wie Stalin Malenkow wütende Vorhaltungen machte, daß dieser seine Arbeit »Marxismus und Fragen der Sprachwissenschaft« in die »Prawda« gebracht hatte. »Lumpengesindel, Speichellecker! Ihr wißt doch, daß ich an der Sprachwissenschaft gearbeitet habe, um mich auf Anraten der Ärzte abzulenken. Und ihr macht eine Affäre daraus, verbreitet, Stalin sei ein Sprachwissenschaftler!«

Stalin hatte ein phänomenales Gedächtnis. Wenn er etwas gelesen hatte, behielt er es fast wörtlich im Kopf. Bei den Sitzungen des Politbüros wurde nicht Protokoll geführt. Wenn jemand etwas notierte, fragte er sofort: »Was hat er für ein Gedächtnis? Was schreibt er dort? Wenn er sich nichts merken kann, dann soll man ihn nicht zu solchen Sitzungen holen.«

Im Politbüro oder im Gespräch benutzte Stalin immer wieder dieselben Vergleiche:

»Waren Sie schon mal an der Quelle eines Bergflusses? Ich war oft dort. Die Steine werden von der Strömung mitgerissen. Zunächst sind sie roh und kantig; aber dann stoßen und schleifen sie sich an anderen Steinen ab und erhalten eine vollkommenere Form. So ist es auch mit den Kadern. Am Anfang ihres Weges sind sie kantig und ungeschliffen. Im Strom des Lebens reiben sie sich an anderen Menschen und werden dadurch vollkommener.«

Aus dem Priesterseminar war ihm die Bedeutung einer knappen, inhaltsreichen Sprache, aber auch der Wert endloser Wiederholungen bekannt, wie man sie bei den Muezzins findet.

Stalin kannte die Werke der russischen revolutionären Aufklärer des 19. Jahrhunderts. Von dort her wußte er um die Wirkung überraschender Steigerungen z. B. in den Artikeln Nikolai Dobroljubows. Der junge Lenin wandte in seinen Broschüren »Was tun?«, »Ein Schritt vorwärts, zwei Schritte zurück« dieselbe Methode an.

Tschernyschewski, Herzen, Dobroljubow, Pissarjow und andere sind zu Denkmälern geworden, die die Jahrhunderte überdauern werden. Man hat versucht, sie zu verleumden, sie zu diskreditieren und totzuschweigen. Ein strömender Fluß kann zeitweilig verschlammen. Puschkin und Gogol haben bewiesen, daß auch eine Literatur in Fesseln unsterblich sein kann. Wer heute seine Zeit vor dem Fernsehgerät verbringt, liest ihre Bücher wohl kaum. Aber noch ist nicht erwiesen, was der Jugend wohl mehr nützt und was ihr schadet. Wieder fallen mir Robert Schumanns Worte ein: Du sollst keine schlechte Musik hören. Du sollst keine schlechte Musik spielen. Du sollst schlechte Musik töten.

Aber »gute Musik«, wie »Krieg und Frieden« von Lew Tolstoi, wird nicht jede Stunde geschaffen. Sie bewegt eine ganze Generation. Viele Generationen. Und manches, wie Dante oder Homer, wie die Bibel oder das Evangelium bleiben für die Ewigkeit.

Dies ist kein »Wort über Stalin«, sondern ein Wort darüber, welchen Schaden Ignoranz anrichten kann.

Stalin bereitete eine Reorganisation der Partei, eine Modernisierung des Sowjetsystems und die Entfernung der Dogmatiker vor. Ihm war klar geworden, daß man über das kleine Politbüro nicht alles leiten konnte. Jedes Mitglied befaßte sich mit seinem eigenen Ressort. Wenn andere Fragen erörtert wurden, las man lediglich die Dokumentenentwürfe. Die Sitzungen gerieten nicht selten zu oberflächlichen Debatten, man kam zu dogmatischen Urteilen, die vom Leben und von der Wissenschaft weit entfernt waren. Jedoch über die Rekonstruktion der Parteiorgane gab es keine einheitliche Meinung.

Der Krieg hatte Stalin gelehrt, sich ausführlich mit Militärfachleuten zu beraten, die eigenen Kenntnisse zu erweitern, die Vorschläge anderer zu akzeptieren und eigene Vorstellungen zu revidieren. So war es auch, als nach dem Gespräch mit Truman auf der Potsdamer Konferenz die Probleme der Atom- und Weltraumforschung in Angriff genommen werden mußten. Damals nutzten solche Koryphäen wie der Mathematiker Mstislaw Keldysch, der Raketenkonstrukteur Sergej Koroljow, der Atomphysiker Igor Kurtschatow und andere die Unterstützung des Staates und Stalins persönlich, um zu neuen Horizonten der wissenschaftlich-technischen Entwicklung vorzustoßen.

Stalin dachte in den Kategorien der großen Politik eines riesigen Staates, war sehr belesen, hatte sich u. a. mit der Geschichte Rußlands, Deutschlands, Italiens und anderer Länder eingehend befaßt.

Über welche Pläne zur Reorganisation von Partei und Staat Stalin nachdachte, ist mir nicht bekannt. Manche führenden Mitglieder des Politbüros waren darüber jedoch sehr beunruhigt. Sie fürchteten, an Einfluß zu verlieren oder völlig beiseite geschoben zu werden. Möglicherweise waren bestimmte Komplikationen im Lande der Hintergrund dafür, daß Stalin in meiner Anwesenheit davon sprach, die Sicherheitsorgane seien nicht mehr wachsam genug. Zu Berija hatte er seit längerem ein gespanntes und in dieser Zeit ein ausgesprochen bedrohliches Verhältnis.

»Nimm Deine Schlangenbrille von Deinen Schlangenaugen«, hatte ihm Stalin einmal gesagt.

Berija und Malenkow gelang es jedoch, Stalin auf eine falsche Spur zu lenken, als er Molotow, der in vielen Fragen mit ihm nicht einverstanden war, und zugleich auch Mikojan zu »Agenten des amerikanischen Imperialismus« erklärte. Ich weiß nicht, was hinter diesen Anschuldigungen stand.

Das sind tragische und rätselhafte Ereignisse der Geschichte.

Die Meinungsverschiedenheiten hatten sich offenbar zugespitzt und betrafen einen weiten Kreis von Fragen. In den Jahren 1948/49 kam es nach meiner Meinung zu harten Auseinandersetzungen über Probleme der weiteren Entwicklung der Partei und des Staates. Wir wußten darüber nichts Genaues, alles wurde sehr geheimgehalten, und wir durften keine Fragen stellen, aber die Hitze der Diskussion konnten wir spüren.

So wurden in der obersten Parteiführung bedeutsame Umstellungen vorgenommen. Anstelle des relativ kleinen Politbüros des ZK führte man 1952 das wesentlich erweiterte Präsidium des ZK ein, dem nun auch Personen mit relativ geringem Gewicht wie der stellvertretende Außenminister Andrej Wyschinski angehörten.

Stalin wurde auf die hervorragenden Fähigkeiten des Ersten Sekretärs des Gebiets- und Stadtkomitees der Partei in Leningrad, Alexej Kusnezow, aufmerksam und ernannte ihn zum Sekretär des ZK der KPdSU(B). Er erhielt die Aufgabe, die Tätigkeit des Ministerrates der UdSSR, den damals Georgi Malenkow leitete, und des Ministeriums für Staatssicherheit, dessen Chef Lawrenti Berija war, zu beaufsichtigen.

Kusnezow führte in beiden Organen eine tiefgründige Untersuchung durch und übte auf Versammlungen des Parteiaktivs im Ministerrat und im Ministerium für Staatssicherheit harte Kritik. Stalin hatte Kusnezow offenbar zum Wunschkandidaten für seine Nachfolge erwählt, was weder Malenkow noch Berija recht sein konnte. Im Widerspruch zu Stalins Position begannen diese beiden die sogenannte Leningrader Affäre Schritt für Schritt zu inszenieren. Zunächst wurde der Sekretär des Leningrader Stadtkomitees Pastuchow festgenommen und gefoltert. Als Vorwand diente die später widerlegte Unterstellung, Pastuchow sei als Handelsvertreter der UdSSR in Großbritannien vom Intelligence Service angeworben worden. Auch über dem Sekretär des Leningrader

Gebietskomitees Pjotr Popkow zogen sich dunkle Wolken zusammen. Zu dieser Zeit wurde die »Affäre« offenbar im Politbüro diskutiert. Ich erinnere mich gut daran, wie Molotow meinen Routinevorschlag, Popkow in eine Delegation aufzunehmen, die ins Ausland fuhr, mit großem Mißtrauen aufnahm. Er fragte mich lange und hartnäckig aus, warum ich gerade ihn vorgeschlagen hatte. Ohne von einem »Fall Pastuchow« zu wissen, veränderte ich meinen Vorschlag zur Zusammensetzung der Delegation.

Stalin schien machtlos zu sein, die Richtung dieser Affäre zu verändern. Molotow war gegen Repressalien, aber in diesem Falle »überzeugte« man auch ihn.

Nach Popkow kamen Kusnezow und die anderen Leningrader Vertreter an die Reihe. Man versuchte Stalin zu überzeugen, daß Kusnezow Schuld auf sich geladen habe. Er hatte seine Zweifel. Dann legte man ihm »Dokumente« vor, und Kusnezow wurde verhaftet. So räumten Malenkow und Berija ihren Rivalen aus dem Weg. Ich schließe nicht aus, daß Malenkow und Berija Stalin die Zustimmung entweder abpreßten oder dieser gerade krank war und gar nicht erst gefragt wurde.

Einige Zeit später nahm man das Mitglied des Politbüros Nikolai Wosnessenski fest, der ebenfalls aus Leningrad stammte. Wosnessenski war ein glühender Anhänger Stalins und lobte vor seinem Ersten Stellvertreter, wie demokratisch es im Politbüro und in der Umgebung Stalins zugehe. Einmal stellte Wosnessenski diesem die Frage, warum Stalin bei der Diskussion über sein aufsehenerregendes Buch »Die Kriegs-Wirtschaft der UdSSR in der Periode des Vaterländischen Krieges (1947)« die Bemerkung gemacht habe, ob es für dieses Buch nicht noch zu früh sei. Wosnessenski war davon befremdet, sein Stellvertreter erklärte ihm jedoch, einige Dinge dürfe nur der Generalsekretär aussprechen, deshalb sei Stalin verstimmt gewesen. Weiter berichtete der Stellvertreter Wosnessenskis: Nikolai Alexejewitsch Wosnessenski wurde wütend, nannte mich einen Spießer, der die Verhältnisse in der Partei nicht verstehe. Ich schwieg, weil ich diese Diskussion nicht fortsetzen wollte. Einige Zeit später wurde Wosnessenski aus dem Politbüro ausgeschlossen, danach sogar aus der Partei.

Ich selbst begegnete Wosnessenski nach seinem Parteiausschluß am Nogin-Platz in der Nähe des Alten Platzes, wo sich das ZK der

KPdSU befand. Ich fragte, wie es ihm gehe. Er lachte, sagte »gut« und ging weiter – jung und bester Dinge. Am nächsten Tag wurde Nikolai Wosnessenski verhaftet und später zusammen mit seinen Freunden, die man allesamt in der »Leningrader Affäre« anklagte, erschossen.

Es gehörte zu Stalins Charakter, daß er auch die Mitglieder des Politbüros in Angst und Schrecken hielt, bei denen er ständig Verrat witterte.

Auf dem ersten Plenum des ZK der KPdSU(B) nach dem XIX. Parteitag (1952), wo ich zum ersten Mal in Abwesenheit zum Mitglied der Zentralen Revisionskommission gewählt wurde, beschuldigte Stalin, wie bereits erwähnt, Molotow und Mikojan, sie seien »Agenten der USA«. Möglicherweise war einer der Gründe dafür, daß Molotow nun ganz offen in Ungnade fiel, die Tatsache, daß er auf dem XVIII. Parteitag als einziger gegen den Vorschlag gestimmt hatte, die Repressalien im Lande weiter zu verschärfen. Befremden rief auch der Beschluß des Ministerrates der UdSSR hervor, der auf Vorschlag Stalins dem Sekretär eines Gebietskomitees der Partei eine Rüge aussprach. Stalin hatte stets die Linie vertreten, als Minister der UdSSR und als deren Stellvertreter und Mitarbeiter hochgebildete Fachleute zu ernennen, im Apparat des ZK dagegen politisch bewährte, fachlich aber weniger ausgebildete Kader zu beschäftigen. Daß der Ministerrat einem Gebietssekretär der Partei eine Rüge aussprach, war für die damalige Zeit unerhört, denn es widersprach dem Parteistatut.

Einzelheiten der Verschwörung Malenkows und Berijas, die natürlich auch vor Stalin geheimgehalten wurde, berichtete Nikita Chruschtschow auf dem Juliplenum des ZK der KPdSU nach Stalins Tod im Jahre 1953. Aus seinem Bericht geht u. a. auch hervor, daß in Moskau eine Art »Alexejew-Schanze« existierte (Bezug auf einen berüchtigten Teil des zaristischen Gefängnisses in der Peter-Pauls-Festung in Petersburg – der Übers.), wo man die Häftlinge ohne Namen, nur unter einer Nummer führte und wo in der Regel niemand lebend wieder herauskam. Malenkow und Berija hatten Massenverhaftungen von Funktionären aller Ebenen und Ränge wie in den Jahren von 1937 bis 1939 vorbereitet.

Der Bericht über die »Leningrader Affäre« erschütterte die Teilnehmer der Plenartagung des ZK, an der ich als Mitglied der Zentralen Revisionskommission teilnahm. Ich hatte diese Funktion vom XIX. bis zum XXII. Parteitag der KPdSU (1952-1961) inne. Vom XXII. bis XXVII. Parteitag (1961-1986) war ich Kandidat des Zentralkomitees der Partei.

Nach Stalins Tod stärkte sich die Position Berijas. Im Frühjahr 1953 waren er und Malenkow die mächtigsten Figuren in der »kollektiven Führung« der Sowjetunion.

Bald nach Stalins Tod wurde ich nach Moskau berufen, wo ich die Leitung der III. Europäischen Abteilung des Außenministeriums übernahm. In dieser Zeit entbrannte in der neuen Führung der UdSSR ein erbitterter Kampf. Ich war in diesen Monaten an der Entlarvung der Pläne Berijas beteiligt.

Um seine persönliche Position zu stärken, andere Politiker aus der Führung zu verdrängen und seine Diktatur in der Sowjetunion zu errichten, wandte Berija verschiedene politische Tricks an, mit denen er sich ein liberales Image verschaffen wollte.

Berijas Linie lief auf eine ganze Kette folgerichtiger Schritte hinaus, die die Kontinuität unserer Politik in der Deutschlandfrage unterbrochen hätten und darauf abzielten, die Sowjetunion schwer zu erschüttern sowie die DDR zu liquidieren.

In dieser Auseinandersetzung agierte ich wie ein Kanalarbeiter, der in Dunkel und Kälte gemeinsam mit Gleichgesinnten einen unterirdischen Tunnel vorantreibt. Da wir nicht ohne Grund annahmen, daß uns Agenten Berijas beobachteten, verfaßte ich nach Abstimmung mit dem Chef des Generalstabes, Marschall Wassili Sokolowski, ein Papier, in dem wir die Position der Sowjetunion in der Deutschlandfrage begründeten. Dieses verteilte Molotow mit meiner Unterschrift an die Mitglieder des Politbüros.

»Warum machen Sie sich so wichtig«, fragte mich deswegen einmal Nikita Chruschtschow. »Sie unterzeichnen eine Information mit Ihrem Namen, wo doch eigentlich nur ›Leiter der III. Europäischen Abteilung des Außenministeriums der UdSSR‹ stehen sollte.«

Ich spürte aus dieser Bemerkung eine gewisse Distanz, konnte aber gegen eine solche Korrektur nichts einzuwenden haben. Molotow verteilte meine Information weiter. Bald darauf gab er mir den Auftrag, einen Beschlußentwurf für das Präsidium des ZK der KPdSU zur Deutschlandfrage auszuarbeiten.

Das Präsidium tagte in der zweiten Hälfte des Monats Mai 1953. Der Sekretär des ZK der KPdSU, Nikita Chruschtschow, gab Berija das Wort. Dieser holte ohne Eile, als ob er der Herr im Hause sei, aus seiner Jackentasche ein Papier, setzte seine Brille auf und verlas seinen eigenen Entwurf zur Deutschlandpolitik. Der unterschied sich grundlegend von dem, der in meiner Tasche lag. Um Berija zu täuschen, schlug Chruschtschow vor, seinen Vorschlag anzunehmen. Molotow machte mir insgeheim ein Zeichen, ich solle schweigen.

»Annehmen, annehmen«, tönte es durch den Raum.

Wie vor den Kopf geschlagen, kam ich ins Außenministerium zurück. Jedoch nach den ungeschriebenen Regeln jener Zeit stellte ich Molotow keine Fragen. Einige Tage später sprach Molotow mit mir darüber, daß es notwendig sei, die sowjetischen Organe in Deutschland zu reorganisieren, die sowjetische Kontrollkommission aufzulösen und den Posten eines Hohen Kommissars der UdSSR in Deutschland einzurichten. Ich wandte mich gegen die Bezeichnung, die mir einen kolonialen Klang zu haben schien. Meine Einwände fegte der Minister jedoch mit einer sarkastischen Bemerkung vom Tisch.

Ende Mai 1953 rief mich der Minister zu sich. Im Beisein seines Ersten Stellvertreters Andrej Gromyko informierte er mich über den Beschluß, den Posten eines Hohen Kommissars der UdSSR in Deutschland einzurichten und mich mit dieser Funktion zu betrauen. Ich machte große Augen vor Überraschung und hätte mich am liebsten unter dem Tisch verkrochen. Molotow und Gromyko lachten laut auf, aber mir war gar nicht nach Lachen zumute.

In demselben Beschluß hieß es, zu meinem Ersten Stellvertreter sei Akademiemitglied Pawel Fjodorowitsch Judin ernannt worden, ein bekannter Philosoph und Parteifunktionär, den ich bisher nicht persönlich kannte.

Anfang Juni 1953 flogen wir nach Berlin, wo wir über das ZK der SED die Maßnahmen des »Neuen Kurses« durchzusetzen begannen. Wir mußten sie auf den Sitzungen des Politbüros des ZK der SED, an denen ich bisher aus verständlichen Gründen nicht teilgenommen hatte, Punkt für Punkt durchkämpfen. Wir kannten die Hintergründe für diese Beschlüsse des Präsidiums des ZK der KPdSU nicht, und Pawel Judin verteidigte, die Hände an der Hosennaht, diese Vorschläge für eine Reihe von Kursänderungen. Ergebnisse brachten sie nicht. So folgten z. B. dem Beschluß über die Auflösung angeblich »gewaltsam gegründeter« landwirtschaftlicher Produktionsgenossenschaften lediglich zwei Prozent dieser Wirtschaften. Der größte Widerstand kam von den Frauen, die nicht mehr werk- und feiertags im Stall stehen wollten und den regelmäßigen Arbeitsrhythmus in den Genossenschaften verteidigten. Andere Veränderungen, die als Weisungen des Hohen Kommissars herausgingen, lösten in der Führung und in den Parteiorganisationen der SED Verwirrung aus.

Wilhelm Zaisser, Minister für Staatssicherheit und Mitglied des Politbüros des ZK der SED, sprach sich auf einer Sitzung dieses Gremiums für die »Liquidierung der DDR im Interesse der internationalen kommunistischen Bewegung« aus. Er stieß damit auf helle Empörung und wurde aus dem Politbüro ausgeschlossen.

Die politische Situation in der DDR spitzte sich zu. Die seit März 1953 laufende Kampagne zur Einführung eines Sparsamkeitsregimes hatte Normerhöhungen, Lohnsenkungen, die Beseitigung einiger Vorteile für Arbeiter und Angestellte insbesondere in den Großbetrieben, z. B. für kinderreiche Familien, ermäßigte Bahnfahrkarten, Zuschläge für geleistete Dienstjahre usw. zur Folge. Die Losung »gleicher Lohn für gleiche Arbeit«, auf die wir seit Juni 1945 so stolz gewesen waren, schien nun mit einem Mal unter den Bedingungen der DDR nicht mehr anwendbar und falsch zu sein.

In Dresden hatten bisher viele Tausende Einwohner die ihnen zustehenden Briketts für den Winter bei Kohlenhändlern gekauft und mit eigenen Mitteln in ihre Keller geholt. Nun beschloß der Magistrat, das selbst in die Hand zu nehmen. Aber weder wurde der Kohletransport richtig organisiert, noch kümmerte man sich darum, was aus den privaten Kohlenhändlern wurde. Aus diesem Grunde beteiligten sie sich später aktiv an den Unruhen.

Alle diese Maßnahmen waren nicht ausreichend durchdacht und wurden eingeführt, ohne vorher mit der Bevölkerung zu sprechen. Im Lande kam es zu Streiks und politischen Demonstrationen. Analysen zeigten, daß die Stimmung der Bevölkerung sank. Einen schlechten Dienst erwies der Sache auch der Vorsitzende der sowjetischen Kontrollkommission, Marschall Tschuikow, durch sein störrisches und selbstherrliches Verhalten. Ganz anders als Sokolowski hatte Tschuikow bereits vor meiner zeitweiligen Abberufung nach Moskau begonnen, seine absolute Macht auszubauen und den Einfluß des Politischen Beraters immer mehr zu reduzieren.

Tschuikow stammte aus einer Bauernfamilie, hatte nur eine geringe Bildung, aber als General große Ambitionen. Georgi Shukow hat in seinen Memoiren Tschuikows Vorwürfe zurückgewiesen, der 1945 gefordert hatte, die Oder und Neiße ohne große Vorbereitungen sofort zu forcieren und den Sturm auf Berlin fortzusetzen. Hitler hatte aber bekanntlich in Pommern und in den Wäldern südlich von Berlin große Truppeneinheiten konzentriert, um mit ihrer Hilfe die sowjetischen Armeen (nach Clausewitz) auf der Höhe ihres anscheinenden Sieges entscheidend zu schlagen und damit das Kriegsglück doch noch zu seinen Gunsten zu wenden.

Als Tschuikow nach Sokolowskis Abberufung nach Moskau zum Vorsitzenden der Sowjetischen Kontrollkommission in Deutschland ernannt wurde, begann er unter seinen Anhängern über Pläne zu diskutieren, auf der Insel Rügen eine sowjetische Marinebasis zu bauen. Das hätte enorme Arbeiten für die Basis selbst und die Zufahrtswege dorthin erfordert. Ich lehnte derartige Projekte kategorisch ab und wies darauf hin, daß die UdSSR genügend Marinebasen im Baltikum und in Leningrad besaß. Zudem überstiegen derart riesige Ausgaben bei weitem die Möglichkeiten der DDR und der UdSSR.

»Du verstehst nichts von militärischen Dingen«, warf mir Tschuikow zornig an den Kopf.

»Und Du verstehst offenbar nichts von der Wirtschaft und Politik dieses Landes«, erwiderte ich dem Marschall, mit dem anscheinend die Phantasie durchgegangen war. Das Projekt wurde natürlich fallengelassen, aber es machte unser Verhältnis nicht gerade einfacher.

Mit der Reorganisation der sowjetischen Organe in der DDR stand auch die Abberufung Marschall Tschuikows bevor. Jedoch alarmierende Signale über weitere Auseinandersetzungen um den »Neuen Kurs« fesselten unsere Aufmerksamkeit.

Die Vertreter sowjetischer Organe in der DDR und die lokalen deutschen Behörden bombardierten Karlshorst und das ZK der SED förmlich mit immer neuen Hiobsbotschaften. Ich rief den neuen Kommandeur der Gruppe der sowjetischen Truppen in Deutschland, Armeegeneral Andrej Gretschko, zu mir und informierte ihn über die Lage. Die sowjetischen Truppen befanden sich zu dieser Zeit gerade im Sommerlager. Wir beschlossen, alle Einheiten in die Garnisonen zurückzubeordern.

Moskau reagierte sofort. Chruschtschow vertrat die Meinung, die auch andere Mitglieder des Politbüros teilten, der »Tag X« stehe bevor, und der Westen teste nach Stalins Tod, wie weit er gegenüber der UdSSR gehen könne. Am 16. Juni 1953 kam es bei einer Parteiaktivtagung der SED im Friedrichstadtpalast zu Zusammenstößen. Ein Teil der Anwesenden versuchte Otto Grotewohls Rede zu unterbrechen. Dann zog eine Gruppe aus dem Saal, schloß sich den um das Gebäude versammelten Einwohnern von Berlin, darunter auch einige aus den Westsektoren, an und begann eine Demonstration zur Straße Unter den Linden, die auch am Gebäude der sowjetischen Botschaft vorbeiführte. Wir beobachteten sie aus unseren Fenstern. Auch in Westberlin kam es zu Demonstrationen.

Die sowjetische Führung nahm unsere Berichte sehr ernst. Man schlug vor, Lawrenti Berija als Vertreter des Präsidiums des ZK der KPdSU nach Berlin zu entsenden. Er lehnte das jedoch, dem Himmel sei Dank, kategorisch ab. So entsandte man an seiner Stelle Marschall Wassili Sokolowski. Bereits vorher hatte Armeegeneral Andrej Gretschko den Entschluß gefaßt, Panzer- und Artillerieeinheiten nach Ostberlin zu verlegen und an den Westgrenzen der DDR sowjetische Kampfflugzeuge aufsteigen zu lassen.

In der Nacht zum 17. Juni 1953 weckte mich das Dröhnen der in Ostberlin einfahrenden Panzer. Am Morgen hatten unsere Truppen ganz Ostberlin bis zum Brandenburger Tor besetzt. Wassili Sokolowski billigte diese Maßnahme. Nun begannen Tage und Nächte ununterbrochener Arbeit. In meinem riesigen Arbeitszimmer, das mich immer an ein Fußballfeld erinnerte, richteten sich Andrej Gretschko und Wassili Sokolowski häuslich ein.

Die Telefone klingelten ununterbrochen. Mehrmals riefen Chruschtschow, noch häufiger Molotow und andere an. Am 17.

Juni, als der Putsch ausbrach, nahm mein Mitarbeiter Anatoli Kowaljow einen Anruf Berijas entgegen.

»Hier bin ich ...«

»Entschuldigung, ich habe Sie nicht verstanden.«

»Ich, ich, Berija! Wo ist Semjonow?« schrie er mit seiner kehligen Stimme in den Hörer.

»Er ist mit dem Wagen in die Stadt gefahren.«

»In die Stadt, in die Stadt, in solchen Zeiten sitzt man auf seinem Platz und fährt nicht in der Stadt herum! Und außerdem – warum spart Semjonow so mit Patronen?« donnerte Berija drohend.

Kowaljow meldete mir diesen Anruf zunächst nicht. »Ich wollte Sie nicht durcheinanderbringen«, erklärte er mir später.

Sokolowski kannte die Lage in der DDR sehr gut, und wir verstanden uns beide auf Zuruf. Das waren kritische Tage und Stunden. Sokolowski war ein überlegter und umsichtiger Militär und Staatsmann. Er ordnete an, die Lage genau zu beobachten und vor allem die Westgrenzen der DDR im Auge zu behalten. Wir konnten jedoch keinerlei große Truppenbewegungen auf der anderen Seite der Grenze feststellen. Ohne in Moskau nachzufragen, hob Sokolowski deshalb den Alarmzustand der Truppen an der Westgrenze wieder auf, befahl, keine Flugzeuge mehr aufsteigen zu lassen, unbeabsichtigte Zwischenfälle zu vermeiden, die Artillerie- und Panzereinheiten abzuziehen. Formal war das eine Verletzung der Weisungen aus der Zentrale, aber Chruschtschow, Molotow und fast alle anderen Mitglieder der Führung waren der Meinung, an Ort und Stelle sei die Lage besser einzuschätzen. Die Gefahr, daß sich aus diesen Ereignissen ein dritter Weltkrieg entwickeln konnte, war gebannt.

Am 17. Juni 1953 gegen 7.00 Uhr morgens begannen Unruhen im Zentrum Berlins. In der Nacht zuvor hatten wir große Panzer- und Artillerieverbände in die Stadt gebracht. Auf diese stürzten sich nun wütende Menschengruppen, die aus Westberlin und von Sammelpunkten im Osten kamen. Man bewarf die sowjetischen Offiziere, die in den offenen Panzerluken standen, mit faulen Eiern, Tomaten und Steinen. Wilhelm Pieck, Otto Grotewohl und Walter Ulbricht waren in unser Hauptquartier nach Karlshorst gefahren und hielten sich dort in meiner Villa auf. Aus dem ZK-

Gebäude hielten verantwortliche Mitarbeiter unter Führung des Sekretärs des ZK, Karl Schirdewan, weiter Verbindung zu den Ländern und Kreisen.

Meldungen über stürmische Demonstrationen und Zusammenstöße kamen aus Gera, Cottbus, Chemnitz, Halle, Leipzig, Dresden, Magdeburg und anderen Städten der DDR. Auf beiden Seiten gab es Tote. Wir beobachteten die Entwicklung genau, analysierten die Losungen und Forderungen der Demonstranten, die Lage an den Grenzen der DDR zu Westdeutschland. Weiterhin riefen Chruschtschow, Molotow, Berija, Malenkow und andere wiederholt in Berlin an.

Die Leidenschaften kochten über. Um 11.00 Uhr erhielten wir die Weisung aus Moskau, das Feuer auf die Aufrührer zu eröffnen, militärische Standgerichte einzurichten und zwölf Rädelsführer zu erschießen. Die Mitteilung über die Exekutionen sollten überall in der Stadt ausgehängt werden. Da Sokolowski und ich aber über außerordentliche Vollmachten verfügten, handelten wir nicht nach dieser Weisung Moskaus und gaben lediglich den Befehl, über die Köpfe der Demonstranten hinwegzuschießen.

Die ersten Schüsse lösten unter den Aufrührern Verwirrung aus. Sie begannen sich nach Westberlin zurückzuziehen. Dabei nahmen sie den Vorsitzenden der CDU in der DDR, Otto Nuschke, einen Abgeordneten des Parlaments der Weimarer Republik, mit. Otto Nuschke wies das Ansinnen zurück, gegen die DDR und für die Aufrührer zu sprechen. Auf einer Pressekonferenz verteidigte er den Sozialismus in der DDR, worauf man ihn nach Ostberlin zurückkehren ließ.

Zu den schwersten Zusammenstößen kam es in Gera, Cottbus und Halle. Dort wurden Polizeireviere und Häuser der SED gestürmt. Es kamen leichte Feuerwaffen zum Einsatz.

Um die Weisung über die Einrichtung von Standgerichten durchzusetzen, rief ich den Staatsanwalt der Gruppe der sowjetischen Truppen zu mir, und übergab ihm den entsprechenden Befehl. Unter Berufung auf die Strafprozeßordnung weigerte er sich, diesen Befehl auszuführen. Ich ordnete an, ihn festzunehmen, mit einem Flugzeug nach Moskau zu schicken, aber bereits auf dem Flugfeld freizulassen. Sein Stellvertreter führte angesichts der extremen Situation den Befehl aus. Die Plakate an den Litfaßsäulen hatten ernüchternde Wirkung. Es gelang uns, die Flamme zu löschen, bevor sie sich ausbreitete. Der »Tag X« fand nicht statt. Wer weiß, was geschehen wäre, wenn wir damals die Weisungen der Zentrale gehorsam ausgeführt hätten. Als Chruschtschow davon hörte, wie wir verfahren waren, sagte er:

»Sokolowski und Semjonow sind unsere besten Deutschlandkenner. Sie konnten an Ort und Stelle besser einschätzen, was man tun konnte und was man nicht tun durfte.«

Nun galt es, die Folgen des Putsches zu beseitigen, seine Ursachen und sein Wesen genau zu analysieren. Auf Forderung Molotows gingen wir sofort an die Erarbeitung eines Berichtes an unsere Führung über die Ereignisse des 17. Juni. Daran nahmen meine Mitarbeiter Anatoli Kowaljow, Anatoli Blatow und Botschaftsrat Alexander Awaldujew teil. Zu einzelnen Aspekten zogen wir die Vertreter des Hohen Kommissars in den Ländern und im zentralen Apparat hinzu. Ich selbst befaßte mich mit der Untersuchung der Ursachen, verhörte festgenommene Putschisten, traf Maßnahmen, die die Lage normalisieren und die von uns allen begangenen Fehler korrigieren sollten. Niemals werde ich das Verhör eines neunzehnjährigen Arbeiters vergessen, den ich freizulassen versprach, wenn er mir sagte, worin wir geirrt hatten und warum diese Kluft zwischen uns entstanden war.

»Sie sind Arbeiter, auch ich stamme aus einer Arbeiterfamilie. Wie konnte es zu diesem Konflikt kommen?«

Der Bursche war zwar selbst fast noch ein Kind, legte aber sehr genau den Finger auf die wunden Punkte der Politik der SED, der Regierung und auch der sowjetischen Organe.

»Die Partei hat sich mit ihren neuen Losungen so weit von der Bevölkerung entfernt, daß wir sie kaum noch am Horizont erkennen konnten und den Sinn ihrer Politik überhaupt nicht mehr verstanden haben.«

Der Arbeiter wurde sofort freigelassen. Seine Aussage legte ich dem Bericht an unsere Regierung bei.

Am 25. Juni sandten wir einen ausführlichen Bericht über die Ereignisse mit unseren Schlußfolgerungen und Vorschlägen nach Moskau. Ihn unterschrieben Wassili Sokolowski, Andrej Gretschko, Iwan Iljitschow, der damals die Diplomatische Mission der Sowjetunion in der DDR leitete, und ich. Der Bericht enthielt auch erste Sofortmaßnahmen. Wir kritisierten die Tätigkeit Walter Ulbrichts, stellten die Frage, ihn in eine andere Funktion zu versetzen, und berichteten auch, welche Rolle Karl Schirdewan gespielt hatte. Dem Bericht, der etwa 90 Seiten maschinengeschriebenen Text umfaßte, waren Karten und Photographien beigelegt.

»Semjonow fließt es nur so aus der Feder«, bemerkte der Erste Stellvertreter des Außenministers, Andrej Wyschinski, voller Neid.

Molotow schätzte unseren Bericht über die Ereignisse insgesamt positiv ein. Beiläufig bemerkte er, »was Ulbricht betrifft, so ist Semjonow nach rechts abgedriftet«.

Bereits am dritten Tag nach dem Putsch fuhr ich wieder im offenen Wagen durch Berlin und durch die Republik, zunächst mit Bewachung, später ohne.

Ich entsandte meine beiden Mitarbeiter Anatoli Blatow und Alexander Awaldujew in die Buna- und die Leuna-Werke, wo Streiks noch drei Monate lang anhielten. Beide sprachen so gut Deutsch, daß sie leicht Kontakt zu deutschen Arbeitern fanden. Sie teilten über verdeckte Kanäle ihre Beobachtungen mit und nahmen zum Schein selbst an Streiks teil.

Aus den Buna-Werken berichteten sie kurz vor Einstellung des Streiks von folgender Szene auf einer Arbeiterversammlung: »Viele Arbeiter hatten sich bereits vor der Versammlung dafür ausgesprochen, den Streik zu beenden, wenn ihre Forderungen erfüllt würden. Da marschierten Arbeiter aus den Mechanischen Werkstätten wie früher eine SS-Eliteeinheit in den Saal und begannen mit Stahlruten auf diejenigen einzuschlagen, die für die Beendigung des Streiks gestimmt hatten.«

Inzwischen traten aber Entwicklungen ein, die auch mein Leben bedrohten. Berija war zwar nicht nach Berlin geflogen, hatte aber seinen Stellvertreter für besonders wichtige Fälle, Goglidse, und den Chef des GULAG, der Hauptverwaltung der Lager, Kobulow, nach Berlin entsandt, den ich noch aus meiner Tätigkeit 1940/41 in der Berliner Botschaft kannte. Man berichtete mir, auf der Versammlung des Parteiaktivs des Ministeriums für Staatssicherheit in Moskau sei davon gesprochen worden, Goglidse und Kobulow hätten den Auftrag, Material zu sammeln, das bewies, daß Semjonow und Marschall Tschuikow den faschistischen Putsch selbst organisiert hätten.

Am 25. Juni erhielten wir jedoch die Weisung aus der Zentrale, Goglidse und Kobulow festzunehmen und nach Moskau zu überstellen.

Ich rief Goglidse an und bat ihn zu mir: »Es gibt etwas Wichtiges zu besprechen.« Goglidse erschien kurz darauf. Als er in mein Arbeitszimmer trat, stellten sich zwei Offiziere mit gezogenem Revolver hinter ihn. Marschall Sokolowski verlas ihm den Befehl: »Auf Beschluß erkläre ich Sie für festgenommen.« Goglidse blickte verstört um sich, als er unter militärischer Bewachung über den Hinterausgang aus meinem Zimmer geführt wurde.

Mit Kobulow war es etwas schwieriger. Äußerlich verkehrten wir miteinander so freundschaftlich wie früher, aber Kobulow hatte offensichtlich Lunte gerochen...

»Ich versuche dauernd Moskau anzurufen, bekomme aber keine Verbindung«, teilte er mir mit.« Sobald ich Moskau erreicht habe, komme ich zu dir.«

»Mein Telefon ist in Ordnung, komm zu mir und rufe von hier an, wenn Du willst, Amajak.«

Eine Stunde später erschien er. Noch einmal dieselbe Szene wie bei Goglidse. Aber Kobulow war ein Feigling. Er fiel in Ohnmacht, und wir mußten ihn aus meinem Arbeitszimmer tragen.

Am 26. Juni flogen Sokolowski und ich nach Moskau, um dort am Plenum des ZK der KPdSU zum Fall Berija teilzunehmen. Im hinteren Abteil der Maschine saßen unter strenger Bewachung die verhafteten Abgesandten des Ministeriums für Staatssicherheit. Auf dem Plenum des ZK wurde der »Fall Berija« behandelt. Ihn selbst hatte man am Tag zuvor auf einer Sitzung des Präsidiums verhaftet. Wäre dieses Plenum des ZK später einberufen worden, hätte ich wohl kaum dieses Buch schreiben können...

Später hörte ich mir in Molotows Arbeitszimmer die Übertragung von der Gerichtsverhandlung gegen Berija an. Den Vorsitz führte Marschall Iwan Konew. Alle Angeklagten wurden zum Tode durch Erschießen verurteilt.

In Berlin zurück, nahmen wir die bereits während des Putsches verfolgte Linie energisch wieder auf. Es ging nicht darum, in Einzelheiten des Ablaufs dieser faschistischen Veschwörung zu kramen, sondern die Ursachen genau zu untersuchen, die zu den Ereignissen des 17. Juni geführt hatten, und die Dinge rasch zu korrigieren. Dabei sollten nach Möglichkeit keine administrativen Maßnahmen angewandt werden. Die politische Lage verbesserte sich allmählich.

Alles, was der sowjetische Hohe Kommissar mit seinem Apparat in dieser Zeit unternahm, lief darauf hinaus, die Fehler, die sowjetische und deutsche Organe von 1945 bis 1953 begangen hatten, Schritt für Schritt auszubügeln.

Auf Beschluß des Politbüros der SED wurde am 7. Oktober 1953 in Berlin eine großangelegte Demonstration der Bevölkerung mit Hunderttausenden Teilnehmern durchgeführt. Die Führer des Landes und der antifaschistisch-demokratischen Parteien stellten sich den Demonstranten ohne jede Bewachung. Grotewohl und ich hatten es bald satt, auf der Tribüne zu stehen. Deshalb gingen wir zur Seite, wo sehr viele Menschen standen. Mehr und mehr Leute versammelten sich und begrüßten Grotewohl erfreut. Es wurde so eng, daß Grotewohl bald nach Luft rang. Mich kannte niemand, deshalb konnte ich mich leicht aus dem engen Kreis entfernen. Ich holte Hilfe herbei. Grotewohl lachte, obwohl er wußte, daß man in dieser Umgebung auch leicht Provokationen organisieren konnte...

Bei der Korrektur der begangenen Fehler mußte u. a. auch der Ausgabenteil des Haushaltes der DDR korrigiert werden.

Im Sommer 1954 hatte sich die Lage endgültig beruhigt. Ich dachte darüber nach, ob ich nicht meine Tätigkeit wechseln sollte. Ein Autounfall in Karlshorst im September 1954 setzte diesen Grübeleien ein jähes Ende. Mit einem gebrochenen linken Bein und einem gebrochenen Kiefer brachte man mich in ein Moskauer Krankenhaus. Nach vier Monaten wurde beschlossen, mich zum stellvertretenden Außenminister der UdSSR zu ernennen. In dieser Funktion war ich 23 Jahre lang tätig.

TEIL IV

Als Stellvertretender Außenminister
März 1955 – November 1978

Neuntes Kapitel
Ein neuer strategischer Kurs

Nach dem Autounfall in Berlin-Karlshorst im September 1954 kehrte ich nach Moskau zurück. Man setzte mich zum Leiter der III. Europäischen Abteilung des Außenministeriums ein, die für die Beziehungen zur DDR, zur Bundesrepublik, zu Österreich und der Schweiz zuständig war. Ich mußte mir die Grundlagen der Tätigkeit im zentralen Apparat des Ministeriums faktisch neu erarbeiten. Im Ergebnis des Krieges und in den ersten Nachkriegsjahren weitete die Sowjetunion ihre außenpolitischen Beziehungen wesentlich aus. Charakter und Inhalt der diplomatischen Tätigkeit veränderten sich stark.

In dieser Zeit erwachte in mir das Interesse an den globalen Problemen der Menschheit, die mit den gewaltigen Veränderungen in vielen Bereichen von Wirtschaft, Wissenschaft und Technik sowie mit deren Auswirkungen auf die internationalen Beziehungen zusammenhängen.

Immer mehr wuchs in mir die Überzeugung, daß der entfesselte Ozean weltweiter Leidenschaften nicht von einem einzigen Pult aus gesteuert werden konnte. Kapitäne mit weitem Blick und umfassender Denkkraft mußten daran gehen, ihre Umwelt aufmerksam und konzentriert zu studieren. Zu diesem Gedanken regte mich auch die Evolution in der Politik der neuen sowjetischen Führung an, wo Nikita Chruschtschow im Herbst 1953 an die Spitze der Kommunistischen Partei trat.

Für mich lag auf der Hand, daß Chruschtschow eine widersprüchliche Persönlichkeit war, die nach innen und außen keinen kontinuierlichen Kurs steuerte. Völlig unerwartet für die große Mehrheit der Bevölkerung erließ er z. B. das Verbot, privat Vieh zu halten, reduzierte den Umfang des Hoflandes der Kolchosbauern, führte Löhne für sie ein und verpflichtete sie, ihre landwirtschaftlichen Produkte über den Einzelhandel zu verkaufen. Er sagte mir im Ernst, er sei besorgt darüber, daß zuviel Fleisch auf die Märkte komme, weil die Bauern ihr Vieh abschlachteten.

Auf dem XX. Parteitag der KPdSU im Februar 1956 verkündete Chruschtschow den Kampf gegen den Personenkult Stalins und erklärte, die Sowjetunion werde auf dem Weg zum Kommunismus in den achtziger Jahren des 20. Jahrhunderts die USA überholen.

Nach einigen Bemerkungen zu urteilen, die Chruschtschow an mich richtete, wußte er, daß ich seine Neuerungen mit Skepsis betrachtete. Nach einem Empfang für eine ausländische Delegation im Jekaterinensaal des Kreml, als er schon kräftig getrunken hatte, nannte er mich einmal im Beisein anderer einen »gefährlichen Mann«. Möglicherweise hatte man Chruschtschow auch berichtet, daß ich es im Regierungssanatorium von Barwicha vermieden hatte, an abendlichen Gelagen teilzunehmen, die die damals bekannte Frauenfunktionärin Nina Popowa, eine glühende Verehrerin Chruschtschows, organisierte. Statt dort zu trinken und in Hochrufe »Auf unseren Führer, auf Chruschtschow!« einzustimmen, unterhielt ich mich lieber mit Kornej Tschukowski, Samuil Marschak, Sergej Lemeschew und anderen Künstlern, die sich ebenfalls in diesem Sanatorium erholten.

Ich suchte nach einer passenden Gelegenheit, um mich in Ruhe mit Chruschtschow auszusprechen. Eines muß man ihm lassen: Er war weder nachtragend noch rachsüchtig, und unser Verhältnis normalisierte sich wieder.

Nikita Chruschtschow gab erst allmählich zu erkennen, welche Linie er verfolgte. Dies zeigte sich vor allem darin, daß führende Funktionäre nach und nach ausgewechselt wurden. Vor allem traf es diejenigen, die Lenin und Stalin auch weiterhin eine herausragende historische Rolle in der Partei, im Volke und in der internationalen Politik beimaßen. Menschen, die vom Lande kamen, aber nicht Bauern oder Arbeiter, sondern Kleinbürger nach Anschauungen und Verhalten, gewannen spürbar an Einfluß. Auch die enormen Kriegsverluste wirkten sich aus. Vor allem fehlten die Männer, die ihre Feuertaufe auf den Großbaustellen der dreißiger Jahre erhalten hatten. Das Land war in wirtschaftlichen Schwierigkeiten, und eine Dezentralisierung der Wirtschaftsleitung war dringend erforderlich. Die Aufteilung der Partei in städtische und ländliche

Organisationen, die Bildung der Volkswirtschaftsräte, die endlosen Umstellungen im Staatsapparat – all das führte aber zu nichts, sondern brachte die Menschen nur durcheinander.

Nikita Chruschtschow verlagerte das Schwergewicht seiner eigenen Tätigkeit zunehmend auf die Außenpolitik. Er suchte nach Wegen, wie die Lage in Europa und in der ganzen Welt entspannt werden konnte. Die deutsche Frage trat mehr und mehr in den Vordergrund.

Im Grunde wurde die Linie zurückgenommen, die in konzentrierter Form in den beiden bekannten Noten Stalins vom 10. März und vom 9. April 1952 zum Ausdruck kam, d.h. eine Politik, die auf die Wiederherstellung Deutschlands als einheitlicher, souveräner Staat gerichtet war.

Die Westmächte hatten diese Noten bekanntlich abgelehnt. Mit ihren praktischen Schritten in der Bundesrepublik demonstrierten sie, daß sie nicht die Absicht hatten, von ihrer Position abzugehen. Dies zeigte sich erneut auf der Konferenz der Außenminister der UdSSR, der USA, Großbritanniens und Frankreichs im Januar/Februar 1954 in Berlin. Wegen der Positionen, die die Westmächte einnahmen, brachte diese Konferenz die Lösung der deutschen Frage nicht einen einzigen Schritt näher.

Eine meiner ersten Aufgaben als Leiter der III. Europäischen Abteilung des Außenministeriums bestand darin, eine Note der Sowjetregierung mit dem Vorschlag auszuarbeiten, eine neue Beratung zur Deutschlandfrage einzuberufen. Diese wurde im Oktober 1954 in identischem Wortlaut an die Botschafter der USA, Großbritanniens und Frankreichs in Moskau übergeben. Leider brachte diese Aktion keinerlei Ergebnis. Eher im Gegenteil. Am 23. Oktober 1954 fand die Unterzeichnung der Pariser Verträge statt, nach denen die Bundesrepublik in die NATO aufgenommen wurde. Unsere Antwort war die Gründung des Warschauer Vertrages am 14. Mai 1955.

Alle diese Ereignisse ließen nun das Problem der Vereinigung Deutschlands in neuem Licht erscheinen. Wir mußten uns entscheiden, wie es weitergehen sollte. In unserem Lande hielt man es für zweckmäßig vorzuschlagen, daß die höchsten Vertreter der Sowjetunion und der Bundesrepublik Deutschland persönlichen Kontakt herstellten und zwischen beiden Ländern direkte diplomatische, Handels- und Kulturbeziehungen aufgenommen werden sollten.

So kam es schließlich auch. Am 8. September 1955 traf eine Regierungsdelegation der Bundesrepublik unter Führung von Bundeskanzler Konrad Adenauer in Moskau ein. Die sowjetische Delegation bestand aus Nikita Chruschtschow, Nikolai Bulganin und Wjatscheslaw Molotow. Ich selbst gehörte ihr ebenfalls an und war bei allen Verhandlungen zugegen. Mir ist Adenauers Gedanke im Gedächtnis geblieben, daß man das deutsche Volk und den deutschen Staat nicht allein nach den Generationen beurteilen sollte, die im Ersten und Zweiten Weltkrieg gegen Rußland kämpften. Man müsse die ganze Geschichte betrachten, in der es auch sehr lange Zeiten enger Zusammenarbeit zwischen beiden Ländern und Völkern gab.

In diesem Gedanken lag ein tiefer Sinn, denn sowohl das russische (slawische) als auch das deutsche Volk stammen aus dem indo-europäischen Massiv, die Stämme ihrer Urväter waren Nachbarn, ihre prähistorischen Kulturen einander nahe, ihre Lebensräume überlagerten sich wechselseitig.

Konrad Adenauer hinterließ bei mir einen starken, aber zwiespältigen Eindruck. Einerseits war zu spüren, daß dieser weise, nachdenkliche Politiker eine ganze Epoche in der Geschichte der Bundesrepublik, möglicherweise ganz Europas verkörperte. Andererseits erschien er mir als ein Talleyrand des 20. Jahrhunderts, eine Art Januskopf, ein Meister der feinen diplomatischen Intrige, aber ohne jede Flexibilität, was die UdSSR betraf. Hier sah er nur zwei Farben – Schwarz und Weiß, Licht und Schatten.

Es fällt mir schwer zu erklären, aus welchem Grunde Konrad Adenauer Nikita Chruschtschow bat, mich zum sowjetischen Botschafter in Bonn zu ernennen, und weshalb dieser keine Einwände machte. Ich flehte ihn förmlich an, dies nicht zu tun. Dabei verwies ich darauf, daß inzwischen junge, starke Deutschlandkenner herangewachsen waren, auf die man sich politisch durchaus verlassen konnte, Männer wie Valentin Falin, Anatoli Kowaljow, Boris Bazanow und andere.

Wie dem auch sei, die Verhandlungen zeigten deutlich, daß weder Chruschtschow noch Adenauer an der Wiedervereinigung Deutschlands Interesse hatten. Beide taten alles, was in dieser

Situation möglich war: Sie kamen überein, zwischen der UdSSR und der Bundesrepublik diplomatische Beziehungen aufzunehmen sowie in Bonn und Moskau Botschaften einzurichten.

Als Stellvertretender Außenminister, der für die deutsche Frage zuständig war, hatte ich nun die neue Linie Nikita Chruschtschows zu realisieren. Ich mußte davon ausgehen, daß zwei souveräne, unabhängige Staaten existierten, was nach Meinung Nikita Sergejewitschs auch den grundlegenden wirtschaftlichen Interessen der Sowjetunion und der DDR entsprach. Letztere wurde nach einer Formulierung in der Londoner »Times« zur »mechanischen Werkstatt und zum Chemielaboratorium der UdSSR«, während die Sowjetunion den Hauptlieferanten von Rohstoffen und Energieträgern für die DDR darstellte.

Aus heutiger Sicht war die Idee einer deutschen Konföderation, eines freiwilligen und gleichberechtigten Bundes der beiden deutschen Staaten, die die DDR am 27. Juli 1957 vorschlug und die wir unterstützten, von vornherein zum Scheitern verurteilt. Zu taub waren beide Seiten damals bereits, um die Stimme der anderen überhaupt noch zu vernehmen.

Nikita Chruschtschow entfernte sich Schritt für Schritt von der Idee der deutschen Wiedervereinigung. In gleichem Maße vertiefte sich auch die Kluft zwischen meinen Auffassungen zu wichtigen Aspekten der Deutschlandpolitik der UdSSR und diesem Kurs. Dabei kam es zu einem unangenehmen Zwischenfall. Chruschtschow fragte mich einmal beiläufig, was ich davon halte, seinen Schwiegersohn, Alexej Adshubej, zum Außenminister zu ernennen. Ich antwortete, mit Adshubej würde ich nicht zusammenarbeiten. Darauf sandte Chruschtschow seinen Schwiegersohn zu einem Besuch nach Bonn, ohne mit mir vorher über den Inhalt seiner Verhandlungen mit der westdeutschen Seite zu sprechen.

Ich wurde nun immer seltener in Aktionen der Deutschlandpolitik einbezogen. Zum Abschluß meines Berichtes über meine Beteiligung an den deutschen Dingen, möglicherweise der wichtigste Abschnitt meines Lebens, der Mitte der fünfziger Jahre zu Ende ging, spüre ich das Bedürfnis, meine Erinnerung an einen der größten Politiker der KPdSU und des Sowjetstaates mitzuteilen, der an meiner eigenen Entwicklung als Politiker und Diplomat entscheidenden Anteil hatte.

Wjatscheslaw Michailowitsch Molotow war entsprechend der Aufteilung der Ressorts im Politbüro des ZK der KPdSU nach dem Kriege für die Deutschlandpolitik zuständig. In dieser Funktion hatte ich zahlreiche Gespräche mit ihm, wo wir Grundfragen dieser Politik in allen Einzelheiten erörterten.

Molotow war von 1939 bis 1949 und noch einmal von 1953 bis 1956 Außenminister der UdSSR. Bereits als Sechzehnjähriger war er der Partei der Bolschewiki beigetreten. Mit 22 Jahren wurde er 1912 Redakteur der »Prawda«. 1917 gehörte er bereits der Parteiführung an und war an der Organisierung des Oktoberaufstandes in Petrograd beteiligt. Damals begann seine enge Zusammenarbeit mit Stalin.

Als Sekretär des ZK der Russischen Kommunistischen Partei (Bolschewiki) hatte er 1922 engen Kontakt zu Lenin, der auf ihn aufmerksam wurde und ihm verschiedene Aufträge erteilte. In Lenins Gesammelten Werken findet man zahlreiche kurze Schreiben an Molotow, die meist organisatorische und politische Fragen betreffen.

Ab 1925 leitete Molotow die Ständige Kommission für Verteidigung beim Rat der Volkskommissare der UdSSR, die sich mit den Grundfragen des Aufbaus der sowjetischen Streitkräfte befaßte und dem Rat für Arbeit und Verteidigung entsprechende Dokumentenentwürfe vorlegte. Im Jahre 1937 wurde dieser Rat aufgelöst, dem Molotow seit 1930 vorgestanden hatte, und die Kommission für Verteidigung beim Rat der Volkskommissare der UdSSR im Juni 1941 zum Staatlichen Verteidigungskomitee der UdSSR umgebildet. Vorsitzender dieses Komitees wurde Stalin, Mitglieder waren u. a. Molotow und Woroschilow.

Als ich im Mai 1953 zum Hohen Kommissar der UdSSR in Deutschland ernannt wurde, forderte mich Molotow auf, den Entwurf eines Funktionsplanes für dieses Amt vorzulegen. Er gab mir diesen Entwurf mehrmals zur Überarbeitung zurück, erklärte aber dann schließlich ganz unerwartet, er werde ihn nicht im ZK bestätigen lassen, wie es damals üblich war, denn »Semjonow weiß selbst, was er zu tun hat und wie«.

Während meiner Tätigkeit in Deutschland und auch später, als ich Molotows Stellvertreter wurde, habe ich viel von ihm gelernt. Anfangs hatte ich Schwierigkeiten, Dokumente zu wichtigen politischen Fragen zu verfassen – sie entsprachen nicht dem, was er sich vorstellte. Wjatscheslaw Michailowitsch arbeitete geduldig mit mir in diesem komplizierten Bereich, kritisierte meine Entwürfe, ließ sie mich viele Male überarbeiten, bevor er etwas akzeptierte.

Dieselben hohen Ansprüche stellte er auch an meine Veröffentlichungen in der Presse. Dabei fällt mir eine Episode aus dem Jahre 1956 ein, als wir nach Gesprächen mit dem amerikanischen Außenminister John Foster Dulles in New York über die Friedensverträge mit den Satelliten des faschistischen Deutschlands gemeinsam auf die Datscha in Glenkow fuhren. Ich nutzte die Gelegenheit, Molotow den Entwurf eines Artikels über die Politik Konrad Adenauers zu zeigen. Er brummte ärgerlich, er lese nicht gerne Artikel, schaute sich den Entwurf aber doch an und kritisierte ihn dann in Grund und Boden:

»Bei Ihnen kommt die Schlußfolgerung schon in den ersten Zeilen. Der Leser wird den Artikel zur Seite legen, denn er weiß ja bereits, worauf er hinausläuft. Sie müssen Fakten und Argumente anführen, mit denen Sie den Leser Schritt für Schritt zu Ihrer Schlußfolgerung führen. Das muß jedoch so geschehen, daß er eher darauf kommt, als er es in dem Artikel liest. Alles andere ist nutzloses Zeug.«

Ich habe an fast allen internationalen Konferenzen nach dem Zweiten Weltkrieg teilgenommen, wo die deutsche Frage zur Sprache kam. Molotow arbeitete unermüdlich an dieser Problematik, trug selbst viel Originelles und Interessantes bei und verstand es auch, andere anzustecken. Das betraf insbesondere junge Mitarbeiter. Er stellte ihnen schwierige Fragen, war an eigenständigen Gedanken interessiert, ließ sich auf Debatten und Streit ein und setzte stets präzise Termine für die Erfüllung von Aufträgen. Er konnte an einem Tag um 16.00 Uhr anrufen und fragen, warum ein Dokument nicht auf die Minute genau vorlag.

Unter Molotow herrschte im Außenministerium eine strenge Ordnung, nicht nur, was den Inhalt, sondern auch, was die Form der Dokumente betraf. Zitate überprüfte er nicht selten selbst. Wenn es sich um ein fremdsprachiges Zitat handelte, forderte er das Original an. Er fand jeden orthografischen Fehler, jede vergessene Zeile. Es heißt, daß Semjon Zarapkin, der während des Vaterländischen Krieges die Abteilung des Außenministeriums leitete, die für Japan zuständig war, etwa zwanzig Verweise wegen solcher Fehler auf seinem Konto hatte. Einmal ließ Zarapkin in einer Denkschrift, die der japanischen Seite übergeben wurde, einige Zeilen aus, in denen Fischfangzonen aufgezählt waren. Das löste in Japan große Aufregung aus. Für diesen Schnitzer erhielt Semjon Konstantinowitsch einen strengen Verweis und die Verwarnung, er werde seinen Dienstpflichten nicht in vollem Umfang gerecht.

Wjatscheslaw Michailowitsch sagte mir, für ihn heiße Förderung und Heranbildung neuer Kader vor allem, rechtzeitig auf talentierte junge Leute aufmerksam zu werden, ihnen schwierige und verantwortungsvolle Aufgaben zu stellen, mehr von ihnen zu fordern als von anderen. In zehn bis fünfzehn Jahren könnten aus ihnen große Staatsmänner, Partei- und Wirtschaftsfunktionäre werden, die das Land dringend brauche.

Molotow arbeitete stets mit höchstem Einsatz und größter Präzision, mit den Worten von heute könnte man sagen, wie ein guter Computer. Er schaute sich die Menschen genau an, erkannte rasch ihre Schwächen und Stärken, forderte niemals von allen das Gleiche. Besonders ausgeprägt war seine politische Wachsamkeit gegenüber Mitarbeitern, die eng mit der Führung in Kontakt kamen.

Ich habe niemals einen Leiter kennengelernt, der konzentrierter und exakter arbeitete als er. Er konnte nach einem Kurzschlaf von zwanzig Minuten völlig frisch aus seinem Ruheraum erscheinen. Manche Erfahrungen der illegalen Tätigkeit vor der Revolution übertrug er auf die staatliche Arbeit. So behandelte er z. B. Auseinandersetzungen und Meinungsverschiedenheiten in der Führung von Partei und Staat streng konspirativ und sprach nie darüber. Im Jahre 1954 erhielt ich z. B. den Auftrag, am Entwurf für den Staatsvertrag mit Österreich zu arbeiten. Erst viel später erfuhr ich, daß Molotow in dieser Frage ernste Meinungsverschiedenheiten mit Chruschtschow hatte, der einen solchen Vertrag für verfrüht hielt. Wjatscheslaw Michailowitsch wurden stets hochwichtige Fragen übertragen: Während des Vaterländischen Krieges leitete er das Außenministerium und war zugleich verantwortlich für den Panzerbau in der Sowjetunion. Das erfuhr ich erst einige Jahre später.

In seinen letzten Lebensjahren erinnerte sich Molotow oft an Stalin. Er sagte, er sei glücklich, daß er mit einem solchen genialen

Mann habe zusammenarbeiten dürfen. Dabei war Molotows Verhältnis zu Stalin durchaus nicht ungetrübt, obwohl sich beide bereits in der Verbannung unter dem Zaren angefreundet hatten. Sowohl in außenpolitischen als auch in innenpolitischen Fragen hatte Molotow nicht selten seine eigene Meinung, die er hartnäckig verteidigte. Stalin wurde wütend und stritt heftig, Molotow dagegen erhob sich lächelnd von seinem Platz und begründete seinen Standpunkt. Zuweilen mußte Stalin seine Meinung ändern oder eine andere Lösung finden, denn er wußte, wie kompetent Molotow in internationalen Fragen war. Es ist schwer zu sagen, ob und in welchem Maße ihre Auffassungen in der deutschen Frage übereinstimmten, wann Stalin seine eigene Meinung sagte und wann er Gedanken äußerte, die Molotow ihm zugearbeitet hatte.

Nach dem XIX. Parteitag im Oktober 1952 erklärte Stalin völlig unerwartet auf einem Plenum des Zentralkomitees, Molotow und Mikojan seien Agenten des amerikanischen Imperialismus.

»Koba, bist du verrückt geworden?!« schrie Molotow.

Molotow blieb zwar Außenminister der UdSSR und Mitglied des Präsidiums des ZK der KPdSU, durfte aber Geheimdokumente nicht mehr zur Kenntnis nehmen, darunter auch chiffrierte Telegramme der sowjetischen Botschafter.

Stalin gab seine Zustimmung, daß Molotows Ehefrau, Polina Semjonowna Shemtschushina, die Jüdin war, verhaftet wurde. Sie verbrachte Jahre in der Verbannung im Ural. Ihre Verhaftung kann man als Ausdruck der generellen Haltung Stalins zum Zionismus verstehen.

Stalin glaubte, die Zionisten hätten Mitgliedern des Politbüros Jüdinnen als Ehefrauen untergeschoben, die für die USA spionieren sollten. Auf seine Weisung hin wurden selbst die Ehefrauen von Politikern, die ihm nahestanden, in entfernte Gegenden verbannt. Stalin hatte bereits in den zwanziger Jahren harte Auseinandersetzungen mit Trotzki, Sinowjew und anderen Partei- und Staatsfunktionären gehabt, die jüdischer Herkunft waren und nach der Oktoberrevolution wichtige Funktionen ausübten.

Dies ist wohl kaum Antisemitismus in dem Sinne zu nennen, wie er in Spanien im 15.-16. Jahrhundert oder in Deutschland unter Hitler wütete. Unter Stalin hatten Juden in sogenannten freien Berufen (Journalisten, Musiker, Schauspieler, Wissenschaftler) durchaus großen Einfluß. Die unter dem Zaren bestehenden »judenfreien« Stadtteile in Moskau und Petersburg wurden zu sowjetischer Zeit nicht wieder eingeführt. Allerdings waren Menschen jüdischer Herkunft in solchen Institutionen wie dem Verteidigungsministerium, dem NKWD-MGB, dem Außenministerium und dem Apparat des ZK unter Stalin faktisch nicht zugelassen.

Anlaß für die Verhaftung Polina semjonownas soll ihr enges Verhältnis zur ersten israelischen Botschafterin in Moskau, Golda Meir, gewesen sein, die später israelische Premierministerin wurde. Molotow schenkte den Beschuldigungen, die gegen seine Frau erhoben wurden, keinen Glauben und weigerte sich kategorisch, Stalins dringende Forderung zu erfüllen, sich von seiner Frau scheiden zu lassen.

Polina Semjonowna kehrte aus der Verbannung ergraut und gealtert zurück. Ich bin häufig auf der Datscha der Molotows gewesen, wo wir mit unseren Frauen an einem großen ovalen Tisch beisammensaßen. Bei Tisch wurde ständig politisch diskutiert. Ich erinnere mich an einen hitzigen Streit mit Molotow über Lew Tolstois Roman »Krieg und Frieden«. Molotow behauptete, Tolstoi habe den Adel idealisiert und die grausame Unterdrückung der Bauern verschwiegen. Alle seine Helden, einschließlich Andrej Bolkonski, den ich sympathisch fand, seien keinerlei Beachtung wert. Ich widersprach und vertrat den Standpunkt, man müsse den Roman Tolstois in größeren Zusammenhängen sehen. So sei für mich Andrej Bolkonski z. B. der Prototyp eines gebildeten Patrioten. Molotows persönlicher Mitarbeiter Fedja Widjasow machte mir danach Vorhaltungen, ich sollte Molotow nicht in solche Aufregung versetzen. Ich sah aber, daß Molotow mir nicht ernsthaft böse war, er brummelte nur und war verwundert.

Im privaten Leben war Molotow ein Asket. Er rauchte nicht, trank keinen Alkohol, aß einfache Suppe mit einer halben Zwiebel darin und trank zum Hauptgang ein Glas Milch. Polina Semjonowna war eine ausgezeichnete Gastgeberin. Sie griff nur selten in die Gespräche ein. Unsere Familie liebte sie. Sie hatte ein großes Herz und zog viele Menschen an. Molotow weinte über dem Sarge Polina Semjonownas bittere Tränen.

Wjatscheslaw Michailowitsch ertrug stoisch all die harten Prüfungen, die ihm auf seinem langen, zuweilen dramatischen und tragischen Lebensweg zuteil wurden. Im Juni 1957 wurde er auf einem Plenum des ZK gemeinsam mit einer Gruppe von Genossen parteifeindlicher Fraktionstätigkeit beschuldigt und aus dem Präsidium sowie aus dem ZK ausgeschlossen. Danach ernannte man ihn zum Außerordentlichen und Bevollmächtigten Botschafter in der Mongolei. Er hatte dort beträchtlichen Erfolg und war beliebt. Man sagte, auch sein Äußeres hätte eine Rolle gespielt, er habe ein wenig asiatische Züge. Dann versetzte ihn Nikita Chruschtschow als ständigen Vertreter der UdSSR zur Internationalen Atomenergieagentur (IAEA) nach Wien. Auch auf diesem Posten war er mit Würde tätig und büßte nichts von seinem ausgeprägten Charakter ein. Danach wurde er aus der Partei ausgeschlossen und in die Rente geschickt. Er akzeptierte dies nicht und legte jeden Monat seinen Parteibeitrag in eine besondere Kassette.

Viele sagen, Molotow habe Memoiren geschrieben. Das trifft nicht zu. Er hat lediglich dem ZK der KPdSU eine umfangreiche Ausarbeitung zu Fragen der Parteigeschichte übergeben, über deren Inhalt jedoch mit niemandem gesprochen. Unter Leonid Breshnew wurde ihm mehrmals angeboten, ihn wieder in die Partei aufzunehmen, wenn er seine Fehler einsehe. Er antwortete, Fehler begehe die gegenwärtige Führung, vor allem Breshnew selbst. Die Rückkehr in die Partei um diesen Preis lehnte er ab. Der neue Generalsekretär des ZK der KPdSU, Juri Andropow, brachte ihm dann sein Parteidokument persönlich in die Wohnung. Seine Parteimitgliedschaft galt nun wieder als ununterbrochen. Zu dieser Zeit war Molotow aber bereits in sehr hohem Alter.

Ich habe schon erwähnt, daß Molotow als Vorsitzender des Rates der Volkskommissare auf mich aufmerksam wurde, als ich im Sommer 1939 auf der Unionsberatung der Lehrer für Gesellschaftswissenschaften eine Rede hielt. Er berichtete Stalin davon. So geriet ich in den Gesichtskreis der Führung der Sowjetunion. Meine diplomatischen Lehrjahre verbrachte ich unter dem strengen und fordernden Auge Molotows. Es hat mich sehr gerührt, als Verwandte berichteten, Wjatscheslaw Michailowitsch habe in seinen letzten Lebensjahren oft von mir gesprochen: »Semjonow ist nicht nur Diplomat, sondern Politiker. Wer kann sich mit ihm vergleichen? Vielleicht Andrej Gromyko und mit großen Einschränkungen Wassili Kusnezow.«

Molotow starb mit 96 Jahren. Erst als ich ihn im Sarg erblickte, fiel mir sein fast quadratisches Gesicht mit dem mächtigen Kinn auf, wie es nur Menschen mit entschlossenem Charakter und starkem Willen haben.

Nikita Chruschtschow beschloß, mich in den Bereich der Staaten des Nahen und Mittleren Ostens sowie Afrikas südlich der Sahara zu versetzen. Später erhielt ich im Außenministerium noch die Verantwortung für die Beteiligung der Sowjetunion am Kampf um die Beseitigung kolonialer und rassistischer Regime.

In diesem Bereich der Außenpolitik der Sowjetunion nahm Chruschtschow zu dieser Zeit grundlegende Veränderungen vor. Dies war, ohne Übertreibung, eine wahre Umwälzung. Er brauchte Menschen, die in der Lage waren, die seit Stalins Zeiten starren und eingefahrenen Auffassungen zur nationalen und kolonialen Frage zu verändern. Dies traute er mir offenbar zu.

Die neue Linie zeigte sich besonders deutlich bei den Besuchen Nikita Chruschtschows und Nikolai Bulganins, der damals Ministerpräsident der Sowjetunion war, im Jahre 1955 in Indien und Indonesien.

Eine meiner ersten großen Aktionen in diesem Bereich war die Normalisierung der Beziehungen der UdSSR zur Türkei. Im Frühjahr 1955 kam der Präsident der Türkischen Nationalversammlung, Urguplü, zu einem offiziellen Besuch nach Moskau. Ich hatte die Verhandlungen mit ihm zu führen. »Welchen Sinn sollen die Spannungen in unseren Beziehungen noch haben?« fragte ich den Parlamentspräsidenten. »Wir haben alle Ursachen dafür ausgeräumt. Die Dardanellen und der Bosporus spielen in der Politik unseres Landes nicht mehr die Rolle, die sie einmal hatten. In der Konvention von Montreux sind die Fragen der Schiffahrt zu unserer Zufriedenheit geregelt. Wir haben auf alle früheren territorialen Forderungen verzichtet und sind bereit, auch unsere Ansprüche auf Kars und andere türkische Gebiete offiziell aufzugeben. Wegen der Spannungen in den sowjetisch-türkischen Beziehungen ist die Türkei gezwungen, über 60 Prozent ihres Haushalts für militärische Zwecke zu verwenden. Uns geht es besser, aber auch wir leben nicht im Paradies. Statt unsere Grenzen militärisch zu befestigen, lassen Sie uns übereinkommen, gemeinsam Kraftwerke und Staudämme zu bauen.«

In meiner Abschlußrede auf dem Empfang zu Ehren des hohen türkischen Gastes sprach ich die Hoffnung aus, sein Besuch möge die »erste Schwalbe« sein, die einen grundlegenden Umschwung in den Beziehungen zwischen der Türkei und der Sowjetunion ankündigt. Urguplü hörte sich die sowjetischen Überlegungen aufmerksam an. In Ankara zog man dann grundlegende Schlußfolgerungen. Ich stattete der Türkei bald darauf einen Gegenbesuch ab und konnte mich davon überzeugen, daß man dort seriöse Absichten hatte. Übrigens ist die Schule der türkischen Diplomatie professionell eine der besten, der ich je begegnet bin.

Mit Konsequenz und Zielstrebigkeit gelang es, die aus der Geschichte herrührenden Steine aus dem Wege zu räumen und gute Beziehungen zwischen unseren beiden Nachbarstaaten anzubahnen. Wir schlossen konkrete Verträge über den Bau mehrerer Objekte an der türkisch-sowjetischen Grenze. Sie wurden präzise eingehalten, denn sie entsprachen den Lebensinteressen beider Völker.

Im Sommer 1955 kam auch der Schah des Iran, Muhammad Reza Pahlevi, zu seinem ersten offiziellen Besuch in die Sowjetunion. In Vorbereitung dieses Besuches hatte ich Gelegenheit, mich in das hochinteressante Archiv des Volkskommissars für Auswärtige Angelegenheiten unter Lenin, Georgi Tschitscherin, zu vertiefen. Der genaue Kenner des Orients Tschitscherin riet davon ab, sich mit linken Politikern Irans einzulassen, und war der Meinung, wir sollten uns ausschließlich auf das offizielle Teheran orientieren. Wer die zeitweiligen Schwierigkeiten Irans ausnutzen will, ist entweder ein Abenteurer oder mit Blindheit geschlagen, schrieb Tschitscherin. Iran ist und bleibt ein wichtiger Nachbar der Sowjetunion, und wir sollten keinerlei Einmischung in seine inneren Angelegenheiten zulassen. Der Schah wußte, daß die Sowjetunion bisher während seiner Amtszeit strenge Neutralität gewahrt hatte.

Ich erhielt den Auftrag, den Schah auf seiner langen Reise durch die Sowjetunion zu begleiten. Als er die Erdölfelder bei Baku besuchte, sich Industriegebiete ansah und die Erfahrungen der wirtschaftlichen, sozialen und kulturellen Entwicklung des Vielvölkerstaates Sowjetunion kennenlernte, überlegte und verglich er ständig, was für den Iran anwendbar sein könnte und was nicht, weil es seinen Überzeugungen widersprach. Es war zu spüren, daß der Schah wußte, wenn er sein Land entwickeln wollte, kam er um ernsthafte Veränderungen und grundlegende Umwälzungen nicht herum. Er interessierte sich buchstäblich für alles, hatte tausend Fragen an mich und die anderen Begleiter.

Der Schah trug sich bereits damals mit dem Gedanken einer »weißen« Revolution von oben, um einer Revolution von unten zuvorzukommen. Er besaß den Mut und die Geduld, seine Pläne in die Wirklichkeit umzusetzen. Schah Reza Pahlevi war zweifellos ein großer Staatsmann seiner Zeit, führte in seinem Lande umfangreiche Veränderungen herbei und hob insbesondere die Erdölindustrie auf ein modernes Niveau. Er führte eine recht radikale Bodenreform durch, womit er sich den Zorn der Großgrundbesitzer zuzog. Das uralte Kurdenproblem versuchte er teilweise mit Waffengewalt, teilweise mit Kompromissen zu lösen.

Teheran, das ich oft besuchte, veränderte sich von Jahr zu Jahr. Kulturstätten wuchsen empor, die schrecklichen Slums der Armen und Drogensüchtigen am Rande der alten Stadt verschwanden nach und nach.

Im Jahre 1958 besuchte ich den Schah von Iran in seinem Schlafzimmer, wo er krank im Bett lag, eine Maschinenpistole im Arm. »Wozu das?« fragte ich den Schah teilnahmsvoll, obwohl meine Verhandlungen keine Ergebnisse gebracht hatten. Die Sowjetunion bemühte sich damals ohne Erfolg, den Abschluß eines iranisch-amerikanischen Abkommens über militärische Zusammenarbeit zu verhindern. »Es kann sein, daß meine eigene Wache auf mich schießt, dann muß ich mich verteidigen«, antwortete der Schah. Ich hörte, daß Anhänger der enteigneten Grundbesitzer auf ihn geschossen hätten. Andererseits sah ich auch auf den Straßen von Teheran, wie Gegner des Regimes verprügelt und erschlagen wurden. Muhammad Reza Pahlevi war nicht nur hochgebildet, sondern auch ein grausamer Despot.

Der Schah »stolperte« über seine eigene Politik, als er versuchte, mit Hilfe amerikanischer Waffen die Vorherrschaft am Persischen Golf zu erobern. Er baute eine hochgerüstete, starke Armee auf, die sich jedoch als machtlos erwies, den antiamerikanischen, gegen den Schah gerichteten Aufstand niederzuschlagen, der unter der Führung des Imam Chomeini ausbrach. Der Schah war gezwungen, ins Ausland zu fliehen. Er mußte am eigenen Leibe erfahren, daß das iranische Sprichwort auch im Westen gilt: »Man liebt zwar den Verrat, aber nicht den Verräter.«

Die praktische Politik der Sowjetunion gegenüber dem Iran widerlegt die Behauptung, Moskau habe dort Veränderungen der gesellschaftlichen Ordnung herbeiführen wollen. Wir hielten uns an Tschitscherins Regel und orientierten uns im Verhältnis zum Iran nicht auf irgendwelche oppositionellen Kräfte, sondern auf Teheran. Der Gerechtigkeit halber sei gesagt, daß auch der Iran bei allen Wechselfällen seiner Politik insgesamt ein loyaler Nachbar der UdSSR blieb und gute Beziehungen zu unserem Lande aufrechterhielt.

Mit besonderer Bewegung erinnere ich mich an meine Begegnungen mit dem großen ägyptischen Politiker Gamal Abdel Nasser. Mitte der fünfziger Jahre wurde Ägypten zum Zentrum des nationalen Befreiungskampfes der Völker des arabischen Ostens, der um sich griff wie ein Steppenfeuer. Ich weiß heute noch nicht, warum der revolutionäre Umsturz in Ägypten im Juli 1952, den national gesinnte Offiziere herbeiführten, in unserem Lande als »hitlerfreundlich«, ja fast »nazistisch« eingestuft wurde. Möglicherweise deswegen, weil das neue Regime General Nagib an seine Spitze stellen wollte, der bereits unter König Faruk gedient hatte.

Faktisch nahm aber Gamal Abdel Nasser, der Gründer des Bundes der Freien Offiziere, die Führung des Landes in die Hand. Diese Organisation verkündete eine antiimperialistische Ideologie. Trotzdem verurteilten einige Teilnehmer der Beratung kommunistischer und Arbeiterparteien in Moskau im November 1957 den Umsturz in Ägypten. Hier wirkten offenbar sektiererische Auffassungen unter kommunistischen Parteien der Länder des arabischen Ostens, dogmatische Vorstellungen von der antikolonialen und nationalen Befreiungsbewegung unter diesen Kräften, die bereits früher kritisiert worden waren.

Unsere Botschaft in Kairo übermittelte der Zentrale gegen Nasser gerichtete Unterstellungen, die aus zweifelhaften Quellen stammten. Es trifft zu, daß Nasser zunächst im Westen um Unterstützung nachsuchte. Diese wurde ihm jedoch verwehrt, da man seine wahren Bestrebungen dort sehr rasch erkannte. Wegen der

Haltung unserer Botschaft in Kairo konnte sich Nasser relativ lange Zeit nicht auf die Sowjetunion stützen, obwohl er Schritte in dieser Richtung unternahm.

Aus diesem Grunde waren die sowjetisch-ägyptischen Beziehungen in den ersten Jahren nach Errichtung des neuen Regimes in diesem Lande nicht ganz aufrichtig. Bezeichnend ist z. B. folgende Episode: Unmittelbar vor der Nationalisierung der Suezkanalgesellschaft im Jahre 1956 gab die ägyptische Regierung eine Erklärung ab, aus der hervorging, dieser Schritt sei mit der Sowjetunion abgestimmt. In Wirklichkeit hatten wir keinerlei Information über diesen bevorstehenden Schritt Ägyptens und über weitere Maßnahmen erhalten. Unsere Führung entschied sich rasch, dem keine Beachtung beizumessen und Ägyptens Vorgehen zu unterstützen.

Im Herbst 1957 flog ich nach Kairo mit dem Auftrag, dort Konsultationen über die Tagesordnung der bevorstehenden XII. Generalversammlung der UNO zu führen. Dies war allerdings nur der formale Anlaß für diese Reise. Tatsächlich sollte ich mit allen mehr oder weniger einflußreichen Politikern Ägyptens Gespräche führen und versuchen, mir ein objektives Bild von der Lage im Lande zu verschaffen.

Als mir Vizepräsident General Amer die Frage stellte, ob ich ein Gespräch mit Nasser wünsche, der sich gerade in Damaskus aufhielt, stimmte ich ohne Rückfrage in der Zentrale zu und flog in die syrische Hauptstadt. Moskau hatte sich damals über die Vereinigung Ägyptens und Syriens zur Vereinigten Arabischen Republik noch nicht geäußert. Erst am 29. Februar 1958 erschien eine Erklärung zu dieser Frage.

Nasser empfing mich unverzüglich in einem großen Saal, wo er arbeitete, mit Besuchern sprach und, wie ich mich erinnere, alle 30 bis 40 Minuten auf den Balkon hinaustrat, um Demonstranten zu grüßen. Er sagte mir, er verstehe nicht, warum ein so progressiver und einflußreicher Staat wie die Sowjetunion nicht mit Ägypten zusammenarbeiten wolle, das eine Stütze des Befreiungskampfes gegen Kolonialismus und Zionismus nicht nur im Nahen und Mittleren Osten sein könnte.

Ich antwortete, wir seien durchaus daran interessiert, wüßten aber wenig über die Organisation der Freien Offiziere, ihre Ziele und ihre Ideologie. Über sie seien verschiedene Gerüchte im Umlauf.

Nasser bemerkte, er könne verstehen, daß die UdSSR sich vor allem auf kommunistische Gruppierungen stützen wollte. Er habe sich jedoch für die patriotische Organisation der »Freien Offiziere« entschieden, weil die »Intelligenz der Universitäten«, die sich für »prokommunistisch« halte, in Wirklichkeit von den Sorgen und Nöten des Volkes weit entfernt sei. Einzelne zersplitterte kommunistische Zirkel verdienten Aufmerksamkeit, aber auch dort wimmele es von britischen und anderen ausländischen Agenten. Sie seien organisatorisch schwach, hätten keine attraktiven Führer und kämpften nicht selten gegen andere progressive Organisationen.

Nasser legte eine Reihe neuer Argumente dar, die für eine Annäherung und allseitige Zusammenarbeit unserer Staaten im Nahen Osten sprachen. Die Führung des neuen Ägypten, sagte Nasser, vertrete eine klare antikoloniale Position. Die sowjetische Botschaft in Kairo aber sammele vor allem Gerüchte, höre auf die verschiedensten Stimmen und zeige kein Interesse, Informationen aus erster Hand zu erhalten.

Zum Abschluß des Gespräches stellte Nasser die Frage, ob er selbst mit einigen seiner Mitkämpfer nach Moskau eingeladen werden könnte, um dort über alle wichtigen Fragen mit Chruschtschow zu sprechen.

Ich gewann den Eindruck, daß der Führer Ägyptens ein progressiver Mann war, der in großen Zusammenhängen dachte. In seinem Buch »Philosophie der Revolution« schrieb er, Ägypten könne sich nicht frei fühlen, solange nicht alle anderen Völker und Staaten Afrikas aus kolonialer Unterdrückung befreit seien. Das war der Standpunkt eines großen Politikers. Diese antiimperialistischen Auffassungen Nassers hatten sich zweifellos auch unter dem Einfluß seiner Kontakte zu anderen großen Persönlichkeiten der Dritten Welt wie Nehru oder Sukarno entwickelt.

Ich sandte einige telegraphische Informationen über die Gespräche mit Nasser nach Moskau, in denen ich auch seinen dringenden Wunsch erwähnte, die Sowjetunion zu besuchen.

Wieder in Moskau zurück, hatte ich mich intensiv mit den Fragen der sowjetisch-ägyptischen Beziehungen zu befassen.

Dann ging alles sehr schnell. Das Personal der Botschaft der UdSSR in Kairo wurde ausgewechselt. Nasser erhielt eine offizielle Einladung und kam in Begleitung von Vizepräsident Amer bald darauf nach Moskau.

Über diesen Besuch und seine Ergebnisse ist viel geschrieben worden. Am 26. Dezember 1958 unterzeichneten beide Seiten in Moskau ein Abkommen über wirtschaftliche und technische Hilfe der Sowjetunion für die Vereinigte Arabische Republik, über die erste Baustufe des Assuan-Staudammes und einen sowjetischen Kredit in Höhe von 400 Millionen Rubel.

Die Zusammenarbeit zwischen Moskau und Kairo nahm bald beispiellose Dimensionen an. Daran waren auf beiden Seiten Zehntausende Menschen beteiligt. Ägyptische Fellachen, die niemals eine Maschine bedient und bisher beim Bau des Assuan-Damms Erde in Körben geschleppt hatten, kletterten neben sowjetischen Arbeitern auf die Bulldozer und sahen sich von ihnen die Bedienung der Maschinen ab. Bald beherrschten viele von ihnen die Technik und konnten die sowjetischen Arbeiter ersetzen. Es entstand eine Massenbewegung, deren Helden einfache sowjetische und ägyptische Menschen waren. Sie verständigten sich in ihrer eigenen arabisch-russischen Sprache und arbeiteten dabei an einem enormen Werk von historischer Bedeutung.

Gemeinsam mit sowjetischen Orientalisten schrieben wir ein Merkblatt für die sowjetischen Fachleute, die nach Ägypten fuhren. Dieses enthielt Hinweise, was man in einem islamischen Land zu tun und zu lassen hatte – auf keinen Fall mit Frauen flirten, eine Moschee nur ohne Schuhe betreten, im Beisein von Ägyptern nicht über Schweine sprechen und kein Schweinefleisch essen, vor betenden Moslems keine Straße und keinen Weg überqueren und vieles andere. Das Merkblatt erwies sich als sehr nützlich und fand später auch in anderen Ländern wie Algerien, Irak, Jemen und Syrien Verbreitung.

Als die erste Baustufe des Assuan-Damms zu Ende ging, wurde uns bekannt, daß die Westdeutschen versuchten, den Auftrag für die zweite Stufe zu bekommen. Das Problem löste sich dann aber fast von selbst: Bei mir ging Nassers Bitte an die Sowjetregierung ein, das Abkommen über die zweite Baustufe zu unterzeichnen.

»Ich habe kein Vertrauen zu anderen, ich möchte dieses Werk gemeinsam mit euch vollenden«, sagte mir Nasser bei einer Begegnung.

Wenn ich mich recht erinnere, hatte sich Ludwig Erhard persönlich nach Ägypten begeben. Sein Besuch dort war allerdings rasch wieder zu Ende, und wir unterzeichneten das neue Abkommen.

Bei vielen Begegnungen, die ich mit Nasser hatte, interessierte er sich lebhaft für die sowjetischen Erfahrungen, war jedoch stets bestrebt, in das Wesen der Sache einzudringen und selbst zu entscheiden, was davon für sein Land anwendbar war.

Ich halte es für ein großes Glück, daß ich die Möglichkeit hatte, nicht nur Ägypten und dessen hervorragenden Präsidenten, sondern auch andere arabische Länder kennenzulernen.

Mitte der sechziger Jahre besuchte ich Algerien, wo damals Nikolai Pegow, ein bedeutender Parteifunktionär aus dem Vaterländischen Krieg und der Nachkriegszeit und ein couragierter Diplomat, Botschafter war. Ausgerechnet am Tage meiner Ankunft fand in Algerien ein Staatsstreich statt, der Houari Boumedienne an die Macht brachte. Dieser ordnete sofort an, den Generalsekretär des ZK der Kommunistischen Partei Algeriens, Boukhali, und andere führende Kommunisten zu verhaften. Ich beriet mich kurz mit Nikolai Michailowitsch, dann beschlossen wir, gemeinsam Boumedienne aufzusuchen. Er empfing uns, war aber recht abweisend und antwortete auf unsere Frage, weshalb die Führer der Kommunistischen Partei verhaftet worden seien, mit der Gegenfrage: »Was würden Sie tun, wenn man gegen Sie solche Flugblätter verteilt?« In den Flugblättern wurde zu Terroranschlägen gegen die neue Führung des Landes aufgerufen.

Ich fragte, wie groß die Zahl derartiger Terroristen sein könnte. Statt einer Antwort bemerkte der Präsident, mit ihnen werde er schon fertig werden, jedoch die politische Situation, die die Algerische Kommunistische Partei leider weiter zuspitze, stimme ihn besorgt.

»Ich möchte Ihnen nicht raten, sich in einen Konflikt mit den Kommunisten einzulassen«, sagte ich. »Weisen Sie doch ihre aktivsten Vertreter aus dem Lande aus. Sie halten sich ohnehin nicht in erster Linie für Algerier und sind in der Regel mit Französinnen verheiratet. Sollen sie zusammen mit den Franzosen nach Frankreich gehen.«

Boumedienne dachte nach.

»Das ist gar nicht so dumm«, sagte er. »Ich möchte aber nach Moskau fliegen und mit der sowjetischen Führung darüber sprechen.«

Ohne lange nachzudenken, umriß er ein Programm für künftige Verhandlungen, allerdings ohne Einzelheiten.

Kurze Zeit später kam eine zustimmende Antwort aus Moskau. Dort kannte man den langen Unabhängigkeitskrieg Algeriens und wußte, daß die Kolonialherren mit brutaler Grausamkeit und riesigem Aufwand nichts hatten ausrichten können. Präsident de Gaulle hatte sich von den Drohungen der französischen Reaktion nicht einschüchtern lassen und Kurs auf eine Vereinbarung über die Unabhängigkeit Algeriens genommen. Die Algerien-Franzosen schlugen allerdings die Tür kräftig zu: Sie alle – fast eine Million Menschen – verließen das Land, womit sie dessen Wirtschaft in eine äußerst schwierige Lage brachten.

Ich erinnere mich noch gut daran, wie mich Leonid Breshnew beim Empfang im Kreml dafür kritisierte, daß ich ihm Boumedienne »aufgedrängt« habe. Ich beruhigte ihn: Algerien sei ein Land mit großen Traditionen des Befreiungskampfes, und es werde ein sehr interessantes Gespräch geben. Leonid Iljitsch kam ziemlich ärgerlich in den Verhandlungssaal, wo Boumedienne, der sich sehr gut vorbereitet hatte, tatsächlich fesselnd über die Lage in Algerien berichtete. Bereits nach einigen Minuten gab mir Breshnew zu verstehen, er sei mit dem Gast durchaus zufrieden.

Die sowjetisch-algerischen Beziehungen entwickelten sich stürmisch auf allen Gebieten. Algerien besitzt riesige Öl- und Gaslagerstätten, die aber damals noch nicht genügend erschlossen waren. Sowjetische Geologen machten sich im ganzen Lande an diese Arbeit und halfen dabei, Förderung und Verarbeitungsindustrie aufzubauen. Ich tat alles, was in meinen Kräften stand, um die Beziehungen zwischen unseren beiden Ländern voranzubringen.

Ich besuchte auch Marokko, wo Ende der sechziger Jahre die UNO-Wirtschaftskommission für Afrika tagte. Dort machte man mich mit einem Unternehmer bekannt, der Kork nach der Sowjetunion verkaufte. Er besaß den größten Betrieb im Lande mit etwa fünfzig Arbeitskräften. Ich lernte auch andere Unternehmer kennen, die neben ihren Werkstätten meist noch ein kleines Restaurant an der Küste betreiben.

Später stattete der marokkanische König Hassan II. Moskau einen offiziellen Besuch ab. Damit hatten wir viel Ärger, denn er brachte außer seiner Begleitung eine ganze Fußballmannschaft und Unmengen von Holzkohle mit, um die Verpflegung der Delegation im nationalen Stil zu gewährleisten. Ich erhielt einen Anruf vom Kommandanten des Kreml, der mich fragte, wo er all das unterbringen sollte.

Während dieses Besuches kam es zu einem kuriosen Zwischenfall. Unser damaliger Präsident Nikolai Podgorny, der Vorsitzende des Präsidiums des Obersten Sowjets der UdSSR, erschien pünktlich zum Gespräch mit dem marokkanischen König. Hassan II. tauchte jedoch erst eineinhalb Stunden später auf und mit ihm Alexej Kossygin, der Ministerpräsident der UdSSR. Protokollarische Pannen passieren also nicht nur in Afrika, und man sollte sich darüber nicht sonderlich erregen. Alles unter der Sonne findet schließlich seinen Platz.

Viele Male besuchte ich auch die Staaten Schwarzafrikas, wo ich u. a. mit dem äthiopischen Kaiser Haile Selassie I., mit dem Präsidenten Guineas Sékou Touré und anderen bekannten Führern antikolonialer Befreiungsbewegungen zusammentraf.

Sehr intensiv hatte ich mich mit den Problemen der Beseitigung kolonialer und rassistischer Regime Ende der fünfziger Jahre zu befassen, als mir Chruschtschow diesen Auftrag persönlich erteilte. Zur Erläuterung sei gesagt: Je tiefer Nikita Chruschtschow als Chef der KPdSU in die internationale Problematik eindrang, desto stärker wuchs in ihm die Überzeugung, daß man die nationale Befreiungsbewegung als Reserve und Verbündeten im Kampf gegen den Imperialismus nutzen müsse.

Chruschtschows Auftrag ging sicher darauf zurück, daß man ihm einige meiner Publikationen zu diesem Thema vorgelegt hatte. Dazu gehörten ein umfangreicher Artikel in der Zeitschrift »Kommunist« (Nr. 18, 1956) sowie Reden auf wissenschaftlichen Konferenzen im Außenministerium, im ZK der KPdSU, im Verteidigungsministerium und anderen Institutionen.

Nun hatte ich häufig Gespräche mit Nikita Sergejewitsch über die Politik der UdSSR gegenüber den Staaten der Dritten Welt und über die Zukunft der nationalen Befreiungsbewegungen. Ich sah, daß hier ein weites Betätigungsfeld in Theorie und Praxis lag. Und bald hatte es mich richtig gepackt...

Ein bestimmter Teil des sowjetischen Partei- und Staatsapparates sah nicht, wie grandios die von Chruschtschow gestellte Aufgabe war, der nun Kurs darauf nahm, den Kampf gegen die kolonialen und rassistischen Regime, gegen alle Formen nationaler Unterdrückung zu unterstützen. Zeit und gewaltige Anstrengungen waren notwendig, bis diese neue Linie im Bewußtsein der Menschen und in der Politik des Sowjetstaates zum Durchbruch kam.

In den Jahren 1959 und 1960 wurde im Außenministerium unter meiner Leitung sehr intensiv an einem Dokument gearbeitet, das die Sowjetunion in der UNO vorlegen wollte. Wir bezogen wichtige Forschungszentren und bedeutende Wissenschaftler auf dem Gebiet der nationalen und kolonialen Frage in diese Arbeit ein. Zugleich hatte ich in dieser Zeit Dutzende Begegnungen und ausführliche Diskussionen mit Führern nationaler Befreiungsbewegungen und Vertretern der Öffentlichkeit.

Auf der XV. UNO-Vollversammlung im September 1960 hielt Nikita Chruschtschow eine Rede, in der er den Entwurf einer Deklaration über die Unabhängigkeit der kolonialen Staaten und Völker vorlegte.

89 Staaten stimmten dafür, 9 enthielten sich der Stimme. Nicht ein einziger offizieller Vertreter wagte es, dagegen zu stimmen, so stark war die Ausstrahlungskraft dieser Initiative der Sowjetunion, die die Weltöffentlichkeit unterstützte.

Daß ich an dieser großen und edlen Sache der Befreiung der Völker von jeglicher Einschränkung der Menschenrechte teilnehmen durfte, hat mir immer das Herz erwärmt.

An den Brennpunkten des kalten Krieges

Seit 1961 reiste ich fast jedes Jahr mit Außenminister Andrej Gromyko zur Vollversammlung der Vereinten Nationen. Dort befaßte ich mich insbesondere mit den Problemen der Staaten der Dritten Welt und nahm an der Ausarbeitung antikolonialer Resolutionen teil. Der Minister nahm mich auch nach Washington mit, wo er mit dem USA-Präsidenten und weiteren amerikanischen Politikern zusammentraf.

An die Fahrten von New York nach Washington erinnere ich mich noch heute mit Schrecken, denn man raste in Wagen dahin, die einander überholten und dann plötzlich in Staus gerieten, wobei es auch zu tödlichen Unfällen kam. Das war mir gar nicht geheuer, und es gelang mir schließlich, den Minister zu überreden, die Eisenbahn zu nehmen. Man kaufte uns Fahrkarten für ein separates Zweipersonenabteil. Wie überrascht waren wir aber, als wir uns in einem ziemlich schmutzigen Anbau am Postwagen wiederfanden, wo es keinerlei Service gab. Mit Wehmut dachte ich an unsere Langstreckenzüge, wo man in Schlafwagenabteilen 1. Klasse ausruhen, schlafen, sich unterhalten und schließlich in den Speisewagen gehen kann, wo die Passagiere gute Küche und Bedienung erwarten. Die Eisenbahn in den USA war damals ziemlich heruntergekommen, obwohl es auch in diesem Lande nicht geringe Entfernungen gibt.

1960 wurde John F. Kennedy zum Präsidenten gewählt. Die Zeitungen waren voll von seinen Bildern. Nach den Wahlen gab es einen großen diplomatischen Empfang. Im Weißen Haus erwartete ich gemeinsam mit meinem Minister und dem neuen Secretary of State der USA, Dean Rusk, auf den ersten offiziellen Auftritt des neuen Präsidenten.

Bald entdeckte ich in der festlich gekleideten Menge John F. Kennedy, der unbemerkt aus der Tiefe des Saales herausgetreten war. Ich stieß Gromyko mit dem Ellenbogen an und flüsterte, als er unzufrieden brummte: »Der Präsident«. Der junge, gutaussehende und lebensfroh wirkende Kennedy trat an den sowjetischen Minister heran und unterhielt sich freundlich mit ihm. Der neue Präsident nahm mit seiner Intelligenz und seiner ungezwungenen

Art sofort jeden für sich ein. Er wirkte einfach und frohgestimmt, obwohl ihm der Sieg bei den Wahlen nicht leicht gefallen war.

Außenminister Rusk, groß, kräftig und mit hoher Stirn, erzählte Andrej Gromyko, daß der neue Präsident erst zwei Stunden nach der Wahl erfahren habe, wer sein Secretary of State sei. Hinter Rusk standen offenbar einflußreiche Kreise, weshalb er stets seine Selbständigkeit unterstrich. Er kannte sich in den internationalen Fragen aus und hatte durchaus die ehrliche Absicht, das Eis des kalten Krieges zum Schmelzen zu bringen. Was die nationale und koloniale Frage betraf, die sich damals sehr zuspitzte, so äußerte Rusk ganz eigene Auffassungen und zeigte ziemlich offen seine Sympathien für die Staaten der Dritten Welt, was in der Folgezeit ein deutlich ausgeprägter Charakterzug der Position der USA bei den UNO-Vollversammlungen wurde. Er gab auch zu verstehen, daß er an Abkommen zur Einschränkung der Atomwaffenversuche interessiert war.

Am nächsten Tag waren Andrej Gromyko und ich Gäste im Oval Office des Weißen Hauses. Die Wände dieses Raumes und der angrenzenden Zimmer waren mit Werken französischer Impressionisten geschmückt. Man spürte sofort, daß hier die Gattin des Präsidenten, Jacqueline, Hand angelegt, aber auch der Herr des Weißen Hauses selbst seinen Geschmack zur Geltung gebracht hatte.

Nach alter Tradition nahm der Präsident auf einem Drehsessel Platz, der einen halben Meter höher plaziert war als die übrigen Sitzgelegenheiten. Zwischen Kennedy und Gromyko entstand von Anfang an ein relativ gutes persönliches Verhältnis, obwohl am politischen Horizont zu dieser Zeit dunkle Wolken aufzogen. John F. Kennedy, der in der Familie eines großen amerikanischen Staatsmannes und Diplomaten aufgewachsen war, besaß einen raschen und beweglichen Verstand. Der Komplex von Positionen und Auffassungen, den er in einer Rede in der Yale-Universität darlegte, löste in intellektuellen Kreisen Westeuropas große Resonanz aus.

In den Gesprächen mit Gromyko tastete der Präsident die Berührungspunkte in den Positionen der beiden Mächte zu verschiedenen Aspekten der internationalen Politik ab. Er hatte genügend Geduld und war sich auch bewußt, daß in dem zu erwartenden Ozean hochgepeitschter Leidenschaften ein Kurs der Verständigung gefunden werden mußte. Man spürte auch den erfahrenen Journalisten, der Klischees, wie sie bei Berufsdiplomaten häufig vorkommen, verabscheute und sich einen ursprünglichen Blick auf die Dinge bewahrt hatte.

Dies alles war damals nicht selbstverständlich. Im sowjetischen Außenministerium war das Gespräch Nikita Chruschtschows mit Kennedy in Wien im Mai 1961 in aller Munde, wo der Führer der Sowjetunion für alle unerwartet auf die Jugend des Präsidenten anspielte und meinte, dieser müsse von erfahreneren Menschen wohl noch lernen. Auch die zugespitzten Darlegungen zu den Atomwaffen trugen natürlich nicht zur Entspannung in unseren Beziehungen bei. Bei den damaligen Erfolgen der Sowjetunion in der Weltraumfahrt und in der Atomtechnik kam dies bestimmten Kreisen in den USA sehr zupaß, die ohnehin bestrebt waren, das strategische Wettrüsten anzuheizen, denn daraus zogen die amerikanischen Monopole Riesenprofite.

Nach meiner Meinung wird bei niedrigem allgemeinen Kulturniveau auch aus einem sehr begabten Menschen kein guter Staatsmann. Bei seinem impulsiven und hitzigen Naturell hätte Chruschtschow, der seine Methoden für »Volksdiplomatie« hielt, einige Gipfeltreffen am besten ganz vermeiden sollen. Übrigens bat er mich einmal über den Leiter der Presseabteilung des Außenministeriums Charlamow, einen Zeitschriftenaufsatz über seine »Volksdiplomatie« zu schreiben. Das lehnte ich unter einem Vorwand ab, weil ich nie verstanden habe, wie etwas Derartiges überhaupt möglich sein soll.

Ich kenne die näheren Begleitumstände und die Auseinandersetzungen unter den amerikanischen Monopolen nicht, aber Tatsache ist, daß gerade der liberale John F. Kennedy einen starken Ausbau des Potentials der USA an interkontinentalen ballistischen Raketen mit Atomsprengköpfen in Auftrag gab. Ihre Zahl wurde schließlich auf 1700 erhöht. Um ein gefährliches Ungleichgewicht bei diesen Massenvernichtungswaffen zu verhindern, mußten wir uns auf dieses Wettrüsten einlassen. Aus vielen Gründen, auch weil man das wissenschaftlich-technische Potential der Sowjetunion unterschätzte, nahm dieses Wettrüsten schließlich auch für die USA selbst bedrohliche Ausmaße an. Aber das kam erst Jahre später...

Ich begleitete Gromyko noch mehrmals zu Gesprächen mit Kennedy. Besonders dramatisch war die Begegnung am Vorabend der Kubakrise. Der Präsident, der müde, abgearbeitet und gealtert aussah, konnte bei diesem Gespräch seine Erregung kaum im Zaune halten. Kennedy bekam nur die Berichte seiner eigenen Militärs über die Lieferungen sowjetischer Waffen an Kuba zu lesen. Gromyko aber antwortete nicht auf seine drängenden Fragen, entweder, weil er wirklich nicht informiert war oder seine Kenntnis lediglich hinter seiner berühmten undurchdringlichen Miene verbarg und direkten Antworten mit Geschick auswich.

Am Ende des Gesprächs war John F. Kennedy rot vor Zorn. Wir flogen noch am selben Abend nach Moskau zurück. Unterwegs hatten wir eine Zwischenlandung auf einem finsteren, menschenleeren Flugplatz in Schottland. Wir achteten kaum darauf, daß in der Stille der Nacht ein unscheinbarer Mann an uns herantrat, den Minister begrüßte und ihn nach seinem Befinden fragte. Nach wenigen Minuten war er wieder verschwunden.

Am nächsten Tag rief man uns zur Sitzung des Politbüros. Nikita Chruschtschow fiel wütend über Gromyko her, weil dieser angeblich ein umfangreiches Interview zur Kubakrise gegeben habe, die unmittelbar nach unserem Besuch bei Kennedy ausgebrochen war. Es stellte sich heraus, daß die Londoner Zeitungen an diesem Morgen mit riesigen Schlagzeilen über ein angebliches Interview Gromykos auf dem Flugplatz in Schottland erschienen waren. Der Minister bat mich, den Hergang zu schildern. Ich stand auf und berichtete den Mitgliedern des Politbüros, daß ich bei diesem »Interview« zugegen war, bei dem wir mit dem Unbekannten nicht viel mehr als ein gegenseitiges »How do you do?« ausgetauscht hatten.

Chruschtschow ließ sich von dieser Erklärung überzeugen. Nun schloß sich eine Debatte über die Frage an, was angesichts der Lage um Kuba zu tun sei. Die Einzelheiten dieses Ereignisses sind bekannt. Ich war daran nicht unmittelbar beteiligt und werde mich deshalb zu diesem Thema nicht weiter verbreiten.

Wenn mich mein Gedächtnis nicht täuscht, waren Gromyko und ich ein Jahr danach noch einmal Gäste im Oval Office des Weißen Hauses. Präsident Kennedy unternahm mit dem Minister einen Spaziergang im Garten und stellte uns seinen Sohn vor, der dem Vater wie aus dem Gesicht geschnitten war. Danach erschien der Bruder des Präsidenten, Justizminister Robert Kennedy, mit dem eine kurze Unterhaltung stattfand. Schließlich tauchte auch noch der Vorsitzende des Vereinigten Komitees der Stabschefs zur Berichterstattung auf. Ich glaube, diese Unterbrechungen waren gewollt und sollten das vertrauliche Gespräch inhaltlich anreichern.

Gromyko berichtete mir später, der amerikanische Präsident habe davon gesprochen, wie kompliziert seine Situation im Lande selbst inzwischen geworden sei. »Sie können sich gar nicht vorstellen, wie sehr mich das beunruhigt«, sagte John F. Kennedy. Aus heutiger Sicht klingen seine Worte wie eine Vorahnung. Wenige Monate später fiel er dem Attentat in Dallas zum Opfer. Später wurde auch sein Bruder Robert ermordet. Die Umstände dieser beiden Verbrechen sind bis heute nicht völlig geklärt, wie auch der Mord an Präsident Abraham Lincoln bis heute im dunkeln liegt.

Ich begleitete Außenminister Gromyko auch zu Gesprächen mit anderen amerikanischen Präsidenten. Darauf bereitete er sich stets besonders sorgfältig vor. Er rechnete sich lange die Zeit für seine Antworten aus, um mit einer, maximal eineinhalb Stunden auszukommen. Auch an seinen Niederschriften über diese Gespräche und an seinen Telegrammen nach Moskau arbeitete er mit äußerster Gewissenhaftigkeit. Er konnte sehr wütend werden, wenn er von mir nicht genügend Hilfe bei der genauen Wiedergabe der Worte des Präsidenten erhielt. Dabei wußte er, daß mir bei meinen Englischkenntnissen durchaus einige Nuancen des Gesprächs entgangen sein konnten. Aber er erwartete etwas anderes von mir: Nach seiner Meinung waren meine philosophische Bildung und die seit der Studentenzeit erworbene Gewohnheit, ganze Texte wörtlich im Kopf zu behalten, sehr hilfreich, um den Bericht mit weiteren Einzelheiten anzureichern.

Gromykos Verhalten bei Dienstreisen in die USA setzte mich in Erstaunen. Er schloß überall Türen und Fenster und ging niemals auf der Straße spazieren, wie er es in Paris tat. »Ich kann mich hier doch nicht erkälten! Vielleicht haut mir noch einer einen Knüppel über den Kopf. ... Im ZK werden sie sagen, dafür haben wir dich nicht dorthin geschickt.« Das sah er allerdings sehr realistisch: Selbst bei besten persönlichen Beziehungen herrschten in unserem

Staatsapparat sehr strenge Sitten. Als die Ordnung mit den Jahren in der Sowjetunion immer lockerer wurde, kamen mir manchmal die Worte eines meiner frühen Lehrmeister, eines hervorragenden Zimmermanns beim Bau des Kraftwerkes von Kaschira, in den Sinn: »Ihr seid gute Kerle, aber laßt Euch nicht so gehen!«

Bei den Reisen nach Washington lernte ich auch die Arbeitsweise des State Department besser kennen, wo ich allmählich persönliche Beziehungen anknüpfte. Ein Gespräch mit dem klugen amerikanischen Diplomaten Averell Harriman ist mir im Gedächtnis geblieben, der damals formal bereits im Ruhestand war. Er sprach über die Erfahrungen der USA beim Übergang von der extensiven zur intensiven Landwirtschaft in der zweiten Hälfte des vergangenen Jahrhunderts.

»Sie erschließen jetzt Neuland in Kasachstan«, sagte Harriman. »Ich weiß nicht, ob Ihre Wissenschaftler die Gefahr von Staubstürmen beim Aufbrechen riesiger Flächen gründlich studiert haben. Auch die Erträge werden auf dem Neuland nicht immer gut sein. Wir haben ähnliche Schwierigkeiten erlebt. Die Bauern fanden den Ausweg darin, daß sie die Felder verkleinerten und bei Bodenbearbeitung und Ernte leichtere Maschinen einsetzten. Unter Lincoln ließ man nicht selten große Flächen guten Bodens brachliegen, um intensive Methoden der Landwirtschaft anwenden zu können. Heute sind in den USA nur noch zwei Prozent der Bevölkerung mit Ackerbau und Viehzucht sowie etwa vier Prozent mit der Verarbeitung und Vermarktung der Landwirtschaftsprodukte beschäftigt. Die USA wurden so zum größten Getreideproduzenten der Welt, und die Farmer haben recht gute Einkünfte. Ich glaube, daß auch die Sowjetunion diesen Weg einschlagen muß.«

In den sechziger Jahren wurden die internationalen Beziehungen immer vielfältiger und inhaltsreicher. Das machte es erforderlich, daß wir unser Wissen über einzelne Länder, Regionen und globale Probleme vertieften. Überall in der Welt wuchsen die diplomatischen Apparate immer weiter an. Dabei fesselten vor allem praktische Fragen der sich stürmisch entwickelnden internationalen Beziehungen die Aufmerksamkeit der Ministerien und ihrer Auslandsvertretungen. Mit der Zahl der Mitarbeiter wuchs natürlich unausweichlich auch die Zahl der Nichtstuer. So wurde der belgische Außenminister einmal auf einer Pressekonferenz gefragt: »Wieviele Diplomaten arbeiten im belgischen Außenministerium?« »Ich weiß es nicht«, antwortete der Minister. »Ich denke, nicht mehr als die Hälfte.«

Andererseits machte dieser Ausbau der internationalen Beziehungen auch strukturelle Veränderungen im diplomatischen Apparat erforderlich. Immer notwendiger wurden nun »Gehirntrusts« oder, besser gesagt, »Stäbe der Diplomatie«.

Als erste verspürten diese Notwendigkeit die Amerikaner. Im State Department hörte ich, diese Entwicklung habe mit einer einzigen Person – dem ehemaligen amerikanischen Botschafter in Moskau, George Kennan, ihren Anfang genommen, der dann auch der erste Leiter der Hauptabteilung für außenpolitische Planung des State Department wurde. In seiner Amtszeit spielten die Stiftungen großer Gesellschaften, wie z. B. die Rockefeller-Stiftung, die Rand Corporation und andere wissenschaftliche Forschungsinstitute eine Rolle, die auch leitende Diplomaten und Staatsmänner ausbildeten, so z. B. die Yale-Universität.

Über den Staaten, ihrer Kultur und Wissenschaft, ihren diplomatischen und anderen Strukturen schlug die Welle der Futurologie zusammen, die heute von allen verwünscht wird. Auch das Außenministerium der UdSSR blieb davon nicht verschont. Dort begann man in kollektiver Arbeit Programme für allgemeine und vollständige Abrüstung auszuarbeiten, die allerdings Jahre später in den weiten Hallen des Palais des Nations in Genf feierlich zu Grabe getragen wurden.

Mir fiel u. a. die Aufgabe zu, als Mitglied des Redaktionsrates einer sechsbändigen »Geschichte der Diplomatie« zu wirken. Dies sollte eine globale Zusammenfassung der Erfahrungen der vergangenen Jahrhunderte sein, die allerdings niemals das Licht der Welt erblickt hat. In den letzten Bänden entwickelte man eine wesentlich andere Sicht auf die Politik der Gegenwart und ihre Hintergründe als zu Beginn der Arbeit an diesem Werk.

Dieser veränderte Blick auf die globalen Probleme war nicht von oben angeordnet. Dort, wo das lebendige Denken nicht durch erstarrte Dogmen oder die ehrgeizigen Bestrebungen neuer »Entdecker« behindert wurde, kamen Kräfte und Menschen zu Wort, die tatsächlich die Hand am Puls der Weltgeschichte hatten. Wo allerdings Dogmen oder aus den Fingern gesogene Theorien von den »Grauen Eminenzen« am Alten Platz Rückendeckung und Unterstützung erhielten, ging die Wissenschaft entweder zugrunde oder entartete zur Jagd nach einer »Perestroika«, mit der wir dann endgültig vom Regen in die Traufe kamen.

Nach Beispielen braucht man nicht lange zu suchen. In der Internationalen Abteilung des ZK der KPdSU saßen Rodion Uljanowski und seine Mannschaft aus ehemaligen Mitarbeitern der Komintern, die lange schuldlos in den Lagern des GULAG geschmachtet hatten. Ohne den Inhalt der nationalen Befreiungsbewegung in unserer Zeit zu begreifen, betrachteten sie die kommunistischen Parteien Asiens, Afrikas und Lateinamerikas als der Volksbewegung fernstehende Sektierergruppen. Die oberste »Graue Eminenz«, der damals sehr einflußreiche Sekretär des ZK der KPdSU Michail Suslow, braute selbst eine »Theorie des wissenschaftlichen Kommunismus« zusammen (was Marx und Lenin nicht getan hatten) und leistete damit seinen Beitrag, die freundschaftlichen Beziehungen zwischen der Sowjetunion und China zu zerstören.

Bei meinen Reisen in die USA hatte ich Kontakt zu amerikanischen Kollegen aus dem State Department, die mit der Planung außenpolitischer Aktionen befaßt waren. Meine Beobachtungen und Gedanken zu dieser Frage besprach ich während einer UNO-Vollversammlung mit Gromyko. Auf dem Rückflug gelang es mir, ihn davon zu überzeugen, daß wir auch bei uns ein derartiges Gremium einrichten mußten. Der Minister brachte einen Vorschlag im Politbüro ein, der im Prinzip gebilligt wurde. Damit war beschlossen, im Außenministerium eine Hauptabteilung für außenpolitische Planung aufzubauen. Als Andrej Gromyko im Politbüro jedoch meinen Namen als den ersten Kandidaten für die Leitung dieser Abteilung nannte, löste dies bei Suslow wütenden Widerspruch aus. Schließlich wurde Botschafter Alexander Soldatow in diese Funktion eingesetzt, der Suslow familiär nahestand. Eineinhalb Jahre lang dümpelte diese Abteilung vor sich hin, denn Soldatow war ein stiller und gehorsamer Diplomat ohne weiten Horizont.

Einmal berieten wir im kleinen Kreise bei Gromyko den Entwurf des Arbeitsplanes der Hauptabteilung Außenpolitische Planung für die nächste Zeit. Eines der Hauptthemen lautete: »Die demographische Lage in der Welt und mögliche diplomatische Schritte der Sowjetunion«. Ich erklärte entschieden, dies sei kein Thema für das Außenministerium, und wir könnten dazu wohl kaum etwas von Belang sagen. Die anderen Punkte des Entwurfs betrafen ebenfalls keine aktuellen Probleme der Außenpolitik der UdSSR. Auch hier äußerte ich mich scharf und kritisch.

Gromyko hielt sich auf dieser Beratung zurück, ernannte jedoch einige Zeit später Alexander Soldatow zum Botschafter in Beirut. Dies war damals eine wunderschöne Stadt an der Ostküste des Mittelmeeres. Bald spitzte sich die Lage dort jedoch zu, Bombardements und Schießereien setzten ein. Man muß Soldatow Gerechtigkeit widerfahren lassen. In dieser schwierigen Situation bewies er großen Mut und war mehrere Jahre in Beirut tätig.

Eines Tages erklärte Andrej Gromyko, ich sei zum Leiter der Hauptabteilung Außenpolitische Planung des Außenministeriums ernannt. Ich erhielt weitgehende Vollmachten und die Erlaubnis, unsere Ausarbeitungen der obersten Parteiführung direkt vorzulegen. Zunächst formulierte ich meine Gedanken über eine Umgestaltung der Hauptabteilung. Als wichtigste Bedingung forderte ich, mir keine Verwandten hochgestellter Personen zu schicken, sondern Diplomaten mit Interesse und Eignung für konzeptionelle Arbeit, die höchstens 50 bis 52 Jahre alt waren.

Kurze Zeit später bat mich Andrej Gromyko darum, seinen Sohn Anatoli als Hauptberater in meine Abteilung zu nehmen. »Er ist für diese Arbeit wie geschaffen«, behauptete der Minister. Ich wies seine Bitte entschieden zurück und führte dafür mehrere Gründe an. Daraufhin ernannte der Minister seinen Sohn zum Rat der sowjetischen Botschaft in London. Von dorther sandte dieser (sicherlich auf Anraten des speichelleckenden Botschafters) Telegramme mit der Unterschrift »A. (Anatoli) Gromyko« nach Moskau. Im Politbüro begann man sich zu fragen, wo Minister Andrej Gromyko tätig war, in London oder in Moskau.

Anatoli wurde bald darauf als Rat zu Botschafter Abrassimow nach Berlin versetzt. Dieser »hofierte« den neuen Botschaftsrat, der von Deutschland im Grunde genommen nichts verstand, von allen Seiten. Einige Zeit später wurde Anatoli Gromyko nach Moskau zurückberufen und zum Direktor des Afrika-Instituts der Akademie der Wissenschaften der UdSSR ernannt.

In der kurzen Amtszeit Eduard Schewardnadses im Außenministerium fielen solche verwandtschaftlichen Beziehungen von Diplomaten offizieller Kritik anheim. Das halte ich allerdings für eine Übertreibung in der entgegengesetzten Richtung. Bestimmte berufliche Neigungen und ethische Prinzipien werden in Diplomatenfamilien tatsächlich von Generation zu Generation weitergegeben. Den jungen Leuten ihrer Herkunft wegen die Tätigkeit im Diplomatenapparat zu verweigern, halte ich für ebenso töricht, wie sie aus diesen Gründen besonders zu fördern.

Als ich die für mich neue Funktion des Leiters der Hauptabteilung Außenpolitische Planung übernahm, schlug ich vor, dort ältere, erfahrene Diplomaten als Berater mit hohen Gehältern einzustellen, die den jungen Kollegen bei der Ausarbeitung wichtiger Dokumente für die Führung des Landes Anleitung geben sollten. Mein Anliegen bestand darin, in enger Zusammenarbeit mit den operativen Abteilungen des Außenministeriums die Hauptrichtungen der Außenpolitik unseres Landes wissenschaftlich gründlich zu untermauern. Meine Vorschläge wurden im ZK zähneknirschend akzeptiert, wobei ich die größte Unterstützung von Leonid Breshnew erhielt, der im Oktober 1964 Nikita Chruschtschow abgelöst hatte.

Zu unserer wichtigsten Aufgabe erklärte Breshnew eine kritische Bestandsaufnahme der Politik der Sowjetunion gegenüber den Vereinigten Staaten von Amerika. Offenbar sah er, wie anomal die Situation war, die sich in den langen Jahren des kalten Krieges herausgebildet hatte, da wir gewöhnlich Nein sagten, wenn von den USA ein Ja zu hören war, und umgekehrt. Auch andere Vertreter der Führung der Sowjetunion wie Kossygin oder Kirilenko sahen ein, daß Veränderungen dringend notwendig waren.

Die Diplomaten, die bisher die Beziehungen zu den USA gestaltet hatten, allen voran Andrej Gromyko, waren in der Regel gut ausgebildet und schalteten sich nun aktiv in die Wende auf diesem Gebiet ein.

Ich selbst hatte mich bisher nicht intensiv mit den USA befaßt. Deshalb beschloß ich, die Methode des Sokrates anzuwenden, der in den Tempel des Wissens mit den Worten eintrat: »Ich weiß nur, daß ich nichts weiß.« Zunächst führte ich freie Diskussionen mit vielen Menschen, die in den verschiedensten Bereichen bisher mit den USA zu tun gehabt hatten. Zugleich nutzte ich die mir gegebenen Vollmachten und Möglichkeiten, um Berge von Material verschiedener Ministerien und Einrichtungen über unsere konkreten Beziehungen zu den USA zu durchforsten. Auf diese Weise entstand ein objektiverer und gründlicherer Überblick über die Auffassungen einflußreicher Kreise in den USA, über Bücher, Artikel und Arbeiten des State Department, der Stiftungen und wissenschaftlichen Einrichtungen. Besonders interessierten mich die Auffassungen prominenter Politiker, die sich bereits im Ruhestand befanden, aber dafür bekannt waren, daß sie hinsichtlich der amerikanisch-sowjetischen Beziehungen in großen Zusammenhängen dachten und das neue internationale Kräfteverhältnis in Betracht zogen.

Diese Gespräche und Diskussionen in der Hauptabteilung waren zunächst ein »Spiel auf ein Tor«. Ich hörte nur zu, stenografierte oder konspektierte einzelne Beiträge, äußerte aber selbst zunächst keine Meinung. Das war sozusagen die »Inkubationszeit«, in der neue, bisher unbekannte Gedanken heranreiften.

Dabei stieß ich auf eine ganze Reihe politischer, wirtschaftlicher, militärischer, wissenschaftlich-technischer, kultureller und anderer Erscheinungen, deren Sinn und Bedeutung nur in kollektiver Arbeit ergründet werden konnten. Ich bemühte mich, in alle Gedanken, Meinungen und Zweifel einzudringen, darunter auch in völlig ungewöhnliche, die zu den damals gängigen Formeln und Klischees in keiner Weise paßten. Dabei war es besonders nützlich, daß ich zu solchen Kennern dieses Gebietes wie Andrej Gromyko, Anatoli Dobrynin, Alexander Bessmertnych oder Georgi Kornijenko in einem engen freundschaftlichen oder kameradschaftlichen Verhältnis stand. Ihnen war klar, wie überholt die aus der Vergangenheit überkommenen Auffassungen im Grunde waren.

Dies war ein dorniger Pfad, aber auch Episoden zum Schmunzeln blieben nicht aus. Mit dem Stift in der Hand studierte ich mehrmals die interessanten Arbeiten des Historikers Nikolai Jakowlew, der damals der praktischen Politik bereits fernstand. Insbesondere seine Bücher über Roosevelt und Persönlichkeiten aus dem Kennedy-Clan interessierten mich. Dabei machte ich mir eine Methode Roosevelts zu eigen, von der ich aus diesen Büchern erfahren hatte. Der amerikanische Präsident, der bekanntlich an den Rollstuhl gefesselt war, las nicht nur viel, sondern pflegte auch mit den Verfassern der Bücher, die ihn interessierten, ausführliche Gespräche zu führen. Er war der Meinung, daß darin höchstens ein Zehntel des Wissens Eingang gefunden hatte, über das der Autor verfügte. Mit Heinrich Heine könnte man sagen, daß jedes interessante Buch über Politik, Geschichte oder Kultur lediglich ein interessanter Grabstein ist, unter dem für das Menschengeschlecht äußerst wichtige Kenntnisse, Ideen und Auffassungen liegen.

Ich arrangierte also ein Gespräch mit Nikolai Jakowlew, der mir viel Neues und Unerwartetes mitteilte. Mir fiel allerdings sein scharfer, zum Teil etwas abschätziger Ton auf. Beim Abschied dankte ich dem Wissenschaftler herzlich für seine Mühe. Einige Minuten später kam er jedoch noch einmal in mein Büro gestürzt und warf mir eine Menge Grobheiten an den Kopf, die nicht nur das Außenministerium, sondern auch mich persönlich betrafen. Ich erklärte ihm in aller Ruhe, warum ich ihn um dieses Gespräch gebeten hatte. Seine Erregung war offenbar darauf zurückzuführen, daß Jakowlew Schwierigkeiten mit der Veröffentlichung seiner Arbeiten hatte. Ich rief danach in zahlreichen Verlagen und Zeitschriftenredaktionen an, wo ich darauf hinwies, daß man diesem bedeutenden Historiker aufmerksamer begegnen müsse und die Arbeit an seinen Entwürfen nicht irgendwelchen subalternen Angestellten übertragen dürfe.

Professor W. Kowalski, einen bedeutenden Vertreter der angewandten Genetik, besuchte ich im alten Gebäude der Moskauer Universität. Er berichtete mit Stolz, daß er im Zimmer des weltberühmten Wladimir Wernadski arbeite, nach dem heute eine der großen Magistralen unserer Hauptstadt benannt ist. Kowalski besuchte mich später zu Hause und lud mich seinerseits in sein Heim ein – drei kleine Zimmer, die mit Regalen und verstaubten Büchern vollgestopft waren. Zum Tisch führte ein schmaler Läufer, und in einer Ecke sah ich eine seltene Sammlung von Drachen aus China, Indien, Indonesien und anderen Ländern Südostasiens.

»Ihr jungen Leute«, begann der Professor das Gespräch, »müßt Euch in der internationalen Politik vorsichtig bewegen.« Er sprach als Wissenschaftler, den dieses Gebiet eigentlich nichts anging, über Besonderheiten im Verhalten der USA. Er riet den Diplomaten, mehr auf Naturwissenschaftler zu hören, die sich ebenfalls ihre Gedanken über Politik machten. Und es lohnte sich, ihm zuzuhören.

Einige Zeit später entstand in der Hauptabteilung für Außenpolitische Planung der Gedanke, eine ausführliche Information für die Partei- und Staatsführung der Sowjetunion zum Thema »Die Vereinigten Staaten von Amerika, ihre Politik in den verschiedenen Teilen der Welt, Möglichkeiten und Perspektiven der sowjetisch-amerikanischen Beziehungen« auszuarbeiten. Da sie bald immer umfangreicher wurde und bereits 180 maschinengeschriebene Seiten umfaßte, wurde entschieden, zwei Informationen daraus zu machen – die eine über die Politik der USA gegenüber der Sowjetunion, die andere über die amerikanische Politik in Europa, Asien, Lateinamerika, Afrika, im Nahen und Mittleren Osten.

Die wichtigste Schlußfolgerung dieser Arbeit lautete, daß es notwendig geworden war, die eingefahrene dogmatische und vorwiegend propagandistisch bestimmte Sicht auf die USA aufzugeben, Perspektiven, Reserven und Möglichkeiten für die Entwicklung der Beziehungen zu diesem Staat neu zu durchdenken, zu verstehen, daß die UdSSR und die USA als Weltmächte viele ähnliche, einander berührende oder gar übereinstimmende Positionen und Interessen hatten, daß man die sowjetisch-amerikanischen Beziehungen nicht nur aus der Sicht der Handels- oder Kreditpolitik betrachten durfte.

Nebenbei sei hier bemerkt, daß die USA wegen der enormen Aufnahmefähigkeit ihres Binnenmarktes einen relativ kleinen Teil ihrer Produktion auf den Außenmärkten absetzen. Die Schwerpunkte ihres Außenhandels liegen vor allem in den Bereichen, die sich im Ergebnis des vergangenen Weltkrieges und der Nachkriegsentwicklung herauskristallisiert haben.

Diese Arbeit über die USA erweckte in der höchsten Führung der Sowjetunion, soweit ich es beurteilen kann, viel Aufmerksamkeit. Breshnew, Kossygin, Andropow, Kirilenko und andere Politiker betrachteten sie als einen Beitrag, der den Interessen unseres Landes diente.

Ähnliche Ausarbeitungen erstellte die Hauptabteilung Außenpolitische Planung auch zu Problemen der BRD, Japans, Indiens und Frankreichs.

Was die Bundesrepublik betraf, so stellten wir fest, daß dem Verhältnis zwischen Rußland und Deutschland tiefgehende wirtschaftliche und staatliche Interessen zugrunde liegen, ganz gleich, wie die Bezeichnung der jeweiligen Staaten auch lauten möge. Geographie, Geschichte und Kultur behalten auf lange Sicht auch in schwierigen Zeiten und selbst bei tiefgreifenden Umwälzungen ihre Wirkung. Das eine schließt das andere jedoch nicht aus – in Widersprüchen, Veränderungen und in einer großen Vielfalt entwickelt sich das Leben. Diese Faktoren sind von ebenso zwingender Kraft wie die Gesetze der Marktwirtschaft.

Einen großen Teil der Arbeit der Abteilung nahm der Hauptberater Alexander Anikin auf sich, der vorher Botschafter in Brasilien gewesen war. Er erarbeitete selbständig eine umfangreiche Studie zu den Ländern Lateinamerikas. Wir hatten damals und haben nach meiner Auffassung bis heute keine tiefgründige Kenntnis der Probleme der riesigen Staaten dieses Kontinents. Allerdings wurde auf mein Drängen ein wissenschaftliches Forschungsinstitut für die Staaten Lateinamerikas bei der Akademie der Wissenschaften der UdSSR gegründet. Sein Direktor wurde W. W. Wolski, Verfasser zahlreicher Arbeiten über diese Region.

Zehntes Kapitel
Ein neunjähriger Marathon

Im Herbst 1969 wurde ich zum Leiter der sowjetischen Delegation bei den Verhandlungen mit den Vereinigten Staaten von Amerika über die Begrenzung der strategischen Rüstungen ernannt. Damit fand ich mich völlig unerwartet im Epizentrum des Kampfes um die brennendste Frage der Gegenwart wieder – die Eindämmung und Einstellung des strategischen Wettrüstens. Ich durfte dabeisein, als erstmalig in der Geschichte ein realer Abbau der Streitkräfte und Rüstungen einsetzte.

Niemals zuvor hatte ich mich mit konkreten Problemen der Abrüstung befaßt und insgeheim stets gehofft, dieser Kelch – eine ungeheuer komplizierte Aufgabe für einen Nichtfachmann – werde an mir vorübergehen. Als ich erfuhr, daß ich eine Delegation bei Verhandlungen leiten sollte, die vor allem am Anfang ausgesprochene Expertengespräche waren, brach mir der kalte Schweiß aus. Man berichtete mir, Leonid Breshnew sei gesagt worden, Semjonow verstehe nichts von den strategischen Rüstungen. Darauf habe dieser geantwortet: »Um so besser, dann kann er wenigstens keine Geheimnisse verraten.« Bald wurde mir klar, was sich hinter diesem Wortwechsel verbarg.

Vor der Abreise zur ersten Verhandlungsrunde, die vom 17. November bis zum 22. Dezember 1969 in Helsinki stattfand, empfing der Generalsekretär des ZK der KPdSU, der zugleich auch Vorsitzender des Verteidigungsrates der UdSSR war, die Delegation.

Breshnew verlas den Beschluß des Politbüros und die Verhandlungsdirektive. Besondere Veränderungen waren an unserem ursprünglichen Entwurf nicht angebracht worden. Allerdings hatte Breshnew als letzten Punkt mit eigener Hand hinzugefügt, daß es der Delegation kategorisch verboten sei, etwas Konkretes über die sowjetischen Rüstungen und unsere Militärdoktrin zu sagen. Keinerlei Interna sollten preisgegeben und Zuwiderhandlungen streng bestraft werden.

»Was ist Ihnen lieber, Genosse Semjonow, die Lubjanka oder die Richtstatt, wenn die Delegation diese Vorschrift verletzt?« fragte mich Breshnew.

»Dann schon lieber die Lubjanka (bekanntes Gefängnis in Moskau, zugleich Hauptsitz des KGB). Dort habe ich einen alten Bekannten, Juri Andropow. In diesem Gebäude bin ich auch bereits gewesen. Auf der Richtstatt (Hinrichtungsstätte für Staatsverbrecher zur Zarenzeit auf dem Roten Platz) habe ich noch nicht gestanden.«

»Also die Lubjanka.« Der damalige Vorsitzende des KGB, Juri Andropow, der ebenfalls anwesend war, gab mir Unterstützung. Gutgelaunt meinte er: »Wir kennen uns wirklich. Als ich meine Diplomatenlaufbahn begann, lagen unsere Arbeitszimmer nebeneinander. Semjonow kam oft auf einen Schwatz zu mir herüber. Er behauptete schon damals, die Staaten hätten nur wenige wirklich große Diplomaten. Ein guter Botschafter sei ebenso selten wie ein guter Tenor in der Oper.«

Dabei ließ Juri Wladimirowitsch aus irgendeinem Grunde ein wichtiges Detail aus: In den sechziger Jahren waren wir gemeinsam im Urlaub im Sanatorium »Sosny« gewesen, unsere Appartements lagen nebeneinander. Als ich ihn einmal besuchen wollte, war er gerade spazierengegangen. Auf seinem Tisch sah ich ein Buch. Was mochte wohl ein Sekretär des ZK im Urlaub lesen? Georgi Plechanow – »Philosophische Werke. Über die Rolle der Persönlichkeit in der Geschichte«.

Als ich gerade frischgebackener Stellvertretender Außenminister war, zog Juri Andropow in das Nachbarbüro in der 7. Etage des Hochhauses am Smolensker Platz ein. Jung und stets gut aufgelegt, fragte er mich über den Beruf des Diplomaten aus. Den Satz, den er zitierte, habe ich wirklich gesagt. Botschafter sind in der Regel ganz gewöhnliche, zum Teil etwas aufgeblasene Leute, die Zeremonien und Empfänge bei hohen Würdenträgern für wichtig halten. Wir sprachen auch über ernste Dinge. Einige Wochen später ernannte man ihn zum Botschafter in Ungarn, wo sich damals die Lage zunehmend unruhiger gestaltete.

Auch ich wurde dorthin kommandiert. Mit einer großen Gruppe von Menschen wartete ich auf den Flug nach Budapest. Um mich herum aufgeregte Gespräche. Man fragte mich, was ich von der Lage halte. Ausgehend von meinen Erfahrungen mit dem 17. Juni 1953 in Berlin sagte ich, man müsse das Feuer rasch löschen, bevor es sich ausbreite. Jedoch mit den Truppen ein Spiel zu treiben, sie erst in die Stadt einmarschieren zu lassen und dann wieder abzuziehen, sei gefährlich. Bald darauf hieß es, die Lage sei zu bedrohlich, an diesem Tage werde keine Maschine mehr fliegen. Der Auftrag wurde nicht mehr erneuert, und ich tat weiter meinen Dienst in der 7. Etage.

Ich erinnere mich noch gut daran, wie ich Andropow später in seinem Büro in der Lubjanka wiedersah. Ich ging zu Fuß hinüber, unterzog mich der dort üblichen strengen Kontrolle und betrat dann sein Arbeitszimmer. Ohne mir auch nur ein einziges Wort zu erklären, kommandierte Juri Wladimirowitsch plötzlich über ein Diensttelefon: »Feuer!« Danach erklärte er mir, es habe auf der Insel Damanski im Ussuri an der sowjetisch-chinesischen Grenze einen Zwischenfall gegeben. Offenbar war nur das Kommando des chinesischen Grenzpostens mit heiler Haut davongekommen. Welche Waffe man dort eingesetzt hat, kann ich nicht sagen. Ich denke, eine sehr geheime.

Diese Szene erinnerte mich an eine Episode, als ich einmal zu einem Gespräch gebeten wurde, um mit kubanischen Vertretern eine mir unbekannte Frage zu erörtern. Als ich den Verhandlungsführer Anastas Mikojan fragend ansah, biß er sich auf die Lippen, um mir anzudeuten, ich hätte zu schweigen. Weshalb ich schweigen sollte, war mir nicht klar, aber wenn das Staatsoberhaupt sich auf die Lippen biß, erübrigten sich Fragen wohl von selbst.

Die Situation, wie Juri Andropow zum Generalsekretär des ZK gewählt wurde, ist mir auch eher von der humorvollen Seite in Erinnerung. Auf der Plenartagung des ZK nahm er den Platz des Vorsitzenden ein und hatte neben sich aus einem unerfindlichen Grund einen Stapel Aktenordner liegen. Ernst und konzentriert blickte er in den Saal, in dem jeder Laut erstorben war, und sagte: »So soll es sein. Bedenken Sie, daß hier (er wies auf die Ordner) alle notwendigen Dokumente liegen.« Einige wischten sich die Stirn, weil sie ins Schwitzen kamen.

Auf der Tagung des Obersten Sowjets der UdSSR erhob sich Andropow nach seiner Wahl zum Vorsitzenden, stützte sich etwas ungelenk auf einen Stuhl und sagte: »Ich danke Ihnen. Ich werde mich bemühen, Ihr Vertrauen zu rechtfertigen.«

Jedoch zurück zu der Sitzung des Politbüros, wo unsere Delegation ihre Verhandlungsdirektive erhielt. Nach meiner Erinnerung nahmen daran teil: Verteidigungsminister Andrej Gretschko, KGB-Vorsitzender Juri Andropow, Außenminister Andrej Gromyko, der verantwortliche Sekretär des ZK für Verteidigungsfragen, Dmitri Ustinow, und der Präsident der Akademie der Wissenschaften, Mstislaw Keldysch. Diese Fünfergruppe war bevollmächtigt, den Lauf der Verhandlungen zu verfolgen, Vorschläge an das Politbüro zu richten und der Delegation Weisungen zu erteilen.

Die Zusammensetzung der Delegation und der Entwurf der Direktive wurden bestätigt. In der Diskussion stellte Nikolai Podgorny mir die Frage: »Werden uns die Amerikaner in diesen Verhandlungen nicht übers Ohr hauen?« Ich antwortete, aus der Geschichte der sowjetischen Diplomatie seien mir keine derartigen Fälle bekannt, höchstens solche, wo es umgekehrt zugegangen sei. Es gebe keinen Grund, daran zu zweifeln, daß die Delegation und ihre Experten in der Lage seien, die in der Direktive vorgezeichnete Linie durchzusetzen.

Zum Abschluß der Begegnung betonte Leonid Breshnew: »Es wäre ein Verbrechen zu glauben, gegenwärtig sei eine Übereinkunft mit den USA in dieser Frage möglich.« Die Mitglieder der Delegation tauschten verständnisvolle Blicke.

Als wir den Sitzungsraum verließen, hielt mich Leonid Iljitsch einen Augenblick zurück und sagte: »Überstürze bei diesen Verhandlungen nichts. Ziehe sie hin und halte mich auf dem laufenden.«

Viele Jahre sind seitdem vergangen. Vor meinem geistigen Auge steht jedoch aus irgendeinem Grunde stets dieser Breshnew – stramm und sehr gutaussehend, der Traum aller Frauenherzen in seiner Umgebung – und dies nicht nur platonisch. Er konnte sehr romantisch sein, war eine vielseitige Persönlichkeit und ist für immer in die Geschichte eingegangen. Obwohl man ihn mit Ehren überhäufte, versuchte er nicht, alle Schalthebel der Macht in seiner Hand zu konzentrieren. Unter ihm hatten Andrej Kirilenko, ein kluger und entschlossener Funktionär aus Swerdlowsk und Dnepropetrowsk, Michail Suslow, von dem bereits die Rede war, Außenminister Andrej Gromyko, der Sekretär des ZK für Verteidigungsfragen Dmitri Ustinow und KGB-Vorsitzender Juri Andropow durchaus ihre Freiräume.

Mehrmals begegnete ich auch Viktoria Petrowna, Leonid Iljitschs Ehefrau. Sie war in Moskau sichtlich auseinandergegangen, und alle Türen öffneten sich vor ihrer breiten Gestalt. Offenbar war sie einmal eine Schönheit gewesen, als ich sie jedoch kennenlernte, hatte sie nur noch eine Nase, so groß wie die ihres Ehemannes. Breshnew galt als nachgiebiger Charakter, liebte Orden und internationale Preise, kam mit seiner unmittelbaren Umgebung jedoch gut zurecht.

Von der Sitzung des Politbüros zurückgekehrt, beriet ich mit der gesamten Delegation, wie wir weiter verfahren wollten. Natürlich hatten wir die handschriftliche Ergänzung Breshnews zu unserer Direktive und seinen Hinweis besonders zu beachten, es wäre ein Verbrechen zu glauben, man könnte eine Vereinbarung zum Verhandlungsgegenstand erzielen. »Das war sehr ernst gemeint«, betonte Akademiemitglied Alexander Schtschukin. Wer, wenn nicht er, sollte wissen, wie ernst es gemeint war.

Wir berieten, wie wir die Verhandlungen führen wollten. Da der Gegenstand sehr geheim war, mußte Vertraulichkeit gewahrt werden. Mir war klar, daß uns ein harter Kampf erwartete. Deshalb bat ich darum, daß die Delegation außer einer Chiffrierabteilung Dolmetscher erhielt, die mit Tonbandgeräten ausgestattet waren, um die Verhandlungen mitschneiden und später Protokolle in Englisch und Russisch anfertigen zu können. So war es leichter, alle Nuancen zu verfolgen, und die Beobachter in Moskau konnten selbst tiefer in die Positionen der amerikanischen Seite eindringen.

Der sowjetischen Delegation gehörten an: Generalstabschef General Nikolai Ogarkow, der für die Rüstungsindustrie zuständige Stellvertretende Verteidigungsminister Nikolai Alexejew, Akademiemitglied Alexander Schtschukin, der den Vorsitz im Wissenschaftlich-technischen Komitee für Fragen der Rüstungen beim Ministerrat der UdSSR innehatte, Georgi Kornijenko, Leiter der Abteilung USA im Außenministerium, Sergej Kondraschew vom KGB und ich. Wir erhielten eine ganze Reihe Berater in militärischen, diplomatischen, technischen und anderen Fragen. Eine starke Expertengruppe entsandte das Außenministerium. Ihr gehörten Viktor Karpow, Alexej Obuchow, Oleg Grinewski, W. Smolin und W. Tschulizki an.

Der Tag der Abreise nahte. Mich quälte die Frage, wie ich Verhandlungen über die völlig geheimen Rüstungen der UdSSR führen und wie ich die Sache in die Länge ziehen sollte. Mir war klar, daß Breshnews Abschiedsworte nicht für die Ohren unserer Militärs bestimmt waren, die wie ihre amerikanischen Kollegen überhaupt kein Interesse an einem Erfolg der Verhandlungen hatten. Mir schien, es müßte mit der Zeit doch gelingen, Berührungspunkte zu finden. Aus Debatten in der amerikanischen Presse ging hervor, daß man in den USA vom Programm »Safeguard« nicht begeistert war, das als technisch nicht ausgereift galt und kolossale Mittel verschlang. Die Wirksamkeit von Raketenabwehrsystemen war damals und auch später aus vielen Gründen sehr umstritten. All das hatten wir im Laufe der Verhandlungen zu überdenken und zu überprüfen, denn zwischen den strategischen Defensiv- und Offensivwaffen bestand ein enger Zusammenhang.

Um die militärpolitische und wissenschaftlich-technische Seite der Verhandlungen machte ich mir keine Sorgen, denn wir hatten gute Experten. Mich interessierte vor allem die Verhandlungsstrategie, die Einzelheiten dagegen nur ganz allgemein. Ich war überzeugt, und das bestätigte sich während der Verhandlungen dann auch, daß die Vertreter des Verteidigungsministeriums und der anderen Institutionen ihre Weisungen hatten, was sie fragen und antworten sollten.

Mich interessierte, wie gesagt, die Gesamtstrategie, denn die Einzelheiten würden sich erst allmählich herauskristallisieren. In der höheren Diplomatie kann die Unkenntnis bestimmter Einzelheiten und zahlreicher Fakten sogar von Nutzen sein. Eine Trennung der Nah- von den Fernzielen, des Unmöglichen vom Möglichen erlaubte es mir, mich sozusagen über den diplomatischen Hürdenlauf zu erheben, der in diesem Falle gar zu einem Marathonlauf auszuarten drohte, an dem viele Läufer (Fragen) beteiligt waren, deren Feld jedoch allmählich immer mehr zusammenschrumpfte. Hier kam es darauf an, Geduld und Zeit mitzubringen, das Interesse des Staates im Auge zu haben und stets die eigene Bereitschaft wachzuhalten, weite Bereiche zu überblicken, die innerhalb und außerhalb des unmittelbaren Gesichtsfeldes lagen. Mir kam es darauf an, die Atmosphäre der Verhandlungen günstig, konziliant, ja sogar freundschaftlich und in gewissem Sinne lebensfroh zu gestalten, denn ohne Humor war eine so schwierige Sache einfach nicht durchzustehen.

Über diese Gedanken sprach ich mit niemandem. Sie waren noch viel zu unfertig, nebulös und mußten die Prüfung der harten Praxis erst bestehen.

In diesem Zustand kamen wir auf dem Bahnhof von Helsinki an, wo uns eine lärmende Gesellschaft von Journalisten, Fotografen und Kameraleuten, Mitarbeitern des diplomatischen Protokolls und Sicherheitsbeamten empfing.

Ich mußte auf dem Bahnhof sofort eine Erklärung abgeben, da die Verhandlungen die Sensation des Tages waren. Ich war gegenüber den Medien noch etwas gehemmt, hatte aber auf Anraten der Ärzte ein Beruhigungsmittel genommen, das auch prompt wirkte. Das tat ich immer, wenn ich irgendwo öffentlich auftreten mußte.

Am 17. November 1969 fand im großen Saal des finnischen Präsidentenpalastes die feierliche Eröffnung der Verhandlungen statt. Der Leiter der amerikanischen Delegation, Botschafter Gerald Smith, verlas zunächst ein Telegramm von Präsident Richard Nixon an die amerikanische Delegation, in dem den Verhandlungen historische Bedeutung beigemessen wurde. Ich trug meine vorbereitete kurze Rede vor.

Dann begannen die Verhandlungen. Ich gab ganz allgemeine Erklärungen zu den Präambeln unserer Entwürfe ab. Die Amerikaner dagegen begannen sofort Daten über Zusammensetzung und Besonderheiten der sowjetischen strategischen Rüstungen vorzulegen, die sie zum Teil mit den amerikanischen Waffensystemen verglichen. So gingen sie sowohl bei den gemeinsamen Sitzungen der Delegationen als auch in den Einzelgesprächen vor. Zu den einzelnen Aspekten der Verhandlungen wurden gemeinsame Arbeitsgruppen gebildet.

Kaum waren wir in Helsinki angekommen, da schlug Generalstabschef Nikolai Ogarkow vor, bei den Verhandlungen zwei Wochen lang den Inhalt der sowjetischen Direktive vorzutragen und dann nach Moskau zurückzureisen. Die Delegation unterstützte diesen Vorschlag nicht. Wir beschlossen, in aller Ruhe den gesamten sowjetischen Entwurf eines Abkommens über die Begrenzung der Raketenabwehrsysteme vorzutragen, uns dabei aber vor allem auf die politische Seite zu konzentrieren und nicht auf Einzelheiten der Waffenarten einzugehen. Wir verhielten uns ruhig und abwartend. Smith breitete dagegen auf Weisung Präsident Nixons alle Angaben über die strategischen Defensiv- und Offensivwaffen der Sowjetunion aus, die die amerikanische Seite in der Hand hatte.

Die Verhandlungen traten nun in eine Etappe der breiten Erörterung des Zustandes der Rüstungen und der Probleme ihrer Reduzierung ein. Erst kürzlich habe ich aus dem Buch eines amerikanischen Autors über die Probleme der Atomwaffen und des SALT-I-Vertrages einige interessante Einzelheiten erfahren. Danach soll General Nikolai Ogarkow seinen amerikanischen Kollegen, darunter auch Gerald Smith, erklärt haben: »Geben Sie nichts darauf, was Semjonow sagt. Er hat keine Ahnung von Rüstungsfragen. Verhandeln Sie mit uns Militärs.« Zu meinem Erstaunen las ich dort, Ogarkow hätte auch geäußert: »Hören Sie auf, von unseren Waffen zu reden, wo sie stehen und wie sie beschaffen sind. Das schadet nur den Verhandlungen.«

Rückblickend glaube ich, daß dies die damalige Position des Verteidigungsministeriums war, das befürchtete, Smith werde die Sowjetunion mit seiner Taktik gegen ihren Willen in Verhandlungen verwickeln, aus denen sich die Militärs dann schwer wieder befreien konnten. Natürlich verfolgte Smith (genauer gesagt, der Präsident der USA und dessen Berater) eine klug berechnete Taktik.

Nachdem ich alle Für und Wider abgewogen hatte, beschloß ich, der USA-Delegation den Weg freizugeben und mich lediglich auf die Darlegung der offiziellen Position der UdSSR in den Fragen der Begrenzung der strategischen Rüstungen und der Abrüstung zu beschränken. Ogarkow bestand weiter darauf, die Verhandlungen nicht hinzuziehen, ich aber hielt mich, eingedenk der Worte Breshnews, an meine eigene Linie, arbeitete mit den Delegationsmitgliedern Reden und Positionen für die einzelnen Verhandlungsrunden aus. Meine Absicht bestand darin, sowohl Konfrontation als auch unnötige Polemik zu vermeiden. Manchmal ist es Zeit zu reden oder zu schweigen, zu lieben oder der Umarmung auszuweichen, Steine zu sammeln oder Steine zu werfen... Ich klopfte die amerikanische Position ab und suchte nach Berührungspunkten beider Seiten. Die amerikanischen Vertreter, allen voran Smith, verhielten sich wohlwollend und bewiesen Humor. Allmählich drangen wir zu Fragen und Problemen vor, die noch niemals Verhandlungsgegenstand gewesen waren.

Beide Delegationen lagen in einer Art Wettstreit. Im Gegensatz zu unserer ausweichenden Propagandataktik legte Smith alles dar, was er über die strategischen Rüstungen der Sowjetunion wußte. Dazu gehörten Waffentypen, Angaben darüber, was wo vorbereitet wurde, qualitative Parameter unserer Waffen bis hin zu den Raketenabwehranlagen bei Moskau, im Baltikum und im Fernen Osten.

All das wurde akkurat auf Tonband aufgenommen, von den Dolmetschern nachts übersetzt und dann mit fünf (fünf!) Unterschriften als unser Bericht nach Moskau gesandt. Das war auch eine meiner Neuerungen. Bisher waren Telegramme über Verhandlungen im wesentlichen vom Delegationsleiter und höchstens einem weiteren Delegationsmitglied abgezeichnet worden. Ich aber wollte damit die gleiche Verantwortlichkeit der Vertreter aller Dienststellen demonstrieren.

Etwa einen Monat nach Aufnahme der Verhandlungen erhielt ich eine drohende Reaktion aus Moskau: »Was schwätzt Semjonow dort über unsere Rüstungen? Woher nimmt er das Recht dazu?« tönte Verteidigungsminister Marschall Gretschko. Mir war klar, daß er sich nicht die Mühe gemacht hatte, auf unsere Berichte auch nur einen Blick zu werfen.

Nun war Gefahr im Verzug. Ich packte also alle Tonbandaufnahmen von Sitzungen und Gesprächen, die Protokolle in russischer Sprache sowie die Ausführungen der amerikanischen Vertreter in Orginal und Übersetzung ein und besuchte, so ausgestattet, jedes einzelne Mitglied der hohen Fünfergruppe. Meinem Minister Andrej Gromyko, zu dem ich damals ein enges persönliches, ja familiäres Verhältnis hatte, sagte ich einfach: »Verschwenden Sie nicht Ihre Zeit, beauftragen Sie einen Mitarbeiter, sich die Aufnahmen anzuhören, dann sprechen wir miteinander.«

Dasselbe sagte ich auch Dmitri Ustinow und, in etwas vorsichtigeren Worten, Marschall Gretschko. Da das, was wir gesagt hatten, im wesentlichen in offiziellen Meldungen und Kommentaren der sowjetischen Presse zu finden war, kam es zu keinem Eklat, und ich kehrte ohne blaue Flecken nach Helsinki zurück. Hier blieb ich bei meiner Linie. Ich hörte mir die ausführlichen und detaillierten Ausführungen Smiths an und verfolgte zugleich die Darlegungen unserer Delegationsmitglieder, ohne mich auf Einzelheiten einzulassen, um mich nicht selbst im Wust der Details zu verirren.

Tage, Wochen, Monate gingen dahin, und ich überzeugte mich mehr und mehr, daß meine Linie richtig war. Der Aufbau eines das ganze Territorium der USA erfassenden Raketenabwehrsystems zunächst nach dem Plan »Sentinel« und dann »Safeguard«, den man von allen Dächern verkündet hatte, erwies sich als materiell belastend und technisch unmöglich. Deshalb war Präsident Nixon bestrebt, dieses Programm mit allen Ehren zu Grabe zu tragen, ohne dabei vor seinen Militärs und rechten Politikern vom Typ eines Goldwater das Gesicht zu verlieren.

Es wurde nachgewiesen, daß das damalige System der USA, das Raketen abfangen sollte, die in einer Höhe von ca. 400 Kilometern durch den Weltraum flogen, nicht in der Lage war, diese zu treffen oder Raketen mit Atomsprengköpfen von Metallattrappen ohne Sprengköpfe zu unterscheiden. Das war, wie die Wissenschaftler erläuterten, nur über dem Gebiet der USA möglich, wenn die sowjetischen Raketen in die Atmosphäre eintauchten, wobei die Attrappen verglühten. Dies bedeutete, daß eine Erkennung der gefahrbringenden Raketen nur im Bereich der Atmosphäre oder der Stratosphäre möglich war. Dann würde das Raketenabwehrsystem die Steuerung der angreifenden Rakete zerstören. Anfliegende Sprengkörper im Bereich der Atmosphäre zur Detonation zu bringen und damit zu zerstören, erwies sich jedoch ebenfalls als gefährlich, da darunterliegende Gebiete oder gar Städte mit großer Bevölkerungsdichte von der Strahlung verseucht werden konnten.

Die Menschen in den Städten Amerikas protestierten nicht nur gegen die Aufstellung offenbar nutzloser Raketenabwehrsysteme, sondern auch amerikanischer Offensivwaffen in der Nähe von Ortschaften oder Industrieanlagen, die sowjetische strategische Angriffswaffen wie ein Magnet anziehen konnten. Die Welle der

Proteste und Demonstrationen, die ständig zunahm, blieb nicht ohne Einfluß auf die Gespräche am Verhandlungstisch.

Zugleich wiesen die Amerikaner nach, daß die sowjetischen Raketenabwehrsysteme vom Typ »Galosche«, wie sie im Umkreis von Moskau aufgestellt waren, einem massiven Atomschlag ebenfalls nicht standhalten konnten. Das betraf auch sowjetische Systeme in anderen Gegenden des Landes.

Schritt für Schritt kamen so Militärexperten, Wissenschaftler und die Vertreter verschiedener Institutionen, indem sie ihre eigenen Waffen verteidigten und Gegenargumente vortrugen, zu der Erkenntnis, daß die Idee unhaltbar war, das ganze Land oder auch nur einzelne Zentren von Verwaltung und Industrie mit Raketenabwehrsystemen zu schützen. Mit anderen Worten, es wurde immer deutlicher, daß es eigentlich keinen Sinn machte, dem Gegner mit Atomwaffen entscheidende Schläge zufügen zu wollen.

Dazu kam die ebenfalls sehr wichtige Erkenntnis, daß Abwehrraketen in jedem Falle nicht weniger kostspielig waren als die entsprechenden Angriffswaffen. Ihre Entwicklung konnte nur die Produktion zusätzlicher Offensivwaffen noch weiter anheizen. Damit wurden Defensivsysteme zu einem zusätzlichen Stimulus für die Entwicklung von Offensivwaffen. Angesichts dieser Wendung der Dinge forderten nun Behörden und wohlhabende Bürger, sichere Atombunker tief unter der Erde zu bauen.

Unser Botschafter in den USA, Anatoli Dobrynin, berichtete mir einmal von einem Gespräch mit einem bedeutenden Geschäftsmann in dessen Atombunker in 80 Meter Tiefe unter einem Wolkenkratzer in New York. Der Besitzer sagte dem Botschafter, er sehe darin eigentlich keinerlei Sinn, denn wenn er sich dort auch mit allem möglichen Komfort und Mitteln zum Überleben ausrüste, werde er nach einem schweren Atomschlag diesen Bunker nicht verlassen können, denn für die Beseitigung der Strahlenverseuchung brauche man Monate oder sogar Jahre.

Der ausführliche Meinungsaustausch bei den Verhandlungen in Helsinki ergab einen Gesamtüberblick über die strategische Lage der Supermächte und einen ganzen Ozean von Fragen und Problemen, die weiter untersucht und erarbeitet werden mußten. Diese Gespräche in der ersten Etappe von SALT I waren außerordentlich nützlich, denn bestimmte bisher unbekannte Bereiche traten nun deutlicher aus dem Nebel hervor. Eines war jedoch klar: Die Raketenabwehrsysteme mußten streng begrenzt und im Grunde genommen verboten werden, um ein weiteres Anheizen des Wettrüstens bei den strategischen Offensivwaffen zu verhindern.

Um diese Entscheidung entflammte insbesondere innerhalb der Delegation Mitte 1971 eine harte Auseinandersetzung. Als klar wurde, daß wir auf eine Vereinbarung über das (faktische) Verbot der Raketenabwehrsysteme zusteuerten, wurden die entsprechenden Experten bei mir vorstellig. »Was tun Sie denn da, Genosse Semjonow, überlegen Sie doch selbst. Wir haben es zu unserem Lebensziel, zu unserer heiligen Sache gemacht, die Verteidigung des Landes vor möglichen Schlägen des Feindes aufzubauen. Wenn Sie einen Beschluß über das Verbot der Raketenabwehrsysteme durchsetzen, bedeutet das, daß unser Lebenswerk zerstört ist und wir, viele kurz vor der Rente, völlig umlernen müßten. Man wird uns die Mittel stark kürzen oder völlig streichen. Von Orden oder materiellen Privilegien ganz zu schweigen.«

Ich erklärte ihnen, so gut ich konnte, zu welchem Schluß die Ergebnisse der Verhandlungen zwangen. Wenn man sich auf den Aufbau von Raketenabwehrsystemen für die Verteidigung des ganzen Landes einließe, dann könnten nicht einmal die USA eine solche Belastung durchstehen. Nicht besser werde es unserem Lande ergehen, dessen Verteidigung doch gerade dem Wohlergehen der Menschen und einer funktionierenden Friedenswirtschaft dienen sollte. Ich erklärte meinen Gesprächspartnern, daß ich mich mit aller Kraft für den Abschluß eines Vertrages über die Raketenabwehrsysteme einsetzen werde.

Parallel liefen zu gleicher Zeit intensive Verhandlungen über die strategischen Angriffswaffen. Die amerikanische Seite versuchte hartnäckig, der Sowjetunion ihre Konzeption von der Struktur dieser Waffen aufzuzwingen, in deren Mittelpunkt die seegestützten Systeme standen, wobei landgestützte Abschußrampen immer mehr an Bedeutung eingebüßt hätten. Wir wiesen solche Versuche natürlich zurück, denn die UdSSR ist eine Kontinentalmacht und konnte auf Grund ihrer strategischen und geographischen Lage nicht auf die amerikanische Forderung eingehen, ihre Raketen vor allem auf U-Booten oder Schiffen zu stationieren. Schließlich ging die amerikanische Delegation von ihrer unannehmbaren Position ab. Die Verhandlungen liefen allmählich darauf hinaus, die strategischen Angriffswaffen auf dem damals erreichten Stand einzufrieren.

Die sowjetische Seite bestand darauf, die Systeme, die auf den zahllosen amerikanischen Militärbasen in unmittelbarer Nähe der Sowjetunion stationiert waren, ebenfalls mitzuzählen. Wir wiesen darauf hin, daß die USA während der Kubakrise eine einzige mögliche sowjetische Militärbasis auf Kuba als Abzugshahn einer Pistole an der Schläfe der USA bezeichnet hatten. Man müsse nun auch uns zugestehen, entweder die Beseitigung dieser Militärbasen zu fordern oder die dort stationierten Waffen zumindestens zu den strategischen Angriffssystemen zu zählen, die eingefroren werden sollten.

Moskau maß den Problemen der Militärstützpunkte sehr große Bedeutung bei. Mitte 1971 zeichneten sich die Konturen eines Vertrages über die Raketenabwehrsysteme und die Begrenzung der strategischen Offensivwaffen auf dem bestehenden Niveau ab, wobei die Asymmetrien mit eingefroren werden sollten, die sich auf Grund der unterschiedlichen technologischen Entwicklung und der genannten geographischen Faktoren herausgebildet hatten.

Hier ist nicht der Ort, um diese komplizierten Beschlüsse in allen Einzelheiten zu erläutern. Vereinbarungen zu beiden Fragen waren jedoch in greifbare Nähe gerückt.

Heute wird offen darüber gesprochen und geschrieben, daß die USA (und Kissinger persönlich) damals Raketen mit Mehrfachsprengköpfen, die individuell lenkbar waren, nicht in die Beschränkung der strategischen Angriffswaffen einbezogen. Auch bei einer Begrenzung der Abschußrampen hätten die USA auf diese Weise die Möglichkeit gehabt, die Anzahl der angreifenden einzeln steuerbaren Sprengköpfe um das Doppelte oder sogar Mehrfache zu erhöhen. Kissinger schreibt in seinen Erinnerungen, man habe nicht erwartet, daß die Sowjetunion in kurzer Frist ebensolche Raketen konstruieren könne. Man rechnete sich also unstrittig Vorteile gegenüber der UdSSR aus.

Wie aber bereits mehrfach in der Vergangenheit unterschätzten die amerikanischen Wissenschaftler und Politiker auch hier die Möglichkeiten ihrer sowjetischen Verhandlungspartner und waren sehr überrascht, als auch auf sowjetischen Raketen einzeln lenkbare Mehrfachsprengköpfe eigener Produktion auftauchten, was alle diese Berechnungen über den Haufen warf.

Neben diesen Hauptfragen wurden sowohl auf Plenarsitzungen als auch bei den Gesprächen der Delegationsleiter, der Militärs, der Wissenschaftler und der Vertreter der Rüstungsindustrie zahlreiche Details und endlose Probleme von geringerem Gewicht erörtert. Fragen der Luftwaffe und der Transportmittel, der Möglichkeiten der Seekriegsflotten, der vorgeschobenen Waffensysteme, der Reichweite der Raketen und viele andere bildeten ein unentwirrbares Knäuel von Problemen. Dieses Labyrinth von Einzelheiten schien auf den ersten Blick nicht besonders wichtig zu sein. Das war aber ein Trugschluß. Die Verfolgung dieser zahlreichen vermeintlichen Kleinigkeiten hatte ihren Einfluß auf die Einstellung der zuständigen Institutionen und ihrer Apparate. Zunächst entstand ein allgemeines nebulöses Bild, das offenbar kaum zu durchdringen war. Jedoch viele dieser Details kamen bald zu Ehren, als wir in der zweiten und den nachfolgenden Etappen an die Vorbereitung umfassender Beschlüsse gingen.

Zuweilen spielten unsere Verhandlungen plötzlich auch in der hohen Staatspolitik eine Rolle. In den Direktiven der sowjetischen Delegation schlug sich dies z. B. Mitte 1971 nieder. Wir erhielten den Auftrag, die Position der USA zu möglichen gemeinsamen Aktionen beider Mächte im Falle einer Aggression mit Atomwaffen seitens einer dritten Atommacht (China) zu erkunden. Als Diplomat wußte ich, daß man Fragen der großen Politik in derartigen Verhandlungen mit Geduld angehen mußte. Deshalb teilte ich die ganze Operation in drei Schritte ein. Zunächst erwähnte ich das Problem in allgemeiner Form im Gespräch mit Smith. Er machte große Augen und berichtete seiner Führung zweifellos sofort darüber.

Einige Tage später legte ich das Wesen unserer Frage etwas ausführlicher dar. Das geschah in der Pause einer Opernaufführung in Wien. Ich sah, wie Smith den Exekutivsekretär seiner Delegation, Garthoff, sofort in sein Büro schickte, um den Inhalt des Gesprächs unverzüglich weiterzugeben.

Auf einer Plenarsitzung der Delegationen erläuterte ich dann unsere Position umfassend und übergab in einem persönlichen

Gespräch mit Smith eine schriftliche Fassung auf Russisch sowie eine inoffizielle Übersetzung ins Englische.

Ich hielt es für angebracht, der amerikanischen Seite Zeit für die Bestimmung ihrer Position in Helsinki und Wien zu geben und meiner eigenen Geige gleichsam einen Dämpfer aufzusetzen. Natürlich zeigten wir auch Härte, trieben den Preis unserer »Galoschen« in die Höhe und konnten auf Plenarsitzungen selbst aggressiv auftreten. Smith, ein kluger Mann mit viel Sinn für Humor, sagte mir einmal nach einer solch militanten Rede unserer Delegation: »Mir ist klar, daß Sie vor allem zu Ihren eigenen Militärs gesprochen haben. Sollen die ruhig sehen, daß auch Sie Muskeln zeigen können.«

Ich erinnere mich, wie ich einmal Alexej Obuchow, der später Stellvertretender Außenminister der UdSSR für die Beziehungen zu den USA wurde, den Auftrag erteilte, eine sehr harte Rede zu formulieren, die faktisch den Abbruch der Verhandlungen bedeutet hätte. Jedoch auf der Sitzung unserer Delegation wandten sich sogar die Militärs und ihre Experten gegen ein solches Vorgehen. Ich stritt mit ihnen und argumentierte, dies sei notwendig, ja sogar unvermeidlich. Damit holte ich mir eine volle »Abfuhr«, denn niemand unterstützte mich. Äußerlich entmutigt und wütend, beauftragte ich Obuchow, den Redeentwurf zu überarbeiten und dabei »den stattgefundenen Meinungsaustausch zu berücksichtigen«. Selbst der Teufel hätte nicht gewußt, was der schweigsame und zurückhaltende Obuchow da berücksichtigen sollte. Aus Moskau erntete ich anschließend Kritik für meinen Auftritt.

Alles, was mit der Abrüstung zusammenhing, wurde in Moskau heiß diskutiert. Folgende Episode ist dafür bezeichnend: Ich fuhr mit meiner Familie zum Urlaub an die Rigaer Bucht. Dort begegnete ich dem leitenden Waffenkonstrukteur unseres Verteidigungsministeriums. Er redete ununterbrochen von neuen Waffensystemen. Dabei ging es darum, ob man bei der Entwicklung der Rüstungen einen extensiven oder intensiven Kurs einschlagen sollte. Ich war für eine intensive Entwicklung und zugleich für eine Rüstungsreduzierung.

Auf einer Sitzung des Politbüros stellte mir Andrej Kirilenko, damals der zweite Mann in der Partei nach Breshnew, die Frage: »Du verteidigst Deine Vorschläge. Sag mal, Wolodja, warum vertritt dann Marschall Gretschko eine ganz andere Meinung?« »Ich denke, die Vorschläge unserer Delegation sind aus den von bedeutenden Fachleuten ausgearbeiteten Dokumenten ersichtlich. Meine persönlichen Überlegungen zu generellen Fragen der Verhandlungsführung habe ich dargelegt. Was die Meinung des Marschalls betrifft, so gehe ich davon aus, daß er sie besser darlegen kann, als ich es könnte.« Kirilenko versuchte noch mehrmals, eine klare Antwort von mir zu erhalten, ich blieb jedoch bei meiner Formulierung. Schließlich winkte er schmunzelnd ab.

Nach zweieinhalb Jahren Verhandlungen abwechselnd in Helsinki und Wien zeichneten sich schließlich die ersten Vereinbarungen ab – der Vertrag über die Raketenabwehrsysteme und SALT I. Sie waren das Ergebnis schwerer Arbeit und auch dramatischer Situationen. Wir verschafften uns jedoch einen umfassenden Überblick über die Lage bei den Offensiv- und den Defensivwaffen. Das war bei den späteren Verhandlungen über SALT II sehr hilfreich. Diese führten schließlich zu einem bedeutenden Ergebnis – der Festlegung von Obergrenzen für die verschiedenen Waffensysteme.

Neben diesem diplomatischen Ergebnis brachten die Verhandlungen auch sonst viel Nützliches. Ein Team von Unterhändlern wuchs heran, das später die Arbeit auf diesem Gebiet fortsetzte. Der ausführliche Meinungsaustausch mit den amerikanischen Vertretern führte unsere Delegation zu dem Schluß, daß man von der extensiven Entwicklung unserer strategischen Waffen abgehen und deren Zahl reduzieren mußte. Notwendig war eine intensive Entwicklung, d. h., weniger Waffen von höherer Qualität.

All das ging nicht ohne Kampf im Verteidigungsrat ab, wo Breshnew erklärte, er unterstütze jedes Wort im Bericht der sowjetischen Delegation. Er drohte Gretschko, dieser möge sich an diese Linie halten. Als weiteres Ergebnis unserer Verhandlungen wurde deutlich, daß die USA nicht alle ihre Informationen zur sowjetischen Rüstung über Satelliten gewonnen haben konnten – hier waren auch zweibeinige Wesen im Spiel. Das Kollegium des KGB sprach der Delegation seinen Dank aus, und ich erhielt das Abzeichen eines Ehrentschekisten.

Wenn ich heute diese Verhandlungen Revue passieren lasse, dann erkenne ich, wie sehr mir die im alten Moskauer Institut für

Philosophie, Literatur und Geschichte erworbenen Kenntnisse in Geschichte, formaler und dialektischer Logik oder Philosophie geholfen haben. Als sehr nützlich erwies sich auch das dreibändige Werk Marschall Schaposchnikows »Das Hirn der Armee«. Daraus entnahm ich viel Nützliches über die Tätigkeit des Generalstabes von Österreich-Ungarn, dessen Verhältnis zu diplomatischen und anderen Einrichtungen, seine Einflußnahme auf die Entscheidung großer Staatsangelegenheiten.

Wissen ist niemals von Schaden. Wenn man systematisch daran arbeitet, ergibt sich ein Schneeballeffekt. Und wenn ein Mensch mit umfangreichem Wissen und Erfahrungen sich ständig weiter mit der Theorie befaßt, dann wächst sein Schneeball eben schneller.

Ich hatte es mir zur Regel gemacht, alle in den Verhandlungen erstellten Dokumente, die in den verschiedenen Sprachfassungen zur Paraphierung oder Unterzeichnung vorbereitet wurden, genauestens zu prüfen. So mußte die amerikanische Fassung des abgestimmten Entwurfs des Vertrages über die Begrenzung der Raketenabwehrsysteme vom 26. Mai 1972 am Morgen vor der Unterzeichnung noch einmal abgeschrieben werden, weil wir darin Fehler entdeckt hatten.

Diese waren dort nicht absichtlich eingearbeitet worden, sondern hatten sich aus Versehen oder wegen nicht ausreichender Sprachkenntnisse eingeschlichen. Derartige Fehler fand häufig mein junger Berater W. Smolin, ein großer Kenner der englischen Sprache, der es wie ich liebte, wenn Dokumente bis aufs I-Tüpfelchen exakt abgefaßt waren.

Bei einem derartigen Verhandlungsmarathon, wie es die Gespräche über die Begrenzung der strategischen Rüstungen waren, mußte oft Material unmittelbar vor Ort beschafft werden, denn genaue Direktiven für den Fortgang der Verhandlungen trafen aus der Zentrale selten rechtzeitig ein. Bei einer Diskussion darüber warf Breshnew einmal ärgerlich hin: »Gegenstand dieser Verhandlungen ist eine Grundfrage. Wir können Ihnen nicht jeden Tag unseren Standpunkt mitteilen. Sie informieren uns sehr detailliert mit stenographischen Berichten, damit die Fachleute in Moskau den Gang der Verhandlungen verfolgen und sich auf die nächste Etappe vorbereiten können. Das tun Sie selbst auch. Inzwischen entwickeln Sie aber Ihre Entwürfe weiter. Stellen Sie also nicht dauernd Fragen, Sie werden ohnehin keine Antworten erhalten.« Das schrieb ich wörtlich auf.

Meine Stellung in der Delegation war nicht einfach. Ich hatte in allen Institutionen Befürworter und Gegner. Unterstützung erhielt ich bereits in den ersten Verhandlungstagen von Akademiemitglied Schtschukin, der die Auffassungen Mstislaw Keldyschs und des Wissenschaftlich-technischen Komitees beim Ministerrat sowie des Ministers Pjotr Pleschakow wiedergab. »Wladimir Semjonowitsch, sagen Sie, was notwendig ist, ich übernehme den Rest« – das sind seine Worte. In diese Reihe möchte ich auch den Stellvertretenden Verteidigungsminister für Rüstungsfragen, Nikolai Alexejew, stellen, der viel von seiner Sache verstand und im wesentlichen ebenfalls auf meiner Seite war. Viel Hilfe hatte ich auch vom Generalsekretär der Delegation, Nikolai Kischilow, und natürlich von Kornijenko, Grinewski, Karpow und Obuchow.

Allerdings waren da auch Gegner – vor allem Generalstabschef Ogarkow. »Kämpfe von lokaler Bedeutung« spielten sich zwischen den einzelnen Institutionen, Autoritäten und Persönlichkeiten faktisch pausenlos ab. Mir war klar, daß es sich hier um eine völlig neue Frage handelte, für die es keinen Präzedenzfall gab – Verhandlungen über die Reduzierung der Rüstungen der Sowjetunion! Das bedeutete einen ganzen Wald von militärtechnischen, wissenschaftlich-technischen, wirtschaftlichen, politischen und anderen Fragen. Ohne Streit konnte es da gar nicht abgehen.

Alle Berater der Delegation hatten ihre eigenen Weisungen und führten ihre eigene Korrespondenz. Dafür habe ich mich niemals interessiert und mich auch nicht eingemischt. Sie stritten untereinander, vertrugen sich wieder, berichteten, erhielten Verweise von ihren Vorgesetzten, arbeiteten in Gruppen und im Stab bei Obuchow und Karpow zusammen. Ich verfolgte dies alles genau, fing die Bälle am Tor oder an anderen Linien ab, mit einem Wort, tat das, was ich als meine Aufgabe ansah.

Die allgemeine Interessenlage der USA kannten alle in der Delegation. Wir mußten aber auch die Positionen unserer Partner in zuweilen sehr komplizierten Einzelfragen erkunden. Hier trieben die Mitglieder der Delegation und die Experten der einzelnen Institutionen sowie der Akademie der Wissenschaften ihre eigene

Aufklärungstätigkeit. Ich las die Berichte in der Regel nicht, die sie auf ihren Kanälen nach Moskau sandten.

Ich behielt, wie gesagt, vor allem die Fragen der Verhandlungsstrategie im Auge. Hier griff ich häufig zu Umschreibungen, Gleichnissen und Anekdoten. Bald wurde mir klar, daß die heiligen Bücher der Weltreligionen mit ihrem reichen Inhalt mir gute Dienste leisten konnten. Ich kann ohne Übertreibung sagen, daß die Bibel, der Koran, das Dshammaputa und die konfuzianischen Schriften zu meinen Handbüchern wurden. Den Koran hatte ich bereits studiert, als ich mich mit den Problemen des Nahen und Mittleren Ostens befaßte. Aber besonders die Bibel und andere christliche Schriften waren für die Verhandlungen über die Begrenzung der strategischen Rüstungen ein wahres Geschenk des Himmels. Ich benutzte nicht selten Bilder und Gleichnisse aus der Bibel, ohne diese Quelle je zu nennen. Aber meine Gesprächspartner hörten etwas Vertrautes aus meinen Worten heraus, denn sie waren von Kindesbeinen mit dieser Sprache aufgewachsen. Wenn wir ihnen den Sinn unserer Worte in diesem Gewande vermittelten, fanden wir leichter Zugang zu ihnen. Dies wiederum weitete den Rahmen unserer Verhandlungen über die beschlossene Direktive aus, gab uns eine bessere Orientierung im Ozean der Probleme und, wie ich von vielen hörte, beeinflußte auch das Denken derer positiv, die in der Zentrale den Lauf der Verhandlungen verfolgten und die nächsten Schritte konzipierten.

Zugleich brachte dies allerdings die Karten der Militärs durcheinander, genauer gesagt, derjenigen unter ihnen, die auf keinen Fall einen Erfolg der Verhandlungen wollten. Sie konnten meine Fragen nicht verstehen, die ich in Gleichnisse und Anekdoten verpackte. »Was von den Amerikanern zu erwarten ist, wissen wir. Aber was man von Semjonow zu erwarten hat, wissen wir nicht«, sagten sie.

Selbst auf die Gefahr hin, mir Vorwürfe militanter Freidenker einzuhandeln, muß ich sagen, daß in den großen Büchern der Weltreligionen die Weisheit und die Erfahrungen vieler Generationen konzentriert sind, die lange vor ihrem Entstehen lebten. Ausgrabungen und die Sprachforschung haben bewiesen, daß viele lapidare Redewendungen, die wir ständig gebrauchen, auf diese Entwicklungsperiode der Menschheit zurückgehen. Der ungewöhnlich begabte, aufmerksam beobachtende und geistreiche General Nikolai Alexejew, der leider allzu früh verstarb, sagte einmal in einem Toast, als wir in der Delegation beisammensaßen, er erfahre in den Verhandlungen sehr wichtige Dinge, z. B. daß die Wahrheit, die dem Weisen verborgen bleibt, sich dem Kinde erschließt, daß man die Wahrheit nicht in der Tiefe der Schluchten, sondern auf den Höhen der Berge findet, daß von Dreien, die mir entgegenkommen, einer mein Lehrer ist. In führenden Kreisen Moskaus soll man gefragt haben: »Woher nimmt der Leiter unserer Delegation nur alle diese Spitzfindigkeiten?« Es heißt, Andropow habe darauf geantwortet: »So etwas nennt man Bildung...«

Die Protokolle und Tonbandaufnahmen von unseren Verhandlungen über SALT I und SALT II füllen im Archiv des Außenministeriums einen halben Raum. Darin findet sich auch eine meiner Antworten an Smith: »Sie erinnern mich an die Krylowsche Fabel vom Einsiedler, seinem Freund, dem Bären, und der Fliege.« Smith interessierte dieser Vergleich. Ich erläuterte ihm, der Einsiedler seien unsere Verhandlungen, er, Smith, der hilfreiche Bär mit der Keule (die Amerikaner sehen in uns Russen aus irgendeinem Grunde Bären), die Fliege aber sei das Schicksal unserer Verhandlungen. Um dem Einsiedler einen Gefallen zu tun, holt der Bär mit der Keule gegen die Fliege aus, die den Einsiedler belästigt. Er trifft die Fliege, doch auch der Einsiedler ist tot, weil der Bär ihm mit der Keule auf den Kopf geschlagen hat. Smith lachte herzlich über diesen Vergleich und erfaßte sofort, was ich ihm sagen wollte.

Das Gesamtbild dieser Verhandlungen wäre nicht vollständig, wenn ich nicht darauf hinwiese, daß sie in sehr ungezwungener Atmosphäre abliefen. Von beiden Seiten hagelte es witzige Bemerkungen und Anekdoten. Ich bestand darauf, daß sie alle wörtlich in die Protokolle aufgenommen wurden. Ich bin sicher, der Humor war das unentbehrliche Schmiermittel dieser Verhandlungen, das uns half, zahllose Reibungen und Meinungsverschiedenheiten zu überwinden.

Meinen Bericht über diese schwierigen und langgezogenen Verhandlungen mit der amerikanischen Seite will ich mit einigen Bemerkungen über beide Delegationen und ihre Mitglieder abschließen, die entweder unmittelbar beteiligt waren oder die Verhandlungen wesentlich beeinflußten.

Ich kann nicht sagen, warum, aber ich möchte auf unserer Seite mit Akademiemitglied Alexander Schtschukin beginnen. 25 Jahre lang war er ohne Unterbrechung Vorsitzender des Wissenschaftlich-technischen Komitees für Rüstungsfragen beim Ministerrat der UdSSR. Er wußte alles auf diesem Gebiet, ihn selbst kannte im Lande jedoch niemand. Als ich zum ersten Mal mit ihm als Delegationsmitglied in engere Berührung kam, blickten mich kluge Augen aus einem hageren, aufmerksamen Gesicht an. Später erfuhr ich, daß er in seiner Jugend Funktechniker gewesen und auf U-Booten gefahren war. In der Folgezeit erweiterte er den Kreis seiner Interessen und war in den Jahren 1945/46 als Physiker und Konstrukteur an der Entwicklung der Atomwaffe beteiligt. »Unter Berija war das schrecklich«, berichtete Schtschukin. »Er war ein ungehobelter Mann. Stets hatte ich eine Tasche mit dem Notwendigsten bei mir, denn ich fühlte mich immer mit einem Bein im Gefängnis. Wenn ich nach der Arbeit, meist erst gegen Morgen, nach Hause kam, trank ich ein großes Glas Wodka und fiel fast besinnungslos ins Bett.«

Alexander Nikolajewitsch stammte aus einer Intellektuellenfamilie, die Persönlichkeiten unterschiedlicher Bedeutung, darunter auch Volkstümler, hervorgebracht hatte. Sein Vater war der Konstrukteur der zu seiner Zeit besten Güterzuglokomotive in unserem Lande, der »Schtsch-I«. Mein eigener Vater hat diese gute Maschine mit großem Stolz gefahren. In der Delegation spielte sich Schtschukin in keiner Weise in den Vordergrund, sondern hielt sich eher zurück. Er widersprach stets nur vorsichtig, aber auf seine leise Stimme hörten viele. Ich ganz besonders. Gemeinsam unternahmen wir oft lange Spaziergänge, wo wir den Gang der Verhandlungen und unser weiteres Vorgehen in aller Ruhe besprachen. Wir hatten niemals ernsthaft Streit. Wenn es notwendig war, setzte er einmal Vereinbartes sehr entschlossen durch. Zumeist waren dies Gedanken, Manöver, Sondierungsversuche, Angriffe oder Gegenangriffe, die wir gemeinsam erdacht hatten. Noch heute versetzen mich die Geduld und die weise Umsicht meines Freundes in Erstaunen.

Zuweilen versagte er allerdings auch. An einer entscheidenden Wende des Marathonlaufs von SALT I, als sich die Waagschale im Politbüro gegen die Vorschläge der Delegation neigte, geriet das

Akademiemitglied in Verwirrung, wich aus und wurde wankend. »Haben Sie denn keine eigene Meinung?« unterbrach ihn Breshnew streng. Schtschukin wiederholte noch einmal unsere Argumente und hüllte sich dann in Schweigen. Auch große Persönlichkeiten haben ihre schwachen Momente.

Alexander Nikolajewitsch starb mit über 90 Jahren an den Plagen des Alters ebenso bescheiden und still, wie er gelebt und gearbeitet hatte.

Hier sind einige Worte über Akademiemitglied Mstislaw Keldysch angebracht, der der Operativgruppe zur Beobachtung der Verhandlungen über SALT I und SALT II angehörte. Auf den Sitzungen des Politbüros, wo die Entwürfe für die Direktiven der sowjetischen Delegation erörtert wurden, erhielt er stets als letzter das Wort. In der Regel brauchte er fünf Minuten, sprach knapp und konzentriert. »Nun, Genossen«, schloß Breshnew die Diskussion, »nehmen wir die Vorschläge des Genossen Keldysch an?« Das Ansehen, der legendäre Ruhm und der Respekt, den er genoß, machten ihn unangreifbar.

Einmal traf ich ihn an der Tribüne beim Leninmausoleum. Er war blaß, abgemagert und sah sehr trübe drein. »Wie geht es Ihnen?« »Schlecht, die Operation, die die Amerikaner gemacht haben, wird mir auch nicht helfen. Bald ist es aus mit mir«, sagte er leise und traurig. Bald darauf ging ich zum Begräbnis meines berühmten Zeitgenossen. Er war, wie ich, Jahrgang 1911.

Der wissenschaftliche Sekretär des Komitees für Staatspreise, N. A. Arshannikow, mit dem ich einmal im Kremlkrankenhaus in einem Zimmer lag, erzählte mir viel über Keldysch als einem Denkmal der Wissenschaft in einer großen Zeit. Der untersetzte, wortkarge und zurückhaltende Absolvent des Steklow-Institutes für Mathematik in Moskau entwickelte sich zu einem der größten Mathematiker in der Mitte des 20. Jahrhunderts. Es heißt, man konnte ihm riesige vielstufige Berechnungen mit sich überschneidenden Formeln vorlegen. Er stand fünf bis zehn Minuten am Tisch, konzentrierte sich und wies dann mit dem Finger auf die Stelle, wo der Fehler lag. Mstislaw Keldysch wurde in unserem Lande und darüber hinaus als der Hauptverantwortliche für zahlreiche Programme der Raumfahrt bekannt, darunter auch der erste Flug des Menschen in den Weltraum.

Über Probleme unserer Verhandlungen hatte ich auch öfter mit Dmitri Ustinow, der inzwischen Verteidigungsminister geworden war, und mit Marschall Sergej Achromejew zu sprechen. Unter Ustinow veränderte sich der Arbeitsstil des Verteidigungsministeriums stark. Bislang wurden dort die Arbeitszeiten peinlich genau eingehalten. Die Ruhepausen waren heilig, am Sonnabend und Sonntag traf man in diesem Hause keine Menschenseele an. Jetzt aber funktionierte das Ministerium wieder wie in den dreißiger Jahren.

Tag und Nacht erstrahlten die Fenster des Gebäudes an der Frunsestraße in Festbeleuchtung. Dies wirkte sich auch auf die Betriebe der Rüstungsindustrie aus. Ustinow kannte alle Direktoren und die wichtigsten Waffenkonstrukteure persönlich. Er telefonierte in die fernsten Winkel unseres Landes, rief die Saumseligen zur Ordnung und lobte die Tüchtigen. Ohne seine unbändige Energie wären die gigantischen Programme zum Aufbau der Seekriegsflotte, vor allem aber zur intensiven Entwicklung der strategischen Waffen, bei deren Durchsetzung es kein Pardon gab, undenkbar gewesen.

Dmitri Fjodorowitsch wirkte zu jeder Tages- und Nachtzeit stets ruhig und ausgeglichen. Dieser Mann war zu gigantischen Anstrengungen in der Lage. Nicht zufällig gehörte er nach Breshnews Tod dem engen Kreis von fünf Personen an, die faktisch die Sowjetunion führten.

Marschall Sergej Achromejew fiel durch hohen Intellekt und die Gabe auf, für die kompliziertesten Streitfragen, auf die wir in den Verhandlungen stießen, Lösungen zu finden. Er war ein großer Staatsmann mit weitem Blick, der häufig mit der Meinung anderer einflußreicher Persönlichkeiten im Verteidigungsministerium kollidierte. Der Marschall und seine engsten Mitarbeiter hatten einen direkten, inoffiziellen Draht zu Leonid Breshnew und einigen Sekretären des ZK der KPdSU. Später wurde Achromejew der engste militärische Berater Michail Gorbatschows in dessen Zeit als Generalsekretär des ZK. Sein tragischer Tod am Ende des Putsches vom August 1991 ist mir bis heute ein Rätsel.

Hier sei auch ein Wort über meine Begegnungen mit dem Vorsitzenden des Ministerrates, Alexej Kossygin, gesagt, der viele Jahre lang Breshnews Rivale war. Er wußte die Wirtschaftskapitäne, einige Parteifunktionäre aus den Gebietskomitees und Abteilungen des ZK sowie aus dem Verteidigungsrat hinter sich.

Breshnew sagte auf einer Sitzung des Politbüros, wo wieder einmal die Direktiven für unsere Delegation zur Debatte standen, er habe sich mit Alexej Kossygin ausgetauscht, der vorschlage, noch keine Direktive zu beschließen, sondern abzuwarten, was die Amerikaner im weiteren vorhatten. Danach könnte man noch einmal auf diese Frage zurückkommen. »Ich denke, wir sollten Genossen Kossygin zustimmen«, meinte Breshnew.

Ich stand auf und bat darum, den vorgelegten Direktivenentwurf der Delegation trotzdem zu bestätigen. Schließlich sei er vom Verteidigungsministerium, vom Außenministerium und anderen zuständigen Stellen ausgearbeitet worden. Alle Positionen seien sorgfältig geprüft. Es liege im Interesse der Sowjetunion, daß wir in den Verhandlungen weiter aktiv vorgingen.

Breshnew hatte offenbar auf eine solche Wendung der Diskussion nur gewartet und sagte sofort: »Es wird vorgeschlagen, den Entwurf anzunehmen.« Niemand erhob Einwände. Damit war der Entwurf bestätigt.

Ich nutzte meine Bekantschaft mit dem persönlichen Mitarbeiter Kossygins, Boris Bazanow, und bat um ein Gespräch mit seinem Chef. Man lud mich auf Kossygins Datscha für 13.00 Uhr zum Essen ein. Der Hausherr war schlechter Stimmung. Als ich ihn um seine Meinung bat, wie wir bei den Verhandlungen weiter vorgehen sollten, erklärte er wütend: »Sie haben Ihre Direktive gegen meinen Einspruch durchgesetzt, und nun wollen Sie Ratschläge von mir.« Damit stand er auf und ließ uns allein.

Bazanow und ich saßen, wie vom Donner gerührt, und wußten nicht, was wir tun sollten. Erst eineinhalb Stunden später kehrte Kossygin an den Tisch zurück. Ich bat ihn noch einmal um seinen Rat und versicherte dabei, daß wir seine Empfehlungen in den Verhandlungen vollständig berücksichtigen wollten. Bei diesem Langstreckenlauf sei stets eine enorme Zahl von Argumenten und Gegenargumenten notwendig, die man ausspielen könne, ohne sich damit auf eine bestimmte Richtung festzulegen. Allmählich taute Kossygin auf, aber ein gutes Gespräch kam nicht zustande. Andrej Gromyko riet mir, Kossygin nicht wieder aufzusuchen, da es Breshnew nicht gefiel, wenn man sich in seine Angelegenheiten als Vorsitzender des Verteidigungsrates mischte. Diesen Hinweis mußte ich wohl oder übel befolgen.

Für die damalige Zeit war zu erwarten, daß unsere Delegation auch ins Blickfeld der sowjetischen Abwehr geriet. Das ist verständlich. Ich hielt deren Aktivitäten für normal und mischte mich nicht ein.

Im ersten Verhandlungsjahr, ich glaube, es war in Wien, gab es einen Zwischenfall. Die Berater und Experten unserer Delegation hatten ein billiges Quartier in einem Haus, wo verschiedene Gaststätten und Stundenhotels untergebracht waren. Das war ein gewisses Risiko, aber der sparsame Einsatz von Valuta überwog in der Anfangszeit alle anderen Gesichtspunkte. Eines Abends saßen unsere Berater Viktor Karpow, der Experte A. Filjow und zwei Diplomaten der Botschaft bis in die Nacht in einer Kneipe. Karpow sagte, er sei müde und habe am nächsten Tag viel zu arbeiten. Er verabschiedete sich und ging schlafen. Filjow blieb. Da er ordentlich getrunken hatte, ging er kurze Zeit später ebenfalls auf sein Zimmer. Am Morgen rief uns jedoch die Polizei an und forderte uns auf, Filjow abzuholen, der sich als Experte der sowjetischen Delegation bezeichnet hatte. Man habe ihn neben (oder in) einem Stundenhotel, bewußtlos von Alkohol oder Drogen, aufgefunden. Wir protestierten bei der Polizei. Filjow wurde sofort nach Moskau zurückgeschickt. Von Stund an hatten sich geheime Angelegenheiten oder eine dienstliche Karriere im Außenministerium für ihn erledigt.

Zugleich gab es Diskussionen in der Delegation um Karpow, der als der Ältere Filjow nicht hätte allein lassen dürfen. Karpow erwiderte zu Recht, es gehöre nicht zu seinen Pflichten, die Mitarbeiter der Delegation zu beaufsichtigen. Es gab aber weiter Angriffe gegen ihn, und ich mußte all meinen Einfluß aufbieten, um schlimmere Folgen zu verhüten.

Aus heutiger Sicht schließe ich nicht aus, daß jemand das Ziel verfolgte, die Delegation dadurch zu schwächen, daß sie einen begabten und kenntnisreichen Berater außer Gefecht setzte. Bald ließ man jedoch von Karpow ab. Auf meinen Vorschlag wurde er später zum Delegationsmitglied ernannt. In den Verhandlungspausen arbeitete er in der Regel mit dem Generalstab die Entwürfe der Direktiven für die nächste Etappe aus. Diese Vorarbeiten waren stets sehr nützlich. Als Leiter der Delegation hatte ich dann lediglich einige Kernfragen mit dem Chef des Generalstabes abzustimmen. Marschall Matwej Sacharow und ich fanden dabei in der Regel eine gemeinsame Sprache. Dasselbe ist auch nach seinem Rücktritt von Sergej Achromejew zu sagen, der zunächst Leiter der operativen Verwaltung war, später zum Marschall ernannt wurde und die Funktion des Generalstabschefs übernahm.

Im Laufe der Verhandlungen bildete ich mir natürlich auch eine bestimmte Meinung über die Lage in der amerikanischen Delegation und die unterschwelligen Tendenzen, die es dort ebenso gab wie auf unserer Seite.

Zum Beginn sei gesagt, daß die Delegation der USA im Grunde genommen zwei Leiter hatte. Gerald Smith war mein erster Verhandlungspartner. Bevor er nach Helsinki und Wien kam, hatte er bereits eine große Karriere als Politiker und Fachmann für strategische Rüstung hinter sich. Die Bedeutung dieses wichtigen und heute fast vergessenen Mannes ist gar nicht hoch genug einzuschätzen. Während ich in der Anfangsphase gezwungen war, die Dinge hinzuziehen, stieg Smith sofort in die konkrete Debatte über die Begrenzung der strategischen Rüstungen ein. Die Verhandlungen liefen zunächst sehr einseitig.

Der »Arm« des Präsidenten der USA bei den Verhandlungen war Paul Nitze. Im Nachhinein wurde klar, daß Präsident Nixon und Henry Kissinger Smith nicht sehr vertrauten. Nitze, einer der Veteranen des militärischen und politischen Dienstes der USA, hatte den Auftrag, den Präsidenten persönlich über die Verhandlungen auf dem laufenden zu halten. Er war Alexander Schtschukins Partner bei der Erörterung der technischen und wissenschaftlichen Aspekte. Dies war aber nicht ausreichend dafür, daß Nitze als »inoffizieller Kanal« funktionieren konnte.

Ich spürte, daß Paul Nitze nicht sehr zufrieden damit war, wie die Verhandlungen liefen und wie sich insbesondere mein Verhältnis zu Smith gestaltete.

Er bemühte sich mehrfach, mit mir allein zu sprechen, was ich stets vermied, weil ich mich nicht in Fragen der wissenschaftlich-technischen Aspekte oder der Militärdoktrinen einlassen wollte. Er bekam mich aber trotzdem zu fassen. Auf einem der halb familiären Treffen beider Delegationen – auch die Ehefrauen waren dabei – ergab sich ein ziemlich banales Gespräch mit Paul Nitze von etwa fünf Minuten. Wie ich später erfuhr, sandte er daraufhin über seinen »inoffiziellen Kanal« einen seitenlangen »Bericht« an seine Auftraggeber. Ich zog aus dieser Episode den Schluß, niemals wieder Gespräche mit Delegationsmitgliedern der USA zu führen und mich auf meine Reden bei den Plenarsitzungen der Delegationen sowie auf die Vier-Augen-Gespräche mit dem offiziellen Leiter der amerikanischen Delegation zu beschränken.

Wichtig waren bei diesen Begegnungen meine kurzen Wortwechsel mit dem Exekutivsekretär der amerikanischen Delegation, Garthoff, und manchmal selbst mit ihrem Dolmetscher. Ich machte damit Smith auf besonders komplizierte Punkte unserer Debatte oder auf Textpassagen aufmerksam, die im direkten Auftrag Moskaus verfaßt waren und für die weitere Diskussion besonderes Gewicht hatten. Garthoff und sein sowjetischer Kollege Kischilow wurden deshalb später von den Verhandlungen ausgeschlossen. Aber auch diplomatische Schlachten fordern eben ihre Opfer.

Viel könnte darüber berichtet werden, zu welchen Manövern wir greifen mußten, um die Verhandlungen am Leben zu erhalten. Wir brauchten über zwei Jahre, bis sich die ersten Konturen des Abkommens über die Raketenabwehrsysteme und des SALT-I-Vertrages abzeichneten. Sowohl die sowjetischen als auch die amerikanischen Militärs waren im Grunde genommen gegen derartige Verträge. Aber die Tür schlug zu, und am 26. Mai 1972 fand in Moskau die feierliche Unterzeichnung des Vertrages über die Begrenzung der Raketenabwehrsysteme sowie des Zeitweiligen Abkommens über einige Maßnahmen zur Begrenzung der strategischen Angriffswaffen statt.

Die amerikanischen Militärs setzten durch, daß Gerald Smith, General Ellison und Garthoff zurücktreten mußten. Aber sie hatten ihre Aufgabe erfüllt, und die Verhandlungen traten in ihr zweites Stadium ein, deren Ziel der SALT-II-Vertrag war.

Das Gleichgewicht der strategischen Rüstungen war nun Realität. Nachdem die beiden Weltmächte eine etwa gleiche Zahl strategischer interkontinentaler Raketen besaßen, war eine Art Pattsituation entstanden. Daraus gab es nur einen Ausweg – solche neuen Waffen in Dienst zu stellen wie die Mittelstreckenraketen vom Typ SS-20, die in der Lage waren, in Sekundenschnelle alle

Staaten Westeuropas in Schutt und Asche zu legen. Damit wurden diese faktisch Geiseln des Wettrüstens und begannen Druck auf die USA auszuüben, diesen Teufelskreis zu durchbrechen und die Vernichtung des Erdballs abzuwenden.

Ich befand mich im Epizentrum dieser Ereignisse, wußte aber absolut nichts von der tatsächlichen Sachlage, denn die militärischen Fragen wurden auch vor den Botschaftern streng geheimgehalten. Uns war lediglich die Rolle von Sekundanten in diesem Duell zugedacht, die aber weder die Bedingungen noch das Kampffeld der Duellanten kannten. Heute kann man sagen, daß dieses Gleichgewicht der Rüstungen den Westen zwang, nach einem Ausweg zu suchen.

Mitte 1978, als das SALT-II-Abkommen im Grunde genommen abgestimmt war, bot mir Minister Andrej Gromyko den Posten des Botschafters der UdSSR in Bonn an, wo ich dann von 1978 bis 1985, siebeneinhalb Jahre lang tätig war.

TEIL V

Als Botschafter der UdSSR in Bonn
1978-1985

Elftes Kapitel
Kunst und hohe Politik

Im Juli 1978 teilte Andrej Gromyko mir mit, es sei vorgesehen, mich zum Botschafter der UdSSR in der Bundesrepublik Deutschland zu ernennen. Ohne lange zu überlegen, willigte ich ein. Wenn die Führung es für notwendig hielt, dann stellte ich mich an den Platz, den sie mir zuwies. Diese Frage hatte ich für mich bereits 1932 entschieden, als ich in die Partei eintrat.

Der Minister meinte, ich hätte Zeit, mit meiner Familie zu sprechen, selbst nachzudenken und mich dann zu entscheiden. Früher hatte ich einmal angenommen, er wolle mich zu seinem Ersten Stellvertreter machen. Aber mit der Zeit waren unsere Wege in vieler Hinsicht auseinandergegangen: Nach und nach verfiel er einer Art Größenwahn. Wichtige Fragen, insbesondere wenn sie Personen betrafen, wurden im engen Kreise der bedeutenden Familie Gromyko entschieden. Mit solcher Politik wollte ich nichts zu tun haben, und so entfernten wir uns mehr und mehr voneinander. Mit dieser Ernennung schloß sich gleichsam der Kreis meines Lebens. Diesmal ging es also nach Westdeutschland. Das politische Klima zwischen unseren Ländern war damals kalt, fast eisig. Aber die wirtschaftlichen, wissenschaftlich-technischen und kulturellen Beziehungen zwischen den beiden großen Staaten existierten immer noch. Ihre staatlichen Interessen machten – wenn man sie richtig verstand – eine Entwicklung dieser Beziehungen dringend erforderlich.

Im Oktober 1978 traf ich in Bonn ein. Bundeskanzler war damals der Sozialdemokrat Helmut Schmidt. Er hatte den Wunsch geäußert, daß ich sowjetischer Botschafter in Bonn werden sollte. Aber von Anfang an stimmte etwas nicht zwischen uns. Schmidt erwies sich als Pragmatiker, als forscher und geradliniger Charakter, der große Verallgemeinerungen liebte. Bereits bei den ersten

Begegnungen zog ich mich zurück wie eine Schnecke in ihr Haus. Er spielte immer wieder, zuweilen auch sehr unverblümt, auf die Rüstungsfragen und insbesondere auf die sowjetischen SS-20-Raketen an. Damit brachte er mich in eine Lage, in der ich eigentlich hätte antworten müssen, nur kannte ich diese Dinge schlecht. Schmidt glaubte wahrscheinlich, da ich an den Verhandlungen beteiligt war, von denen ich im vorigen Kapitel berichtet habe, sei ich mit diesen Problemen bestens vertraut und verstelle mich nur. Unsere Gespräche waren nicht sehr ergiebig; ich hörte den weitschweifigen Darlegungen des Kanzlers, die zum Teil etwas provinziell anmuteten, nur zerstreut zu.

Meine Aufmerksamkeit galt vor allem den Kontakten zu Geschäftskreisen, denn unsere Interessen lagen auf wirtschaftlichem und wissenschaftlich-technischem Gebiet und nicht beim Streit um die Abrüstung, wo ich ohnehin nichts bewirken konnte.

Ich weiß nicht, zu welcher Meinung Helmut Schmidt über mich gekommen ist. Er empfahl mir, die Wochenschrift »Die Zeit« zu lesen, und machte mich mit der Herausgeberin, Marion Gräfin Dönhoff, bekannt. Sie war ihm in manchem sehr ähnlich – dieselben Ambitionen und die Neigung, Urteile »in letzter Instanz« zu verkünden, dieselbe kaum verhüllte Feindseligkeit gegenüber der Sowjetunion. Diese irritierte mich in der Regel nicht, wahrscheinlich teilten sie auch meine Gesprächspartner aus der Geschäftswelt. Aber bei ihnen kam das wirtschaftliche Interesse hinzu. Überhaupt glaube ich, daß es leichter ist, mit dem Herren zu verkehren als mit dem Knecht, besonders wenn dieser päpstlicher sein will als der Papst. Damit will ich nichts gegen die SPD gesagt haben. Dort traf ich sehr interessante Leute – Wehner, Brandt, Bahr und andere –, die ich häufig am Sitz der Partei aufsuchte. Von dort bis zum Bundeskanzleramt waren es nur einige Minuten Fußweg, aber diese Minuten wurden für mich, bildlich gesprochen, zu Jahrhunderten.

Bald darauf kam es zum Konflikt in der Regierungskoalition, die mit Getöse auseinanderbrach, woran Helmut Schmidt selbst einen ganz eigenen Anteil hatte. Nach seiner Verabschiedung als Bundeskanzler zog er sich nach Hamburg zurück, wo er wie am Fließband Bücher schreibt oder im In- und Ausland umherreist und Vorträge hält.

Bereits bevor die Koalition auseinanderbrach, hatte mich Schmidt mit Helmut Kohl bekanntgemacht. Dieser zeigte mir die Kirche an seinem Wohnort und gab für uns ein Essen in seinem Hause, an dem seine Ehefrau Hannelore und seine recht große Familie teilnahmen. Kohl war damals, wie man so sagt, ein offenes Buch. Als er die Regierung übernahm, hatte er in seiner Mannschaft unerfahrene, aber tüchtige und hochgebildete junge Leute wie Teltschik und einige andere. Da ich mich nicht in den Vordergrund spielen wollte, hielt ich mich an Kohls Mitarbeiter, unter denen Neller auf mich den besten Eindruck machte.

Botschafter können sehr verschieden sein. Das ist nicht unbedingt schlecht. In der Bundesrepublik arbeitete ich nach der Methode, alle Erscheinungen eingehend zu studieren. Dabei hörte ich nicht Radio und sah auch nicht fern, weil mich das nur abgelenkt hätte. Soviel ich weiß, ließ unser hocherfahrener Botschafter in den USA, Anatoli Dobrynin, bei der Arbeit stets gleich mehrere Fernsehgeräte laufen. Diese bringen vorwiegend Werbung, dazwischen aber auch brandaktuelle politische Meldungen. Er rief dann in der Regel sofort wichtige amerikanische Politiker an und galt als sehr gut informiert. Welche Methode wirklich besser ist, kann man schwer sagen. Sicherlich hängt dies stets von Ort, Zeit und Umständen ab.

Sehr interessant war für mich z. B. die persönliche Bekanntschaft mit dem Ministerpräsidenten von Baden-Württemberg, Lothar Späth. Als Botschafter eines ausländischen Staates hatte ich mich in die inneren Angelegenheiten meines Aufenthaltslandes nicht einzumischen. Deshalb werde ich mich auch nicht über die Auseinandersetzungen in der CDU und die Rolle äußern, die mein neuer Bekannter dabei spielte. Dies war der seltene Fall, daß man bereits bei der ersten Begegnung nach wenigen Minuten mitten in einer hochinteressanten Diskussion über die Lage im Lande und in Europa war.

Lothar Späth dachte in großen Kategorien. Der Dialog zwischen Ost und West durfte sich nach seiner Überzeugung nicht nur auf die Probleme der Abrüstung beschränken. Die Atomrüstung war ohnehin in eine Sackgasse geraten, die man bald überwinden mußte. Die Situation schränkte nach seinen Worten die Möglichkeiten stark ein, Vereinbarungen zu erzielen. Deshalb mußten von kulturellen oder handelspolitischen Kontakten neue Impulse ausgehen.

Lothar Späth und die Vertreter der großen Unternehmen Baden-Württembergs sahen sehr deutlich die Wasserscheide, die das Zeitalter der Automobilindustrie vom sogenannten Atomzeitalter mit seinen neuen Sprüngen in Wissenschaft und Technik trennte. Diese liegt etwa um das Jahr 1972, als auf dem amerikanischen Markt Mikroprozessoren aus Massenproduktion auftauchten und in Japan der Begriff der »Informationsgesellschaft«, in der die Computer die Hauptrolle spielen, zum Symbol für die Zukunft wurde.

In den Gesprächen spürte man, daß diese Kreise sich mit den globalen Problemen der Ökologie, des Schutzes der Erdatmosphäre, der Weltmeere, mit der Intensivierung der biologischen Medizin und der Gentechnik sowie mit vielen anderen Technologien befaßten. Dabei betonten sie stets, daß man die Kompliziertheit dieser Zweige, z. B. der Entwicklung der Gentechnik, nicht dramatisieren sollte. Politiker, die nur Wählerstimmen bei Kommunal-, Landtags- oder Bundestagswahlen nachjagen, nehmen sich wenig Zeit für solches »Philosophieren«. Sie neigen eher zu Vereinfachungen und befassen sich kaum mit den neuen strategischen Problemen, die weit in die Zukunft weisen. Ja, die Gegenwart mit den Augen der Zukunft zu betrachten, ist eine vertrackte, aber notwendige Sache.

Ich brauche nicht zu betonen, wie interessant diese Denkweise für mich war. Derartige Gedanken, in die ich auch die Neuentdeckungen der Archäologie in den sechziger und siebziger Jahren einbezog, waren mir bereits während der Verhandlungen über die Begrenzung der strategischen Rüstungen gekommen. In Baden-Württemberg fand ich vieles bestätigt, worüber ich selbst schon lange nachgrübelte.

Über den Stand der sowjetischen Wissenschaft und Technik wußte ich ungefähr Bescheid. Während der eben erwähnten Verhandlungen kam ich mit vielen Forschern, insbesondere Naturwissenschaftlern in Berührung, die sich mit Problemen weit über die Grenzen der Atomphysik hinaus befaßten. Einmal wartete ich im Vorzimmer des Vizepräsidenten der Akademie der Wissenschaften der UdSSR, Jewgeni Welichow. Plötzlich trat ein junger Mann von etwa 19 Jahren mit abgeschabter Lederjacke und schmutzigen Schuhen herein. »Wo ist Jewgeni Pawlowitsch?«, fragte er Galina Arkadjewna, die sympathische Mitarbeiterin des Akademiemitglieds. »Auf der Sitzung des Präsidiums. Er wird bald zurück sein.« Die Sitzung zog sich in die Länge, der junge Mann rieb sich die Nase und sagte: »Also, ich gehe jetzt schlafen. Bin von Dymkowo zu Fuß bis hierher getrabt.« »Wer war das?« fragte ich Galina Arkadjewna. »Diesem Jungen müßte man heute schon ein goldenes Denkmal setzen. Er hat auf seinem Gebiet bereits epochale wissenschaftliche Leistungen vollbracht.« So war das!

Lothar Späth sprach davon, daß die Politiker bei neuen großen Entdeckungen in der Regel stets zunächst die dunklen Seiten sehen. Das könne die Entwicklung der Wissenschaft und Technik bremsen. Die Regierung von Baden-Württemberg gab gemeinsam mit örtlichen Firmen eine Studie zum Thema »Perspektiven der gesellschaftlichen Entwicklung« in Auftrag. In der Öffentlichkeit meldeten sich dazu kritische Stimmen. Aber die Probleme der Zukunft, darunter auch das Verhältnis zwischen Nord und Süd, konnten nicht außerhalb des Gesichtsfeldes der hohen Politik bleiben. »Schließlich gibt es nur ein einziges wirtschaftliches Gleichgewicht auf der Erde. Es betrifft die ganze Menschheit, die es in der Hand hat, dieses Gleichgewicht zu erhalten oder zu zerstören«, sagte Lothar Späth.

Bereits bei unserer ersten Begegnung und auch später gerieten wir zuweilen in heftigen Streit. Aber bei allem Unterschied der Meinungen konnte ich von diesem Vertrauensmann der großen Monopole eine Menge lernen.

In seinem Hause in der Nähe von Frankfurt/Main besuchte ich den Wirtschaftsminister von Hessen, Heinz Herbert Karry. »Glauben Sie, wir verstehen nicht, was es bedeutet, neben vier großen Atomkraftwerken zu leben? Ein Volltreffer genügt, und alles Leben in dieser Region erlischt. Ein Krieg in Europa – damit meine ich keine kleinen Konflikte – ist heute unmöglich. Das verstehen wir – natürlich nicht alle! –, und das ist auch die Grundlage einer vernünftigen Politik der Bundesrepublik«, meinte Karry, der der Partei Genschers angehörte und als wirklicher Liberaler galt.

Einmal setzte jemand frühmorgens an seiner Veranda eine Leiter an. Ein Schuß ertönte. Karry stürzte zum Fenster, um nachzusehen, was dort vorging. Der zweite Schuß raubte ihm das Leben. Der Mörder wurde nie gefunden. Auch so etwas geschieht im wohlgeordneten Westen.

Über die Gespräche mit Politikern wie Späth oder Karry berichtete ich in chiffrierten Telegrammen nach Moskau. Ich weiß nicht, ob ich »ganz oben« viele Leser hatte, aber mir kam zu Ohren, daß manche auch über die unterhaltsamen Gespräche lächelten, die ich am Rhein führte.

Auf einem diplomatischen Empfang traf ich einen Mann, der sich für Kunst interessierte. Ich lud ihn mit seiner Frau in meine Residenz ein, um abends ungestört mit ihm sprechen zu können. Er schaute sich die Bilder unserer Privatsammlung an, die wir aus Moskau mitgebracht hatten. Der Gast zeigte wirkliches Interesse – und so begann eine enge Freundschaft unserer Familien, der die Begeisterung für die moderne russische und sowjetische Kunst des 20. Jahrhunderts zugrunde liegt.

Professor Dr. Peter Ludwig und seine Ehefrau Irene sind wohl nur mit der Familie Tretjakow zu vergleichen, dem russischen Kaufmannsgeschlecht, dessen wichtigste Vertreter Pawel Michailowitsch und Sergej Michailowitsch Werke der russischen und westeuropäischen Malerei sammelten. Ihre große Kollektion übergaben sie schließlich der Stadt Moskau, was die Grundlage für die inzwischen weltberühmte Tretjakow-Galerie bildete.

Heute hat Köln in der Nähe des berühmten gotischen Doms ein prächtiges Museum, das Peter Ludwig gründete. Ein weiteres steht in Aachen. Peter Ludwig hat es sich zur Gewohnheit gemacht, Bilder als Leihgaben oder auch für ständig in andere Länder zu bringen. Meine Frau Lydia und ich machten dieses liebenswürdige deutsche Ehepaar mit vielen Künstlern in Moskau, Leningrad, Kiew und anderen Städten bekannt. Sie besuchten die Ateliers der sowjetischen Maler und luden sie zu Studienaufenthalten in die Bundesrepublik ein. Gemeinsam mit ihnen bereisten wir die alten russischen Städte des »Goldenen Rings« nördlich von Moskau – Wladimir, Pereslawl-Salesski, Jaroslawl, Susdal, Pskow und andere. Auf diese Weise konnten sie tiefer zu den Wurzeln der russischen und sowjetischen Kunst vordringen und vor allem die Arbeiten damals noch ganz junger Künstler des »rauhen Stils« – N. Andronow, Narimanbekow, später N. Nesterow und anderer – kennenlernen. Wir trafen uns sowohl auf meiner Datscha außerhalb der Stadt als auch in unserer Moskauer Stadtwohnung. Dort sangen und tranken wir und waren miteinander fröhlich. All das trug zur Festigung der kulturellen Zusammenarbeit zwischen unseren Ländern bei. Heute besitzt Peter Ludwig in seinen Magazinen und Ausstellungssälen wahrscheinlich die größte Sammlung von Bildern und Zeichnungen sowjetischer Künstler der zweiten Hälfte des 20. Jahrhunderts.

Die Freundschaft mit ihm hat sich auch nach meinem Rücktritt vom Posten des Botschafters erhalten. Am 30. September 1992 begegneten wir uns noch einmal.

Peter Ludwig freute sich, mich zu sehen. Ich fragte ihn, wieviel Zeit wir für unser Gespräch hätten. »Eine Stunde«, antwortete Ludwig. Er kam sofort auf ernste Themen zu sprechen, kritisierte die Politik der russischen Regierung wegen ihrer »ständigen Zugeständnisse« im UN-Sicherheitsrat und in Wirtschaftsfragen. Nach seiner Meinung sei auch die Orientierung auf amerikanische Anleihen nicht richtig. Ludwig stellte mir die direkte Frage, ob sich Präsident Jelzin an der Macht halten werde und auf wen man sich jetzt einstellen müsse.

Ich antwortete, man müsse sich auf die gegenwärtige Führung und die Regierung konzentrieren. Ich betonte, man sollte Jelzin und dessen Mannschaft unterstützen. Das sei die reale Macht. Natürlich sollte man auch die Opposition ins Auge fassen, mit der weiterhin zu rechnen sei, insbesondere, da Alexander Ruzkoi den Posten des Vizepräsidenten innehabe. »Was ist das für ein Mann? Kann Jelzin sich auf ihn stützen?«

Auf diese Frage antwortete ich, in der hohen Politik und wenn es um einen unabhängigen Staat gehe, sei ein Ausdruck wie »sich stützen« gefährlich. Ruzkoi sei in seinem Verhalten nicht sehr stabil und manövriere.

Mein Gesprächspartner stimmte dieser Meinung lebhaft zu. Die Frage, ob es möglich sei, daß in Rußland eine Diktatur wie zur Stalinzeit wiedererstehe, verneinte ich entschieden. Stalin selbst verteidigte sein Regime mit dem Argument, nach dem Kriege sei die Lage im Lande sehr kompliziert gewesen, es war ruiniert und weder Kräfte noch Mittel hätten für eine demokratische Politik zur Verfügung gestanden. Ich erinnere mich, daß Stalin sagte, man müsse lange arbeiten, um diese Lage zu verändern. Nun, am Ende des 20. Jahrhunderts, sei das Niveau der sozialen und wirtschaftlichen Entwicklung Rußlands unvergleichlich höher als zu jener armseligen Zeit. Heute seien wir in der Lage, die neu entstehenden Aufgaben zu lösen.

Als Ludwig fragte, ob in Rußland eine Diktatur wie unter Napoleon möglich sei, antwortete ich, die »Möglichkeiten« seien faktisch unbegrenzt. Alles sei möglich, auch der türkische Sultan könne Papst in Rom werden, aber das sei doch sehr unwahrscheinlich. Was die Person betreffe, so sei Napoleon anfangs Korporal gewesen. In der russischen Armee gab es keine Korporale. Die Chance, daß ein solcher Typ in Rußland auftauche, sei noch geringer als die für den türkischen Sultan, Papst in Rom zu werden. Dafür bestehe auch keine Notwendigkeit. Entscheidend seien nicht einzelne Personen, sondern die Volksmassen im realen Kräfteverhältnis ihrer verschiedenen Schichten und Gruppen.

Mein Gesprächspartner bemerkte, gegenwärtig sei in Rußland die Armee die Hauptkraft, die gegen das organisierte Verbrechen kämpfen könne. Sie habe ihre innere Struktur erhalten und verfüge über junge, relativ neue Befehlshaber. »Kann aber die Armee Einfluß auf die Politik nehmen?« »Ohne jeden Zweifel«, antwortete ich. »Ich sehe die Rolle der Armee in unserem Lande ähnlich wie Sie. Bedenken Sie aber, daß die Erfahrungen mit dem Parlamentarismus, die wir im Laufe der Perestroika erworben haben, durchaus nicht so negativ sind, wie einige meinen. Richtig ist, daß wir unsere Demokratie entwickeln, verbessern und vervollkommnen müssen, denn nur unter demokratischen Verhältnissen können wir ein Leben führen, das dem heutigen hohen Niveau unserer Technik, Bildung und Kultur, den Gesetzen der Dialektik und der neuen Verfassung entspricht.«

Peter Ludwig erzählte, der stärkste Eindruck während seiner Reise durch die Sowjetunion im Jahre 1980 sei die optimistische Haltung des Volkes gewesen. Unter den Künstlern spürte man damals Engagement und sogar innere Begeisterung. Das heutige Chaos und die Krise waren nach seinen Worten schwer zu ertragen, aber eine vorübergehende Erscheinung.

Dann spachen wir über die Kultur. »Brot und Spiele haben schon die alten Römer gefordert«, sagte ich. »Brot, Athleten und

Spiele«, korrigierte mich Ludwig, »und das kostet auch gar nicht viel Geld.«

Ich berichtete ihm, was mir ein bedeutender deutscher Geschäftsmann einmal gesagt hatte: »Seltsam ist das bei Euch: Kaum zehn Tage, nachdem die sowjetischen Truppen in Berlin einmarschiert waren, hattet ihr bereits ein Freiluftkonzert organisiert, wo Furtwängler dirigierte, Tschaikowski und Beethoven gespielt wurden. (Ich habe dieses Konzert erlebt und sah die Begeisterung der Deutschen, aber auch unserer Soldaten.) Heute habt ihr in Moskau weder Krieg noch Krise«, fuhr der deutsche Geschäftsmann fort, »aber viele Orchester, Theatertruppen, der Künstlerverband und andere Organisationen haben ihre Tätigkeit einfach eingestellt. Warum ist das geschehen?«

Peter Ludwig stellte die These auf, nach Krisenzeiten wachse stets das Interesse an der Kunst in jeglicher Form. Das liege offenbar in der Natur des Menschen. Ich stimmte dem zu und wies meinerseits darauf hin, daß bereits die Arbeitswerkzeuge des Homo habilis (des »geschickten Menschen«, wahrscheinlich des ersten Herstellers von Steinwerkzeugen), die im Paläolitikum geschaffen wurden, sehr ästhetisch wirkten. An den Felsenmalereien, die von Forschern am Jenissei und in Frankreich entdeckt wurden, ist eindeutig zu erkennen, daß sich figurative und abstrakte Kunst parallel entwickelten. Man trifft dort auf sehr lebendig wirkende Tiere, daneben finden sich Kratzer, gleichsam von einer Bärentatze hingeworfen, die an die besten Werke der heutigen avantgardistischen Kunst erinnern. Picasso studierte bekanntlich diese Schöpfungen und ließ sich von ihnen in seinem Schaffen inspirieren – ebenso wie der große russische Künstler Larionow auf die Folklore zurückgriff. Alles Heutige hat seine Wurzeln weit in der Vergangenheit, und dies in einem viel tieferen Sinne, als wir es uns vorstellen können. Über großartige archäologische Entdeckungen der letzten 20 Jahre wird jedoch kaum gesprochen. Warum? Wem nützt das? Ich glaube, es nützt denen, die den Menschen die Hoffnung auf die Zukunft nehmen wollen. Einige fordern ganz offen, man sollte über das Tor zum 21. Jahrhundert die Worte Dantes schreiben: »Der du hier eintrittst, laß alle Hoffnung fahren.« Aber das ist nicht richtig. Nicht nur Rußland, sondern die ganze Welt befindet sich heute gleichsam in einem neuen tektonischen Faltungsprozeß. Bildhaft gesprochen, erleben wir unerhörte pluviale Verschiebungen. Unter Schmerzen wird ein gesundes und reines Kind geboren.

Die moderne Wissenschaft hat in hundert Jahren mehrere Revolutionen durchlaufen, darunter auch in der Archäologie und Anthropologie. Professor S. A. Semjonow, der Leiter des Laboratoriums für Technik der Urzeit in Leningrad (heute St. Petersburg), gilt als Klassiker der modernen Archäologie. Er hat mit Hilfe seines Materials nachgewiesen, daß die Einteilung der Steinwerkzeuge der frühen Menschen nach äußeren Ähnlichkeitsmerkmalen falsch ist. Nach seiner Konzeption war und bleibt äußere Ähnlichkeit ein elementarer Begriff, der für die Zuordnung zu einer lokalen Kultur Bedeutung hat. Die Werkzeuge der Urmenschen sollten jedoch nach tatsächlicher Funktion und Zweckbestimmtheit klassifiziert werden. Dabei stellt sich heraus, daß äußerlich ähnliche Werkzeuge der paläolitischen Gemeinschaften (alle Instrumente mit einer Klinge) für völlig verschiedene Arbeiten verwendet wurden – zum Aufschneiden von Tieren oder zum Roden von Bäumen. Diese Entdeckung kommt nach ihrer Bedeutung der Umwälzung Darwins gleich. Ludwig stimmte meinen Gedanken zu.

Dann sprachen wir über Juli Woronzow, den ständigen Vertreter Rußlands bei den Vereinten Nationen. Ludwig machte mich darauf aufmerksam, daß viele Medien in Woronzow bereits den künftigen russischen Außenminister sehen, Jelzin für eine solche Variante jedoch nicht viel übrig habe, da Woronzow ihm ein »zu selbständiger Diplomat« sei. Ich ließ mich auf dieses Thema nicht weiter ein, und wir sprachen nun über die Lage in der Dritten Welt. Nach meiner Meinung hatten wir den schändlichen Krieg in Afghanistan deswegen verloren, weil wir versuchten, in eine rückständige Gesellschaft einzugreifen, die selbst die afghanische Königsdynastie nicht anzutasten gewagt hatte. Das geschah uns recht: Man kann unsere europäische Sicht nicht allen Völkern der Welt aufzwingen wollen. Wir müssen uns bemühen, Leben und Geschichte aller Völker der Welt zu verstehen und zu respektieren, die Dinge so zu nehmen, wie sie sind.

Peter Ludwig wies darauf hin, daß selbst Deutsche, die in sowjetischer Kriegsgefangenschaft waren, sich heute aktiv für eine Annäherung zwischen dem russischen und dem deutschen Volk einsetzen. Sie erinnern sich daran, daß sie in der Gefangenschaft ein schlechtes, hungriges und armseliges Leben führten, aber der Bevölkerung ging es ebenso. Wichtig war etwas anderes: Wenn ein Russe einen Kanten Brot hatte, teilte er ihn mit dem Deutschen. Er sah in ihm den Menschen, der ebenfalls hungerte. Die Organisationen ehemaliger Kriegsgefangener setzten sich aktiv für die russisch-deutsche Zusammenarbeit ein.

Ich bemerkte, ich könne in Deutschland keine Feindseligkeit gegenüber den Russen feststellen. (Dabei war ich nicht ganz aufrichtig. Meine Frau Lydia und ich vermieden es, in der Öffentlichkeit Russisch zu sprechen. Lydia wurde häufig für eine Italienerin oder eine Polin gehalten, was ihr nicht ungelegen kam.)

Peter Ludwig hüllte sich in Schweigen. In unserem Gespräch trat eine Pause ein, die zuweilen in der Diplomatie nicht weniger vielsagend ist als in der Musik oder im Schauspiel. Mir sagte diese Pause, daß mein Gesprächspartner mir eine latente Gefahr signalisieren wollte. Antirussische Stimmungen in Deutschland wären in der Tat eine Gefahr. Sie könnten darauf hinweisen, daß der Geist des räuberischen deutschen Imperialismus wiederersteht. Schließlich können wir nicht einfach vergessen, daß der Zweite Weltkrieg auf einem Nährboden wuchs, der in Jahrhunderten bereitet wurde. Der Westfälische Frieden von 1648, der Tilsiter Frieden von 1807 und auch die Gründung des Deutschen Reiches durch Bismarck mit »Blut und Eisen« – all das spielt hier eine Rolle. Der Zweite Weltkrieg, der vom Zaune gebrochen wurde, um die Welt neu aufzuteilen und zu germanisieren, um aus der Sowjetunion eine Kolonie zu machen, war möglich geworden, weil die militaristischen Kräfte des Reichs enorm an Einfluß gewonnen hatten. Mein Gesprächspartner wies darauf hin, wie ungeheuerlich Hitlers Pläne waren. Dieser wußte, daß mit der Niederlage vor Moskau der Ausgang des Krieges vorentschieden war, aber er ergab sich nicht. Statt dessen gab er den Befehl, alle Juden zu vernichten. Die Gefahr eines dritten Weltkrieges hat sich niemand ausgedacht. Der Rechtsradikalismus der sogenannten Republikaner trägt den Keim eines solchen Krieges in sich. Das muß klar und deutlich ausgesprochen werden.

Deutschland hat eine interessante Besonderheit, die bereits der große Goethe positiv bewertete. Bis zu seiner Vereinigung im Jahre

1871 bestanden zahlreiche verstreute und sehr eigenständige kulturelle Zentren, zuweilen selbst in kleinen Städten. Überall brachten die Menschen der Kultur echtes Interesse entgegen.

In Düsseldorf organisierten wir im Jahre 1982 eine große Ausstellung mit Werken von Kasimir Malewitsch, dem Begründer einer Richtung der abstrakten Kunst. Bislang war er in der Sowjetunion offiziell nicht anerkannt. Bei der Eröffnung der Ausstellung hielt ich, der sowjetische Botschafter, eine kurze Rede, an der ich lange gefeilt hatte. In der Presse und in Briefen gab es in diesem Zusammenhang u. a. auch sehr gereizte Reaktionen: »Sie heucheln, denn Sie selbst verfolgen diese Kunst.« Wer das schrieb, hatte keine Vorstellung davon, welch harter Kampf um Probleme der Kunst in der Sowjetunion tobte. Die Malewitsch-Ausstellung in Düsseldorf war gegen den wütenden Widerstand des damals sehr einflußreichen Sekretärs des ZK der KPdSU, Michail Suslow, zustande gekommen. Suslow verhinderte übrigens, daß sie auch in Berlin gezeigt wurde.

Als ich noch Stellvertretender Außenminister war, nahm ich einmal an einer öffentlichen Debatte über die Werke meines berühmten Freundes, des Malers Pawel Kusnezow, teil. Danach wurde ich ins ZK der KPdSU zu Suslow bestellt. »Wie können Sie, der Sie eine so hohe Funktion bekleiden, es wagen, einen Formalisten zu verteidigen?!« erklang es höchst mißbilligend aus dem Munde des zweiten Mannes in der Partei. Ich antwortete, ich hätte mich dort als einfacher Bürger geäußert und meine persönliche Meinung gesagt. Suslow hackte weiter wütend auf mich ein und warf mir vor, ich hätte die Bilder für meine persönliche Sammlung »nicht richtig« ausgewählt. »Kaufen Sie sich Ihre Schlipse selbst, Michail Andrejewitsch, oder lassen Sie sie vom Politbüro bestätigen?« fragte ich. »Was wollen Sie damit sagen?« fragte die »graue Eminenz« zurück. »Ich will damit sagen, daß Sie Ihre und meine Zeit verschwenden. Wenn wir das nächste Mal über Malerei diskutieren wollen, werde ich Sie zu mir einladen.« Ich erfuhr, daß Suslow auf einer Sitzung des Politbüros meine Bestrafung erwirken wollte. Breshnew habe das Ansinnen mit dem Argument abgewiesen: »Wer wird dann die SALT-Verhandlungen weiterführen?«

In Bonn erreichte mich einmal ein Telegramm, daß der sowjetische Komponist Alfred Schnitke mit seinem Ensemble nicht in die

Bundesrepublik kommen könne, um an einer Konzertreihe mit Kammermusik aus aller Welt teilzunehmen, die hier veranstaltet wurde. Schnitke war in diesem Jahr als zentrale Figur vorgesehen. Wütend sandte ich eine scharf formulierte Antwort nach Moskau zurück, in der ich forderte, Schnitke sofort ausreisen zu lassen. Später berichtete mir der Komponist, man habe ihn nachts aus dem Bett geholt und angewiesen, unverzüglich nach Deutschland zu fliegen. Die Konzerte fanden statt. Ich organisierte in der Botschaft einen Empfang zu Ehren des berühmten Meisters.

Neue Richtungen in Kunst und Kultur, nicht selten aber auch in der Naturwissenschaft, hatten es immer schwer, sich durchzusetzen. Der geniale Michelangelo erarbeitete im Auftrag des Papstes über hundert Entwürfe für Statuen, von denen dann nur sechs ausgeführt wurden, und auch diese nicht für das Grabmal des Papstes, der inzwischen das Zeitliche gesegnet hatte. Tragisch endeten Mozart, Beethoven, Modigliani und andere Genies. In der Sowjetunion wurden Mitte der dreißiger Jahre die Werke solcher Künstler wie Tatlin, Malewitsch, Popowa, Drewin und vieler anderer zu »Machenschaften des Imperialismus« erklärt.

Auf die Staatspolitik hat das allgemeine Niveau der geistigen und materiellen Kultur im Lande stets nicht zu unterschätzenden Einfluß gehabt. In der Bundesrepublik lernte ich unter Großunternehmern und Bankiers Menschen kennen, die der Kultur viel geholfen haben. Die Kunst des 20. Jahrhunderts hat nicht weniger Talente aufzuweisen als jede andere Epoche. Ob ein großes Talent von seinen Zeitgenossen anerkannt wird oder nicht, hängt jedoch häufig von Zufällen ab. Kunst und hohe Politik scheinen kaum vereinbar zu sein. Dies trifft jedoch nur bei formaler Betrachtungsweise zu. Meine Erfahrungen besagen, daß Kunst und hohe Politik durchaus Hand in Hand gehen, der Annäherung der Völker dienen und ihre Zusammenarbeit bei vielen lohnenden Unternehmungen fördern können.

Heute weiß kaum jemand, auf welche Weise der bescheidene Angestellte der kanadischen Botschaft in Moskau, ein Grieche von Nationalität, Georgiu Kostakis, im Westen, vor allem in Deutschland, zum bekanntesten Sammler der Werke russischer Künstler wurde. Das geschah so: Vor vielen Jahren erschien Kostakis in meinem Hause in Tränen aufgelöst, weil man in seine Datscha eingebrochen war, wo sich Aquarelle und Zeichnungen großer Künstler der russischen Avantgarde befanden. Meine Frau und ich waren häufig bei Kostakis eingeladen gewesen, der in seiner Wohnung neben den genannten Arbeiten auch eine sehr geschmackvoll zusammengestellte Ikonensammlung hütete.

Kostakis bat mich, ihm dabei behilflich zu sein, ins Ausland zu gehen. Er war bereit, ein Drittel seiner Sammlung der Tretjakow-Galerie zu schenken, wenn diese zustimmte, die Werke in ihre Sammlung einzugliedern.

Als Stellvertretender Außenminister hatte ich enge Arbeitsbeziehungen zum Ersten stellvertretenden Vorsitzenden des KGB, Filip Bobkow, der u. a. auch mit Fragen der Kultur befaßt war.

Ich rief Filip Denissowitsch über die Regierungsleitung an und schilderte ihm Kostakis' Lage: »Er besitzt eine große Sammlung von Künstlern der zwanziger Jahre, die heute bei uns nicht anerkannt sind. Das wird sich mit der Zeit ändern. In Westdeutschland erlebt gegenwärtig das Design in Industrie, Verkehrswesen und Städtebau einen großen Aufschwung. Kostakis bittet darum, ausreisen zu dürfen. Er will der Tretjakow-Galerie ein Drittel seiner Sammlung vermachen. Seine Familie bleibt in Moskau, er behält seine Wohnung und auch eine große Sammlung wertvoller Ikonen.«

»Bist Du sicher, daß er im Westen keine Propaganda gegen die Sowjetunion betreiben wird?« »Absolut sicher!« »Was schlägst du also vor?« »Ihn sofort ausreisen zu lassen. Die Tretjakow-Galerie soll das Angebot annehmen. Kostakis bittet allerdings darum, einen Aufsichtsrat zu berufen, der das Schicksal der Bilder weiter verfolgt. Er hat mich gebeten, dort Mitglied zu werden. Ich bin einverstanden.« »Gut, ich werde darüber nachdenken und dich wieder anrufen.«

Nach einigen Tagen kam eine positive Antwort. Georgiu Kostakis reiste mit einem großen Teil seiner unschätzbaren Bildersammlung in die Bundesrepublik aus. Positiv war nicht nur, daß dieser humane Schritt der Sowjetunion in der internationalen Kulturszene eine Sensation auslöste. Hunderttausende Bewohner Deutschlands und Besucher aus der ganzen Welt haben nun die Möglichkeit, die wunderbare Kunst der sowjetischen Maler kennenzulernen.

Ein anderes Beispiel: In Köln liegt ganz in der Nähe des Doms die kleine Galerie von Antonina Gmursinskaja. Sie war eine der ersten, die die Vorzüge der sowjetischen Avantgardisten der zwanziger Jahre entdeckte und schätzte. Meine Frau und ich waren häufig bei ihr zu Gast, um uns an ihren Neuerwerbungen zu erfreuen. Sie fand Wege zu großen Sammlern und Mäzenen im Westen, mit deren Hilfe sie nicht nur einem einzigen Talent, sondern einer ganzen Richtung russischer Künstler zum Durchbruch verhalf, die heute als Avantgardisten bezeichnet werden. Neben dem Magazin ihrer Galerie, wo sie ihre Schätze hütete, hatte ihre junge, schöne Tochter Christina ihr Domizil. Auch sie sah man ständig über Kunstbänden brüten. Über gemeinsame Bekannte und Verbindungen halfen wir der Galerie, wo wir konnten.

Die hübsche Tochter heiratete schließlich den Vorsitzenden des Aufsichtsrates der Oppenheimer Bank, Thomas Bscher. Er hat Christina geholfen, in Marienburg eine neue Galerie zu bauen und einzurichten. Dieses dunkelrote Gebäude ist in der ganzen Gegend heute als der »rote Bunker« bekannt. Viele, die die avantgardistische Kunst Rußlands kennen und lieben, gehen dort ein und aus.

Thomas Bscher lernte ich kennen, als ich Botschafter in der Bundesrepublik war. Ein bescheidener, sensibler und im Umgang zurückhaltender Mann. Ein etwas kegelförmiger Kopf, wie ihn Engels hatte und wie ihn viele in Wuppertal haben. Uns verbanden sowohl geschäftliche als auch persönliche Beziehungen. Seine Bekanntschaft war nicht nur angenehm, sondern auch nützlich für die sowjetisch-westdeutschen Beziehungen. Thomas' Großvater war einer der engsten Berater Konrad Adenauers in finanziellen und wirtschaftlichen Fragen gewesen.

Jeder weiß, welch dornigen Weg die Beziehungen der Bundesrepublik zur Sowjetunion nach dem Zweiten Weltkrieg gegangen sind. Die Wurzeln der Widersprüche zwischen beiden Staaten reichen weit in die Geschichte zurück. Deutschland wurde bereits am Anfang unseres Jahrhunderts dank der hohen Qualität seiner Erzeugnisse, der relativ niedrigen Preise, seiner geographischen Lage in der Mitte Europas und der geringen Transportkosten zu einer der führenden Industriemächte der Welt. Dazu kamen solche bekannten nationalen Charakterzüge der Deutschen wie Disziplin,

Organisiertheit, exaktes Zusammenwirken, strenge Rechnungsführung und Kontrolle.

Die Entwicklung der Handelsbeziehungen und insbesondere der industriellen Zusammenarbeit der Bundesrepublik mit dem Osten wird jedoch durch starke Tendenzen behindert – ihre Gegner sitzen in Deutschland und im Ausland, besonders in den USA. Das zeigte sich z. B. in dem langen Hin und Her um das Gas-Röhren-Öl-Geschäft. Bereits 1962 hatte die Bundesregierung unter amerikanischem Druck den Export von Stahlrohren großen Durchmessers für den Bau von Erdgas- und Erdölleitungen in die Sowjetunion mit einem Embargo belegt. Natürlich war die sowjetische Seite darüber empört, sie griff zu Gegenmaßnahmen, und sieben Jahre lang waren die Wirtschafts- und Handelsbeziehungen zwischen der Sowjetunion und der Bundesrepublik faktisch eingefroren.

Viele Jahre später, am 1. Oktober 1991, hatte ich ein langes Gespräch mit Peter Jungen vom Wirtschaftsministerium der Bundesrepublik, in dem wir beide uns an die Ereignisse jener Zeit erinnerten. Jungen berichtete, wie schwierig es für die Bundesrepublik war, einen Beschluß über die Gaslieferungen herbeizuführen. Viele einflußreiche Leute im Lande und in Übersee meinten, ein solches Geschäft mit der Sowjetunion wäre gefährlich für die deutsche politische Unabhängigkeit. Darüber gab es erhitzte Debatten. Jedoch führende Männer der Geschäftswelt, darunter F. Wilhelm Christians, der damalige Sprecher der Deutschen Bank, Pieper, Liesen und andere waren überzeugt, daß man einen solchen Vertrag abschließen mußte.

Ich hatte damals harte Auseinandersetzungen zu bestehen. Ein stellvertretender Minister für Außenhandel der UdSSR sprach sich auf einer Beratung im kleinen Kreise in meinem Büro aus Gründen der hohen Politik, wie er sagte, gegen diesen Vertrag aus. Ich hieb mit der Faust auf den Tisch und hieß ihn schweigen, denn ein stellvertretender Außenhandelsminister sei nicht befugt, sich in die Politik einzumischen. Er vertrete niemand anders als das Ministerium für Außenhandel. Ich dagegen sei Vertreter der Regierung und des Politbüros des ZK der Partei in Bonn. Ich forderte vom Ministerium für Außenhandel, daß es sich in den Gesprächen mit deutschen Vertretern und Firmen an meine Anweisungen halte.

Danach sandte ich ein sehr böses Telegramm an mehrere Mitglieder des Politbüros, die mit außenpolitischen Fragen befaßt waren. Darin betonte ich, eine positive Lösung sei unverzüglich notwendig, da sonst die Gegner des Abkommens in der Bundesrepublik und in Übersee dieses für beide Seiten wichtige Jahrhundertgeschäft zu Fall bringen könnten. Die Praxis hat bewiesen, wie richtig diese Einschätzung war. Erdgas und Erdöl sind bis heute das Rückgrat unseres Außenhandels mit Westeuropa.

Jungen bestätigte, Kohl und Lambsdorff (der damalige Wirtschaftsminister der Bundesrepublik, vielleicht der stärkste nach Ludwig Erhard und möglicherweise Schiller) wußten, daß ich als Botschafter der Sowjetunion vor allem auf Kontakte zu führenden Banken und Firmen des Landes großen Wert legte, denn die politischen Beziehungen waren schlecht, aber Wirtschaft und Kunst hielten Möglichkeiten bereit, der Entwicklung die notwendigen Impulse zu geben. Dies macht wohl deutlich, daß unter solchen Bedingungen jeder Kontakt zu den Vertretern des Big Business meinem Lande und der Bundesrepublik von Nutzen war.

Zu diesen zählte auch der Sprecher der Deutschen Bank, F. Wilhelm Christians, der ebenfalls eine erlesene Sammlung von Arbeiten sowjetischer Avantgardisten der zwanziger Jahre besitzt. Ein gutes Verhältnis entwickelte sich zum Oberbürgermeister der Stadt Duisburg, Krings, und zu seinem Dezernenten für Kultur, Dr. Konrad Schilling. Mit Initiative und unermüdlicher Energie organisierten sie Gastspiele von Musikern, von Solisten des Bolschoi-Theaters, Ausstellungen sowie die im internationalen Kulturleben einzigartigen Festivals mit Musik von Dmitri Schostakowitsch, Sergej Prokofjew und deren Schülern. Dabei wurde mir deutlich, daß auch relativ kleine deutsche Städte mit Unterstützung von Sponsoren und Mäzenen aus Industrie- und Bankkreisen zur Festigung der Beziehungen zwischen unseren beiden Staaten beitragen konnten.

Siebeneinhalb Jahre war ich als Außerordentlicher und Bevollmächtigter Botschafter der UdSSR in der Bundesrepublik Deutschland tätig. Als der XXVII. Parteitag der KPdSU vorbereitet wurde, bat man mich im Frühjahr 1985 ins ZK der KPdSU, wo der damals zweite Mann in der Partei, Jegor Ligatschow, mir anbot, ich sollte mich entscheiden, entweder mit 400 Rubeln im Monat in Pension zu gehen, mit einem Gehalt von 100 Rubeln Berater im Außenministerium zu bleiben oder den Botschafterposten in einem kleinen Lande zu übernehmen. Ohne lange zu überlegen, nahm ich das erste Angebot an. Ich hatte lange genug im Ausland gelebt und wollte nun endlich in die Heimat zurück, mich mit meinen 74 Jahren mehr mit meiner Familie und der Kunst beschäftigen. Zu meinem Unglück mußte ich mich bald darauf mehreren Operationen unterziehen, jedoch schalten gesundheitliche Rückschläge das Hirn eines Menschen nicht aus.

Vieles liegt wegen der ehrgeizigen und machtgierigen Hoffnungen und Träume Michail Gorbatschows heute in Trümmern. Aber das Leben in meinem Vaterland ist immer in Wellen vorangekommen. Stets haben sich die Wolken wieder gelichtet und die Sterne freigegeben. Das sagt mir alle Erfahrung meines langen und insgesamt glücklichen Lebens als Diplomat und Politiker.

Nachwort

Die letzte Seite der Erinnerungen Wladimir Semjonows ist umgeblättert, und ich ertappe mich bei dem Gedanken, daß seine Stimme für immer verstummt ist, daß eine ganze Epoche unseres früheren Lebens ihr Ende gefunden hat. Geblieben sind Erinnerungen und schriftliche Zeugnisse der Geschichte wie dieses Buch. Semjonow selbst stimmte dem sicher nicht zu. »Die Wolken ziehen, aber die Sterne sind ewig«, damit beginnt er seinen Bericht. Semjonow war ein Meister derartiger Sentenzen. Er glaubte an den Fortschritt in dem Sinne, daß sich letzten Endes alles zum Guten und nicht zum Schlechten wendet. Was allerdings Wolken und was Sterne sind, ist aus solchen Sinnsprüchen nicht zu erkennen und vorherzusagen. Darüber entscheidet jedesmal die Geschichte, über deren Horizont kein Sterblicher je schauen konnte. Viele haben das mit aller Macht versucht und dabei selbst Schaden genommen.

Alles Windhauch. Der Mensch kennt seine Zeit nicht. Das hängt nicht von ihm ab. Wladimir Semjonow, der in der Zeit des Aufstiegs und Erblühens der Sowjetunion auf den Gipfel des Erfolgs getragen wurde und der am Ende seines Weges, als seine Partei und sein Staat zusammenbrachen, unverdient dem Vergessen und der Gleichgültigkeit anheimfiel, hat dies am eigenen Leibe erfahren und schwer durchlitten. Aber er hat nichts voraussehen und schon gar nichts ändern können. Dieses Schicksal teilen viele mit ihm. In der Wüste bleichen die Gebeine derer, die das Rätsel der Sphinx nicht zu lösen vermochten. Als ungewöhnlicher Mensch und ausgeprägte Persönlichkeit hatte Wladimir Semjonow Freunde, aber noch mehr Neider und Feinde. Das ist das Schicksal derer, die anders sind. Diese und jene werden sich zu Wort melden, wenn seine Memoiren erscheinen.

Hat Wladimir Semjonow alles gesagt und ist nun für immer verstummt? Auf den ersten Teil der Frage antworte ich eindeutig mit Nein, auf den zweiten: »Ich weiß es nicht«. In dieses Buch hat nach Aussage seiner Ehefrau Lydia Iwanowna Semjonowa nur ein Teil seiner Notizen und Aufzeichnungen Eingang gefunden. Er konnte die Arbeit an dem, was nun als seine Memoiren vorliegt, nicht mehr selbst vollenden. Sie wirken nach Inhalt, Wertungen und Stil unausgeglichen. Wäre der Verfasser noch am Leben, sähen sie sicher in vielem anders aus. Das sind zwei Seiten einer Medaille, die der Leser bedenken sollte, wenn er das Buch zur Hand nimmt.

Wladimir Semjonow hat sein Leben lang viel und gern publiziert. Als Stellvertretender Außenminister der UdSSR unterhielt er in seinem Sekretariat eine ganze Literaturwerkstatt, die er mit Hingabe leitete. Dort entstanden Bücher, Zeitschriftenaufsätze und Rundfunkkommentare. Sie erschienen meist unter verschiedenen Pseudonymen. Aus dieser Werkstatt sind mehrere bekannte Diplomaten und hohe Funktionäre so mancher Regierungsstellen hervorgegangen. Was ist nun über diese Arbeiten zu sagen? Sie wichen niemals und in keiner Frage von der jeweils offiziellen Linie ab und strotzten vor Zitaten der Begründer des Marxismus-Leninismus. Sie waren stets konservativ in der Grundaussage, aber nicht selten interessant und frisch in Form und Ausführung. Wladimir Semjonow liebte neue, überraschende Argumente und verstand es, mit dem geschriebenen Wort umzugehen. Auf dem Felde der Literatur mit ihm zusammenzuarbeiten, war nicht einfach. Das war es aber auch auf anderen Feldern nicht.

Soviel ich weiß, hat Semjonow erst verhältnismäßig spät – nach seiner Ernennung zum Botschafter in Bonn 1978 – an seinen Memoiren zu arbeiten begonnen. Zu jener Zeit Erinnerungen zu verfassen, war nicht gerade üblich. Über interessante und wenig bekannte Tatsachen und Dokumente konnte man nicht schreiben, weil damit Geheimnisse enthüllt worden wären, über die nicht der Verfasser, sondern lediglich Partei und Staat verfügten. Banalitäten von sich geben oder für das Geheimarchiv schreiben wollte auch niemand. Außerdem fehlte Wladimir Semjonow in Bonn seine gewohnte Moskauer Werkstatt. Von seiner Umgebung gedrängt, begann er in seiner Botschafterresidenz an der Venner Straße in

Bad Godesberg dann aber doch etwas zu Papier zu bringen. Dies waren offenbar kurze Essays über Menschen, denen er begegnet war oder mit denen er zusammengearbeitet hatte – die Kollontai, Molotow und andere. Vielleicht hatte er aber auch bereits in Moskau mit dem Schreiben angefangen. Mir hat er diese Fragmente nie gezeigt und es vorgezogen, nur einige nachgeordnete Mitarbeiter der Botschaft damit bekanntzumachen.

Er schrieb langsam und mit Mühe, wobei er ständig betonte, es handele sich dabei um keine Memoiren. Die Gründe dafür sind unschwer zu erraten: Ein aussichtsreicher Botschafter schreibt keine Erinnerungen. Sollte das in Moskau bekannt werden, konnte man ihn auffordern, seine Aufzeichnungen ins Archiv zu geben. Außerdem wollte er seine hochgestellten Freunde und Bekannten nicht argwöhnisch und besorgt stimmen, er könnte Unangenehmes über sie ausplaudern.

Da Wladimir Semjonow genau wußte, wie es bei Hofe im Kreml zuging, hatte er sicher Dutzende Gründe für sein Verhalten. Offen äußerte er sich über die Arbeit an seinen Memoiren erst, als er bereits im Ruhestand war und sich in Köln niedergelassen hatte. Das Material für ausführliche Erinnerungen war vorhanden. Er schrieb relativ wenig selbst, notierte aber stets ausführlich alles, was von Interesse war. Er liebte es, seine Aufzeichnungen wieder und wieder zu lesen und zu erörtern. In dieser Hinsicht stellt das Archiv Wladimir Semjonows sicher eine Fundgrube dar, die die Historiker noch nicht geöffnet und erforscht haben. Beim Lesen dieses Buches stößt man immer wieder auf diese typischen Semjonowschen Aufzeichnungen, die Zeugnis von ihrer Zeit und zugleich von dem scharfen Beobachter ihrer Akteure ablegen. Das sind die »Rosinen« des Buches, die es interessant machen, um das Rätsel zu ergründen, wie die Realität wirklich war.

Das ist gar nicht so einfach zu durchschauen, denn es handelt sich um ganz unterschiedliches Material, und der Verfasser bewertet ein und dasselbe historische Ereignis häufig verschieden, je nachdem, zu welchem Zeitpunkt er es betrachtet. Man spürt auch, daß die verschiedenen Kapitel des Buches zu unterschiedlicher Zeit anhand vorliegender Materialien und Einschätzungen zusammengestellt wurden, die damals gerade gültig waren. Die hier und da in den Text eingeschobenen Gedanken aus heutiger Sicht bestätigen nur, daß es sich in der Tat so verhält. Zuweilen verwirrt das den Leser. Darüber sollte er sich aber nicht wundern. Darin kommt nur – gewollt oder ungewollt – zum Ausdruck, daß Wladimir Semjonow ein komplizierter, widersprüchlicher und vorsichtiger Charakter war. Er war ein Kind und ein Produkt seiner Zeit, sehr typisch für sie und doch von ganz eigener Prägung. Diese Zeit war dynamisch und faszinierend, zugleich aber auch grausam und hart. Wladimir Semjonow kam 1939 in die Politik, als rundherum Köpfe rollten, ganz gleich, ob man recht oder unrecht hatte. Dieser Kahlschlag schuf die Grundlage dafür, daß eine ganze Plejade neuer, bislang völlig unbekannter Sterne der sowjetischen Diplomatie aufging – Gromyko, Semjonow, Podzerob, Smirnow, Zarapkin, Dobrynin … Sie begriffen durchaus, was vorging, und waren dem Schicksal möglicherweise sogar dankbar dafür, daß es die Dinge so gefügt hatte. Zugleich aber hatten sie die eiserne Regel zu beherzigen, bei Strafe des Untergangs stets loyal zur Führung zu stehen, was auch immer diese tat, nicht zu zweifeln und nicht zu widersprechen, sondern stets danach zu streben, die gestellte Aufgabe so gut wie möglich zu erfüllen. Von ihnen wurde die Bereitschaft erwartet, Freunde, Familie, Gesundheit und persönliche Interessen »für die Sache« zu opfern, heute für falsch zu erklären, was sie gestern noch vertreten und gepriesen hatten, sich vor allem aber stets davor zu hüten, als zu selbständig zu erscheinen. Diese steinerne Rückgratlosigkeit war ein Ergebnis der Repressalien von Ende der dreißiger Jahre. Dies war das Gesetz des Überlebens und des Erfolgs, das letzten Endes die KPdSU und die Sowjetunion auch zugrundegerichtet hat. Für viele war das Befolgen dieses Gesetzes jedoch tiefes inneres Bedürfnis, jenes bewußte persönliche Opfer, das sie zu geben bereit waren, um ihr Ideal siegen zu sehen. Ein Opfer, das nicht allen gestattet war und nicht von allen gefordert wurde, sondern vor allem von den Auserwählten.

Wladimir Semjonow war überzeugter Kommunist. Sein Leben lang befaßte er sich auf professionellem Niveau mit der marxistisch-leninistischen Theorie. Für ihn gab es keinen Zweifel, daß er auserwählt und verpflichtet war, auch danach zu handeln. Von Natur aus schlau und vorsichtig, war er stets bemüht, sich von den Intrigen in den höchsten Etagen der Macht fernzuhalten. Wenn das Kräfteverhältnis nicht klar war, riet er stets, sich auf die Formel von der Unterstützung der »Linie des ZK« zurückzuziehen, der Linie, die letzten Endes triumphierte. Da er viel weitblickender war als manches Mitglied des Politbüros, wußte er natürlich, daß es weder in zehn, noch in fünfzig Jahren gelingen werde, einen Kommunismus nach dem Prinzip »Jeder nach seinen Fähigkeiten, jedem nach seinen Bedürfnissen« aufzubauen. Ihm war klar, daß die ideologischen Grundsätze der Partei dringend verändert werden mußten, daß es galt, dogmatische Utopien aufzugeben und auf den Boden der Realität zurückzukehren. In der Führung der Partei sah er jedoch keine Staatsmänner, die dazu in der Lage gewesen wären, sondern bestenfalls mehr oder weniger gebildete Administratoren. Bei all dem war Semjonow keine Kämpfernatur und sprach seine Gedanken höchstens indirekt aus, indem er sie als Aufforderung zur schöpferischen Weiterentwicklung des Marxismus tarnte.

Das war jedoch nur die eine Seite seiner Persönlichkeit. Er, der sich in allen »ernsten« politischen und staatlichen Angelegenheiten strikt an die offizielle Linie hielt, konnte es sich in Bereichen, die der Politik fernlagen, nicht versagen, als eigenwillig und originell zu erscheinen. Die größte Distanz von der Politik hatten für ihn Musik und Malerei. Entgegen der offiziellen Auffassung demonstrierte er seine Begeisterung für moderne Musik, abstrakte Malerei und die Avantgardisten unter den Künstlern überhaupt. Er unterstützte sie, wobei er klug kalkulierte, man werde ihm dies verzeihen und wegen einiger Bilder oder Noten gegen ihn, einen loyalen Verfechter der Linie der Partei, keine Affäre inszenieren. Damit sollte er recht behalten. Die Beamten des Ministeriums für Kultur, die in der Hierarchie weit unter ihm standen, zogen es in Streitfällen vor, Semjonow recht zu geben oder sich zumindest »wegen irgendeines Bildes oder Konzertes« nicht mit ihm anzulegen. Das schuf um Wladimir Semjonow in den Augen der künstlerischen Intelligenz die gewisse Oreole eines Beschützers der Dissidenten und eines heimlichen Oppositionellen, der er natürlich niemals war. Als begeisterter Sammler brauchte er Verbindungen zur Welt der Künstler und der Künste. Die Bildersammlung, die er aufbaute, erregte Aufsehen in unserem Kulturleben. Sie erwies sich schließlich auch als die weiseste Anlage seiner ungewöhnlichen Talente, Fähigkeiten, Kenntnisse und seiner Lebenserfahrung. Von seiner Sammlung konnte er stundenlang sprechen. Aber in seinem Buch schweigt er sich darüber fast aus. Kam er nicht mehr dazu, konnte oder wollte er sie nicht erwähnen?

Der Verfasser war ein komplizierter Mensch. Unter diesem Blickwinkel muß man die Kapitel des Buches lesen, die nach Inhalt, handelnden Personen und psychologischer Atmosphäre ganz unterschiedliche Perioden der sowjetischen Geschichte behandeln. Innerhalb jedes Kapitels scheint alles mehr oder weniger logisch und abgerundet. Aber nur auf den ersten Blick. Zwischen den Kapiteln klaffen dagegen Lücken und eröffnen sich schreiende Widersprüche. Berija und dessen Linie in der Deutschlandfrage werden verurteilt. Jedoch sandte man 1953 keinen anderen als Wladimir Semjonow in die DDR, um eben diese Linie durchzusetzen. Wenn man dem glauben kann, was er selbst erzählte, hatte er den Auftrag, die Übergabe der eben mit seiner aktiven Mithilfe geschaffenen und offenbar nicht lebensfähigen DDR für eine ansehnliche Gegenleistung vorzubereiten. Die Unruhen, zu denen es im Sommer jenes Jahres in der DDR kam und die unterdrückt werden konnten, lenkten jedoch die Entwicklung in eine andere Richtung. Sie spielten eine wichtige Rolle beim Sturz Berijas, zugleich aber auch bei der Rettung und Konsolidierung der DDR. Wladimir Semjonow steuerte durch all diese stürmischen Wendungen der Ereignisse wie ein geschickter Kanute in einem reißenden, gefährlichen Wildwasser. Er schwamm mit dem Strom, bremste zuweilen, beschleunigte aber zumeist den Lauf der Dinge. Gegen den Strom wandte er sich niemals. Hätte er es überhaupt gekonnt?

Nach der Lektüre der entsprechenden Kapitel bleibt vieles unklar. Das Aufgeben der DDR hätte die Wiedervereinigung Deutschlands bedeutet, für die sich der Verfasser in seinem Buch mehrmals ausspricht. War also Berija im Recht, als er diese Richtung einschlug? Warum hatte man dann aber im Jahre 1949 die DDR gegründet und dafür die gesellschaftlichen Strukturen Ostdeutschlands durch Bodenreform, Enteignung der Naziverbrecher und den Aufbau eines separaten Systems von Parteien und gesellschaftlichen Organisationen radikal verändert? Das war Stalins Linie gewesen. Ging Berija gegen sie an? Konnte er dies allein tun?

Welche Rolle spielten dabei Molotow und Malenkow? Welche Position nahm schließlich Semjonow selbst ein?

Aus früheren Gesprächen mit ihm weiß ich, daß die aufsehenerregende Initiative der UdSSR vom März 1952, als sie gesamtdeutsche Wahlen und die Vereinigung Deutschlands vorschlug, von Berija inspiriert war. Wladimir Semjonow hatte sie unterstützt und gegenüber Stalin als einen klugen politischen Schachzug verteidigt, der den Westen in der nationalen Frage in die Enge treiben sollte. Dabei konnte man in keinem Falle etwas verlieren, denn nach Erkenntnissen der sowjetischen Aufklärung waren die Westmächte keinesfalls geneigt, eine Destabilisierung der eben gegründeten Bundesrepublik und ein wachsendes Neutralitätsstreben Deutschlands zuzulassen. Sie bekamen von Adenauer die Zusicherung, daß er auf keine sowjetischen Kompromißvorschläge zur Wiedervereinigung eingehen werde. Die Aufklärung konnte aber auch irren. Viele Mitglieder des Politbüros hielten eine derartige Initiative der Sowjetunion für zu riskant. Stalin gab dem Experiment schließlich seinen Segen, warnte aber, bei einem Mißerfolg werde er die Schuldigen zur Verantwortung ziehen. Danach konnten die Initiatoren dieses Vorschlages nicht mehr zurück, und die Aktion begann. Wladimir Semjonow erzählte, er habe damals viele schlaflose Nächte verbracht. Schließlich vertraute er sich seinem Schicksal an und tröstete sich mit dem originellen Argument: »Hinter uns liegen so viele Gräber... Was ist schon dabei, wenn noch eines, mein eigenes, hinzukommt? Wenn es gelingt, wird es ein großer Erfolg...« Adenauer ließ die sowjetische Aufklärung und Wladimir Semjonow nicht im Stich. Sie hatten sich Stalins Vertrauens würdig erwiesen.

Alle diese unverständlichen Manöver um die deutsche Einheit, alle diese Widersprüche im Politbüro des ZK der KPdSU(B) mußte zumindest einer außerordentlich kritisch und mit größter Abneigung sehen. Das war Walter Ulbricht. Er konnte keinem Plan zur Übergabe der DDR etwas abgewinnen. Er hatte zweifellos viele Fehler und war in seiner Umgebung nicht übermäßig beliebt, aber in dieser Frage mußte er konsequent bleiben und den Moskauer Intrigen entgegenwirken. Nicht umsonst heißt es, das erste Mal habe Ulbricht die Grenze in Berlin bereits Ende 1952 schließen wollen. Etwa zu dieser Zeit schrieb Wladimir Semjonow seinen

Brief an Stalin, in dem er Ulbrichts Tätigkeit negativ bewertete. Man kann kaum annehmen, daß dies seine persönliche Initiative war. Irgendwer hatte ihn von oben dazu angeregt und seine Hand geführt. Die wahrscheinlichste Variante ist, daß auch gegen Ulbricht ein Prozeß nach dem Muster der Verfahren gegen Slansky, Kostoff und Rajk vorbereitet wurde. Stalin wies den Brief auf jeden Fall nicht zurück, was sehr bezeichnend ist. Im Gegenteil, Wladimir Semjonow wurde auf Stalins Datscha in Anwesenheit der obersten Führung hofiert. Stalins Rat, gegenüber Ulbricht die Erziehungsarbeit zu verstärken, hatte keine Bedeutung, denn in derartigen Dingen war Stalin äußerst verschlossen und hinterhältig. Zugleich verstand Wladimir Semjonow genau, daß Stalins Wunsch, den Bauern in Ostdeutschland bis zu 100 Hektar Boden zu belassen und die Entnazifizierungskampagne einzustellen, einen verborgenen Wink enthielt. Jemand sollte Stalin etwas vorschlagen, was er nicht auf eigene Initiative vorbringen wollte. Hier galt es, die Hintergründe zu erraten und richtig zu kalkulieren.

Zu Stalins Lebzeiten gelang Semjonow dies mehrmals. Später geschah es seltener, aber er versuchte es immer wieder. Wie dem auch sei, der Teil seiner Memoiren, der sich auf die Zeit von 1949 bis 1953 bezieht, ist zweifellos sehr interessant. Stalin trieb ihn und Tschuikow offenbar gegen Berija. Semjonow hatte Furcht, den Ball anzunehmen. Danach folgte Stalins Anklage gegen Molotow und Mikojan, sie seien Spione. Wladimir Semjonow konnte oder wollte uns nicht alles berichten, was er wußte oder sich zusammenreimen konnte.

Als Nikita Chruschtschow an die Macht kam, wurde die sowjetische Politik gegenüber der DDR wieder bestimmter. Man nahm Kurs auf die allseitige Stärkung der DDR, was bedeutete, daß die auf die Vereinigung Deutschlands gerichteten Motive zwar erst nach und nach, aber doch eindeutig abgebaut wurden. Wladimir Semjonow schreibt darüber mit einem kritischen Unterton, der andeutet, ihm habe nicht der Sinn danach gestanden, an der Durchsetzung dieser Linie aktiv mitzuwirken. So berichtet er auch nicht von seiner Rolle bei der Ausarbeitung des sogenannten Berlin-Ultimatums Chruschtschows und bei den Vorbereitungen zur Schließung der Grenze in Berlin im Jahre 1961. Wahrscheinlich wollte er diese Episode nach der Vereinigung Deutschlands nicht mehr erwähnen. Das ist bedauerlich, denn hier könnte Wladimir Semjonow in der Tat viel Interessantes berichten. Die Geschichte kann aber auch durch Verschweigen nicht mehr verändert oder korrigiert werden. Die Dokumente zur Deutschlandpolitik der UdSSR in jener Zeit tragen seine Handschrift. Streng genommen war er in jener Etappe, die über zehn Jahre währte, der Mann, der die konkrete Politik gegenüber Deutschland praktisch formulierte. Das tat er, bis sich Gromyko persönlich der Deutschlandfrage annahm und beschloß, sich auf Falin zu stützen, Semjonow aber mit dem Nahen Osten und den Entwicklungsländern zu betrauen. Später sandte er ihn zu den langandauernden und verantwortungsvollen Verhandlungen mit den USA über die Atomwaffen, fern von Moskau.

Jedoch bis zu den SALT-Verhandlungen ließ sich Wladimir Semjonow sein geliebtes deutsches Steckenpferd nicht nehmen. Er war Inspirator der Linie, die Abgrenzung zwischen den beiden deutschen Staaten voranzutreiben, jede Erwähnung der Wiedervereinigung aus der Verfassung, aus anderen politischen Beschlüssen und Gesetzesakten der DDR zu entfernen. Er begründete beharrlich die Theorie, in der DDR entstünde eine eigene sozialistische deutsche Nation. Zuweilen schien es, Wladimir Semjonow habe heimliche Freude daran gehabt, die Politiker der SED in diesen Fragen zu übertreffen und vorwärtszutreiben – zum großen Ärger Walter Ulbrichts, dem Semjonows Konstruktionen zu geradlinig und künstlich erschienen. Immerhin hatte Ulbricht mehrmals die Gelegenheit genutzt, dem ehemaligen Hohen Kommissar zu zeigen, wer nun Herr im Hause war. Semjonow wußte genau, was Subordination und Disziplin in der Partei bedeuteten, weshalb er gegenüber dem Ersten Sekretär des ZK der SED auch stets Loyalität und Respekt demonstrierte. Das half ihm allerdings nichts. Zu den Verhandlungen mit den deutschen Freunden in Berlin fuhr er mit wachsendem Widerwillen. Davon jedoch in seinem Buch kein Wort. Daß man ihm schließlich die deutschen Dinge aus der Hand nahm, ist nicht zuletzt auch damit zu erklären, daß die Führung der DDR, die in der sozialistischen Gemeinschaft an Kraft und Ansehen gewann, es nicht länger mit denen zu tun haben wollte, die ihr am Anfang des Weges Befehle und Aufträge erteilt hatten.

Gegen Ende des Buches wird der Strom der Erinnerungen immer schwächer und flacher, zeigt sich deutlich, daß dem Autor nicht mehr der Sinn danach stand, die Vorgänge detailliert zu beschreiben und zu analysieren. In diesen Jahren folgte er in seiner praktischen Tätigkeit offenbar dem Beispiel seines ersten Vorgesetzten, des Botschafters in Litauen, Posdnjakow, »über die großen Linien der Politik zu wachen«, die konkreten Dinge aber Untergebenen und Experten zu überlassen. In dem Kapitel über die ersten sowjetisch-amerikanischen Verhandlungen zur Begrenzung der Atomwaffen werden wir eine Darstellung der dort erörterten Probleme, der Ziele der sowjetischen und der amerikanischen Diplomatie oder eine Erläuterung der gefundenen Lösungen vergeblich suchen. Wie der Autor richtig schreibt, wurden diese vom Generalstab und von Viktor Karpow vorbereitet, während der sowjetische Delegationsleiter selbst sich nicht übermäßig darin vertiefte. Das war ein ganz bewußtes Verhalten, das Wladimir Semjonow auch mir empfahl, als er mich zu den Verhandlungen über die Atomwaffen mittlerer Reichweite nach Genf verabschiedete. Ich sollte mich nicht in die Lösungen einmischen, die die Militärs vorschlugen, brauchte dann aber auch keine Verantwortung dafür zu tragen.

Wladimir Semjonow sah seine Hauptaufgabe darin, die Verhandlungen allgemein zu dirigieren, das Vorgehen der in der Delegation vertretenen Institutionen und Dienste zu koordinieren sowie die oberste Führung zu bewegen, je nachdem, wie sich die Gesamtumstände gestalteten, die entsprechenden Beschlüsse zu fassen. Wenn nötig, konnte er allerdings den Partner auch unter Druck setzen, wie das z. B. bei einer Begegnung mit Gerald Smith in Kärnten geschah. Diese Taktik führte zum Erfolg. Vereinbarungen mit den USA über Atomwaffen waren nun für Moskau kein Tabu mehr. Diese revolutionäre Wende ist in nicht geringem Maße ein Verdienst Wladimir Semjonows. Zugleich erreichte er damit aber auch, daß in der nachfolgenden Verhandlungsetappe eine »Gesamtleitung«, wie er sie ausgeübt hatte, nicht mehr notwendig war. Der sowjetischen Delegation stand nun der Kenner der Materie Viktor Karpow vor, Wladimir Semjonow aber schickte man als Botschafter nach Bonn. Das war allerdings nicht mehr das Jahr 1955, als man ihm diesen Posten zum ersten Mal angeboten hatte.

Nach Abschluß der Ostverträge waren hier nicht mehr viel Lorbeeren zu verdienen. Alles, was noch an Neuem zu tun war, hatte bereits Valentin Falin getan. Willy Brandt, dem Breshnew so viel Sympathie entgegenbrachte, war vom Sockel gestürzt und hatte keine Chance, je wieder dorthin zurückzukehren. Zu dem Pragmatiker Helmut Schmidt fand die sowjetische Führung kein rechtes Verhältnis. Ähnlich ging es auch Wladimir Semjonow, der sich allerdings auch nicht allzu sehr darum bemühte. Bedeutsame Schritte in der Politik hatte er nicht vorzuschlagen, und Schmidt liebte es nicht, mit anderen über allgemeine Themen zu philosophieren, es sei denn, er tat es selbst. Während Schmidts Kanzlerschaft war die Hauptfrage in den Beziehungen zwischen der UdSSR und der Bundesrepublik Deutschland der Streit über die sowjetischen SS-20- die amerikanischen Pershing-2-Raketen und die Marschflugkörper. Der Interessenkonflikt war nicht zu umgehen. Man hätte die Führung der UdSSR davon überzeugen müssen, das Programm zur Aufstellung der SS-20 einzustellen, um eine Zuspitzung zu vermeiden. Das hätte aber bedeutet, mit den sowjetischen Militärs und mit Gromyko, der sie vorbehaltlos unterstützte, in Konflikt zu geraten. Wladimir Semjonow wußte, daß Breshnew krank und schwach war und man nicht auf ihn setzen konnte. Deshalb beschränkte er sich darauf, die zunehmende Verärgerung Moskaus über Schmidt abzumildern, indem er heimlich hoffte und in seinen Telegrammen auch andeutete, der Kanzler könnte bereit sein, seine ursprüngliche Position zur Stationierung der amerikanischen Raketen in der Bundesrepublik zu revidieren. Das bestätigte sich jedoch nicht. Schmidt blieb bei seiner Haltung, bis die Koalitionsregierung zerfiel, er sich mit der eigenen Partei überworfen hatte und zurücktreten mußte.

Was blieb dem sowjetischen Botschafter in der Bundesrepublik zu tun? Er mußte sich bemühen, die politische Substanz der Beziehungen nach Möglichkeit zu erhalten und auf den Feldern praktische Zusammenarbeit zu entwickeln, wo dies möglich erschien. Das galt vor allem für zwei Bereiche – die Wirtschaft und die Kultur. Dort wurde Wladimir Semjonow auch aktiv. Es ist ärgerlich, daß er darüber sehr wenig geschrieben hat. Auf jeden Fall unverdient wenig für die sieben Jahre, die er in Bonn verbrachte. Wahrscheinlich fand er dafür einfach nicht mehr die Kraft.

Dieses Buch erscheint zum 50. Jahrestag der Beendigung des Zweiten Weltkrieges. Wladimir Semjonow setzt einen besonderen Akzent auf die Bedeutung des Kriegsendes und schreibt darüber sehr engagiert. Er hat recht, wenn er sagt, daß das Ende und nicht der Anfang die Krönung jeder Sache ist. Deshalb sollte auch vor allem die Schlußphase des Krieges mit ihren Ergebnissen Beachtung finden und viel weniger die ersten Monate, die für die Sowjetunion und die gesamte Antihitlerkoalition am schwersten waren. In der Geschichtsschreibung sind nach seiner Auffassung die Gewichte unzulässig verschoben worden, was bis heute das Bild dieses enorm wichtigen Ereignisses in der Geschichte der Menschheit in falschem Licht erscheinen läßt.

Diese Problemstellung zeugt nicht nur von genauer Beobachtungsgabe, sondern darin liegt auch ein tiefer politischer Sinn. Wladimir Semjonow polemisiert gegen jene, die die Vorgänge um die Entstehung des Krieges immer wieder aufwärmen, weil sie im Grunde genommen die Geschichte umschreiben wollen. Auf derartige Schritte folgen in der Regel Versuche, ihre Ergebnisse entsprechend der neuen Situation und dem neuen Kräfteverhältnis zu verändern. Derartige Versuche sind niemals zu vermeiden, tragen jedoch stets den Keim neuer Widersprüche und Erschütterungen in sich.

Eben dieser Aspekt beunruhigte Wladimir Semjonow offenbar sehr. Vor seinen Augen zerfiel die Welt von Jalta und Potsdam, verschwand das Kind seiner aktivsten und glücklichsten Jahre – die DDR, brach seine Heimat, die Sowjetunion, in Stücke und stürzte in den Abgrund einer tiefen Krise, flammten wie in einer Kettenreaktion Kriege in Europa auf. Mit all dem fertig zu werden, fiel nicht nur Semjonow schwer. Aber er blieb sich selbst treu: Den bereits abgetretenen Politikern Michail Gorbatschow und Alexander Jakowlew sandte er bissige Bemerkungen hinterher, fand dann aber positive Worte für Boris Jelzin. »Was wirklich ist, ist auch vernünftig, solange es wirklich ist.« Boris Jelzin herrscht über Rußland. Wladimir Semjonow kann seine Memoiren nicht fortschreiben. Er hat uns nur noch zum Abschied sagen können, daß die Wolken sich verziehen werden...

Juli Kwizinski, Bonn, im Februar 1995

Kurzbiographie Wladimir S. Semjonow

Geboren 1911 in Kirsanow, Tambower Gebiet, in der Familie eines Lokführers

Studium am Institut für Philosophie, Literatur und Geschichte (IFLI) in Moskau

Lehrer für Marxismus-Leninismus in Rostow/Don

1939 von Molotow ins Volkskommissariat für Auswärtige Angelegenheiten (NKID) geholt (großer Bedarf an diplomatischem Nachwuchs wegen Stalinscher Säuberungen auch im außenpolitischen Bereich)

1939–1940 Botschaftsrat an der Botschaft der UdSSR in Litauen

1940–1941 Botschaftsrat an der Botschaft der UdSSR in Berlin

1941–1942 Leiter der III. Europäischen Abteilung (Deutschland, Skandinavien, Baltikum) im NKID

1942–1945 Botschaftsrat an der sowjetischen Botschaft in Stockholm unter Alexandra Kollontai

1945–1946 stellvertretender Politischer Berater, 1946–1949 Politischer Berater des Chefs der Sowjetischen Militäradministration in Deutschland

1949–1953 Politischer Berater der Sowjetischen Kontrollkommission in Deutschland

1953 Leiter der III. Europäischen Abteilung im Außenministerium (MID) der UdSSR

1953–1954 Hochkommissar der UdSSR in Deutschland, danach Botschafter in der DDR

1954–1955 Leiter der III. Europäischen Abteilung im MID der UdSSR

1955–1978 Stellvertretender Außenminister der UdSSR

1969–1978 Leiter der sowjetischen Delegation bei den SALT-I-Verhandlungen mit den USA in Helsinki, Wien und Genf

1978–1986 Botschafter der UdSSR in der Bundesrepublik Deutschland, danach pensioniert

1992 in Köln verstorben

Die Autoren

Juli A. Kwizinski
Geb. 28. 9. 1936 in Rzhew, Jugend in Sibirien, Schulabschluß in Moskau 1953. 1953-1959 Studium im Moskauer Institut für internationale Beziehungen. 1968 Promotion über »Die rechtliche Lage Westberlins«. 1959-1965 Attaché, Botschaftssekretär der UdSSR in der DDR, 1965-1978 Ministerium für Auswärtige Angelegenheiten in Moskau, 1978-1981 Gesandter der UdSSR in Bonn, 1981-1983 Leiter der sowjetischen Delegation bei INF-Verhandlungen mit den USA in Genf als Sonderbotschafter (Nukleare Mittelstreckenwaffen), 1985-1986 Leiter der Gruppe Weltraumwaffen bei sowjetisch-amerikanischen Verhandlungen in Genf, 1986-1990 Botschafter der Sowjetunion in der Bundesrepublik Deutschland, 1990-1991 Stellvertretender Außenminister der Sowjetunion, 1992 Leiter der Gruppe der Chefberater des Planungsstabes des Außenministeriums Rußlands. Seit 1992 Vizepräsident der Außenpolitischen Assoziation Rußlands und deren Vertreter in Bonn. Im April 1993 ist sein Buch »Vor dem Sturm« im Siedler-Verlag Berlin erschienen.

Peter Strunk
Geb. 1955, studierte an der Freien Universität Berlin Geschichte, Politische Wissenschaften und Publizistik, war 1981/82 Visiting Scholar an der Stanford University und promovierte 1989 über Pressekontrolle und Propagandapolitik der Sowjetischen Militäradministration in Deutschland (SMAD). Seit 1988 arbeitet er in der Industrie im Bereich der Öffentlichkeitsarbeit. Veröffentlichte u. a. 1991 einen Aufsatz über Aufbau, Struktur und Funktionsweise des politischen Kontrollapparates der SMAD.

Register

Abakumow, Viktor Semjonowitsch (1894–1954) 170, 281
1946–1951 Minister für Staatssicherheit der UdSSR, 1954 zum Tode verurteilt und erschossen

Abrassimow, Pjotr Andrejewitsch (geb. 1912) 332
1962–1971 und 1975–1983 Botschafter der UdSSR in der DDR

Achromejew, Sergej Fjodorowitsch (1923–1991) 360, 363
Marschall der Sowjetunion, 1984–1988 Generalstabschef der Streitkräfte der UdSSR, militärischer Berater Michail Gorbatschows, nach dem Augustputsch 1991 Tod durch Selbstmord

Ackermann, Anton (Hanisch, Eugen) (1905–1973) 170
1935 Kandidat des Politbüros der KPD, 1945 Rückkehr aus der UdSSR nach Deutschland; Vertreter der These vom besonderen deutschen Weg zum Sozialismus, 1950 Kandidat des Politbüros der SED, 1953 gemaßregelt

Adenauer, Konrad (1876–1967) 13, 16, *183*, 258, 268 ff., 305, 308, 382, 392
Gründungsmitglied der CDU, seit 1917 Oberbürgermeister von Köln, 1933 aus allen Ämtern entlassen, 1949–1963 Bundeskanzler der Bundesrepublik Deutschland; 1950–1966 Bundesvorsitzender der CDU

Adomas (Meskupas, Izkas) (1907–1942) 117
Funktionär der KP Litauens, 1940–1941 Zweiter Sekretär der Partei

Adshubej, Alexej Iwanowitsch (geb. 1924) 306
Schwiegersohn Nikita Chruschtschows, 1959–1964 Chefredakteur der Zeitung »Iswestija«

Alexander I. (1777–1825) 54, 194
1801–1825 Zar von Rußland

Alexander III. Alexandrowitsch (1845–1894) 202
1881–1894 Zar und Kaiser von Rußland

Alexander Newski (1220–1263) 206
Russischer Fürst, Feldherr

Alexandrow, Andrej Michailowitsch   51, 53, 141
Sowjetischer Journalist, Mitarbeiter des KGB; in den 40er Jahren TASS-Korrespondent in Stockholm

Alexejew, Nikolai Nikolajewitsch   (1914–1980)   342, 355, 357
Marschall der Sowjetunion, 1970 Stellvertretender Verteidigungsminister der UdSSR, Mitglied der Verhandlungsdelegation bei den SALT-I-Gesprächen

Amer, Abdel Hakim   (geb. 1919)   317, 319
Marschall, 1953 Kriegsminister Ägyptens, 1958 Oberkommandierender der Streitkräfte

Andersen Nexö, Martin   (1869–1954)   135 f.
Dänischer Schriftsteller

Andronow, N. I.   373
Sowjetischer Maler

Andropow, Juri Wladimirowitsch   (1914–1984)   312, 336, 339 ff., 342, 357
1973 Mitglied des Politbüros der KPdSU, 1967–1982 Vorsitzender des KGB, 1982–1984 Generalsekretär des ZK der KPdSU, 1983 Vorsitzender des Präsidiums des Obersten Sowjets der UdSSR

Anikin, Alexander Sergejewitsch   (1917–1970)   337
Sowjetischer Diplomat

Antipenko, Nikolai Alexandrowitsch   (geb. 1901)   163, 197
Sowjetischer General, im Zweiten Weltkrieg Chef der Rückwärtigen Dienste der 1. Belorussischen Front, nach 1945 in derselben Funktion bei der Gruppe der Sowjetischen Besatzungsstreitkräfte in Deutschland (GSBD)

Antonow, Alexej Innokentjewitsch   (1896–1962)   163
Armeegeneral, seit Ende 1942 Erster Stellvertreter, seit Februar 1945 Chef des Generalstabs der sowjetischen Streitkräfte, seit April 1946 wieder stellvertretender Generalstabschef, später andere Dienststellungen

Antonow, Alexander Stepanowitsch   (1885–1922)   29
Russischer Sozialrevolutionär, führte 1920 einen Bauernaufstand im Tambower Gebiet gegen die Sowjets, fiel dabei 1922

Arshannikow, N. A.   359
Sekretär des Komitees für Staatspreise der UdSSR

Awaldujew, Alexander   297 f.
Sowjetischer Diplomat, 1953 Rat an der Botschaft in Berlin

Bagramjan, Iwan Christoforowitsch   (1897–1982)   162
Marschall der Sowjetunion, seit 1958 zeitweilig Stellvertretender Verteidigungsminister der UdSSR

Bahr, Egon 369
Deutscher Journalist und Politiker, 1972–1974 Bundesminister für besondere Aufgaben, 1974–1976, Bundesminister für wirtschaftliche Zusammenarbeit

Balfour, Arthur George 144
Britischer Diplomat, in den 40er Jahren Geschäftsträger in der UdSSR

Bazanow, Boris 305, 361
Sowjetischer Politiker, Deutschlandexperte, persönlicher Mitarbeiter Alexej Kossygins

Bebel, August (1840–1913) 124
Deutscher Politiker, maßgeblicher Mitbegründer der Sozialdemokratischen Arbeiterpartei 1869

Beethoven, Ludwig van (1770–1827) 230, 376, 380
Deutscher Komponist

Belezki, I. I. 103
Generaloberst, Mitglied der sowjetischen Verhandlungsdelegation bei den SALT-II-Gesprächen

Bereshkow, Valentin Michailowitsch (geb. 1916) 86, 90, 92, 108
Sowjetischer Diplomat, Dolmetscher Stalins bei den Konferenzen von Teheran, Jalta und Potsdam

Berija, Lawrenti Pawlowitsch (1899–1953) 11, 13f., 16, 54, 74, 98, 119, 164, 170f., 209f., 214f., 247, 279, 281, 286ff., 294ff., 298f., 358, 391ff.
Marschall der Sowjetunion, 1938–1946 Volkskommissar für Innere Angelegenheiten, 1946 Stellvertretender Vorsitzender des Ministerrats der UdSSR, 1953 zum Tode verurteilt und erschossen

Berkeley, George (1685–1753)
Englischer Philosoph und Theologe

Bernadotte, Jean Baptiste Jules (1763–1844) 131
Marschall von Frankreich, seit 1818 als Karl XIV. König von Schweden

Bersarin, Nikolai Erastowitsch (1904–1945) 198, 222, 225
Generaloberst, 1945 Kommandeur der 5. Stoßarmee der Roten Armee, am 24. April 1945 zum Ersten sowjetischen Stadtkommandanten von Berlin ernannt, Mai 1945 Tod durch Verkehrsunfall

Bessmertnych, Alexander Alexandrowitsch (geb. 1933) 334
Sowjetischer Diplomat, 1990–1991 Außenminister der UdSSR

Best, Karl Werner 144
Reichsbevollmächtigter in Dänemark während des Zweiten Weltkriegs

Bismarck, Otto Fürst von (1815–1898) 52, 90, 216, 236, 378
Preußisch-deutscher Staatsmann, 1871–1890 Reichskanzler des Deutschen Reiches

Blatow, Anatoli Iwanowitsch (geb. 1914) 297f.
Sowjetischer Diplomat, 1972–1982 Berater Leonid Breshnews

Bobkow, Filip Denissowitsch 381
Stellvertretender Vorsitzender des KGB

Bokow, Fjodor Jefimowitsch (1904–1984) 222ff., 245, 255, 273f., 381
Sowjetischer General, 1945 – Ende 1946 Mitglied des Militärrats der SMAD und der GSBD

Böll, Heinrich (1917–1985) 288
Deutscher Schriftsteller

Bolz, Lothar 255
Deutscher Politiker, Rechtsanwalt, bis 1972 Vorsitzender der Nationaldemokratischen Partei Deutschlands (ehemalige DDR)

Borodulin 83f.
1940/41 Leiter der sowjetischen Handelsvertretung in Berlin

Boukhali 320
Bis 1964 Vorsitzender der KP Algeriens

Boumedienne, Houari (1927–1978) 320f.
1965 Staatschef Algeriens, Generalsekretär der FLN, 1977 Staatspräsident

Brandt, Willy (1913–1992) *189*, 275, 369, 396
Deutscher Politiker

Brecht, Bertolt (1898–1956) 271
Deutscher Dichter, Dramatiker, Theatertheoretiker und Regisseur

Breshnew, Leonid Iljitsch (1906–1982) *186*, 312, 321, 333, 336, 338, 341f., 343, 345, 352ff., 359ff., 379, 396
Marschall der Sowjetunion, 1964–1982 Erster Sekretär bzw. Generalsekretär des ZK der KPdSU, 1960–1964 und 1977–1982 Vorsitzender des Präsidiums des Obersten Sowjets (Staatsoberhaupt) der UdSSR

Bscher, Thomas 382
Deutscher Bankier, Persönlich haftender Gesellschafter der Sal. Oppenheim jr. & Cie.

Buchwitz, Otto (1879–1964) 275
Sozialdemokratischer Politiker, 1946 Mitbegründer der SED, Mitglied des Parteivorstandes bzw. des ZK der SED

Budjonny, Semjon Michailowitsch (1883–1973) 35
Marschall der Sowjetunion, 1919–1920 Kommandeur der ersten Reiterarmee, 1924–1937 Inspektor der Kavallerie der Roten Armee, 1940 Stellvertretender Volkskommissar für Verteidigung, seit 1941 hohe Kommandoposten in der Roten Armee

Bülow, Bernhard von (1849–1929) 114
Deutscher Politiker und Reichskanzler

Bulganin, Nikolai Alexandrowitsch (1895–1975) 13, *183*, 305, 313
1948–1958 Mitglied des Präsidiums, bzw. des Politbüros des ZK der KPdSU, 1955–1958 Vorsitzender des Ministerrates der UdSSR

Busch, Ernst (1900–1980) 271
Antifaschistischer Schauspieler und Sänger

Canaris, Wilhelm (1887–1945) 138, 145
Admiral, 1938 Chef des Amtes Ausland/Abwehr im OKW, 1945 im KZ Flossenburg hingerichtet

Christians, F. Wilhelm (geb. 1922) 383 f.
1963 Mitglied, 1976–1987 Sprecher des Vorstands der Deutschen Bank AG, 1987 Mitglied, seit 1991 Vorsitzender des Aufsichtsrats der Deutschen Bank AG

Chruschtschow, Nikita Sergejewitsch (1894–1971) 13 f., 16, *183*, 276, 281, 289 ff., 294 ff., 302 ff., 309, 312 f., 318, 322, 325 f., 333, 393
1939–1964 Mitglied des Politbüros bzw. Präsidiums des ZK der KPdSU, 1953–1964 Erster Sekretär des ZK der KPdSU, 1958–1964 Vorsitzender des Ministerrates der UdSSR

Churchill, Sir Winston (1874–1965) 121, 142 f., 165, 252
1940–1945 und 1951–1955 britischer Premierminister, Teilnehmer an den Konferenzen von Teheran, Jalta und Potsdam

Clark Kerr, Archibald (1885–1951) 141, 147
Britischer Diplomat, in den 40er Jahren Botschafter in der UdSSR

Clausewitz, Carl Philipp Gottfried von (1780–1831) 128, 167, 293
Preußischer General und Militärtheoretiker

Clauß, Edgar (Klaus, Josif Itsikowitsch) (1879–1946) 138 ff., 145, 148
Doppelagent im Zweiten Weltkrieg, arbeitete für Deutschland und die Sowjetunion

Clay, Lucius Dubignon (1897–1978) 264
General der US-Army, 1947–1949 amerikanischer Militärgouverneur in Deutschland, 1965 Schatzmeister der Republikanischen Partei

Cvirka, Pjatras (1909–1947) 58
Litauischer Schriftsteller

Dahlem, Franz (1892–1981) 227, 239, 282
Funktionär der KPD und SED, 1939–1945 KZ-Haft, 1946–1953 Mitglied des Parteivorstandes bzw. des Politbüros der SED, 1953 gemaßregelt, 1956 rehabilitiert

Davout, Louis Nicolas (1770–1823) 54
Marschall von Frankreich unter Napoleon I.

Dante, Alighieri (1265–1321) 285, 376
Italienischer Dichter

Dekanosow, Wladimir Georgiewitsch 74, 90, 93, 96f., 117, 144f.
Seit 1938 Leiter der Auslandsabteilung des Volkskommissariats für Innere
Angelegenheiten (NKWD-Sicherheitsbehörde), 1940–1941 Botschafter in
Deutschland

Dieckmann, Johannes (1893–1969) *182*, 228
1945 Mitbegründer der LDPD in der Sowjetischen Besatzungszone,
1949–1969 Präsident der Volkskammer der DDR

Dimitroff, Georgi (1882–1949) 156, 158f., 217
Bulgarischer Politiker, 1935–1943 Generalsekretär der Kommunistischen
Internationale, 1946–1949 Ministerpräsident Bulgariens

Dirksen, Herbert von (1882–1955) 114
Deutscher Diplomat, 1928–1939 Botschafter in Moskau, Tokio und
London

Dobroljubow, Nikolai Alexandrowitsch (1836–1861) 285
Russischer Philosoph, Literaturkritiker und revolutionärer Demokrat

Dobrynin, Anatoli Fjodorowitsch (geb. 1919) 334, 348, 370, 389
1962–1986 Botschafter der UdSSR in den USA, 1986–1988 Sekretär des ZK
der KPdSU

Dönhoff, Marion Hedda Ilse Gräfin von (geb. 1909) 369
Deutsche Publizistin, 1968–1972 Chefredakteurin der Wochenzeitung
»Die Zeit«

Dratwin, Michail Iwanowitsch 212
1945–1947 Stabschef der SMAD, 1947–1949 Stellvertretender Oberster
Chef der SMAD

Drewin, A. D. 380
Russischer Maler

Dubrowski, Dimitri Georgewitsch 225
Generalmajor, 1945–1949, stellvertretender Chef für Zivilangelegenheiten
der sowjetischen Militärversammlung in Sachsen

Dulles, Allan W. (1893–1969) 143
Amerikanischer Politiker, 1939–1945 Resident des amerikanischen Nach-
richtendienstes OSS in Europa, 1953–1961 Leiter des CIA

Dulles, John Foster (1888–1959) 269, 308
1953–1959 Außenminister der USA

Ebert, Friedrich (1894–1979) 275
1946 Mitglied des Parteivorstandes der SED, 1948–1967 Oberbürgermeister von Ost-Berlin

Eden, Robert Anthony, Earl von Avon (1897–1977) 121, 143
Britischer konservativer Politiker, 1935–1938, 1940–1945 und 1951–1955 Außenminister, 1955–1957 Premierminister Großbritanniens

Einstein, Albert (1879–1955) 284
Physiker, Begründer der Relativitätstheorie

Eisenhower, Dwight D. (1890–1969) 163, 209, 214f.
Amerikanischer Militär und Politiker, 1941–1945 Oberbefehlshaber der amerikanischen Truppen in Europa, 1953–1961 Präsident der USA

Eisler, Hanns (1898–1962) 271
Deutscher Komponist

Ellison *187*, 364
Amerikanischer Militär, Mitglied der Verhandlungsdelegation zu den SALT-I-Gesprächen

Engels, Friedrich (1820–1895) 44, 103, 238, 277, 284
Deutscher Sozialpolitiker und Philosoph

Erhard, Ludwig (1897–1977) 320, 384
Politiker, 1949–1963 Bundeswirtschaftsminister, 1963–1966 Bundeskanzler der Bundesrepublik Deutschland

Falin, Valentin (geb. 1926) 7, 15, 305, 394, 396
1971–78 sowjetischer Botschafter in Bonn

Faruk I. (1920–1965) 316
1936–1952 König von Ägypten, 1952 gestürzt durch einen Aufstand des »Komitees der freien Offiziere«

Filippow, Iwan F. 109
Sowjetischer Journalist, 1941 TASS-Korrespondent in Berlin

Filjow, A. I. 362
Sowjetischer Diplomat, Experte bei den SALT-I-Gesprächen

Fok, Wladimir Alexandrowitsch (1898–1974) 284
Sowjetischer Physiker auf dem Gebiet der Quantenmechanik

Friedeburg, Hans-Georg von (1895–1945) 172
Generaladmiral, letzter Oberbefehlshaber der Kriegsmarine, unterzeichnete am 8. Mai 1945 die bedingungslose Kapitulation Hitlerdeutschlands in Karlshorst

Furtwängler, Wilhelm (1886–1954) 376
Deutscher Dirigent und Komponist

Garthoff 351, 364
Exekutivsekretär der amerikanischen Verhandlungsdelegation bei den SALT-I-Gesprächen

de Gaulle, Charles (1890–1970) 160, 270, 321
Führer des französischen Widerstandes gegen Hitlerdeutschland, 1945–1946 und 1958–1969 Präsident der Französischen Republik

Gedvilas 76
1940 Ministerpräsident Litauens

Genscher, Hans-Dietrich (geb. 1927) *190*, 372
Deutscher Politiker, 1969–1974 Bundesminister des Innern, 1974–1992 Bundesaußenminister

Gheorghiu-Dej, Gheorghe (1901–1965) 217
1945–1965 Generalsekretär bzw. Erster Sekretär des ZK der Rumänischen KP, 1952–1955 Ministerpräsident, 1961–1965 Vorsitzender des Staatsrates

Gmursinskaja, Antonina 382
Russische Galeristin in Köln

Goebbels, Joseph Paul (1897–1945) 89, 101, 229
1933–1945 Reichspropagandaminister, 1945 Tod durch Selbstmord

Goethe, Johann Wolfgang von (1782–1832) 206, 216, 378
Deutscher Dichter

Goglidse, Sergej Arsenjewitsch 298
Stellvertretender Minister für Staatssicherheit der UdSSR unter Berija bis 1953

Gogol, Nikolai Wassiljewitsch (1809–1852) 33, 285
Russischer Schriftsteller

Goldwater, Barry Morris (geb. 1909) 347
Amerikanischer Politiker, Senator der Republikanischen Partei, 1964 Präsidentschaftskandidat

Göring, Hermann (1893–1946) 89, 158, 161, 229, 247
Reichsmarschall, 1933–1945 Preußischer Ministerpräsident, 1935 Oberbefehlshaber der Luftwaffe und Reichsluftfahrtminister, 1946 in Nürnberg als Hauptkriegsverbrecher zum Tode verurteilt, Selbstmord am 15. Oktober 1946

Gorbatschow, Michail (geb. 1931) 360, 385, 397
1985 Generalsekretär der KPdSU, 1988–1990 Vorsitzender des Präsidiums des Obersten Sowjets, März 1990–1992 Staatspräsident der UdSSR

Gorschenin 247
1945 Generalstaatsanwalt der UdSSR

Götting, Gerald (geb. 1923) 228
Seit 1949 Generalsekretär der CDU in der DDR, 1966–1989 Vorsitzender

der CDU, stellvertretender Vorsitzender des Staatsrates, 1969–1976 Präsident der Volkskammer

Gottwald, Klement (1896–1953) 217
1929 Generalsekretär des ZK der KPČ, 1945–1953 Vorsitzender der KPČ, 1948–1953 Präsident der Tschechoslowakischen Republik

Gretschko, Andrej Antonowitsch (1903–1976) 294, 297, 341, 346 f., 353
Marschall der Sowjetunion, 1953–1957 Oberkommandierender der GSSD, 1960 Oberkommandierender der Streitkräfte der Länder des Warschauer Vertrages, 1967–1976 Verteidigungsminister der UdSSR

Grinewski, Oleg Alexejewitsch (geb. 1930) 343, 355
Sowjetischer Diplomat, 1983–1986 Leiter der Delegation bei den Wiener Abrüstungsverhandlungen

Gromyko, Andrej Andrejewitsch (1909–1989) 14 f., 122, 173, *190*, 291, 312, 324 ff., 333 f., 341 f., 346, 361, 365, 368, 389, 394, 396
1957–1985 Außenminister der UdSSR, 1985–1988 Vorsitzender des Präsidiums des Obersten Sowjets (Staatsoberhaupt) der UdSSR

Gromyko, Anatoli Andrejewitsch (geb. 1932) 332
Sohn Andrej Gromykos, 1976 Direktor des Institutes für Afrika der Akademie der Wissenschaften der UdSSR

Grotewohl, Otto (1894–1964) *182*, 226, 231, 237, 254, 258, 267, 271, 274 f., 282, 294 f. 300 f.
1945–1946 Vorsitzender der SPD in der Sowjetischen Besatzungszone, seit 1946 gemeinsam mit Wilhelm Pieck Vorsitzender der SED, 1949–1964 Ministerpräsident der DDR

Günter, Christian Ernst (1886–1966) 135
1939–1945 Außenminister Schwedens

Gussew, Fjodor Tarassowitsch (1905–1987) 143, 173
Sowjetischer Diplomat, 1943–1946 Botschafter in Großbritannien, 1946–1952 stellvertretender Außenminister der UdSSR, 1956–1962 Botschafter in Schweden

Haile Selassie I. (1892–1975) 322
1930–1974 Kaiser von Äthiopien

Hansson, Per Albin (1885–1946) 133
Sozialdemokratischer schwedischer Politiker, 1932–1946 Ministerpräsident Schwedens

Harriman, William Averell (1891–1986) 141, 194, 329
Amerikanischer Diplomat, 1943–1946 Botschafter in der UdSSR, 1946–1948 Handelsminister, 1963–1965 stellvertretender Außenminister

Hassan II. (geb. 1929) 322
Seit 1961 König von Marokko

Hegel, Georg Wilhelm Friedrich (1770–1831) 25
Deutscher Philosoph

Hermes, Andreas (1878–1964) 243
1945 Mitbegründer und Vorsitzender der CDU in der Sowjetischen Besatzungszone, Ende 1945 abgesetzt und Flucht in den Westen, 1948–1954 Präsident des Deutschen Bauernverbandes in der Bundesrepublik

Herzen, Alexander Iwanowitsch (1812–1870) 34, 128, 285
Russischer Revolutionär, Schriftsteller, Philosoph und Publizist

Heß, Rudolf (1894–1987) 104
Seit 1933 Stellvertreter Hitlers in der NSDAP, 1941 Flug nach Schottland, bis Kriegsende dort interniert, 1946 in Nürnberg zu lebenslanger Haft verurteilt, Tod durch Selbstmord im Gefängnis

Hickmann, Hugo 241
1945 Präsident der Landesverwaltung von Sachsen/Anhalt

Himmler, Heinrich (1900–1945) 72, 138
Reichsführer SS, 1945 Tod durch Selbstmord

Hitler, Adolf (1889–1945) 61ff., 67, 73, 75, 80, 82, 87ff., 95, 97ff., 101f., 104, 106, 110ff., 137ff., 145f., 158f., 163, 165f., 172, 216, 229, 236, 241, 293, 378
»Führer« und Reichskanzler des Deutschen Reiches, am 30. April 1945 Tod durch Selbstmord

Homann, Heinrich (geb. 1911) 228
Major der Wehrmacht, 1948 Mitbegründer der NDPD, seit 1952 Stellvertretender, 1972–1989 Vorsitzender der NDPD, 1960–1989 stellvertretender Vorsitzender des Staatsrates der DDR

Horthy, Miklos (1868–1957) 89, 118
Admiral, 1920–1944 Reichsverweser, Diktator Ungarns

Ibárruri, Dolores (geb. 1895) 217
Spanische Politikerin, bekannte Kämpferin gegen die Franco-Diktatur, 1942–1960 Generalsekretärin der KP Spaniens, 1960–1967 Vorsitzende der Partei

Iljitschow, Iwan Iwanowitsch (geb. 1905) 164
Sowjetischer Militär und Diplomat, in den 40er Jahren Leiter der Militäraufklärung der Roten Armee, 1963–1966 Leiter der III. Europäischen Abteilung des Außenministeriums

Iljitschow, Leonid Fjodorowitsch (geb. 1906) 276, 297
1961–1965 Sekretär des ZK der KPdSU, danach stellvertretender Außenminister der UdSSR

Iwan I. Danilowitsch (1304–1340) 30
Fürst von Moskau und Großfürst von Wladimir

Jakowlew, Nikolai Nikolajewitsch 334, 397
Sowjetischer Historiker

Jaroslawski, Jemeljan Michailowitsch (Gubelman, Minej Israiljewitsch) (1878–1943) 54
1917 einer der Organisatoren der Oktoberrevolution in Petrograd, 1921–1923 Sekretär des ZK der KPR(B)

Jelzin, Boris Nikolajewitsch (geb. 1931) 175, 374, 377, 397
Funktionär der KPdSU, 1986–1988 Kandidat des Politbüros des ZK, seit 1991 Präsident der Russischen Föderation

Jodl, Alfred (1890–1946) 101, 166
Generaloberst, 1939–1945 Chef des Führungsstabes der Wehrmacht, 1946 als Hauptkriegsverbrecher zum Tode verurteilt und hingerichtet

Joffe, Abram Fjodorowitsch (1880–1960) 284
Sowjetischer Physiker, einer der Schöpfer der sowjetischen Wasserstoffbombe (1953)

Johnson, Herschel 146 ff.
Amerikanischer Diplomat, in den 40er Jahren Botschafter in Schweden

Judin, Pawel Fjodorowitsch (1899–1968) 291 f.
Sowjetischer Philosoph und Diplomat, 1953 stellvertretender Hochkommissar in Deutschland

Jungen, Peter 383 f.
Mitarbeiter des Bundeswirtschaftsministers der Bundesrepublik Otto Graf Lambsdorff

Kaganowitsch, Lasar Moissejewitsch (1893–1990) 257
1930–1957 Mitglied des Politbüros bzw. des Präsidiums des ZK der KPdSU

Kalinin, Michail Iwanowitsch (1875–1946) 37, *178*
1919–1946 nominelles Staatsoberhaupt der UdSSR

Kaltenbrunner, Ernst (1903–1946) 139, 145, 227, 247
SS-Obergruppenführer, 1943 Chef des Reichssicherheitshauptamtes, 1946 in Nürnberg als Hauptkriegsverbrecher zum Tode verurteilt und hingerichtet

Karajan, Herbert von (1908–1989) 229
Österreichischer Dirigent, 1955–1989 Chefdirigent der Berliner Philharmoniker

Karl XII. (1682–1718) 130
König von Schweden

Karl XIII. (1748–1818) 131
König von Schweden und Norwegen

Karpow, Viktor Pawlowitsch (geb. 1929) 343, 355, 362, 395
Sowjetischer Diplomat, 1978 Chefunterhändler der sowjetischen Seite bei den Verhandlungen zu SALT II, 1985–1989 Leiter der sowjetischen Delegation bei den sowjetisch-amerikanischen Abrüstungsverhandlungen in Genf

Kautsky, Karl (1854–1938) 124, 135
Österreichischer Politiker, enger Mitarbeiter von Friedrich Engels

Kawtaradse, Sergej Iwanowitsch (1885–1975) 119
Georgischer Revolutionär, mit Stalin in der Verbannung, 1941–1945 Stellvertretender Volkskommissar für Auswärtiges der UdSSR, 1945–1952 Botschafter in Rumänien

Keitel, Wilhelm (1882–1946) 72, 89, 101, 144, 166, 172, *178*
Generalfeldmarschall, 1938–1945 Chef des OKW, 1946 in Nürnberg als Hauptkriegsverbrecher zum Tode verurteilt und hingerichtet

Kekkonen, Urho Kaleva (1900–1986) 149, *185*
1950–1956 Ministerpräsident, 1956–1981 Präsident Finnlands

Keldysch, Mstislaw Wsewolodowitsch (geb. 1911) 286, 341, 355, 359
Sowjetischer Mathematiker, Präsident der Akademie der Wissenschaften der UdSSR

Kennan, George Frost (geb. 1904) 330
Amerikanischer Diplomat und Historiker, Rußlandexperte, 1952 Botschafter der USA in der UdSSR

Kennedy, John Fitzgerald (1917–1963) 14, 324ff.
1961–1963 Präsident der USA, 1963 in Dallas ermordet

Kennedy, Robert Francis (1925–1968) 328
Bruder John F. Kennedys, 1961–1964 Justizminister, 1968 ermordet

Kerenski, Alexandr Fjodorowitsch (1881–1970) 205
Russischer Politiker

Kirilenko, Andrej Pawlowitsch (1906–1990) *186*, 333, 336, 342, 352f.
1962–1982 Mitglied des Präsidiums bzw. des Politbüros und Sekretär des ZK der KPdSU

Kirsanow, Alexander Wladimirowitsch (1905–1984) 225
1945–1949 Chefredakteur der Zeitung der SMAD »Tägliche Rundschau«

Kischilow, Nikolai Sergejewitsch 355, 364
Sowjetischer Diplomat, Sekretär der Verhandlungsdelegation zu den SALT-I-Gesprächen

Kisseljow, Jewgeni Dmitriewitsch (1908–1963) 50, 82
Sowjetischer Diplomat

Kissinger, Henry Alfred   (geb. 1923)   350, 363
Amerikanischer Politiker und Politologe, 1973–1977 Außenminister der USA

Kleist, Bruno Peter   137ff., 140ff., 145ff.
Deutscher Spion in Schweden in Diensten Himmlers

Kobulow, Bogdan Sacharowitsch   (1894–1953)   298f.
Lange Jahre Chef der GULAG (Lagerhauptverwaltung) im NKWD bzw. im Ministerium für Staatssicherheit der UdSSR

König Michael I.   (geb. 1921)   137
1927–1930 und 1940–1947 König von Rumänien

König Gustav V.   (1858–1950)   131
1907–1950 König von Schweden

Kohl, Helmut   (geb. 1930)   *190*, 370
1973 Bundesvorsitzender der CDU, seit 1982 Bundeskanzler der Bundesrepublik Deutschland

Kolesnitschenko, Iwan Sasonowitsch   225
1945–1949 Chef der SMA in Thüringen

Kollontai, Alexandra Michailowna   (1872–1952)   119, 123ff., 129ff., 134, 137, 139, 144, 146ff., 153, 155f., 388
Sowjetische Politikerin und Diplomatin, Kampfgefährtin Lenins, 1930–1945 Sowjetische Gesandte bzw. Botschafterin in Schweden, danach Beraterin des sowjetischen Außenministeriums

Kondraschow, Sergej Antonowitsch   342
Vertreter des KGB in der Verhandlungsdelegation bei den SALT-I-Gesprächen

Konew, Iwan Stepanowitsch   (1897–1973)   11, 162, 164ff., 169, 195, 197ff., 214, 299
Marschall der Sowjetunion, 1945 Oberbefehlshaber der 1. Ukrainischen Front, 1956–1960 Oberkommandierender der Vereinten Streitkräfte des Warschauer Vertrages und Erster Stellvertreter des sowjetischen Verteidigungsministers, 1961–1962 Oberkommandierender der GSSD

Kornejtschuk, Alexander Jewdokimowitsch   (1905–1972)   119
Sowjetischer Dramatiker und Politiker, 1959 Vorsitzender des Präsidiums des Obersten Sowjets der Ukrainischen Sowjetrepublik

Kornienko, Georgi Markowitsch   (geb. 1925)   334, 355
Sowjetischer Diplomat, 1977–1986 Erster Stellvertreter des Außenministers der UdSSR

Koroljow, Sergej Pawlowitsch   (1907–1966)   286
Sowjetischer Raketenkonstrukteur, Vater der sowjetischen Weltraumfahrt

Korotkow, A. M. 109
Sowjetischer Diplomat, 1941 an der Botschaft in Berlin tätig

Koslowski, Iwan Semjonowitsch (geb. 1900) 160
Sowjetischer lyrischer Tenor

Kossygin, Alexej Nikolajewitsch (1904–1980) *184, 187,* 252, 322, 333, 336, 360 f.
1948–1952 Mitglied des Politbüros der KPdSU, 1964–1980 Vorsitzender des Ministerrates der UdSSR

Kostakis, Georgiu 380 f.
Russisch-griechischer Geschäftsmann und Kunstsammler

Kotikow, Alexander G. (geb. 1902) 225
Sowjetischer Generalmajor, 1946–1949 Militärkommandant des Sowjetischen Sektors von Berlin

Kowal, Konstantin Iwanowitsch 225
1945 stellvertretender Chef der SMAD, zuständig für Wirtschaftsfragen

Kowaljow, Anatoli Gawrilowitsch (geb. 1923) *185,* 295, 297, 305
1971–1986 stellvertretender Außenminister der UdSSR, danach Erster Stellvertreter des Außenministers

Kowalski, B. 335
Sowjetischer Genetiker

Krause 104 f.
1941 Gauleiter der NSDAP in Niederschlesien

Kreisky, Bruno (1911–1990) *189*
Österreichischer Politiker, 1970–1983 Bundeskanzler der Republik Österreich

Krėvė-Mickevičius, Vincas (1882–1954) 76
Litauischer Schriftsteller, 1940 Außenminister Litauens

Krings, Josef (geb. 1926) 384
1975 Oberbürgermeister von Duisburg

Kurassow, Wladimir Wassiljewitsch (1897–1973) 207 f.
Generaloberst, 1945–1949 Stabschef der SMAD

Kurotschkin, Pawel Alexejewitsch (1900–1989) 29
Sowjetischer General, 1946–1947 Erster stellvertretender Oberster Chef der SMAD

Kurtschatow, Igor Wassiljewitsch (1903–1960) 173, 286
Sowjetischer Kernphysiker, Vater der sowjetischen Atombombe

Kusnezow, Alexej Alexandrowitsch (1905–1949) 153, 287, 379
1945–1946 Erster Sekretär des Stadt- und Gebietskomitees Leningrad der KPdSU, 1946–1949 Sekretär des ZK, 1949 im Zusammenhang mit der

»Leningrader Affäre« unter falscher Anschuldigung zum Tode verurteilt und erschossen

Kusnezow, Nikolai Gerassimowitsch   (geb. 1902)   100
Vizeadmiral, 1939–1946 Volkskommissar für die Seekriegsflotte der UdSSR, 1951–1953 Minister der Seekriegsflotte

Kusnezow, Pawel Warfolomejewitsch   (1878–1968)   379
Russisch-sowjetischer Maler

Kusnezow, Wassili Wassiljewitsch   (1901–1986)   312
Sowjetischer Politiker und Diplomat, 1977–1986 Erster Stellvertreter des Vorsitzenden des Präsidiums des Obersten Sowjets

Kutusow, Michail Illarionowitsch   (1745–1813)   167, 196, 208
General-Feldmarschall, russischer Heerführer, seit August 1812 Oberbefehlshaber im Vaterländischen Krieg gegen Napoleon

Kwizinski, Juli   (geb. 1936)   7, 188
Sowjetischer Politiker und Diplomat

Lambsdorff, Otto Graf von   (geb. 1926)   *191*, 384
Liberaler Politiker, 1977–1984 Wirtschaftsminister der Bundesrepublik, 1988 Vorsitzender der FDP

Larionow, Michail Fjodorowitsch   (1881–1964)   376
Russischer Maler, Grafiker und Bühnenbildner

Lattre de Tassigny, Jean-Marie Gabriel de   (1889–1952)   215
Marschall von Frankreich, 1945 Oberkommandierender der französischen Truppen in Deutschland

Lawrow, Iwan Michailowitsch   109
1941 sowjetischer Korrespondent in Berlin

Lemeschew, Sergej Jakowlewitsch   (geb. 1902)   303
Sowjetischer Tenor

Lenin, Wladimir Ilijtsch   (1870–1924)   30 ff., 36 ff., 43 f., 102, 104, 114 f., 124 ff., 175, 202 ff., 236, 244, 248, 277 f., 283 f., 303, 307, 314
Russisch-sowjetischer Politiker

Lermontow, Michail Jurjewitsch   (1814–1841)   34
Russischer Dichter

Liebknecht, Karl   (1871–1919)   52, 272
Deutscher Politiker

Leuschner, Bruno   (1910–1965)   258
1952–1961 Vorsitzender der Staatlichen Plankommission der DDR, 1958–1965 Mitglied des Politbüros des ZK der SED

Liesen, Klaus   (geb. 1931)   383
Vorstandsvorsitzender der Ruhrgas AG

Ligatschow, Jegor Kusmitsch (geb. 1920) 384
Sowjetischer Politiker, 1985 – 1990 Mitglied des Politbüros des ZK der KPdSU

Lincoln, Abraham (1809–1865) 328 f.
1861–1865 Präsident der USA

Litwinow, Maxim Maximowitsch (Wallach, Max) (1876–1951) 9, 126 f., 140
1930–1939 Volkskommissar für Auswärtige Angelegenheiten der UdSSR, 1941–1946 Stellvertretender Volkskommissar, 1941–1943 Botschafter der UdSSR in den USA

Losowski (Dridso, Solomon Abramowitsch) (1878–1952) 96, 118
1939–1946 stellvertretender Volkskommissar für Auswärtige Angelegenheiten, verstarb 1952 im Gefängnis

Ludwig, Peter (geb. 1925) *192*, 373 ff.
Deutscher Unternehmer und Kunstsammler

Mägerle, Karl 99 f.
NS-Journalist, 1941 Chefkommentator des »Völkischen Beobachter«

Maiski, Iwan Michailowitsch (1884–1975) 121, 140, 161
Sowjetischer Diplomat, 1932–1943 Botschafter der UdSSR in Großbritannien, 1943–1946 stellvertretender Volkskommissar für Auswärtige Angelegenheiten

Malenkow, Georgi Maximilianowitsch (1902–1988) 11 ff., 40, 128, *183*, 223 f., 257, 283 f., 287 ff., 296, 392
1938 Sekretär Stalins, 1946–1957 Mitglied des Politbüros bzw. Präsidiums des ZK der KPdSU, 1953–1955 Vorsitzender des Ministerrates der UdSSR, 1957 aus dem Präsidium, 1961 aus der Partei ausgeschlossen

Maletin, Pawel Andrejewitsch 225
1945–1948 Leiter der Finanzverwaltung der SMAD

Malewitsch, Kasimir Sewerinowitsch (1878–1935) 379 f.
Russisch-sowjetischer Maler und Kunsttheoretiker

Malyschew, Wjatscheslaw Alexandrowitsch (1902–1957) 164
1940–1944 stellvertretender Vorsitzender des Rates der Volkskommissare und des Nationalen Verteidigungsrates der UdSSR, 1941–1946 Volkskommissar für den Panzerbau, später andere Ministerämter, 1953 stellvertretender Vorsitzender des Ministerrates der UdSSR

Marr, Nikolai Jakowlewitsch (1865–1934) 283 f.
Sowjetischer Archäologe und Sprachwissenschaftler

Marschak, Samuil Jakowlewitsch (1887–1964) 303
Sowjetischer Dichter, Kinderbuchautor und Übersetzer

Marx, Karl (1871–1919) 44, 124, 174, 229
Deutscher Politiker

Matsuoka, Yosuke (1880–1946) 89, 97
1940–1941 Außenminister Japans, 1946 als Hauptkriegsverbrecher zum
Tode verurteilt und hingerichtet

Meir, Golda 311
Israelische Politikerin, 1956–1965 Außenministerin, 1969–1974 Ministerpräsidentin

Merezkow, Kirill Afanassjewitsch (1897–1968) 153
Marschall der Sowjetunion, 1940–1941 Generalstabschef der Roten
Armee, Stellvertretender Volkskommissar für Verteidigung

Merkis 60, 63 f., 73
1939 litauischer Regierungschef

Merkulow, Wsewolod Nikolajewitsch (1900–1953) 74
1943–1946 Chef des NKWD bzw. des Ministeriums für Staatssicherheit
der UdSSR

Meschik, Pawel Jakowlewitsch 171, 214
In den 40er Jahren stellvertretender Chef der Spionageabwehr im NKWD

Mieželaitis, Eduardas (geb. 1919) 58
Litauischer Dichter

Mikojan, Anastas Iwanowitsch (1895–1978) 11, 194, 197 ff., 287, 289, 310, 340, 393
Sowjetischer Politiker, 1935–1964 Mitglied des Politbüros des ZK der
KPdSU, 1955–1966 Erster Stellvertreter des Vorsitzenden des Ministerrates der UdSSR, 1964–1965 Vorsitzender des Präsidiums des Obersten
Sowjets

Mjasnikow, A. F. 282
Sowjetischer Kardiologe

Modigliani, Amedeo (1884–1920) 380
Italienischer Maler und Bildhauer

Molotow (Skrjabin), Wjatscheslaw Michailowitsch (1890–1986) 9 ff., 14, 18, 35 f., 48 f., 51 ff., 55, 61, 64 f., 69, 72, 81, 83 ff., 89 ff., 100, 102 f., 114 ff., 118 f., 122, 131 f., 141, 143, 146, 156, 160 ff., 164, 171, *178*, 214 f., 217 ff., 230 f., 235, 239, 246 ff., 250, 257, 278, 287 ff., 294 ff., 305, 307, 310 ff., 388, 392 f.
1926–1952 Mitglied des Politbüros der ZK der KPdSU, 1931–1941 Vorsitzender des Rates der Volkskommissare, 1939–1949 und 1953–1956 Volkskommissar bzw. Minister für Auswärtige Angelegenheiten der UdSSR, 1957–1960 Botschafter in der Mongolei, 1960–1961 Sowjetischer Vertreter bei der Internationalen Atomenergieagentur

Molotschkow, Fjodor Fjodorowitsch (geb. 1906)
1940–1950 und 1955–1969 Protokollchef des sowjetischen Außenministeriums

Montgomery, Bernard Law (1887–1976) 209, 215
Britischer Feldmarschall, 1945–1946 Oberbefehlshaber der britischen Besatzungstruppen in Deutschland und Mitglied des Alliierten Kontrollrates

Mozart, Wolfgang Amadeus (1756–1791) 380
Österreichischer Komponist

Mrawinski, Jewgeni Alexandrowitsch (1903–1988) 154, 229
Sowjetischer Dirigent, Leiter der Leningrader Philharmonie

Müller, Vincenz (1894–1961) 256
General der Wehrmacht, 1948 Mitbegründer und Stellvertretender Vorsitzender der NDPD, 1952 Vizepräsident der Volkskammer, 1956–1958 stellvertretender Verteidigungsminister der DDR, Genralleutnant der NVA

Murphy, Robert Daniel (1894–1978) 159, 164, 221
Amerikanischer Diplomat, 1944–1949 Politischer Berater des amerikanischen Oberkommandierenden in Deutschland, 1953–1959 stellvertretender Außenminister der USA

Mussolini, Benito (1883–1945) 89
1922–1943 Faschistischer Diktator in Italien, 1943–1945 Staatschef der Republik von Salò, 1945 von italienischen Partisanen erschossen

Myrdal, Karl Gunnar (1898–1987) 134
Schwedischer sozialdemokratischer Politiker, 1945–1947 Handelsminister

Nagib, Ali Mohammed (1901–1984) 316
Ägyptischer General, 1952 beteiligt am Sturz der Monarchie und danach Ministerpräsident, 1953–1954 Staatspräsident

Napoleon I. (Napoleon Bonaparte) (1769–1821) 54, 131, 157, 203, 207, 1804–1814/15 Kaiser von Frankreich

Narimanbekow 373
Sowjetischer Maler

Nasser, Gamal Abd el (1918–1970) 316ff.
Ägyptischer Militär und Staatsmann, 1954–1970 Präsident Ägyptens bzw. der Vereinigten Arabischen Republik

Nehru, Jawaharlal (1889–1964) 318
Indischer Staatsmann, 1947–1964 Ministerpräsident Indiens

Nėris, Salomėja (1904–1945) 58
Litauische Dichterin

Nesterowa, N. 373

Sowjetische Malerin

Nikitin, K. N. 65
Sowjetischer Diplomat, 1939 Botschafter in Estland

Nikituschew, N. I.
In den 40er Jahren sowjetischer Militärattaché in Schweden

Nikolaus II. Alexandrowitsch (1868–1918) 59
1894–1917 Zar von Rußland

Nitze, Paul (geb. 1907) 148, *185*, *187*, 363f.
Amerikanischer Politiker, 1981–1983 Leiter der Delegation bei den Verhandlungen über atomare Abrüstung in Genf

Nixon, Richard M. (1913–1993) *186*, 344f., 347, 363
Republikanischer Politiker, 1969–1974 Präsident der USA, 1974 Rücktritt als erster Präsident der USA nach der Watergate-Affäre

Nowikow, Kirill Wassiljewitsch (geb. 1905) 121, 122f.
Sowjetischer Diplomat

Nuschke, Otto (1883–1957) 228, 296
1945 Mitbegründer der CDU in der Sowjetischen Besatzungszone, 1948–1957 Vorsitzender der Partei, stellvertretender Vorsitzender des Ministerrates der DDR

Obuchow, Alexej Alexandrowitsch (geb. 1937) 343, 352, 355
Sowjetischer Diplomat, 1986 Leiter der Komplexdelegation zu den Verhandlungen über atomare Abrüstung in Genf

Ogarkow, Nikolai Wassiljewitsch (geb. 1917) *185*, 344, 355
Marschall der Sowjetunion, 1977–1984 Chef des Generalstabes der Streitkräfte der UdSSR

Oshima, Hiroshi 97
Japanischer Diplomat und General, 1940–1941 Botschafter in Deutschland

Paasikivi, Juho Kusti (1870–1956) 149f.
1944–1946 Ministerpräsident, 1946–1956 Staatspräsident Finnlands

Pahlevi, Mohammed Reza Schah (1919–1980) 314f.
1941–1979 Schah des Iran, 1979 durch islamische Revolution gestürzt

Paleckis, Justas Ignowitsch (geb. 1899) 58, 76, 79
Litauischer Publizist und Politiker, 1940 Ministerpräsident Litauens, danach Vorsitzender des Präsidiums des Obersten Sowjets Litauens

Papen, Franz von (1879–1969) 143
Deutscher Politiker und Diplomat, 1932 Reichskanzler, 1933–1934 Vizekanzler, 1939–1944 Botschafter in der Türkei

Pastuchow 155, 287

1948 Dritter Sekretär des Leningrader Stadtkomitees der KPdSU

Patolitschew, Nikolai Semjonowitsch (1908-1989) 40
1941-1986 Mitglied des ZK der KPdSU, 1957-1958 Erster Stellvertretender Außenminister, 1958-1985 Minister für Außenhandel der UdSSR

Paul, Rudolf (1893-1978) 240f.
1945/46 Präsident der Landesverwaltung, 1946/47 Ministerpräsident von Thüringen, 1947 Übertritt in den Westen

Paulus, Friedrich (1890-1957) 229
Generalfeldmarschall, 1943 Kapitulation bei Stalingrad, Oktober 1953 Rückkehr nach Deutschland (Dresden)

Pawlow, Wladimir Nikolajewitsch 86, 90, 92
Sowjetischer Diplomat, persönlicher Dolmetscher Stalins

Pegow, Nikolai Michailowitsch (geb. 1905) 320
Sowjetischer Diplomat, Botschafter im Iran, in Algerien und Indien

Perwuchin, Michail Georgiewitsch (1904-1978) 40
1952-1957 Mitglied, 1957-1961 Kandidat des Präsidiums des ZK der KPdSU, 1958-1961 Botschafter in der DDR

Peter I. (Peter der Große) Piotr Alexejewitsch (1672-1752) 48, 202
Zar und Kaiser von Rußland (Zar seit 1682, Kaiser sei 1721)

Petrow, Iwan Jefimowitsch (1896-1958) 165, 172
Armeegeneral, im April 1945 Stabschef der 1. Ukrainischen Front unter Iwan Konew

Pieck, Wilhelm (1876-1960) *181f.*, 199, 217. 225f., 231, 237, 254, 258, 266f., 270ff., 282, 295
1935-1946 Vorsitzender der KPD, 1946-1960 Vorsitzender der SED, 1949-1960 Präsident der DDR

Pilsudski, Józef Klemens (1867-1935) 59
Polnischer Politiker, Marschall, 1918-1922 und 1926-1935 Präsident Polens

Pissarew, Dmitri Iwanowitsch (1840-1868) 285
Russischer Publizist, Literaturkritiker und revolutionärer Demokrat

Plechanow, Georgi Valentinowitsch (1856-1918) 124f., 139
Theoretiker und Führer der russischen Arbeiterbewegung

Pleschakow, Pjotr Stepanowitsch (geb. 1922) 355
Elektronikfachmann, 1974 Minister für die Radioindustrie

Podgorny, Nikolai Viktorowitsch (1903-1983) 186f., 322, 341
1960-1977 Mitglied des Präsidiums bzw. des Politbüros des ZK der KPdSU, 1965-1977 Vorsitzender des Präsidiums des Obersten Sowjets der UdSSR

Podzerob, Boris Fjodorowitsch (geb. 1910)   55, 389
Persönlicher Mitarbeiter Molotows

Pokarklis   58, 76f.
In den 30er Jahren Staatsanwalt von Kaunas (Litauen)

Popkow, Pjotr Sergejewitsch   (1903–1950)   288
1946–1949 Sekretär des Leningrader Gebietskomitees der
KPdSU, 1950 im Zusammenhang mit der »Leningrader Affäre« unter
falscher Anschuldigung zum Tode verurteilt und erschossen

Popowa, Ljubow Sergejewna   (1889–1924)   380
Russische Malerin, Grafikerin, Bühnenbildnerin und Textilgestalterin

Popowa, Nina Wassiljewna   (geb. 1908)   303
1945–1956 Vorsitzende des Komitees der Sowjetfrauen

Posdnjakow, Nikolai Georgiewitsch   57f., 61, 64, 68f., 72, 395
Sowjetischer Diplomat, 1939 Botschafter in Litauen

Poskrjobyschew, Alexander Nikolajewitsch   (1891–1965)   161, 163, 231
1928–1953 einer der persönlichen Sekretäre Stalins

Potjomkin, Wladimir Petrowitsch   (1878–1946)   48, 52
Seit 1922 diplomatische Tätigkeit, 1937–1940 Erster Stellvertreter des
Volkskommissars für Auswärtige Angelegenheiten der UdSSR, Historiker

Prokofjew, Sergej Sergejewitsch   (1891–1953)   384
Russisch-sowjetischer Komponist, Pianist und Dirigent

Puschkin, Alexander Sergejewitsch   (1799–1837)   34, 218, 285
Russischer Dichter, Stammvater der neuen russischen Literatur

Puschkin, Georgi Maximowitsch   (1909–1963)   30, 33f., 50
1949–1952 sowjetischer Diplomat, 1954–1958 Botschafter der UdSSR in
der DDR, 1952–1953, 1959–1963 stellvertretender Außenminister der
UdSSR

Rasin   138, 141
Mitarbeiter des NKWD, in den 40er Jahren als Diplomat in Schweden

Rastakis   76
1939–1940 litauischer Innenminister

Rathenau, Walther   (1867–1922)   187, 203
Deutscher Politiker und Industrieller, 1922 Außenminister in der Weimarer Republik, am 24. Juni 1922 in Berlin ermordet

Rau, Heinrich   (1899–1961)   258
Funktionär der KPD, Kommandeur der Internationalen Brigaden im
Spanischen Bürgerkrieg, 1950–1961 Mitglied des Politbüros des ZK der
SED, Leitung verschiedener Ministerien der DDR

Ribbentrop, Joachim von (1893–1946) 51, 59 ff., 71, 75, 89 f., 93 f., 97, 108, 114, 137 ff., 142, 144 ff., *178*, 247
1938–1945 Reichsaußenminister, 1946 in Nürnberg als Hauptkriegsverbrecher zum Tode verurteilt und hingerichtet

Richter, Swjatoslaw Teofilowitsch (geb. 1915) 229
Sowjetischer Pianist

Robertson, Sir Brian Hubert (geb. 1896) 264
Britischer General, 1947–1950 Oberkommandierender der britischen Besatzungstruppen in Deutschland, 1949–1950 Britischer Hoher Kommissar in der Bundesrepublik

Roginski, Jakow Jakowlewitsch (geb. 1895) 284
Sowjetischer Archäologe und Anthropologe

Rokossowski, Konstantin Konstantinowitsch (1896–1968) 162, 167
Marschall der Sowjetunion, 1949–1956 Verteidigungsminister Polens und Marschall von Polen, seit 1956 stellvertretender Verteidigungsminister der UdSSR

Roosevelt, Franklin Delano (1882–1945) 165, 209, 234, 253, 334
1933–1945 Präsident der USA

Rosenberg, Alfred (1893–1946) 97, 140, 247
NS-Ideologe, 1933–1945 Leiter des Außenpolitischen Amtes der NSDAP, 1941–1945 Reichsminister für die besetzten Ostgebiete, 1946 in Nürnberg als Hauptkriegsverbrecher zum Tode verurteilt und hingerichtet

Rudenko, Roman Andrejewitsch (geb. 1907) 247
Sowjetischer Staatsanwalt, Hauptankläger beim Nürnberger Prozeß, seit 1953 Generalstaatsanwalt der UdSSR

Rumjanzew, Pjotr Alexandrowitsch (1725–1796) 196, 208
Russischer Feldherr unter Katharina II., Generalfeldmarschall

Rundstedt, Gerd von (1875–1953) 105 f.
Generalfeldmarschall, 1941 Oberbefehlshaber der Heeresgruppe »Süd« an der deutsch-sowjetischen Front, März 1943 bis Juli 1944, September 1944 bis März 1945 Oberbefehlshaber West

Rusk, Dean (geb. 1909) 324 f.
1961–1969 Außenminister der USA unter den Präsidenten Kennedy und Johnson

Rybkin, B. A. 139
Mitarbeiter des KGB, in den 40er Jahren Resident in Schweden

Ryti, Risto (1889–1956) 150 f.
Finnischer Staatsmann, 1940–1944 Staatspräsident Finnlands

Sacharow, Matwej Wassiljewitsch (1898–1972) 363

Marschall der Sowjetunion, 1957–1960 Oberkommandierender der GSSD, 1960–1963 Chef des Generalstabes der sowjetischen Streitkräfte

Sadat, As, Muhammed Anwar el (geb. 1918) 184
Ägyptischer Politiker

Schaposchnikow, Boris Michailowitsch (1882–1945) 128, 354
Marschall der Sowjetunion, 1937–1940 und 1941–1942 Generalstabschef der Roten Armee

Scharow, W. M. 225
Generalmajor, 1945–1949 Leiter der SMAD in der Provinz bzw. im Land Brandenburg

Schatalin, Nikolai N. 49
Jugendfreund Wladimir Semjonows

Scheel, Walter (geb. 1919) *191*
Deutscher Politiker, 1961–1966 Bundesminister für wirtschaftliche Zusammenarbeit, 1974–1979 Bundespräsident

Schewardnadse, Eduard Amwrossiewitsch (geb. 1928) 333
1972–1985 Erster Sekretär des ZK der KP Georgiens, 1985–1990 Außenminister der UdSSR, seit 1992 Präsident Georgiens

Schiller, Karl 384
Deutscher Nationalökonom und Politiker, 1966–1971 Bundeswirtschaftsminister, 1971–1972 Bundesminister für Wirtschaft und Finanzen

Schilling, Konrad 384
Kulturdezernent der Stadt Duisburg

Schirdewan, Karl (geb. 1907) 296, 298
Funktionär der KPD und SED, 1934–1945 in Zuchthaus- und KZ-Haft, 1953–1958 Mitglied des Politbüros der SED, danach gemaßregelt, 1990 von der PDS rehabilitiert

Schkwarzew, A. 83 ff., 90
Sowjetischer Diplomat, 1940 Botschafter in Deutschland

Schmidt, Helmut (geb. 1918) *190*, 368 ff., 396
Deutscher Politiker, 1974–1982 Bundeskanzler

Schnitke, Alfred Garrijewitsch (geb. 1934) 379 f.
Russischer Komponist

Schostakowitsch, Dmitri Dmitriewitsch (1906–1975) 117, 123, 384
Sowjetischer Komponist

Schreiber, Walther (1884–1958) 243
1945 Mitbegründer der CDU in Berlin und der Sowjetischen Besatzungszone, bis Dezember 1945 ihr Zweiter Vorsitzender, von der SMAD abgesetzt, 1953–1955 Regierender Bürgermeister von Berlin

Schtemenko, Sergej Matwejewitsch (1907–1976) 213
Armeegeneral, seit 1968 Chef des Stabes der Vereinten Streitkräfte des
Warschauer Vertrages

Schtschukin, Alexander Nikolajewitsch (geb. 1900) 185, 342, 355, 358 f.,
363
Sowjetischer Radiophysiker, Mitglied der Akademie der Wissenschaften,
Mitglied der Verhandlungsdelegation zu den SALT-I-Gesprächen

Schtykow, Terenti Fomitsch (1907–1964) 159
Sowjetischer Politiker und Militär, in den 40er Jahren Chef der Politischen
Hauptverwaltung der Roten Armee, später Botschafter in Nordkorea und
Ungarn

Schumann, Robert (1810–1856) 33 f.
Deutscher Komponist

Schulenburg, Friedrich Werner Graf von der (1875–1944) 98, 110, 114,
140
1934–1941 deutscher Botschafter in der UdSSR, im Zusammenhang mit
dem Attentat auf Hitler vom 20. Juli 1944 hingerichtet

Seghers, Anna (Reiling, Netty) (1900–1983) 106
Deutsche Schriftstellerin

Semjonow, Sergej Aristarchowitsch 377
Sowjetischer Archäologe

Shdanow, Andrej Alexandrowitsch (1896–1948) 12, 153 ff., 162, 218
Sowjetischer Politiker, 1939–1948 Mitglied des Politbüros des ZK der
KPdSU(B), 1934–1944 Sekretär des Leningrader Stadt- und Gebietspartei-
komitees der KPdSU(B)

Shemtschushina, Polina Semjonowna 310 f.
Ehefrau Wjatscheslaw Molotows, 1948–1953 in Lagerhaft

Shukow, Georgi Konstantinowitsch (1896–1974) 11, 29, 111, 115, 162 f.,
166 f., 171, 195, 197 ff., 207 ff., 212 ff., 218, 221, 225, 231 f., 252, 293
Marschall der Sowjetunion, im Zweiten Weltkrieg Frontoberbefehlshaber
und Stellvertreter des Oberkommandierenden, 1945–1946 Oberkommandierender der Gruppe der Sowjetischen Besatzungstruppen in Deutschland, 1955–1957 Verteidigungsminister der UdSSR

Sidorenko 132 ff.
1942 Mitarbeiter der sowjetischen Handelsvertretung in Schweden

Singer, Paul (1844–1911) 277
Sozialdemokratischer Parteiführer, 1890 einer der beiden Parteivorsitzenden der SPD

Smetona, Antanas (1874–1944) 59, 60, 67, 71 f., 75 f., 78 ff.
Litauischer Politiker, 1919–1922, 1926–1940 Staatspräsident Litauens

Smirnow, Andrej Andrejewitsch (geb. 1909) 86, 389
Sowjetischer Diplomat, 1937–1941 Botschaftsrat in Berlin, 1957–1966 Botschafter in der Bundesrepublik Deutschland, 1969 Stellvertretender Außenminister

Smirnow, Lew Nikolajewitsch (geb. 1911) 247
Sowjetischer Jurist, Gehilfe des sowjetischen Anklägers während des Nürnberger Prozesses 1945–1946, später Vorsitzender des Obersten Gerichts der UdSSR

Smirnow, Pawel Grigorijewitsch 39 ff., 177

Smith, Gerald 185, 187, 344 ff., 351 f., 357, 363 f., 395
Amerikanischer Diplomat, Leiter der Verhandlungsdelegation bei den SALT-I-Gesprächen

Smolin, W. W. 71, 343, 354
Sowjetischer Diplomat

Snetschkus, Antanas Jusowitsch (1903–1974) 76
1940–1974 Erster Sekretär des ZK der KP Litauens

Sobolew, Arkadi Alexandrowitsch (1903–1964) 11, 214
Sowjetischer Diplomat, 1945–1946 Politischer Berater der SMAD, 1955–1960 Ständiger Vertreter bei der UNO

Sobottka, Gustav (1886–1953) 170
Funktionär der KPD, 1933 Emigration, seit 1935 in der UdSSR, Mai 1945 Rückkehr in die Sowjetische Besatzungszone, leitende Tätigkeit in der Brennstoffindustrie

Sokolow, Michail Petrowitsch 225
Oberstleutnant, 1951–1955 Chefredakteur der Zeitung der SMAD »Tägliche Rundschau«

Sokolow, Tjodor 40, 177

Sokolowski, Wassili Danilowitsch (1897–1968) 128, 166, 171, 179f., 207f., 210ff., 221f., 231, 245, 252, 255f., 258, 290, 293f., 296f., 299
Marschall der Sowjetunion, 1945–1946 Stellvertreter Shukows in Berlin, 1946–1949 Oberkommandierender der GSSD und Chef der SMAD, 1952–1960 Generalstabschef der sowjetischen Streitkräfte

Soldatow, Alexander Alexejewitsch (geb. 1915) 331f.
1960–1966 Botschafter in London, 1966–1968 Stellvertretender Außenminister der UdSSR, 1971–1974 Rektor des Instituts für Internationale Beziehungen

Solomenzew, Michail Sergejewitsch (geb. 1913) 187
Sowjetischer Politiker

Sorin, Valerian Alexandrowitsch (geb. 1902) 50
Sowjetischer Diplomat, 1955–1956 Botschafter in der Bundesrepublik

Deutschland, 1952-1953 und 1960-1962 Ständiger Vertreter der UdSSR in der UNO

Späth, Lothar (geb. 1937) 370f., 372f.
Deutscher Politiker

Stalin, Jossif Wissarionowitsch (1879-1953) 9, 35, 48f., 54ff., 61f., 70, 72, 81, 83f., 86, 89, 92, 95f., 98, 100ff., 111, 113ff., 119, 124, 139, 142f., 149, 152, 154, 158, 161ff., 166, 169, 171, 173, *179*, 194, 197, 200ff., 209ff., 217f., 221ff., 227, 230ff., 234, 236ff., 246, 248, 250, 252ff., 266f., 307, 309ff., 374, 391ff.
Sowjetischer Politiker

Stauffenberg, Claus Graf Schenk von (1907-1944) 110
Oberst i. G., 1944 Chef des Stabes beim Befehlshaber des Ersatzheeres in Berlin, Widerstandskämpfer, nach dem Attentat auf Hitler am 20. Juli 1944 erschossen

Steklow, Juri Michailowitsch (Nachamkis) (1873-1941) 37
Russischer Revolutionär, Publizist und Historiker

Stepanow, Wassili 283
Sowjetischer Ästhetiker

Strauß, Franz Josef (1915-1988) *191*
Deutscher Politiker

Strong, Anna-Louise 77
Amerikanische Schriftstellerin und Publizistin

Stumpff, Hans-Jürgen (1889-1968) 172
Generaloberst der deutschen Luftwaffe, Mitunterzeichner des Protokolls über die bedingungslose Kapitulation Deutschlands in Berlin-Karlshorst am 8. Mai 1945

Sukarno, Achmed (1901-1970) 318
1945-1968 Präsident der Republik Indonesien

Sulzberger, Henry 116
Amerikanischer Verleger und Publizist

Suslow, Michail Andrejewitsch (1902-1982) 174, *186*, 331, 342, 379
1952-1953, 1955-1982 Mitglied des Politbüros bzw. Präsidiums des ZK der KPdSU, Chefideologe der Partei

Suworow, Alexander Wassiljewitsch (1730-1800) 167, 196, 208
Russischer Heerführer, Generalissimus des russischen Heeres (1799)

Tanner, Väinö (1881-1966) 149f.
Finnischer sozialdemokratischer Politiker, 1926-1927 Ministerpräsident, 1937-1944 mehrfach Minister, 1944 zu 5 $^1/_2$ Jahren Haft verurteilt

Tarabrin 123

1942 sowjetischer Marineattaché in Schweden

Tatlin, Wladimir Jewgrafowitsch   (1895–1956)   380
Russisch-sowjetischer Maler, Grafiker, Formgestalter und Bühnenbildner

Tegolezki   284
Sowjetischer Physiker

Telegin, Konstantin Fjodorowitsch   210
General der Roten Armee, 1945–1946 Mitglied des Militärrats der GSBD

Teltschik, Horst   (geb. 1940)   370
1982–1991 Abteilungsleiter im Bundeskanzleramt, außenpolitischer Berater Helmut Kohls

Thälmann, Ernst   (1886–1944)   205, 225, 227, 273
1925–1933 Vorsitzender der KPD, 1933–1944 in Zuchthäusern und KZ gefangengehalten, 1944 im KZ Buchenwald ermordet

Thorez, Maurice   (1900–1964)   217
1930–1964 Generalsekretär bzw. Vorsitzender der Französischen KP

Tjulpanow, Sergej Iwanowitsch   (1901–1984)   12, 224, 262 f., 273 f.
Oberst, Sowjetischer Kulturoffizier, 1945–1949 Leiter der Abteilung Propaganda bzw. Information der SMAD

Todt, Fritz   (1891–1942)   83
Deutsch-nationalsozialistischer Politiker, 1940–1942 Reichsminister für Bewaffnung und Munition

Togliatti, Palmiro   (1893–1964)   217
1921 Mitbegründer und seit 1926 Generalsekretär der Italienischen KP

Tolstoi, Lew Nikolajewitsch Graf   (1828–1910)   30, 34, 157, 229 f., 285, 311
Russischer Dichter

Touré, Ahmad Sékou   (1922–1984)   322
Afrikanischer Politiker, 1958–1984 Präsident Guineas

Tretjakow, Pawel Michailowitsch   (1832–1898)   373
Russischer Kaufmann, Mäzen und Sammler von Kunstwerken

Triandafillow, Wladimir Kiriakowitsch   (1894–1931)   110, 128
Sowjetischer Militärtheoretiker, 1923 Stellvertretender Generalstabschef der Roten Armee

Trotzki, Lew Dawidowitsch   (1879–1940)   310
Russischer Revolutionär und Politiker

Truman, Harry S.   (1883–1972)   173, 286
Demokratischer Politiker, 1945–1953 Präsident der USA

Tschaikowski, Pjotr (Peter) Iljitsch   (1840–1893)   230, 376

Russischer Komponist

Tschechow, Anton Pawlowitsch (1860–1904) 30, 33
Russischer Schriftsteller

Tschernyschew, Ilja Semjonowitsch (1912–1962) 109
Sowjetischer Diplomat, 1953–1957 stellvertretender Generalsekretär der UNO

Tschernyschewski, Nikolai Gawrilowitsch (1828–1889) 285
Russischer Philosoph, Schriftsteller und revolutionärer Demokrat

Tschistow, Wassili Wassiljewitsch 109
1941 Mitarbeiter der sowjetischen Handelsvertretung in Berlin

Tschitscherin, Georgi Wassiljewitsch (1872–1936) 126, 314, 316
1918–1930 Volkskommissar für Auswärtige Angelegenheiten Rußlands und der Sowjetunion

Tschoibalsan, Chorloogiin (1895–1952) 238
Führer der Mongolischen Revolutionären Volkspartei (MRVP), 1939 Ministerpräsident der Mongolei und Vorsitzender des ZK der MRVP

Tschuikow, Wassili Iwanowitsch (1900–1982) 171f., *181*, *184*, 274, 280f., 293, 298, 393
Marschall der Sowjetunion, 1949–1953 Oberkommandierender der GSSD

Tschukowski, Kornej Iwanowitsch (1882–1969) 303
Sowjetischer Kinderbuchautor, Übersetzer und Literaturkritiker

Tschulizki, W. S. 343
Sowjetischer Diplomat, Experte bei den SALT-I-Gesprächen

Tuchatschewski, Michail Nikolajewitsch (1893–1937) 30
Marschall der Sowjetunion und Militärtheoretiker, 1925–1928 Generalstabschef der Roten Armee und seit 1931 stellvertretender Volkskommissar für Verteidigung, 1937 unter falscher Anschuldigung zum Tode verurteilt und erschossen, 1988 rehabilitiert

Tupikow, Wassili Iwanowitsch (1901–1941) 100ff.
Generalmajor, 1940–1941 sowjetischer Militärattaché in Deutschland

Tupolew, Andrej Nikolajewitsch (1888–1972) 56
Sowjetischer Flugzeugkonstrukteur, Generalleutnant

Turgenjew, Iwan Sergejewitsch (1818–1883) 33
Russischer Dichter

Uborewitsch, Jeronim Petrowitsch (1896–1937) 30
Armeegeneral, 1934–1937 Mitglied des Kriegrates des Volkskommissariats für Verteidigung, 1937 unter falscher Anschuldigung zum Tode verurteilt und erschossen, 1988 rehabilitiert

Ulbricht, Walter (1893–1973) 12ff., *181*, 199, 216f., 226, 231, 237, 239f., 245f., 254, 258, 263, 271ff., 279, 282, 295, 298, 292ff.
1933 Emigration, April 1945 Rückkehr aus der UdSSR nach Deutschland, Funktionär der KPD-SED, 1950–1953 Generalsekretär der SED, 1953–1971 Erster Sekretär des ZK der SED, 1960–1973 Vorsitzender des Staatsrates der DDR

Uljanowski, Rodion 331
Stellvertretender Leiter der Internationalen Abteilung des ZK der KPdSU

Urbschis 69
1939 Außenminister Litauens

Urguplü 313f.
1955 Präsident der türkischen Nationalversammlung

Ustinow, Dmitri Fjodorowitsch (1908–1984) 341f., 347, 360
Marschall der Sowjetunion, 1976–1984 Verteidigungsminister der UdSSR, zugleich Mitglied des Politbüros des ZK der KPdSU

Vieweg, Kurt (1911–1976) 267
1950–1954 Mitglied des ZK der SED, 1950–1953 Sekretär des ZK, 1954 Professor an der Akademie der Landwirtschaftswissenschaften, 1957 abgesetzt

Vitkauskas 63, 76
Litauischer Militär, 1940 Verteidigungsminister Litauens

Wandel, Paul (geb. 1905) 258
1946–1958 Mitglied des Parteivorstandes bzw. ZK der SED, 1961–1964 Stellvertretender Außenminister der DDR

Warnke, Herbert (1902–1975) *181*
Deutscher Politiker, Mitglied des Staatsrates und des Politbüros der DDR

Wassilewski, Alexander Michailowitsch (1895–1977) 162, 167
Marschall der Sowjetunion, 1949–1953 Verteidigungsminister der UdSSR

Wehner, Herbert (1906–1990) 275
Deutscher Politiker

Weidling, Helmuth (1891–1955) 172
General der Artillerie, 1945 Kampfkommandant von Berlin, kapitulierte vor der Roten Armee

Weizsäcker, Ernst Freiherr von (1882–1951) 86, 195
1920 Eintritt in den diplomatischen Dienst, 1938–1943 Staatssekretär im Auswärtigen Amt unter Ribbentrop, 1943 deutscher Botschafter beim Vatikan

Welichow, Jewgeni Pawlowitsch (geb. 1935) 371
Sowjetischer Physiker, Vizepräsident der Akademie der Wissenschaften

der UdSSR und Rußlands

Wernadski, Wladimir Iwanowitsch (1863–1945) 335
Russisch-sowjetischer Mineraloge und Geochemiker

Werner, Arthur (1877–1967) 199
Architekt und Ingenieur, 1945–1946 Oberbürgermeister von Groß-Berlin

Wilms, Dorothee (geb. 1929) *192*, 199
Deutsche Politikerin, 1982 Bundesministerin für Bildung und Wissenschaft

Wirth, Joseph (1879–1956) 98, 203
Politiker des Zentrums, 1921–1922 Reichskanzler

Wolff von Amerongen, Otto (geb. 1918) 89, 98, *192*, 204
Industrieller, Vorsitzender des Ostausschusses der deutschen Wirtschaft

Wolkow, Michail Nikolajewitsch 224
Dolmetscher der SMAD

Wolski, W.W. 337
Sowjetischer Politologe, Experte für Lateinamerika

Woronzow 100
1941 sowjetischer Marineattaché in Deutschland

Woronzow, Juli Michailowitsch (geb. 1929) 377
1987 Erster stellvertretender Außenminister der UdSSR

Woroschilow, Kliment Jefremowitsch (1881–1969) 56, 103, 115, 307
Marschall der Sowjetunion, 1925–1940 Volkskommissar für Heer und Flotte, 1953–1960 Vorsitzender des Präsidiums des Obersten Sowjets

Worowski, Waclaw Waclawitsch (1871–1923) 55
Sowjetischer Staatsmann, Diplomat und Publizist, 1923 in Lausanne von weißgardistischen Emigranten ermordet

Woskressenskaja, Soja Iwanowna 139
In den 40er Jahren Ehefrau des Residenten des NKWD in Schweden, B. A. Rybkin

Wosnessenski, Nikolai Alexejewitsch (1903–1950) 288 f.
Politiker und Ökonom, 1947–1949 Mitglied des Politbüros des ZK der KPdSU(B), 1950 im Zusammenhang mit der »Leningrader Affäre« unter falscher Anklage zum Tode verurteilt und erschossen

Wyschinski, Andrej Januarjewitsch (1883–1954) 11, 117 f., 147 f., 162, 164, 214, 243 f., 247, 287, 298
Sowjetischer Jurist und Diplomat, 1935–1939 Generalstaatsanwalt der UdSSR, Ankläger in zahlreichen Schauprozessen, 1940–1946 und 1946–1949 Stellvertreter des Volkskommissars und Außenministers, 1949–1953 Außenminister, 1953–1954 Ständiger Vertreter der UdSSR bei

der UNO

Zaisser, Wilhelm (1893-1958) 292
Funktionär der KPD, 1936-1938 Generalstabschef der Internationalen Brigaden im Spanischen Bürgerkrieg, 1950-1953 Minister für Staatssicherheit der DDR und Mitglied des Politbüros des ZK der SED, 1953 aus dem Politbüro ausgeschlossen

Zarapkin, Semjon Konstantinowitsch (geb. 1906) 308f., 389
Sowjetischer Diplomat, 1966-1971 Botschafter der UdSSR in der Bundesrepublik Deutschland

Zechlin, W. 67f.
Deutscher Diplomat, 1939-1940 Botschafter in Litauen

Bildnachweis

Bundesbildstelle Bonn: 190 o.+u.
d-e-w-foto, Köln: 192 o.
Michael Ebner, Hamburg: 191 o.
Kaius Hedenström, Helsinki: 185 u.
Fritz Kern, Wien: 189 o.
Jupp Menzen, Bonn: 189 u., 191 u.
Novosti Press Agency, Moskau: 186/187
Ullstein Bilderdienst, Berlin: Schutzumschlag, 178 o., 183 o.

Alle übrigen Abbildungen stammen aus dem Privatarchiv von Frau Lydia Semjonowa.